YINGKE® 盈科

盈科全国业务指导委员会系列丛书

88讲解决
婚姻家庭法律问题

盈科律师事务所／编
刘艳华／主编　　王　倩　操晨帆／副主编

法律出版社 LAW PRESS · CHINA
北京

图书在版编目(CIP)数据

88讲解决婚姻家庭法律问题 / 盈科律师事务所编 ; 刘艳华主编. -- 北京 : 法律出版社, 2023
ISBN 978-7-5197-7424-0

Ⅰ. ①8… Ⅱ. ①盈… ②刘… Ⅲ. ①婚姻法-基本知识-中国 Ⅳ. ①D923.9

中国版本图书馆CIP数据核字(2022)第243478号

88讲解决婚姻家庭法律问题
88 JIANG JIEJUE HUNYIN JIATING FALÜ WENTI

盈科律师事务所 编
刘艳华 主编

策划编辑 朱海波
责任编辑 朱海波
装帧设计 汪奇峰 臧晓飞

出版发行 法律出版社
编辑统筹 法律应用出版分社
责任校对 蒋 橙
责任印制 刘晓伟
经 销 新华书店

开本 710毫米×1000毫米 1/16
印张 28.25 **字数** 480千
版本 2023年1月第1版
印次 2023年1月第1次印刷
印刷 天津嘉恒印务有限公司

地址:北京市丰台区莲花池西里7号(100073)
网址:www.lawpress.com.cn
投稿邮箱:info@lawpress.com.cn
举报盗版邮箱:jbwq@lawpress.com.cn
销售电话:010-83938349
客服电话:010-83938350
咨询电话:010-63939796

书号:ISBN 978-7-5197-7424-0
定价:88.00元

凡购买本社图书,如有印装错误,我社负责退换。电话:010-83938349

本书编著者

主 编 刘艳华

副主编 王 倩 操晨帆

序　　言

家庭纠纷的处理是一门大学问,涉及社会学、心理学、伦理学、法学等各个学科。笔者作为专业的家事律师,在处理家庭纠纷的过程中,发现人与人之间有很大不同,而且大多时候无关对错,就好像洗手池上的牙膏应该是整整齐齐地摆放,还是随手一丢也无伤大雅。但就是这些琐碎的细节构成了我们丰富多彩的婚姻家庭生活,特别有趣。

有些人在事业上可能很成功,但是在家庭上却很失败。而帮助这些人处理好家庭纠纷并不是那么容易的事情。首先,解决婚姻家庭纠纷多多少少都涉及当事人的隐私,大家天生都不愿意暴露自己的隐私,委托律师时也经常选择性地披露信息。其次,家庭纠纷有两个重要的组成部分,即情感和财产。比如,离婚纠纷首先解决的是夫妻感情是否破裂,确定夫妻感情破裂了才会审查子女抚养归属以及财产分割;而子女分割既属于情感范畴又属于财产范畴,因为抚养子女确实需要很大的经济成本;继承纠纷中也一样有情感部分和财产部分,很多继承纠纷的产生是因为继承人之间相互不信任或者是无法正常沟通。最后,家事业务早已不是简单的业务,涉及财产金额大,房产、公司等;利益主体多,企业家离婚必然涉及公司、其他股东等。所以,在处理复杂家事业务的过程中,需要律师具备复合知识类型,不仅要精通婚姻法、继承法,还要精通公司法、物权法、合同法等,没有扎实的功底,无法驾驭复杂的案件。相对其他民商事纠纷,家事纠纷处理中“利益”也更多元,比如在商事纠纷中,“利益”主要指金钱,但是在家庭纠纷中,“利益”范围要大得多,往往金钱不一定是第一位的,而尊严、尊重、认同、子女抚养与陪伴等常常是当事人心目中极其重要的。因此,家事律师要时刻牢记情、理、法的相互兼容,要有更大的格局。

笔者在十年的家事律师执业过程中,有非常多的感悟和收获,收获了精彩的故事,也收获了很多人生智慧。有时候不吐不快,就开始写公众号文章,分享处理家事问题的经验和技巧。几年积累了大量的素材。而这些素材就是本书的原始资料,经过盈科律师业务管理委员会的指导以及编辑老师的指导,最终得以呈现在读者面前。

本书内容从恋爱、结婚、离婚、分家析产、子女抚养、监护,到遗嘱、法定继承、遗嘱继承,选择的都是真实发生的案例,非常精彩、典型;律师分析部分也是笔者执业十余年的实战经验的总结,非常实用。笔者团队长年处理婚姻家庭纠纷,深知经营好家庭的不易,深知经营好家族公司的不易。多年的经验告诉笔者,解决争议固然重要,但是未雨绸缪、提前规划,有效避免纠纷才是最重要的。所以笔者认为,本书对于青年律师办案以及非法律专业人士处理婚姻家庭事宜都是很好的帮助和参考。

信息技术迭代之快,社会发展之快,法律更新之快,实务处理方式变化之快,已经不可同日而语。所以本书的内容仅仅是笔者过去的经验总结,但是毕竟笔者才疏学浅,写作过程中难免出现纰漏和错误,敬请各位读者谅解。笔者也期待借书籍出版的机会与读者有更多的交流。

最后,非常感谢盈科律师事务所、法律出版社以及团队伙伴的大力支持。

目 录

CONTENTS

第一部分 Part 1 婚姻家庭编

第二部分 Part 2 继承编

第一部分

婚姻家庭编

一、婚　　前

1. 彩礼是否属于夫妻共同财产?

彩礼,又称“聘礼”“纳彩”,是男女双方在缔结婚约的过程中,由男方赠与女方的财物,彩礼本质上是一种附条件的赠与。订婚时给付彩礼作为一种婚嫁风俗已在我国延续千年,至今仍在不少地方普遍存在。彩礼数额在家庭生活支出中也占据较大比例,也常常成为婚前、离婚中的男女双方及双方家庭争议的焦点。男女双方夫妻感情破裂,彩礼是赠与女方的个人财产还是双方夫妻共同财产的性质就显得尤为重要,也将成为夫妻双方的离婚分割财产的争议焦点。

经典案例

1. 案情介绍

张小帅[①]是家中独子,身体略有残疾,因此即便到了结婚的年龄也鲜有女孩愿意嫁给他。赵小美曾有过一段失败的婚姻,离婚后独自带着儿子一起生活。张小帅、赵小美二人经媒人介绍认识,张小帅不介意赵小美曾经结过婚,赵小美也不在意张小帅的身体问题,经过一段时间短暂的了解,双方都认为对方是适合结婚的另一半,便迅速登记领证走入婚姻殿堂。

按照中国传统的习俗,领证并不算真正的结婚,举办婚礼才是。毕竟领证只需要两个人即可完成,而婚礼却是两个相爱的人在所有亲朋好友的见证与祝福下步入婚姻的殿堂,这种仪式感是领证无法取代的。领证后,张小帅和赵小美举行了传统的婚礼摆酒仪式,同时张小帅也在婚礼前按照传统婚嫁习俗,将承诺的

---

① 为保护个人隐私,本书中出现的人名均为方便阅读而改编的化名。

4 万元现金及价值 1 万元的首饰作为彩礼赠与女方及家庭。

但婚后生活并不尽如人意，张小帅与赵小美经过半年的相处，女方便因对男方及男方家庭的诸多不适毅然选择回娘家生活，再也没有回来过。张小帅也多次劝解、乞求赵小美回来继续生活，但最终也没能打动赵小美。张小帅终因和好无望选择诉讼离婚。双方因婚姻短暂，并未积攒起夫妻共同财产，争议焦点主要为男方在婚礼前赠与女方的彩礼，包含 4 万元现金、价值 1 万元的首饰。①

2. 争议焦点

(1)领证后、婚礼前，张小帅赠与赵小美的 4 万元现金是否仍属于彩礼？

(2)双方既领完证也办了婚礼，彩礼作为一种附条件的赠与，赠与是否已完成？还需要返还吗？

3. 法院观点

按照我国民间习俗，彩礼是在男女双方商定的情况下，以结婚为目的由男方向女方赠与的较大数额的金钱或财物。通常是婚前给付或婚前承诺婚后给付。

本案中，张小帅并未在领证前支付彩礼而是按照传统意义上的婚礼前给付的，由于领证与举办婚礼的时间间隔较短，也应当属于为达结婚目的、履行婚前承诺的赠与行为。另外，张小帅身体带有残疾，劳动能力有限，无稳定收入来源，其家庭为结婚事宜支出了大额款项，足以使其经济状况陷入更加窘迫的境地，再加上男女双方共同生活时间不长，张小帅诉请赵小美返还彩礼符合情理且有法律依据。但考虑张小帅与赵小美婚后共同生活半年，在此期间双方均无收入，赵小美将部分彩礼钱用于二人共同生活亦符合常理，因此结合当地居民年人均消费支出情况，法院酌定扣除二人共同生活期间合理支出 1 万元后，赵小美应向张小帅返还余下的 3 万元彩礼。

律师分析

1. 关于彩礼的性质

(1)彩礼是“以结婚为目的”的赠与。彩礼具有较强的风俗习惯内涵，待婚男女及双方家庭均会根据各地的发展情况、民间风俗、家庭经济情况等不同，商定彩礼金额、财物内容，从几万元到上百万元不等，实务中不可仅凭借数额来确

① 参考案例：(2016)辽 02 民终 957 号。

定是否属于彩礼的范围。彩礼的前提是要“以结婚为目的”,例如双方均有结婚的意愿、双方已为结婚实际准备、双方进行了订婚仪式或结婚仪式等。因婚约而给付彩礼是一种附条件的赠与行为,为了证明婚约的成立并以将来的婚姻实际发生为前提的情谊行为,彩礼给付是当事人双方的真实意思表示,具有身份属性,是以缔结婚姻关系为目的的特殊民事合同,不同于一般赠与。

(2)法律认定彩礼的范围。并非婚前所有可以标注为彩礼的财物都属于法院审理彩礼的范畴,也并非所有为结婚支出的款项都属于法院审理彩礼的范畴。彩礼多以现金及贵重财物为主,现金多为一次性给付,少有分期也是基于双方商定或经济条件困难所致,分期的每笔款项均系较大额且具有一定规律。这就排除了男女双方在恋爱期间的小笔且频繁的钱款往来,例如具有特殊含义的“520”“1314”等,均属于婚前一方对另一方的赠与行为,而非彩礼。男女双方为增进感情所赠与的衣物、普通首饰等也并非彩礼。另外,一方为了宴请亲朋好友如婚庆、酒店、红包等花费,属于为结婚所必要的支出,并非给予女方的财物,因此也不属于彩礼的范畴。

2. 婚后所获的彩礼,属于夫妻共同财产

在实际生活中,赠与彩礼的时间主要有两种情况,即婚前承诺婚前给付与婚前承诺婚后给付,其中较为特殊的是介于领证后婚礼前,这也是较为多发且存在争议的情况。对于女方婚前所获的彩礼属于婚前个人财产,这一点毋庸置疑。但作为传统习俗的彩礼往往与婚礼相伴相生,婚礼又多晚于结婚登记,结婚时并不在意的时间节点,在离婚时却成为双方主要争议焦点。

登记结婚后给付的彩礼属于夫妻共同财产吗?争议点主要源于,现行《民法典》与旧《婚姻法》均规定“夫妻在婚姻关系存续期间所获的财产,为夫妻共同财产,归夫妻共同所有”,这导致人们在离婚请求中,对彩礼是要求对方返还,还是作为夫妻共同财产平均分割,抑或是赠与完成后即作为女方个人财产产生分歧。这就需要我们回归彩礼的性质以及传统习俗,彩礼主要是男方或男方家庭对女方或女方家庭的赠与行为,是附条件和目的的赠与行为,该行为的赠与对象是女方或女方父母,并非男方父母对男女双方的赠与行为。根据现行《民法典》的规定,“一方的婚前财产”及“赠与合同中确定只归一方的财产”均属于夫妻一方的个人财产,因此无论彩礼是婚前赠与还是婚后赠与,都不属于夫妻共同财产。

3. 相关法律风险提示

(1)需要加强法律意识。我国法律仅保护登记结婚的效力,夫妻关系的建立是以民政局结婚登记的时间为准,而非传统习俗的婚礼举办时间。在现实生活中,我们几乎很难做到将举办婚礼与领取结婚证放在同一天,且越来越多的年轻人选择先领证再慢慢办婚礼。然而彩礼作为传统婚嫁习俗并没有因登记结婚制度的到来而改变给付时间,仍然保留了以举办婚礼的时间作为彩礼赠与的参照点。因此,尽管在爱得热烈、浓情蜜意时,我们也应该有清醒的法律意识,在婚前的钱财往来中,分清"我的"还是"我们的"并非自私,而是有意识地避免潜在的分歧与争端。

(2)彩礼给付应保留证据。彩礼给付时一定要作出清晰的意思表示,明确这就是男方给予女方的彩礼,而非含糊其词的赠与。立字据显得太严肃、刻板,但必要时也可以考虑;拍照、录视频显得不近人情,但顺手为之也未尝不可;转账时备注清"彩礼"二字,这应该是既有必要也不失礼节的行为。

(3)必要时彩礼应与婚内财产作出区分。彩礼作为一方的个人财产,若数额较大或确有必要建议使用独立账户单独保存,避免经过漫长的婚姻岁月之后发生财产混同,自己已无法区分哪些是彩礼、哪些是夫妻共同财产,这种情况下法院也是无法分清的,只能全部按照夫妻共同财产处理。

随着社会的发展,越来越多的情侣结合是因为三观相合,想要共同努力奋斗,而不是因为看重彩礼。收不收彩礼,收多少合适,还是要根据当地的风俗而定,律师提醒关注与彩礼相关法律风险,避免纠纷的产生,维护家庭和谐。

法律依据

本文参考案例的法律依据为《中华人民共和国婚姻法》第三十二条、《最高人民法院关于适用〈中华人民共和国婚姻法〉若干问题的解释(二)》第十条,现为《中华人民共和国民法典》第一千零七十九条、《最高人民法院关于适用〈中华人民共和国民法典〉婚姻家庭编的解释(一)》第五条。

2. 嫁妆是否属于夫妻共同财产?

"娶媳妇,送彩礼;嫁闺女,陪嫁妆",中国千百年来的民间习俗都如此认为。前面介绍了关于彩礼的相关问题,那么嫁妆又有什么门道?大部分人都认为彩礼是男方付给女方的,而嫁妆则是女方从娘家带到男方家的财产。对于嫁妆的性质,有的人认为属于夫妻共同财产,有的却主张是个人财产。那法律是怎么规定的呢?嫁妆是夫妻共同财产吗?离婚可以带走吗?

经典案例

1. 案情介绍

王帅与赵雪因工作相识,恋爱一段时间后因为父母催促便开始谈婚论嫁。赵雪父母爱女心切,早在她谈婚论嫁前就为她买好了婚房,在结婚前也还清了婚房的所有贷款,算是送给女儿的结婚礼物。除此以外,赵爸爸还购买了价值13万元的金币,作为陪嫁赠与女儿。结婚登记前几天,赵爸爸为了让小两口出行舒服些,上班不用挤公交车,便带着女婿到4S店全款买下了最新款的奥迪轿车。考虑到两人马上要结婚了,一家人也不用分清彼此,买车时便将车辆登记在王帅名下。

婚事准备妥当后,两人在2017年登记结婚,并在当地举办了豪华的婚礼。婚礼上,赵雪父母当场展示100万元的汇款单,希望小两口百年好合、婚姻幸福,这让亲朋好友都十分羡慕。婚礼上,亲戚朋友们也送给赵雪金手镯、金项链、金耳环等共计21件。婚后,小两口将该100万元交给赵雪父亲理财,每半年收取一次收益,结婚第一年收益7.5万元。

结婚的第二年,两人就生下了一个可爱的女儿。但是育儿观念的不同、婚后生活的琐事让王帅与赵雪的争执越来越多,两天一小吵,三天一大吵。王帅在女儿出生以后对女儿漠不关心,也从来不承担家庭生活开支。赵雪十分伤心,因此在女儿1周岁时,她决定分居,独自抚养女儿。

2019年3月初,赵雪因患病住院治疗,王帅不闻不问。心寒的赵雪身体好转后,当即向法院提起离婚诉讼,要求离婚并申请女儿的抚养权,要求王帅归还奥迪轿车、100万元汇款及金币。赵雪认为,父亲给的100万元汇款、奥迪轿车和金币、金器都是她的个人财产。但王帅认为,奥迪轿车是婚前购买,既然登记在自己名下,就是女方父亲赠与自己的,属于王帅的个人财产,赵雪无权要求返还。100万元属于两人的共同存款,这笔钱后来交给赵雪父亲理财,产生的收益也应属于夫妻共同财产。

离婚诉讼过程中,双方对奥迪轿车、100万元汇款、金币和金器如何分割争议最大。①

2. 争议焦点

(1)结婚登记前,赵雪父母出资购买、登记在王帅名下的奥迪轿车归谁所有?

(2)结婚登记前,赵雪父母购买的金币以及亲戚赠送给赵雪的金器归谁所有?

(3)结婚登记后,赵雪父母婚礼上展示的100万元汇款单是夫妻共同财产,还是赵雪的个人财产?离婚时应当如何分割?

3. 法院观点

关于奥迪轿车的归属。法官认为,婚前赵爸爸与王帅共同提车,并将车辆登记在王帅名下,是对准女婿王帅的高度认可,应当视为对王帅的个人赠与。在赠与行为已经完成的情况下,没有法定撤销情形,因此赵爸爸婚前赠与的车辆属于王帅的个人财产。

关于赵爸爸赠与价值13万元金币以及双方亲属所赠的21件金器的归属。法官认为,本案涉及的金币及首饰婚后一直由赵雪保管,王帅要求分割的主张因证据不足,且无实物证据在案供查明,不具可执行性,法院不予支持。

关于100万元及理财收益的归属。法官认为,这笔钱是在结婚登记后由赵雪父母转给女儿的,并于婚礼上展示,寓意长辈对孩子未来婚姻生活的祝福,没有明确表示仅赠与一方,再结合夫妻双方的聊天记录,应认定为夫妻共同财产。不过,考虑到100万元款项来自赵雪父母,赵雪与王帅结婚至离婚的时间较短,以及照顾女方和子女的原则,酌定赵雪分得100万元款项及7.5万元收益的

① 参考案例:陈捷:《夫妻闹离婚,百万嫁妆该归谁?》,载海峡导报社:https://baijiahao.baidu.com/s?id=1694443959361239694&wfr=spider&for=pc,最后访问时间:2022年9月6日。

80%，王帅分 20%。

律师分析

1. 嫁妆的性质

我国法律暂未对嫁妆如彩礼有明确的法律条文规定。大部分人认为嫁妆的本质是女方父母对女儿的财物赠与，是对女儿婚姻的美好祝福。嫁妆属于婚前个人财产还是婚后共同财产取决于获得时间、赠与人赠与时的真实意愿、赠与财产登记在谁的名下等，而不是笼统地归为婚前财产或者婚后财产。根据《民法典》第 1063 条的规定，一方的婚前财产、赠与合同中确定只归一方的财产为夫妻一方的个人财产，则：

(1)若是结婚登记前赠与，则是女方的个人财产。

(2)若是结婚登记后赠与，且父母明确约定只赠与女方，则属于女方个人财产。

(3)若是结婚登记后赠与，且无明确约定，则通常认定为夫妻共同财产。

但离婚分割财产时，不仅会考虑财产获得时间，还会综合考虑财产的来源、各方贡献大小、嫁妆实际用途、婚姻存续期长短、离婚具体原因等因素。福建人嫁女儿都是极其风光的，相信很多人都有所耳闻，前述案例就发生在具有地域特色的福建厦门一户富裕家庭。

2. 嫁妆的给付及归属

(1)婚前一方父母赠与的财产登记在对方名下，大概率被认定为父母对对方的赠与。

在本案中，法官将奥迪轿车认定为女方父亲对男方个人的赠与，核心在于婚前购买且仅登记在男方一人名下。但是在实务中，女方父母婚前赠与却登记在男方名下到底是对男方的个人赠与还是对夫妻的共同赠与存在争议。也有不少法院认为，岳父对女婿的赠与实际上基于其与女儿夫妻关系的前提下对双方的共同赠与，因为岳父不会平白无故地赠与一个陌生人贵重物品，赠与也是为了自己的女儿能够过上更好的生活。因此，婚前的赠与，尤其是将动产或者不动产登记到对方名下的情况，一定要分清是对谁的赠与。除非有特殊情况，否则不建议父母将给赠与自己子女的钱款、车辆、房产等登记在子女配偶方的名下，避免未来可能发生的财产减损问题。

(2)婚后父母赠与的钱款未明确赠与子女一方,可能被认定为对夫妻的共同赠与。

赵雪父母婚后转入的100万元汇款,并没有明确是赠与赵雪一人,并且在婚礼上展示、"撑场面"的行为会被认为是父母对新婚夫妇的祝福,最终被认定为父母对夫妻双方的赠与,系夫妻共同财产。但并不是夫妻共同财产在离婚时就应当平均分割。法院在处理这100万元及收益时,也同时考虑了这100万元的来源、双方短暂的婚姻生活等因素。虽认定该款项为夫妻共同财产,但在分割时向女方进行了倾斜,最终女方分得80%,男方分得20%。现实生活中,不少父母一方面缺乏法律意识,另一方面在子女登记结婚之后碍于情面,也不会去作仅赠与自己子女的意思表示,这也为今后可能发生的纠纷埋下隐患。因此,建议大家无论是婚前、婚后给付财物最好通过书面形式,明确财产是赠与一方还是双方,避免产生误解、纠纷。

(3)无法证明原始来源的金币与金器,法院可能不会处理。

本案中,法院认为没有相关证据支持,不具有可执行性,也没有支持女方的诉讼请求。根据《民事诉讼法司法解释》第90条的规定,女方主张男方返还陪嫁物,应当对陪嫁物品的种类、数量及价值承担举证责任,应当提供相关票据、照片及其他购买凭证、收取礼品的记录本等,证明金币、金器的保管人、数量、价值等核心内容。但由于女方未提供相关的证据佐证,也无法证明实物实际存在及其价值,因此法院对此不予认定。因此,建议大家保留好婚礼中相关的物品采购票据、贵重物品的照片、礼金礼品记录单等,以便未来区分物品的归属。

3. 其他种类的嫁妆,如何认定归属

通常定制钻戒等有特殊意义的私人物品,无论是婚前还是婚后给付都会被认为是女方的个人财产。其他的如有明确归属的大额保单,也会被认为是一方的个人财产。

女方父母给女方高额的嫁妆,也是试图通过给女儿嫁妆来支持女儿婚后经济独立的行为。因此,为了嫁妆用得其所,符合父母的本意,女方父母认为必要的可以提前进行财产的合理安排及进行相关书面协议的拟定,比如签署书面的赠与协议,避免后续产生争议。

夫妻关系是最小的社会单位。夫妻关系幸福的最重要标准是夫妻之间有共同体、合二为一的感觉，这需要双方都切实、积极地参与到家庭生活中来，如何巧妙地运用自己的嫁妆财产则是考验女性的人生智慧之关键。

法律依据

本文参考案例的法律依据为《中华人民共和国民法典》第一千零六十三条。

3. 什么情况下可以要求返还彩礼？

彩礼的数额根据不同地域、不同风俗会有所不同。现实中，往往经济欠发达地区对彩礼的要求更高，彩礼金额也占家庭资产的较大比例，一次结婚可能掏空一个家庭多年的积蓄，甚至让家庭负债。根本原因是什么呢？笔者浅显的认识，在部分经济欠发达地区男女比例失衡，适龄的男子想要找到适龄的女子结婚，彩礼金额往往是一个对比因素，导致彩礼金额越抬越高。对于我们的父辈、祖辈，婚姻往往是一辈子的事情，但对于我们年青一代来说，闪婚、闪离的事情时有发生。高额的彩礼、短暂的婚姻，对于赠与彩礼一方是不公平的，也很容易激化双方家庭矛盾。因此，法律规定了可以返还彩礼的几种情形。

经典案例（一）

1. 案情介绍

2014 年 2 月，刘伟与唐芳经朋友介绍相识，二人迅速进入恋爱期，浓情蜜意、如胶似漆，经过两个月短暂的恋爱便登记结婚，且匆忙举办了婚礼。婚后，唐芳怀孕了，刘伟更加意识到一家之主的家庭责任，也愿意给这个刚建立起来的幸福之家更多的经济支撑，让孩子出生后能够过上更好的生活，所以选择广东沿海地区工作赚钱，而唐芳则留在老家重庆从事会计工作。就这样，还在蜜月期的新婚夫妻就过上了两地分居的生活。原本以为现在的聚少离多是为了以后更好地生活，但是原本就不牢固的感情怎能经得起上千公里的地域相隔。原本一个拥抱就可以缓解的情绪，却因为语音、文字等网络社交工具的冰冷让双方常常置气，刘伟不能理解唐芳孕期的苦楚，唐芳也无法感受刘伟工作上的困境。

2014 年 12 月，刘伟与唐芳的女儿在老家出生。原本以为女儿的到来能够让这个家庭再回到往日的甜蜜，无奈，孩子的出生却为二人增添了更多的烦恼，让双方的矛盾加剧。婴儿看护、经济压力、婆媳关系、丈夫不在身边，唐芳终于无法忍受这段婚姻，于 2015 年 5 月向法院提起离婚诉讼。

婚姻的解除除了感情纠葛，还有财产需要分清。2014 年 2 月，刘父向唐芳转款 5 万元；同月，刘伟向唐芳姐姐转款 8 万元；2014 年 3 月，刘伟向唐芳转款 4

万元,以上合计刘伟家庭共向唐芳家庭转款17万元。据查明,2014年3月,唐芳曾花费48万元全款购买了重庆市的一处房产。刘伟认为,17万元是父母及自己婚前储蓄用于替唐芳偿还购买房屋的欠款,应当全部返还。唐芳则认为,17万元是男方向其支付的彩礼及婚礼筹办的各项费用,并非购房的债务,无须返还。①

2. 争议焦点

刘伟家庭婚前向唐芳家庭转款17万元是借款还是彩礼?离婚时需要返还吗?

3. 法院观点

17万元的支付时间发生在双方结婚前较短期间,唐芳表述该款项用于彩礼及婚礼支出较为符合情理。但是考虑到双方的经济条件并不富裕,双方共同生活时间较短,且多为异地,再加上唐芳提出在其怀孕期间及抚养小孩期间的合理支出。结合双方经济利益,出于公平原则的考虑,法院酌定唐芳向刘伟返还8万元。

经典案例(二)

1. 案情介绍

2016年1月,陈宏与张婷经人介绍认识,二人一见钟情,几天时间便认定对方就是那个对的人,足以让彼此许下相伴一生的诺言。经过6天的相处,陈宏与张婷便在双方父母好友的祝福下订立婚约,不到1个月时间便迅速举办婚礼,二人开始幸福甜蜜的生活,且于2016年年底生育一子。

按照中国的传统婚嫁习俗,彩礼、嫁妆都是新婚夫妻结合时必不可少的礼节。在二人婚嫁期间,陈家给付张家彩礼82.6万元及以黄金3两等物品,婚礼期间陈家办了18桌婚宴,给了128条香烟。作为张家的独生女,张婷当然也少不了父母的祝福,在其出嫁期间,张家以价值20万元的木质家具、床上用品等作为陪嫁,希望女儿能够在夫家过上幸福生活。

但是,陈宏与张婷的婚后生活并不尽如人意。6天的时间毕竟是短暂的,双方都只看到彼此的优点,却没来得及思考对方的缺点,以及自己能不能接受这些

---

① 参考案例:(2016)粤03民终16590号。

缺点便因感性的荷尔蒙胜过理性的判断仓促结合。一地鸡毛的生活琐事,再加上其间经历了怀孕生子,双方对于家庭生活理念、育儿观念分歧较大,常常吵得不可开交。由于双方并未办理结婚登记,也不存在法律上的离婚。但是短暂的"婚姻",伴有厚重的彩礼与嫁妆,哪能说分开就能分开的。[①]

2. 争议焦点

陈宏与张婷已举办婚礼但未登记结婚,彩礼需要返还吗?

3. 法院观点

法院在审理本案时综合考虑了陈宏与张婷共同生活的时间、已生育一子的事实、彩礼的数额及使用情况、双方的经济状况等因素,且通过实地走访,了解到当地对于早婚、闪婚的陪嫁物品忌讳由女方取回的风俗,以及孩子由女方直接抚养的事实等情况,综合考虑张家陪嫁折抵,陈宏应当支付一定抚养费等因素,法院酌定判令张家向陈家返还彩礼18万元。

律师分析

1. 返还彩礼需要考虑的因素

根据现行《最高人民法院关于适用〈中华人民共和国民法典〉婚姻家庭编的解释(一)》第5条第1款,"当事人请求返还按照习俗给付的彩礼的,如果查明属于以下情形,人民法院应当予以支持:(一)双方未办理结婚登记手续;(二)双方办理结婚登记手续但确未共同生活;(三)婚前给付并导致给付人生活困难"。司法实践中,法院通常会考虑以下因素:

(1)需要考量是否登记结婚,但同时会考量是否实际形成了婚姻关系。法律规定双方未办理结婚登记手续应当返还,但不是说只要没有登记结婚,彩礼就没有达成以结婚为目的的赠与条件,关系解除时就应当如数返还。例如,在案例二中,虽然陈宏与张婷没有办理结婚登记,但是他们按照传统习俗的方式完成了订婚、彩礼、婚礼、陪嫁等仪式,二人在婚礼后以夫妻名义共同生活并生育一子。这种情况下,法院在审理时并不是按照是否登记结婚"一刀切",而是结合双方共同生活的时间、彩礼数额及使用情况、双方经济状况及当地习俗等综合考虑,

① 参考案例:2021年3月8日,江苏省高级人民法院联合江苏省妇联发布"2020年度江苏婚姻家庭典型案例"《案例五:未登记已生子 彩礼部分返还》。

最后判定部分返还彩礼。

(2)需要考量是否共同生活。男女双方结为夫妻、组建家庭、生育子女就是为了能够长此以往地共同生活在一起,这才是婚姻的本质。若登记结婚后,双方并未生活在一起,这也不是传统意义对婚姻的要求,也背离了彩礼的初衷。是否共同生活与共同生活的时间长短是对彩礼是否能够返还以及返还多少的重要衡量标准之一。例如,陈宏与张婷虽然没有登记结婚,却共同生活在一起,法院酌定让张婷少还一点彩礼;而刘伟与唐芳虽然登记结婚了,却没有共同生活在一起,法院基于公平原则酌定让唐芳还一点彩礼。

(3)需要考量双方经济状况。法律规定对于婚前给付彩礼导致给付人生活困难,离婚时可以主张返还。不少地区的习俗对彩礼的金额要求非常高,可能需要父母倾其所有家庭资产甚至向亲朋好友借款才能完成,厚重的彩礼主要是基于父母对子女的婚姻能够举案齐眉、白头偕老的愿望而付出。这种情况下,子女短暂的婚姻对于经济困难的彩礼给付方将是沉重的打击,所以法院审查时会考虑当事人的经济状况,酌定适当返还彩礼。

(4)需要考量当地的风俗。彩礼具有较强的风俗习惯内涵,能否要求返还彩礼需要考虑当地是否具有给付彩礼的风俗,另外,还需要考虑当地通常给付彩礼的金额与品类。有的地方对数额有特别要求,如6.6万元、8.8万元等;有的地方要求一定要包含贵重物品如黄金等;有的地方政府对彩礼的赠与出台了明确的指引。另外,每个家庭的经济状况不同,几万元到上百万元的都有。结合当地习俗、家庭经济状况,能够被认定为彩礼的情况,符合法律规定的情况下,可以要求返还。对于没有婚前赠与彩礼风俗的地方,一方婚前自愿赠与对方的财物或者交往期间的送礼,分手或者离婚后想要回也比较困难。

2. 法律风险提示

(1)彩礼返还适用3年诉讼时效。如果男女双方没有缔结婚姻关系,给付彩礼一方应当及时履行自己的权利,向对方主张自己的返还权利。若对方拒绝返还,诉讼时效从对方拒绝时开始起算。若男女双方已办理离婚登记手续,则应自民政部门办理离婚登记之日或者法院判决离婚之日开始起算,如向法院申请离婚,可以一并主张彩礼的返还。

(2)建议赠与彩礼要适度。男女双方都要考虑对方的需求、对方的经济条件以及给付彩礼的意愿,婚姻本应该是甜蜜的事情,不要让彩礼给婚姻带来不愉快。

(3)建议区分彩礼和赠与。男方在给彩礼时要尽量清楚明确指明哪部分是彩礼,哪部分是赠送的礼物。虽然彩礼本身也是一种附条件的赠与,但男女双方有时可能还没到谈婚论嫁的地步也送了礼物,这部分礼物是需要跟彩礼作区分的,因为不管以后结婚与否都不需要返还。

法律依据

本文参考案例的法律依据为《中华人民共和国婚姻法》第三十二条、第三十六条、第三十七条、第三十八条,《最高人民法院关于适用〈中华人民共和国婚姻法〉若干问题的解释(二)》第十条;现为《中华人民共和国民法典》第一千零七十九条、第一千零八四条、第一千零八十五条、第一千零八十六条,《最高人民法院关于适用〈中华人民共和国民法典〉婚姻家庭编的解释(一)》第五条。

4. 未婚同居买房,分手后房子怎么分?

随着房价高涨,房产在家庭财产中的比重变得越来越大,不少家庭甚至需要掏空“六个钱包”才能在大城市买得起一套房。从恋爱到婚姻,情侣们不再只有风花雪月,生活中的柴米油盐也在考验着两人的感情与默契。对于即将步入婚姻殿堂的情侣来说,虽然浓情蜜意、未来可期,可是身边也不乏现实打败爱情的例子。当房子成了结婚的“充分且必要条件”,婚前购房也越来越常见。那么,婚前购房有哪些需要注意的事项,发生争议时怎么处理呢?

经典案例

1. 案情介绍

舒美丽和高帅帅相识于 2007 年,两人有不少共同语言,性情相投,日久生情,在 2009 年时正式确立了恋爱关系。两个人的感情非常稳定,双方家长也都非常满意,催促舒美丽和高帅帅趁热打铁,赶紧结婚生子。

高帅帅在某大型电信公司工作,因公司业务要求,被派驻到安哥拉工作。工作虽然辛苦,但收入颇丰,给未来的小家庭积攒下了启动资金。舒美丽和高帅帅开启了异国恋,双方认定了彼此是共度一生的另一半,决定尽快买房结婚,从此有个安稳的家。舒美丽在看过重庆无数个楼盘后,终于挑中了沙坪坝区大学城附近的某楼盘,这个楼盘地段好、有学位,价格也合适,宜快不宜迟,舒美丽打算尽快签合同。

2011 年 1 月 28 日,对于舒美丽和高帅帅来说是个重要日子。这一天,高帅帅还在遥远的安哥拉外派工作,而舒美丽则跟开发商签约购买了一套商品房。这套房屋价值 124 万元,登记在舒美丽名下。开发商交楼后,舒美丽开始热火朝天地张罗装修房子的事情。瓷砖、家电、家具,需要花钱的地方太多了,为了周转资金,舒美丽把自己另一套小户型房产卖了。

2012 年 8 月 23 日,舒美丽和高帅帅登记结婚,两个人住进装修好的新房里,小日子过得特别甜蜜。没过多久,舒美丽就怀有身孕,生下了一个健康可爱的宝宝。可惜好景不长,自从宝宝出生后,作为新手宝爸宝妈,高帅帅工作太忙,又不知道如何照顾宝宝,舒美丽忙于照顾孩子,还要工作,两人经常有不同意见,两个人的沟通开始充满了火药味,经常一言不合就争吵、冷战。在多次协商无果的情况下,两个人决定离婚,但是对于重庆市沙坪坝区的房屋归属,双方起了争执。

高帅帅表示,房产是双方出于结婚目的购买的,高帅帅和高帅帅的母亲曾多次向舒美丽的银行账户转款,不仅如此,高帅帅的工资款、业务款等都是直接打入舒美丽的银行账户,2010 年 12 月至 2012 年 2 月,共计转入舒美丽的银行账户约 100 万元。至于房屋登记问题,是因在舒美丽购买房产时,高帅帅在安哥拉工作不便回国办理手续,因此只登记在舒美丽个人名下。

舒美丽认为,房产是她婚前购买的,当时并没有约定房产为共同购买,而且房产登记在她一个人的名下,属于婚前财产,应当归她个人所有。2010 年 12 月至 2012 年 2 月,高帅帅、高帅帅的母亲等人确实曾经往舒美丽的银行账户进行汇款,但是也都与购房无关,双方并未对转账款约定使用用途。

两人没有达成合意,高帅帅一纸诉状将舒美丽告上法庭,曾经如胶似漆、情投意合的夫妻,最终却上演了一出令人唏嘘的戏码。①

2. 争议焦点

(1) 如何认定高帅帅及高帅帅的母亲向舒美丽账户进行转款的性质?

(2) 以舒美丽名义在其与高帅帅同居期间购买的房产是否为高帅帅与舒美丽共同出资购买?

(3) 应当如何确认婚前所购买房屋的份额问题?

3. 法院观点

(1) 关于高帅帅及其母亲向舒美丽账户支付款项的性质问题。

高帅帅出示相关证据,证明罗某等人均是受高帅帅的委托或指示将款项转入舒美丽的银行账户,2010 年 12 月至 2012 年 2 月,共计转入 1,077,940.75 元。另外,舒美丽没有证据证明其与罗某等人存在其他的经济往来。结合多方面证据,法院将这些转账款认定为高帅帅的出资。

(2) 舒美丽名下的房产属于其与高帅帅共同出资购买。

高帅帅在与舒美丽恋爱期间多次委托他人向舒美丽账户转款。高帅帅出示了微信聊天记录,记录中显示高帅帅与舒美丽的微信号“花样年糕”的对话。

---

① 参考案例:(2017)渝 01 民终 5408 号。

“花样年糕”在微信中表示“201 房款是 138 万元,有 1 万多元的税,实际总价 140 万元,这个有发票的。实际我这边应该出了 40 万元,你那边是 100 万元”。因此,法院认定双方当事人对共同出资购房达成合意,且结合微信内容可以认定舒美丽对高帅帅出资购房的金额确认了 100 万元。

(3)关于涉案房屋产权份额的确认问题。

依据有关法律规定,共有人对共有的不动产或动产没有约定为按份共有或共同共有,或者约定不明的,除共有人具有家庭关系外,视为按份共有。同时,按份共有人对共有的不动产或动产享有的份额,没有约定或者约定不明确的,按照出资额确定;不能确定出资额的,视为等额享有。

二人婚前一起购买的房屋,即便登记在一方名下,确定是否按份共有的焦点是“是不是共同出资购买”。只要共同出资,没有约定或者约定不明确的,按照出资额确定。

本案中,高帅帅与舒美丽在婚前取得涉案房屋,其性质应当属于双方婚前共有财产,当时双方并无家庭关系,且本案无证明显示双方对诉争房屋系共同共有或按份共有进行了约定,故应当依据按份共有处理。

高帅帅陈述其 2010 年 12 月至 2012 年 2 月支付的款项共计 107 万元均是购房款。在庭审中,高帅帅自愿按照 100 万元确定出资款,舒美丽的微信聊天中确认高帅帅的出资款项金额亦为 100 万元。高帅帅的确认行为未损害舒美丽的权益,法院予以确认。

庭审中,双方共同确认房屋的现价为 140 万元,以此为基数确认高帅帅的出资比例,则高帅帅享有诉争房屋 71. 43% 的产权份额,舒美丽享有涉案房屋 28. 57% 的产权份额。

律师分析

1. 就婚前购买的房产发生争议时如何选择案由

对于同居、恋爱期间的共同购房行为,双方发生争议的,通常有以下案由可以选择:同居析产纠纷;共有权确认纠纷;所有权确认纠纷;共有物分割纠纷,具体选择什么案由视具体案情而定,如果发生争议时双方已经结婚,则在离婚诉讼时一并处理。当然,最终肯定选择对自己一方最有利的案由来主张。

2. 关于共有认定

对于情侣恋爱期间，双方为了共同生活，进而以婚姻为目的而共同出资购房行为，若双方未书面约定房产共有的情况，法院多半会按照按份共有进行分配。若发生争议时双方已经结婚，也有部分法院认定因结婚目的的赠与，考虑多重因素确定双方的份额。

3. 关于房屋归属

双方发生争议显然不适合再共有房产，所以若双方共同出资，但是房屋登记在一方名下，法院通常会将房屋判给登记方所有，由登记方归还另一方的出资及房屋增值部分。若登记在双方名下，则考虑房屋的占有使用情况、出资情况等综合因素决定房产归哪一方所有，补偿另一方相应的金额。

4. 关于出资认定

需要提醒大家的是，若购房协议没有写明出资情况，或是仅以事实行为、打款记录作为出资证明，则法院大概率会先根据款项支付的用途及目的来判断到底属于借款还是共同出资，抑或是彩礼等，以此判定房屋的归属以及如何补偿对方。

5. 情侣共同买房避坑指南

（1）情侣在同居期间购房，一定要进行协商，最好能签订《共同购房协议》。双方应就购房的相关事宜进行详细的约定，包括出资方式、金额、比例，房产的分配比例，增值部分的处理，登记的权利人，由谁还贷等。

（2）若爱到深处不愿意签署书面的《共同购房协议》或者不好意思提出签署《共同购房协议》的要求，建议要保留出资凭证。比如，尽量在购房合同（认购意向协议）上签字，以表示是双方共同购买；若无法做到共同签署购房合同，则在转账时备注“购房款”，保存好转账记录、购房合同以及双方对购房安排的文字记录等。若由双方父母出资，则尽量通过银行转账，并且最好备注赠与自己子女，如果是借款，则要备注为借款。

（3）如果一方不出资却要求在房产证加上名字，出资方务必三思而后行，一定要与家人、朋友共同商议，综合多方面因素考虑，避免婚姻破裂后人财两失。

（4）负责装修房产的一方要特别注意。不少地方都有“男方买房、女方装修”的风俗。男方和女方都为房屋付出了金钱，但是男方购房后取得了房屋所有权，而女方将钱拿去装修房屋，万一离婚后，装修款还需要折旧计算。建议可以将原本用来装修的钱拿出部分作为出资，取得房产份额。传统思想应随着社会的发展、法律的进步适当改变，多给自己留一份保障。

爱情的甜美，终究是现实的土地中孕育的稻谷，是喜怒哀乐中绽放的花朵，是锅碗瓢盆中奏出的乐章，是共同分享物质财富和精神世界的产品，做一个勇敢去爱、理性担当的人。

法律依据

本文参考案例的法律依据为《中华人民共和国物权法》第一百零三条、第一百零四条，《最高人民法院关于适用〈中华人民共和国婚姻法〉若干问题的解释(二)》第一条；现为《中华人民共和国民法典》第三百零八条、第三百零九条，《最高人民法院关于适用〈中华人民共和国民法典〉婚姻家庭编的解释(一)》第三条。

5.《婚前财产协议》有必要签吗？怎么签？

《婚前财产协议》在过去不太被大众所认知，一方面是因为以前个人拥有的财富数量较少，加上传统观念的束缚，所以人们对《婚前财产协议》的接受程度不高。但随着经济的发展，个人财富不断增长，个人婚前拥有的财产数量越来越多，加上现代女性财富水平、收入能力都更高了，大家对婚前财产协议的接受程度也越来越高。《民法典》允许即将走入婚姻的双方对财产关系进行约定，这样的书面约定即婚前财产协议。我们通过下面的案例来了解签署婚前财产协议的意义是什么，以及该怎么签署。

经典案例

1. 案情介绍

韩大强与季春花于2000年确立恋爱关系，经过6年的恋爱长跑后，两人在2006年4月26日登记结婚。值得夸赞的是，两人都算是思想很前卫的人，早在结婚登记前1个月，双方就签署了《婚前财产协议》，就婚前的财产进行约定，并在北京市公证处进行了公证。

《婚前财产协议》约定：(1)韩大强拥有位于北京市某小区A房产，原价值为55万元，目前韩大强剩余应还贷款金额为18万元。(2)季春花名下的起亚小轿车一辆，婚后成为韩大强的个人财产。(3)目前双方为建立家庭购置的家具等，婚后成为季春花的个人财产。

双方婚后居住在A房产中，A房产由韩大强每月偿还房屋贷款本金和利息1200元左右。婚后不久家里迎来了新成员——儿子韩小宝。但韩大强和季春花因为生活琐事矛盾重重，经常争吵，双方都指责彼此在婚姻中存在不忠的行为。

2010年4月，双方开始分居。7个月后，季春花起诉韩大强要求离婚，后考虑到多重因素申请撤诉。可是双方并未真正和好，之后韩大强提起离婚诉讼。季春花称韩大强曾经口头同意A房产给她，因此季春花在答辩中同意离婚，但考虑到韩小宝的成长，要求依据韩大强的承诺判决A房产归其所有，由其对韩大强支付相应的补偿款。

截至2014年5月开庭审理时，房屋贷款本金仍有12万元。案件审理中，法院依据韩大强的申请对上述房屋的现金价值进行了评估，评估结果为房屋的市场价值为374万元。①

2. 争议焦点

(1)北京市某小区A房产应当归哪一方所有？

(2)分得A房产的一方如何补偿另一方？

3. 法院观点

法院认为，北京市某小区A房产属于韩大强个人婚前购买，在双方《婚前财产协议》中亦未将该房产作为夫妻共同财产进行约定，季春花要求判决该房产归其所有，没有事实依据，法院不予支持。

双方在婚后偿还了该房屋的部分贷款，偿还贷款应当在双方之间进行分割。该房屋在婚后亦发生价值增值，法院将根据双方婚姻关系存续期间偿还房屋贷款本金的数额和购房时总房款的数额比例确定韩大强应给付季春花的增值补偿款。关于该房屋在结婚时的价值，法院酌定为100万元，现值以评估价374万元为准。对于补偿数额却有不同的观点，法院认为应根据涉案房屋购买时价款、评估点价值、按揭贷款数额及利息数额、当事人以夫妻共同财产还款累计数额及其占全部房款和利息的比例、双方收入情况，并同时参考照顾女方的原则综合确定，最终将补偿数额确定为40万元。

最终法院判决房产归韩大强所有，韩大强补偿季春花40万元。

律师分析

1. 婚前财产约定应当采用书面形式

婚前财产约定是我国《民法典》婚姻家庭编重要的法律制度之一，婚前财产约定对双方具有法律约束力，需要重视的是《民法典》第1065条规定，男女双方可以约定婚姻关系存续期间所得的财产以及婚前财产归各自所有、共同所有或者部分各自所有、部分共同所有。但约定应当采用书面形式。没有约定或者约定不明确的，适用《民法典》第1062条、第1063条的规定。夫妻对婚姻关系存续期间所得的财产以及婚前财产的约定，对双方具有法律约束力。

① 参考案例：(2015)三中民终字第01721号。

案例中，季春花在诉讼过程中提到，韩大强口头同意双方结婚后还贷对应的北京市某小区A房产归其一人所有，但是季春花未提供相应证据，而韩大强和季春花在《婚前财产协议》中写到北京市某小区A房产是韩大强婚前购买，购买价以及剩余贷款的情况，但是没有进一步的约定，所以季春花主张的婚后还贷的部分归其所有没有得到法院采信。

情侣之间、夫妻之间浓情蜜意之时山盟海誓，口头承诺特别多，但是我们要清醒地意识到，法律有时难以保障口头承诺，若想保护自己的权利，白纸黑字写清楚更好。

2. 婚前财产约定的内容应当清晰可执行

协议内容应清晰、可执行，如果涉及需要过户的资产，一定记得马上办理过户，如果不方便过户，就要尽快去办理《婚前财产协议》的公证。

上述案例中的韩大强和季春花对于协议争议较大的原因在于，双方在《婚前财产协议》中并未约定清楚双方的财产情况。我们也看到双方签署的《婚前财产协议》中关于北京市某小区A房产的内容实际上是对该房产的描述，并没有表达关于房产归属的意思，按照双方在庭审中的陈述推断，是韩大强的家人要求双方签署《婚前财产协议》，韩大强不得不签。但是韩大强可能为了维护感情，又口头承诺季春花婚后的部分归季春花一人所有，最终却又反悔。

现实生活中也经常出现以《婚前财产协议》的形式约定一方的房产归另一方所有或者婚后给另一方加名。这种情况下，我们首先要了解约定一方婚前房产归另一方所有或者加上另一方名字的法律性质系一方对另外一方的赠与。《民法典》第658条规定“赠与人在赠与财产的权力转移之前可以撤销赠与。经过公证的赠与合同或者依法不得撤销的具有救灾、扶贫、助残等公益、道德义务性质的赠与合同，不适用前款规定”。

3. 法律风险提示及建议

律师建议，如果双方约定婚前的房产赠与另一方，要么马上去办理过户或者加名，要么去公证处办理公证，否则受赠与一方利益可能受损。律师认为以下三类人，签署《婚前财产协议》的必要性较大：

(1)创业者最好能够签署《婚前财产协议》。

举个例子，我们经常使用的视频网站优酷网和土豆网，它们现在属于同一家公司，但之前，它们曾经分别属于不同公司，还均在美国纳斯达克上市。土豆网在2010年之前比优酷经营得更好，提交上市申请的时间也比优酷早，土豆网的实际控制人兼创始人王微因与前妻杨蕾的离婚事件延误了土豆网在纳斯达克上市的进程，导致的结果是优酷网先于土豆网在美国上市。等王微解决完与杨蕾的离婚事宜，再度提起上市的申请并最终通过时，已经错过了互联网发展的最佳时期。王微最终以补偿杨蕾700万美元的方式结束了双方的婚姻及财产关系。但是这件事情深入来看，王微付出的成本不仅仅是700万美元，而是行业老大还是老二的问题。最终的结局大家都知道了，优酷网在2015年并购了土豆网。因此至今，很多投资人都把创始人的夫妻关系当作考察因素之一，要求创始人签署《夫妻财产协议》，以规避公司治理结构不健全带来的风险，这一情况被戏称为“土豆条款”。

(2)男女双方自身收入差距较大，或者双方原生家庭财富状况差距较大应签署《婚前财产协议》。

大家熟知的加勒比海盗中杰克船长一角的扮演者约翰尼·德普在50岁的时候，身价不菲的他为了取得小他22岁的艾梅柏的信任与好感拒签《婚前财产协议》。但是德普和艾梅柏的婚姻仅仅持续了15个月，分手时艾梅柏要求德普每月支付她5万美元的扶养费，还有其他财产的分割，后来的离婚拉锯战使德普身心疲惫。

(3)建议再婚的双方签署《婚前财产协议》，特别是再婚的双方都有自己的子女的情况下，更加需要签署。

首先，再婚夫妻双方的家庭关系更为复杂、需要照顾的人也更多，可能有前妻前夫的孩子，还有共同的孩子以及部分再婚夫妻的年龄差较大，双方地位、能力不平衡，导致各方面矛盾的可能性较大。其次，再婚家庭中随着子女的长大，老夫老妻之间感情的弱化，老夫老妻对各自的子女情感的依赖程度就会加强，在财产上也会倾向于保护自己一方的子女，这个时候家庭矛盾就特别容易出现。双方婚前一方有子女，另一方又无子女的情况下，在子女成家立业的过程中，双方要对他进行支持的意见往往是不同的，这时特别容易引起家庭矛盾，甚至导致双方的感情破裂。

4.《婚前财产协议》要不要公证

《婚前财产协议》只要不违反法律的规定就是有效的，因此公证不是必需的。当然如果涉及财产赠与，最好进行公证。如果《婚前财产协议》涉及财产比较多,情况比较复杂,建议委托专业人士起草并公证。签署《婚前财产协议》本身是非常讲究的,协议履行也是一个长期的过程,任何一个层面没有考虑到、没有安排好都可能导致前功尽弃。

通过上述案例和分析可以得出,婚姻绝不是个人的爱情故事,婚姻是最严格的社会和经济契约。从法律角度来看,婚姻关系的本质是双方人身关系和财产关系的结合。因此,抛开财产关系,只谈人身关系,是不现实、不稳定的,双方心平气和地用长远眼光看待婚前协议,会让双方能够更理智地对待爱情、对待婚姻。

法律依据

本文参考案例的法律依据为《中华人民共和国婚姻法》第三十二条、第三十七条,现为《中华人民共和国民法典》第一千零七十九条、第一千零八十五条。

二、婚　　内

6. 补办结婚登记，婚姻关系从何时起算？

虽然未婚同居不为法律所禁止，但法律也不鼓励这一行为。生活中因同居而产生的涉及财产和非婚生子女的纠纷日渐增多，人们选择先同居后结婚的理由非常多，但同居期间能够被法律认定为具有婚姻关系效力的却很少。根据我国法律规定，补办结婚登记的行为具有溯及力，即登记结婚后，婚姻关系的效力从双方均符合法律规定的结婚实质要件时起算，双方在同居期间所取得的财产归属也将发生相应的变化。

经典案例（一）

1. 案情介绍

2001 年，张兰与彭浩经村里长辈介绍相识。张兰认识彭浩的时候才 18 岁，没有恋爱经历，也不知道想要和什么样的人过一生。张兰和彭浩见面之后，双方觉得合眼缘、合八字，双方父母便开始准备婚礼和酒席。婚后，张兰与彭浩也过上普通夫妻的生活，张兰 20 岁那年生下一个可爱的儿子。此时，彭爸爸也开始为小夫妻张罗买房的事情。2003 年，彭爸爸代彭浩签订了买房合同，并全款支付购房款，房屋直接登记到了彭浩一人名下。2004 年，张兰与彭浩办理结婚登记手续。

彭浩年纪稍长于张兰，张兰对彭浩也事事顺从，但是在小孩出生及买房单独居住后，彭浩的控制欲逐渐攀升，常常无故与张兰吵架，甚至动手殴打张兰。从背着父母、小孩争吵演变为当着父母、小孩的面争吵。张兰实在忍无可忍，便提出与彭浩离婚。[1]

2. 争议焦点

(1)张兰与彭浩的婚姻效力从何时开始起算?

(2)登记在彭浩名下的房产是否属于夫妻共同财产?

3. 法院观点

关于张兰与彭浩的婚姻效力问题。我国法律要求结婚的男女双方必须亲自到婚姻登记机关进行结婚登记,夫妻关系从结婚登记开始起算;若未办理登记的,应当补办结婚登记;补办结婚登记的,婚姻关系的效力从双方均符合法律规定的结婚的实质要件开始起算。由于张兰在举办婚礼时尚未满20周岁,不符合结婚的实质要件。双方在举办婚礼后以夫妻名义共同生活,在张兰22岁时办理了结婚登记。本案中,张兰与彭浩的婚姻关系效力应从张兰年满20周岁时起算。

关于彭浩名下的房产是否属于夫妻共同财产。法院认为,该房屋购买于双方符合结婚实质要件而未办理结婚登记手续期间,根据补办登记结婚的效力,该房产购买于双方婚内。从买卖合同签订来看,由彭爸爸作为彭浩的代理人与开发商签约;从出资来看,全部购房款均由彭爸爸支付,且直接支付给开发商,而彭浩刚毕业不久,几乎没有积蓄;从登记来看,该房屋登记在彭浩一人名下。因此,根据法律规定,父母全款出资且登记在自己一方子女名下,视为对子女的个人赠与,无论婚前婚后都不属于夫妻共同财产。

经典案例(二)

1. 案情介绍

2008年10月,罗芬与王琛经人介绍相识,二人都是二婚,且即将迈入“知天命”之年,二人对对方的脾气秉性、家庭情况初步了解后,都认为对方是值得信赖、可以陪伴一生的人。2009年春节,罗芬正式搬入王琛家中,与王琛开始以夫妻名义共同生活,以夫妻身份见双方的亲朋好友。“老来伴”是可遇而不可求的,罗芬信任王琛,共同生活后罗芬将所有的收入都全部交由王琛共同打理。由于二人已经过了对婚礼等形式上憧憬的年纪,觉得婚姻就是二人搭伙过日子。在2009年国庆,二人也简单准备了婚宴,一来让亲朋好友做个见证,二来也表示

---

① 参考案例:(2020)苏06民终2911号。

感谢。2010 年,王琛以二人名义购买了一套住房,远离闹市、环境宜人,用于双方退休后养老住所。罗芬、王琛以为这样的婚姻就足以获得世俗的认可,在朋友的建议下,二人才于 2011 年 2 月前往民政局办理结婚登记。

相识容易相守难,罗芬与王琛经过近 10 年的相处还是无法继续相伴,最终王琛向法院提起了离婚诉讼。[①]

2. 争议焦点

(1)罗芬与王琛的婚姻效力从何时开始起算?

(2)2010 年,王琛以其与罗芬的名义购买的住房是否属于夫妻共同财产?

3. 法院观点

关于罗芬与王琛的婚姻效力问题。二审法院最终否定了一审法院对罗芬与王琛补办登记结婚效力的认定。一审法院认为,2011 年的婚姻登记系补办登记结婚,罗芬与王琛婚姻关系应当从 2009 年春节开始起算。理由是,此二人在 2009 年春节期间便开始以夫妻名义共同生活,符合结婚登记的实质要件,因此双方先前的同居关系在补领结婚证之后即转化为法律认可的婚姻关系。但是,二审法院则认为,申请补办结婚登记的,应当填写《申请补办结婚登记声明书》,婚姻登记机关按照结婚登记程序办理。但是罗芬与王琛登记结婚时并未填写该声明书,而是填写《申请结婚登记声明书》,不符合补办登记结婚的情形。

关于罗芬与王琛同居期间购买房产的认定。由于双方财产高度混同,且谁都无法主张个人出资情况,且该房产登记在二人名下,法院将该房产认定为夫妻共同财产,最终平均分割。

律师分析

1. 结婚登记的实质要件

根据《民法典》的规定,法律规定结婚登记的实质要件主要包括:第一,男女双方应当自愿登记结婚,任何一方不得对另一方加以强迫,任何组织和个人也不得加以干涉;第二,男女双方登记结婚应当符合法定结婚年龄,男不得早于 22 周岁,女不得早于 20 周岁;第三,男女双方不得为直系血亲或者三代以内旁系血亲;第四,男女任何一方不得重婚。

---

① 参考案例:(2019)湘 07 民终 1254 号。

需要特别说明的是，并非所有满足登记结婚实质要件的，补办登记结婚都具有溯及力，法院对是否符合补办登记结婚具有较大的自由裁量权。例如，在案例一中，张兰与彭浩举办婚礼时不到法定结婚年龄，是客观原因导致不能办理登记，因此法院认定双方在符合结婚法定年龄开始起算婚姻效力。但是，在案例二中，虽然罗芬与王琛在2009年便开始以夫妻名义共同生活，并在同年办理了婚宴，但2011年才办理结婚登记，在这种情况下法院并没有认定符合补办结婚，因为法院的自由裁量权倾向于认定二人是主观原因没有办理结婚登记，不符合补办登记结婚的实质要件。婚姻登记制度已经普及了几十年，法律鼓励通过结婚登记确定夫妻关系，因此法律更加倾向于保护办理结婚登记之后的夫妻关系。

2. 同居期间的财产不同于登记结婚后的财产

夫妻共同财产，是指夫妻在婚姻关系存续期间所得的财产。而男女双方以夫妻名义同居生活，只要没有形成事实婚姻，他们在同居期间不产生夫妻共同财产，只能产生非婚同居者之间的财产关系。此外，同居关系期间的共同财产主要依靠双方共同劳动、共同投资所得。在司法实践中，同居期间所得的财产，如果没有约定，则认定为共有，在同居关系解除时，根据一般共有的原则处理，主要法律依据为《民法典》总则部分以及物权编对共有的一般规定。

3. 同居期间的财产不同于男女婚前个人财产

婚前个人财产，是指结婚前夫妻一方就已经取得的财产，不因婚姻关系的延续时间而转化为夫妻共同财产。男女同居期间，尽管没有婚姻关系，但因其具有共同生活的事实，所以同居生活期间所产生的财产不是任何一方的个人财产，构成同居期间的一般共同财产。如果后来补办了结婚登记，同居期间的财产也不是一律归属于婚前个人财产，而应当根据情况分别进行处理：补办结婚登记后，向前追溯到男女双方都符合结婚的实质要件的时点，时点之后的同居共同财产转化为夫妻共同财产，时点之前的同居共同财产在进行分割后转化为各自的个人财产，属于婚前个人财产，因为补办结婚登记后的婚姻效力不能溯及至时点之前的同居关系。

4. 补办结婚证之后的财产归属

双方先同居生活后补办结婚证，根据《最高人民法院关于适用〈中华人民共和国民法典〉婚姻家庭编的解释（一）》第6条的规定，其婚姻关系的效力从符合《民法典》规定的结婚实质要件时起算。这表明，一旦补办结婚登记手续，夫妻财产关系的效力溯及至双方均符合结婚的实质要件之时。

财产关系是婚姻关系的重要组成部分,是婚姻家庭得以延续发展的物质基础,也是夫妻关系的重要核心。同居期间财产可以因补办结婚登记而转化为夫妻财产,但在理解和解释与适用中必须注意以下几点:

第一,必须是同居男女补办了结婚证,如果没有补办结婚证,作为同居关系处理。

第二,财产必须是在男女双方以夫妻名义共同居住期间取得,不是在以夫妻名义共同居住之前取得。

第三,必须是同居期间基于共同生活而取得的财产,不是专属于个人的财产,如果是专门指定给予男女一方的财产(如父母专门指定赠与一方的房产或者其他财产),则即便之后补办了结婚登记也不能转化为夫妻共同财产。

第四,同居期间财产转化为夫妻共同财产,必须是双方均符合结婚实质要件之后取得的财产,如果是一方或者双方不具备结婚实质要件之前取得的财产,按照同居期间的财产归属进行处理,不构成补办结婚登记后的夫妻共同财产。

第五,同居期间财产转化为夫妻共同财产还必须建立在同居男女在补办结婚登记后,没有对财产作出特别约定。如果双方对财产权属进行了特别约定则按照约定。

尽管法律明确规定,补办登记结婚的效力可以追溯至以夫妻名义共同生活且具备登记结婚的实质要件,但实务中也很有可能存在对夫妻名义共同生活的举证困难,使得双方婚姻关系效力无法追溯,而以实际登记结婚时起算婚姻关系,产生的最直接影响就是夫妻共同财产的范围以及认定。因此,建议以夫妻名义共同生活且具备登记结婚实质要件的情况下,尽快登记结婚,或者对同居期间的财产进行明确约定,以避免因无法完成举证而导致夫妻共同财产范围的缩小。

法律依据

本文参考案例的法律依据为《中华人民共和国婚姻法》第六条、第八条、第十八条,《最高人民法院关于适用〈中华人民共和国婚姻法〉若干问题的解释(一)》第四条;现为《中华人民共和国民法典》第一千零四十七条、第一千零四十九条、第一千零六十三条,《最高人民法院关于适用〈中华人民共和国民法典〉婚姻家庭编的解释(一)》第六条。

7. 未经配偶方的同意,擅自转让夫妻共有房产怎么处理?

前几年,房地产市场火爆,二手房的交易非常频繁,而随之产生的房屋买卖纠纷也越来越多。在二手房交易中,经常会出现夫妻一方在配偶没有到场的情况下,或是在配偶一方不知情的情况下,将夫妻共有的房产出售给第三方,而后配偶以未经其同意为由起诉至法院要求确认房屋买卖合同无效的问题。这种情况下,房屋买卖合同效力如何?夫妻一方擅自处置夫妻共同房产的行为有效吗?

经典案例(一)

1. 案情介绍

汤泉与孙琪2010年结婚,双方共同努力奋斗积攒下了一些基业。家庭条件好转以后,2015年两人在上海某小区购买了A房屋,登记在孙琪一人名下。但好景不长,买房以后两人经常因为经济问题发生争执,多次产生不愉快。

2016年5月,汤泉偶然在家发现了孙琪与沙丁未经房产中介签订的《上海市房地产买卖合同》,才发现孙琪居然私下将房产出售,将市场价值960万元的A房屋贱卖550万元。该合同约定沙丁分4次向孙琪支付定金、房款,并且双方计划在2016年9月2日进行房屋过户。此合同中对于双方违约的处理、房屋交接的处理等关键条款都没有进行约定。汤泉此时内心已经严重怀疑孙琪是为了转移夫妻共同财产和他人恶意签订房屋买卖合同。此外,汤泉还发现孙琪从2016年年初,多次用A房屋进行抵押借款上百万元。事已至此,为了及时保护自己的财产,汤泉当即于2016年6月2日向法院提起了离婚诉讼,要求离婚,并分割夫妻共同财产。

孙琪发现汤泉提起离婚诉讼后,立马加快了房屋过户的速度,2016年7月8日,沙丁与孙琪向房地产登记处提出了A房屋过户申请。2016年7月18日,汤泉向房地产登记处申请异议登记,《上海市房地产登记簿》异议登记内容记载,夫妻产权纠纷申请异议。次日,房地产登记处告知沙丁与孙琪,汤泉对A房屋提出了异议登记。2016年8月4日,A房屋过户登记到沙丁名下,但汤泉对此并不认可,还是一直居住在 A 房屋中。

汤泉认为孙琪为转移夫妻共同财产恶意与他人签订《房屋买卖合同》,低价出售 A 房屋,且该合同未经自己同意,是无效合同。因此房产转移无效。沙丁与孙琪认为双方是合法签订买卖合同,且过户已经完成,A 房屋所有权应该归于沙丁。①

2. 争议焦点

孙琪与沙丁签订的《上海市房地产买卖合同》是否有效?

3. 法院观点

首先,A 房屋是汤泉与孙琪夫妻关系存续期间所购买,属夫妻共同财产,虽然房屋产权登记在孙琪一人名下,但是孙琪出售房屋仍应得到汤泉同意,孙琪在与汤泉离婚诉讼期间,擅自将 A 房屋出售,在汤泉向房产交易中心提出异议登记后,仍办理产权过户登记给被告沙丁,主观上并非善意。

其次,沙丁作为购房人理应对房屋产权共有情况、房屋结构等信息进行全面了解。孙琪与沙丁在未经经纪机构居间的情况下进行房屋买卖,按照常理,沙丁理应更加谨慎,对房屋状况深入了解后再行交易,但沙丁不仅未实地看房,且在收到房产交易中心发出的产权异议书后,仍然与孙琪继续交易,此时沙丁已知 A 房屋存在共有人,且共有人对买卖系争房屋有异议,房屋交付也存在障碍,但是沙丁仍然与孙琪完成了房屋产权过户登记手续,法院认为沙丁在本次交易中难以认定为善意第三人。

最后,A 房屋买卖合同约定总价款为 552 万元,明显低于当时市场价格,且付款方式仅约定 477 万元,另有 75 万元房款不仅在合同中未约定支付方式,而且在沙丁并未支付给孙琪的情况下,孙琪却出具了收条,亦有违常理;另外,买卖合同对房屋交接、违约责任等重要条款也未作约定,显然不符合一般交易习惯。据此,汤泉要求确认孙琪与沙丁就 A 房屋签订的《上海市房地产买卖合同》无效的诉讼请求,法院予以支持。

---

① 参考案例:(2017)沪 02 民终 4004 号。

经典案例(二)

1. 案情介绍

李小蕾与王大福2011年结婚,婚后生活也算滋润,有存款若干,并且购买了B房屋,登记在王大福名下。但两人相处多年后终觉性格不合无法再共同生活,2017年6月6日,李小蕾以夫妻感情破裂为由起诉至法院,要求离婚,并分割夫妻共同财产。离婚诉讼还在审理中,王大福却在2018年3月27日和刘云通过W公司签订了《房屋买卖合同》,合同约定王大福将B房屋以115万元出售给刘云。签订合同后,刘云支付了5万元定金。2018年4月3日,双方办理了不动产转移登记。2018年4月8日,刘云通过其朋友朱勇向王大福转款110万元。

李小蕾认为,王大福将评估价格为145万元的B房屋仅卖115万元,可以看出刘云主观上存在恶意,是在明知B房屋为夫妻共同财产的情况下与王大福单独交易,恶意协助王大福转移夫妻共同财产。王大福与刘云认为,两人是合法交易,不存在恶意转移财产。①

2. 争议焦点

王大福与刘云的《房屋买卖合同》是否有效?刘云购买B房屋是否存在主观上的恶意?

3. 法院观点

《合同法》第52条第2项规定,恶意串通,损害国家、集体或者第三人利益的,合同无效。本案中,刘云购买涉案房屋时签订了书面合同,约定购房款为115万元,虽然该交易价格与重新评估的价值存在一定的差距,但并未超出正常合理的范围,未显失公平,刘云已实际全额支付了房款,并已取得涉案房屋的所有权证,故依法拥有了案涉房屋的合法所有权。

关于刘云是否尽到注意义务,因该房屋登记在王大福一人名下,且在购买房屋之前,刘云的爱人李某也曾进入案涉房屋里查看过房屋,并且刘云夫妻也曾至不动产交易中心查询B房屋有无限制、抵押情况,故刘云尽到了必要的注意义务,其购买房屋的行为符合善意取得,李小蕾不能因为王大福的不当行为而让善意第三人来为此承担责任,李小蕾无证据证明王大福、刘云之间存在恶意串通的

---

① 参考案例:(2019)皖01民终3132号。

情形，故对李小蕾的全部诉讼请求，法院依法不予支持。判决驳回李小蕾的诉讼请求。

律师分析

上述两个案例中，均是配偶一方未经另一方的同意，擅自转让夫妻共有的房产，但结果截然不同，一个被判合同无效，一个被判合同有效，我们该如何认识呢，具体分析如下：

1. 一方转让夫妻共同房产的通常处理原则

在司法实践中，夫妻共同共有的房屋，夫妻一方处分时需要经过共有人的同意，未经过共有人同意擅自出售夫妻共同共有的房屋，属无权处分。买受人能否取得房屋所有权，取决于其是否为善意第三人。衡量标准：

(1)在房屋买卖交易全过程是否始终保持主观善意；

(2)是否以合理价格受让不动产并实际履行支付义务；

(3)是否办理了房屋产权过户登记。

如果不满足以上条件之一，则买受人极有可能因为不符合善意第三人的认定而不能善意取得房屋所有权。

案例一中，法院结合当事人提交的证据，对房屋买卖合同细节、本地市场交易行情综合考量，并通过对买受人沙丁是否善意进行分析认定，最终支持了房屋非产权登记人汤泉要求买卖合同无效的请求。买受人沙丁购买价格低于评估价格将近一半，符合以明显低于市场价格交易的认定(一般低于正常价30%在法律上就会被认为明显低价)，并且明知房产有异议登记仍购买，因此法院判断其不属于善意，认定买卖合同无效，因此沙丁也无法取得房屋所有权。

案例二中，刘云取得房屋的价格合理，且已实际全额支付了房款，并已取得涉案房屋的所有权证，在购买房屋过程中，通过现场看房、查询房产登记情况及抵押情况等行为证明其也尽到了合理的注意义务，因此法院认为其符合善意的要件，不构成恶意串通，合同是有效的。

买受人的行为差异，是法院判断其是否构成善意第三人的核心标准，从而导致结果出现不同。

2. 配偶能否行使撤销权取决于买受人是否善意

夫妻一方擅自处分共有房产必然使隐名共有人(房产证上未登记的配偶)

的权利受到侵犯。当第三人与未登记的配偶的利益发生冲突时,应当如何协调他们的利益冲突,保护谁的利益?核心应当是界定谁更善意。作为购买方的第三人因为无法查询到夫妻状况、情感状况,只能凭借一些权利外观来判断房屋的情况,可以考虑从房产买卖合同的签订过程的真实性、购房款的合理性及购房款是否真实支付、第三人与出让人的关系背景等方面综合判断。

3. 律师建议

(1)买受人在房屋买卖交易过程中应当注意了解出售房屋的共有状态、登记状况,尽到合理的查询、注意义务。若发现房产是共有状态,而非出售人单独所有,应取得共有人出具的售房委托书,或者共有人参与房屋交易过程并签字认可。

(2)为避免夫或妻一方擅自出售夫妻共同房产,应当注意登记共同所有,日常保管好不动产登记证;当发现房产登记有异样时,应当及时申请不动产异议登记,中止房产权属变更登记。若夫或妻一方擅自出售共同房产,第三人已经善意取得的情况下,财产被侵害的配偶一方可要求擅自出售方返还被侵占部分财产,且在离婚夫妻共同财产分割时可以要求对方少分或不分。

有些夫妻能够共患难积攒下家业,却不能同享福维护好家庭。但夫妻财产是家庭的财富,有你的一半也有我的一半。夫妻应当互谅互助互勉,家庭才能兴仁兴礼兴义。

法律依据

本文参考案例的法律依据为《中华人民共和国合同法》第五十二条第(二)项,现为《中华人民共和国民法典》第一百五十四条。《中华人民共和国民法典》第一千零六十二条。

8. 夫妻一方的房产出租所得的收益，属于夫妻共同财产吗？

婚礼上有一个浪漫动人的环节，新郎和新娘向彼此宣誓：从此时直到永远，无论是顺境或逆境、富裕或贫穷、健康或疾病、快乐或忧愁，我将永远爱你，直到天荒地老。正如婚礼的誓词一样，爱情是纯洁的、神圣的，有的人认为爱情不应该掺杂任何物质因素。但是婚姻的现实往往不如理想那么完美，将爱情与财富混为一谈，可能会“赔了夫人又折兵”。

经典案例

1. 案情介绍

因气候宜人、交通便利，广州凭借独特的格调成为一线城市中最宜居的城市。江乐乐出生在广州市荔湾区，是一个地地道道的广州本地人，早晨起床去享受广州的早茶，下午跟朋友打打麻将，日子过得有滋有味。江乐乐坐拥广州市荔湾区一整栋楼，这栋楼地理位置优越，在江乐乐的经营下，首层间隔成多间小商铺出租，二层至四层作为仓库，五层则作为办公室出租，这栋楼每年收的租金早已超过百万元。江乐乐有闲有钱会享受，身边非常多的朋友都羡慕她，开玩笑称江乐乐是所谓的“房姐”。

高强强是来广州打拼的外地人，为人机灵，年轻帅气。江乐乐和高强强两个人一见钟情，认识没多久就在一起了，2009 年 3 月去荔湾区民政局领了结婚证。两人结婚多年没有生育子女，于是决定在 2011 年领养一个女孩小婷。小婷聪慧可爱，给家里带来了无限的欢乐，一家三口的生活过得其乐融融。

结婚初期两个人的感情稳定、恩爱甜蜜，但是随着接触的深入，发现双方的性格、思维方式有着巨大的差异。高强强认为江乐乐不思进取、贪图享乐、花钱大手大脚，而江乐乐则抱怨高强强见异思迁、不懂体恤妻子。加之工作上的原因两人长期分居，夫妻感情逐渐走向冰点。

高强强在 2014 年 4 月 15 日起诉要求与江乐乐离婚，法院判决不准予双方离婚。此后，双方的感情不但没有好转，反而进一步恶化。2017 年年初，高强强再次起诉离婚，向法院提出把江乐乐在婚姻存续期间取得的756万余元巨额租金收益平均分配。

江乐乐认为，房屋是其婚前的个人财产，房屋的租金应当视为法定孳息，因此756万余元巨额租金不应当作为夫妻共同财产分割。[①]

2. 争议焦点

(1) 夫妻一方的房产出租所得的收益，属于夫妻共同财产吗？

(2) 如果租金收益属于夫妻共同财产，应按照何种比例分割？

3. 法院观点

(1) 关于夫妻一方的房产出租所得收益的归属。

高强强与江乐乐两人均确认荔湾区的房屋是属于江乐乐的婚前个人财产。考虑到租赁行为本身也是一种经营活动，特别是涉案房屋的面积之大、租金收益金额之高，其并非简单的收租行为，势必需要投入一定的时间、精力和劳动进行管理，故结合租赁行为的性质和本案具体案情，该笔租金应认定为经营性收益为宜。根据《最高人民法院关于适用〈中华人民共和国民法典〉婚姻家庭编的解释(一)》第26条的规定，应将该笔租金认定为夫妻共同财产。因此，高先生有权要求予以分割。

关于具体的租金收益，根据评估报告，该房屋自2009年3月23日至2015年1月27日，房屋的租金总值为7,561,264元。该笔租金总值7,561,264元，即本案应当予以分割的婚后收益。

(2) 关于荔湾区某房屋租金收益分割。

根据《最高人民法院关于人民法院审理离婚案件处理财产分割问题的若干具体意见》第8条的规定，“夫妻共同财产，原则上均等分割。根据生产、生活的实际需要和财产的来源等情况，具体处理时也可以有所差别”。上述租金收益完全来源于江乐乐婚前个人购买的房屋，显然其对取得该笔收益贡献较大，同时考虑其金额较大，江乐乐应适当多分得该笔收益。二审法院酌定，江乐乐应分得租金总值7,561,264元的2/3，高强强应分得1/3。因此，江乐乐应支付租金总值7,561,264元的1/3即2,520,421元给高强强。

---

① 参见黄文劲：《婚前有套房，婚后收了租，离婚时756万巨额租金怎么分？》，载广州市中级人民法院：https://mp.weixin.qq.com/s/i7erPB5uSSumvrKrMfX0Ng，最后访问时间：2022年9月6日。

律师分析

1. 什么是夫妻一方的个人财产

根据《民法典》第 1063 条,夫妻一方的个人财产具体包括:一方的婚前财产;一方因受到人身损害获得的赔偿或者补偿;遗嘱或者赠与合同中确定只归一方的财产;一方专用的生活用品;其他应当归一方的财产。

一方的婚前财产是指一方婚前已经取得的财产,包括动产、不动产和其他财产权益。需要注意的是,婚前财产的界定时间为双方结婚登记之日,结婚登记日前双方分别所有的财产归一方所有,结婚登记日后一方单独获得或双方共同所有的财产除法律另有规定或当事人特别约定外,作为婚后夫妻共同财产。

本案中,荔湾区的房屋是江乐乐的婚前个人财产,并不会因为双方登记结婚以及结婚时间长短而变成夫妻双方共同财产。仍有人受 1980 年《婚姻法》的影响,以为双方结婚登记多年,所有财产都会变成夫妻共同财产。

2. 房屋租金与生产经营收益有什么不同

依据《民法典》规定,孳息是指由原物所产生的收益。孳息分为天然孳息和法定孳息。天然孳息是指依物的自然属性所产生的物,如果树结的果实。法定孳息是指物依据法律规定或当事人的法律行为而产生的孳息,如利息、租金等。房屋出租后所获得的房屋租金即孳息。

“生产经营收益”包括劳动收入和股权、股份等资本收益,是指以个体工商户名义从事的工商业生产经营活动的收益,以农村承包经营户名义从事的农副业生产活动的收益,以个人合伙名义从事的合伙经营的收益,以及从事其他生产经营活动所获得的财产。

本案中,江乐乐的房屋首层被间隔为多间小商铺出租,二层至四层为仓库,五层为办公室,出租情况较为复杂、需要专人进行管理,因此租金被法院认定为“生产经营的收益”而没有认定为孳息,属于夫妻共同财产。

在现实生活中,房屋出租一般存在以下两种情况:

一种是普通住宅。一般只需要简单交给中介出租,甚至自行出租,然后定期收取租金即可,不需要为此付出人力、物力。因为该类出租物业一般租金收入不会很高,大多已用于日常生活的支出,不存在分割的问题。

另一种是用于经营性的出租物业。如某些家具商场、服装商场,该类房屋的出租经营需要进行宣传、策划,需要招租和管理、维修与维护,即上文所说的“需要投入一定的时间、精力和劳动进行管理”。简言之,租赁也是一门产业。将该类房屋的租金收入理解为经营性收益更为恰当。如果是在婚后取得此类经营性收益,体现了夫妻一方(或者是夫妻协力)在婚后的劳务或经营活动,应属夫妻共同财产。

但就算是这样,现实生活中常常难以界定什么情况属于经营性质,进而影响财产的归属判定。因此,建议有条件的情况下双方可以通过签署婚前财产协议、婚内财产协议,提前约定房屋租金的性质与归属,让爱情归爱情,让生活归生活。

3. 法院在离婚财产分割时的自由裁量权

在离婚案件中分割夫妻共同财产时,分割的原则是平均分割,有些案件甚至精确到小数点后的角、分。但法律同时也赋予了法院根据夫妻双方贡献的大小、考虑生产生活的需要、双方的经济状况等情况作出适当的调整。

比如上述案例,根据法律规定,法院也可以生硬地一人一半进行分割,但事实上,“拥有房屋者可多分租金”应更贴近老百姓朴素的公平观念,更容易让诉讼双方接受。如果无视这些情理因素而只是简单地对夫妻共同财产进行平分,就显得过分机械、僵硬,法理上并没有错,但最后的结果往往是一方不服判决,或者双方都不服判决,没有真正解决双方的矛盾,所以无法达到定分止争的效果。

4. 关于财产分割的建议

双方资产都较多或者负债的情况下,或者一方资产较多,另外一方较少的情况下,特别是再婚的夫妻,建议双方结婚前可以将双方的个人财产、婚后可能的共同财产进行梳理,以清单的形式进行列明,清楚各类财产的价值与归属。当然如果双方已经结婚,也可以通过签署婚内财产协议,就夫妻财产的归属以及婚前财产的归属作出约定,避免或者减少双方在婚姻关系存续期间发生误解和矛盾,建立更加稳定的信任关系。

结婚,从两个人变成一个家庭,从花前月下到柴米油盐,结婚的时候,我们当然是抱着白头偕老的想法,虽然基于传统观念有的人会对金钱羞于启齿,但个人财产和夫妻共同财产还是要弄明白的。再浪漫的爱情、再幸福的婚姻都要面对未来的不确定性。其实与传统观念正相反,梳理清楚婚前、婚后的财产,反而使得爱情和婚姻更加纯粹。

法律依据

本文参考案例的法律依据为《最高人民法院关于人民法院审理离婚案件处理财产分割问题的若干具体意见》第八条,现为《中华人民共和国民法典》第一千零八十七条。《中华人民共和国民法典》第一千零六十三条。

9. 转让公司股权,是否必须征得配偶的同意?

前些年国家鼓励“大众创业、万众创新”,深圳更加是一个创业魔都。对于一个家庭来说,创业之路开启后,家庭通常会通过注册公司来不断扩大经营、发展壮大。按照《民法典》的规定,婚后的财产是夫妻共同财产,需要共同处置才有效。但是公司经营必须遵守《公司法》的规定。在这样的前提下,夫妻一方转让公司股权,是否需要经过配偶同意?还是说,未经配偶同意转让的股权协议是无效的呢?本书将通过案例进行详细解析。

经典案例

1. 案情介绍

邱圆圆与张华于1990年4月28日登记结婚,两人因为是自由恋爱结合,结婚多年感情一直不错。1997年5月,张华和几个好朋友共同创立了L公司,公司注册资本1亿元,张华实缴出资额为6600万元,持有该公司66%的股权。此后公司生意做得风生水起,张华也变得和以前不一样了,常常不回家,对家里的事情也毫不关心。

2014年,邱圆圆向天津市某区人民法院提起离婚诉讼,要求分割夫妻共同财产,包括L公司的66%股权。但是由于各种原因,离婚诉讼被移送到其他法院管辖,几经周折后终于在2017年7月,天津市第二中级人民法院作出终审判决,准予邱圆圆与张华离婚。

但在法院判决离婚前,2016年7月张华与注册资本为50万元的B公司签订《抵债协议》,约定:张华与B公司在2012年3月15日为购置家具签订《定做买卖合同》,总价款为4700万元;张华欠B公司合同款4700万元及逾期利息;为尽快兑现上述款项,张华自愿以其享有的L公司66%股权折抵4700万元合同价款及逾期利息,B公司同意受让该股权。

2016年10月,L公司全体股东一致通过如下股东会决议:同意张华与B公司签署的《股权转让协议》,其他股东自愿放弃优先权。因股权转让而退出股东会的股东仅对此项事项发表表决意见;审议通过公司《章程修正案》;自该决议作出之日起30日内办理工商变更登记手续。

邱圆圆认为，上述股权行为发生在两人离婚诉讼审理期间，因此有理由相信《股权转让协议》系张华与B公司恶意串通后签订，双方以合法形式掩盖非法目的，其实质是为了帮助张华转移夫妻共同财产。故请求法院判决确认张华与B公司签订的《股权转让协议》无效；判令将L公司66%的股权恢复登记至张华名下。①

2. 争议焦点

张华与B公司签订的《股权转让协议》是否有效？

3. 法院观点

股权的合法转让主体是股东本人，而不是其所在的家庭，法律亦未规定股东转让股权需经配偶同意。L公司就张华转让案涉股权形成了股东会决议，其他股东自愿放弃了优先购买权，因此张华决定对外转让案涉股权不违反法律规定。邱圆圆作为张华的配偶，其基于股权所享有的共有财产权利体现在股权所对应的财产性收益，即转让股权所取得的对价。邱圆圆主张案涉股权系夫妻共同财产，张华未经其同意无权转让案涉股权，缺乏依据，不能成立。

邱圆圆认为张华与B公司并不存在《定做买卖合同》中约定的真实交易关系。张华与B公司均主张双方签订的《定做买卖合同》成立并已实际履行，双方存在真实的交易关系，因此张华与B公司应就其该主张承担举证责任。张华提交了一组家具照片，B公司提交了与张华签订的《定做买卖合同》《订货产品明细表》以及6张送货单，拟证明双方存在真实的交易关系。B公司提交的证据均系复印件，邱圆圆申请对上述证据的形成时间进行鉴定，但B公司与张华均表示不能提交原件，导致鉴定无法进行，且张华未证明其提交照片中的家具系《定做买卖合同》项下标的物，亦未提交证据证明提货人的身份，因此，在没有其他证据佐证的情况下，仅凭B公司提交的上述复印件不足以证实双方存在真实交易关系并已实际履行。《定做买卖合同》约定的总价款为4700万元，货到付款，B公司主张截至2013年1月6日已向张华交付了全部货物，但未收到货款，直至双方于2016年7月28日签订《抵债协议》。对于如此大额交易，在长达3年多的时间里，B公司未能证明其向张华主张过权利，且未保留双方签订的《定做

① 参考案例：(2018)最高法民终851号。

买卖合同》原件,上述情节均不符合常理。

邱圆圆提交了B公司2012年度年检报告书,否认张华与B公司存在真实交易。张华与B公司提交证据不足以证明该交易关系真实存在,而邱圆圆提交的反驳证据亦增强了该交易关系不存在的可能性,据此法院认定B公司和张华之间并不存在《定做买卖合同》约定的真实交易关系。

虽然案涉股权原登记于张华名下,张华作为股东有权决定转让该股权,但因张华与B公司之间并不存在《定做买卖合同》约定的真实交易关系,故双方的《抵债协议》缺乏事实基础,且B公司取得案涉股权并未支付对价,同时上述抵债及转让股权行为恰发生于张华与邱圆圆离婚诉讼期间,而案涉股权转让后应得的对价又系夫妻双方共同财产,故法院有理由相信《股权转让协议》系张华与B公司恶意串通签订,损害了邱圆圆的合法权益。依照《合同法》第52条第2项的规定,有下列情形之一的,合同无效:恶意串通,损害他人合法权益,因此《股权转让协议》应认定为无效。合同无效或者被撤销后,因该合同取得的财产,应当予以返还。因案涉股权所对应的财产权益属于张华与邱圆圆的夫妻共同财产,而该部分权益在双方离婚诉讼中并未予以处理,因此对邱圆圆请求将案涉股权恢复登记至张华名下,法院予以支持。

律师分析

1. 夫妻一方转让公司股权处理原则

在司法实践中,参考"最高人民法院第二巡回法庭2020年第3次法官会议纪要",股权是股东基于其股东身份和地位而在公司中享有的权利,包含资产收益、参与重大决策和选择管理者等,兼具财产权与人身权属性。根据《公司法》的规定,取得完整无瑕疵的股东资格和股东权利,应同时符合向公司出资或认缴出资这一实质要件和被记载于公司股东名册等相关文件这一形式要件。换言之,出资并非取得有限责任公司股权的充分条件,不能仅因出资来源于夫妻共同财产就认定该股权为夫妻共同共有。当股权登记于夫妻一方名下时,该股权的各项具体权利应由股东本人独立行使,股东有权单独处分该股权。如无恶意串通损害另一方利益等导致合同无效的情形,登记为股东的一方应按合同约定履行股权转让义务,但根据原《婚姻法》及其司法解释的相关规定,因转让该股权而取得的收益属于夫妻共同财产。股权作为股东基于其股东资格而享有的复合性权利,除具有的财产权益内容外,还具有与股东个人的社会属性及其特质、品格密不可分的人格权、身份权等内容。如无特别约定,对于自然人股东而言,股权仍属于商法规范内的私权范畴,在婚姻关系存续期间以夫妻共同财产出资取得但登记在夫或者妻一方名下的有限责任公司股权,虽属于夫妻共同财产,但公司股权相关的权利仅由登记方行使,而非夫妻共同共有。

配偶方仅可就该股权产生的分红、转让价款等财产性收益享有共有权,但并不享有该股权的处分权能,法律亦未规定股东转让股权需经配偶同意,所以股东擅自对外转让股权的,不影响股权转让合同效力。但是,如果夫妻一方与第三人恶意串通,签订股权转让合同以转移夫妻共同财产,侵害配偶一方财产共有权的,该股权转让合同可能被认定为无效。

本案中,法院一方面认为股东的各项具体权能应由股东本人独立行使,不受他人干涉。因此,股东转让股权无须经配偶同意,且L公司股权的转让形成了有效的股东会决议,邱圆圆主张张华未经其同意无权转让公司股权,法院不予支持。

但另一方面,法院认为根据各方提交的证据,B公司和张华之间并不存在真实的交易关系,因此张华以股权抵债的说法自然也是缺乏事实基础的,最终法院认为B公司和张华是出于恶意串通的目的签订的《股权转让协议》,认定该协议无效,张华的66%股权对应的财产权益仍属于夫妻共同财产。

由此可见,夫妻一方以个人财产投资的公司或企业的股权,其所持有股权的收益和价值应当属于夫妻共同财产,但其股东的身份仅为持有股权的一方所有,其配偶并不当然享有,股权的转让只需要符合《公司法》的相关规定即可。

2. 股权转让协议是否有效,取决于协议双方是否恶意串通,是否存在导致合同无效的情形

本案中,证明张华与B公司之间是否存在真实交易成为判断《股权转让协议》是否有效的关键。张华与B公司提供的复印件等证据不足以证明交易的真实性,而邱圆圆通过B公司的年检报告,双方交易的时间等让法院相信双方为恶意串通的虚假交易。

因此,当股东合法转让股权,配偶无权主张转让协议的撤销与无效,除非配偶证明转让方与受让方恶意串通损害配偶的利益。

3. 律师建议

(1)对于股东一方,为避免《股权转让协议》无效,股东在进行股权转让时,

应严格遵守《公司法》第71条①的规定，经过公司法定程序完成股权转让事宜，以免影响股权转让协议效力。

(2)另外建议股东一方：

第一，股权转让价格应当合理，并尽量保留股权转让价格磋商的过程以及依据，保留相应的证据及凭证。

第二，股权转让时，为避免效力瑕疵，最好有配偶提供的同意股权转让书面文件。如果提供书面同意文件有难度，建议保留配偶知悉或者应当知悉交易条件的证据。

第三，股权转让应及时办理股权变更登记。

(3)对于非持股一方的配偶，笔者建议：

第一，争取在公司中持股，了解公司重大事项，避免对方转移公司股权而不知。

第二，准备提起离婚诉讼或离婚诉讼中，应提前调查公司股权的情况，对公司股权进行司法冻结，避免持股一方如本案中一样设法转移股权，导致未持股一方后续处于被动状态。

第三，应当从股权转让协议的签约主体的经营情况、股权价值、签约背景、签约时间、支付条件等方面积极收集证据，来判断、证明股权转让协议系恶意串通。

夫妻共同财产是夫妻共同努力奋斗得来，通过签订《股权转让协议》的方式恶意转移夫妻共同财产既不合法理，也不合情理。想想曾经共同患难的日子，如果实在无法一起好好生活，好聚好散、公平合理分割财产也未尝不是一个体面的结束方式。

---

① 《公司法》第71条规定："有限责任公司的股东之间可以相互转让其全部或者部分股权。股东向股东以外的人转让股权，应当经其他股东过半数同意。股东应就其股权转让事项书面通知其他股东征求同意，其他股东自接到书面通知之日起满三十日未答复的，视为同意转让。其他股东半数以上不同意转让的，不同意的股东应当购买该转让的股权；不购买的，视为同意转让。经股东同意转让的股权，在同等条件下，其他股东有优先购买权。两个以上股东主张行使优先购买权的，协商确定各自的购买比例；协商不成的，按照转让时各自的出资比例行使优先购买权。公司章程对股权转让另有规定的，从其规定。"

法律依据

本文参考案例的法律依据为《中华人民共和国合同法》第五十二条，现为《中华人民共和国民法典》第一百五十三、第一百五十四条、第一百五十五条、第一百五十六条;《中华人民共和国民法典》第一千零六十二条、第一千零六十三条;《中华人民共和国公司法》第七十一条。

10. 发现对方有外遇了,怎么办?

对于每一位已婚人士来说,在得知另一半有外遇时,有气愤、受伤的情绪是情理之中的,但是气愤时所说的话、作出的决定往往也是不理智、不合适的。因此发现另一半有外遇时,别只顾着气愤、受伤,最重要的是要及时冷静下来,平复心情,考虑清楚自己想得到怎样的结果。在因无法忍受对方的出轨而决定离婚时,采取什么样的措施才能最大限度地维护自己的合法权益,不让自己处于人财两空的尴尬局面。

经典案例

1. 案情介绍

金正与吕楠是自由恋爱走到一起。吕楠虽然比金正小5岁,但无论是在事业上还是在家庭上都有大女人的风范。吕楠自己经营一家公司,主要销售灯饰,在房地产行业上蒸蒸日上的时代,吕楠的生意也做得如火如荼。金正则相对顾家,这也是吕楠最看重的地方。经过2年的恋爱,二人迅速结婚生子。

公司的经营并非一帆风顺。2018年,吕楠经营的公司遭遇了困境,因此欠下了非常多的外债,吕楠也因债务问题涉诉。金正抵押了自己婚前的一套房产借款还债,帮助吕楠度过危机。此时,吕楠借以规避债务、保护财产为由提出离婚,金正同意并签署了离婚协议。

离婚后,金正以为还可以与吕楠过夫妻生活。他哪里知道,吕楠拒绝回归家庭,且与其他人迅速生育一子,算算时间,怀孕的时间正是在双方离婚协议前不久。金正伤心欲绝,独自抚养着二人共同的小孩。其间,金正通过微信质问吕楠,吕楠坦承自己在婚内便与他人相好。金正哪里气得过,欲通过法律获得精神损害赔偿。①

2. 争议焦点

吕楠的行为是否构成法律意义上的"过错方"?需要承担法律责任吗?

---

① 参考案例:(2021)粤01民终4681号。

3. 法院观点

一审法院认为,吕楠与金正并非基于金正得知吕楠违反夫妻忠实义务,金正要求吕楠精神损害赔偿无法律依据。但是,二审法院则认为吕楠在微信聊天中已承认自己婚内出轨,结合离婚后的生育情况,可以认定吕楠在婚姻关系存续期间违背夫妻忠实义务,这是造成关系破裂的原因之一,且不排除这是吕楠离婚的动机。因此金正在协议离婚后 1 年内提出该主张符合法律规定,法院予以支持,但是其提出损害赔偿金为 10 万元过高,法院酌定吕楠支付精神损害赔偿金 5 万元。由于财产及债务问题,双方已通过离婚协议约定清楚,法院不予处理。

律师分析

1. 离婚前需要思考的问题

第一,想要什么?例如,有的人想要完整的婚姻、有的人想要更多的财产、有的人想要子女的抚养权等。第二,如何实现这些想要的目标?第三,如何收集对方外遇的证据?是自己收集证据还是委托律师来收集?第四,如果婚姻无法继续,是要通过协议方式离婚还是通过诉讼方式离婚?无论选择什么,都需要自己作决定,而且想得越清楚越好。

2. 如何收集对方外遇的证据

根据《民事诉讼法》"谁主张,谁举证"的原则,无过错方主张对方存在过错,需要承担相应的举证责任。由于婚姻关系的私密性以及相关的证据有可能侵犯他人的隐私,在实践中,此方面的证据一直都是难点。在收集证据时,需要注意如下几点:

第一,尽可能多地收集证据,形成完整的证据链。在现实生活中,能够直接证明出轨的证据少之又少,因此我们就需要尽可能多地收集证据,如亲密照片、手机短信、聊天记录、电子邮件的往来、录音、悔过书、忠诚协议、开房记录、录像、邻居的证人证言、具有特殊含义的转款记录、互赠礼物的凭证等。这些间接证据都无法单独、独立地证明出轨事实的存在,但是若形成证据链之后,则可能会被法院认定出轨事实的存在。

第二,对于易消失、易被更改的证据要及时做保全进行固定。对于微信聊天记录的截图、社交媒体的照片、聊天记录等容易被删改的证据一旦取得后,最好及时通过公证的方式进行保全固定。

第三,监听监视需谨慎,有的当事人为了取得另一半不忠实的证据,通过不正当途径采购、安装监听和监视的设备。稍有不慎,则可能违反法律的规定,最终不仅因为取证违法所得的证据不被采信,还可能因为侵害第三方的民事权利而承担相应的民事责任,甚至是刑事责任。

3. 关于离婚过错损害赔偿

根据《民法典》第 1091 条的规定,夫妻一方因过错实施的法律规定的违法行为,妨害婚姻关系和家庭关系,导致夫妻离婚,过错方应当承担损害赔偿责任。那么什么情况下才构成离婚损害赔偿呢?

第一,夫妻一方对离婚有主观上、行为上的过错。一方有法律意义上的过错行为,如在婚内与他人登记结婚、与他人以夫妻名义共同生活、与他人同居等,且该过错行为致使双方夫妻感情破裂、导致双方婚姻关系解除。第二,一方的行为具有违法性,这是离婚损害赔偿的客观行为要件。即过错方的行为,违反了《婚姻法》的规定或婚姻契约对婚姻义务的要求。如违反了夫妻的忠实义务、相互扶养义务等。第三,受害人无过错,这是离婚损害赔偿的受害人要件。即请求损害赔偿的受害人必须没有主观过错,如果双方都有过错,则无权要求精神损害赔偿。第四,请求权人有损害的事实,这是后果要件。即享有请求权的一方当事人必须具有损害事实,包括财产损害与精神损害。从《婚姻法》的规定来看,这个事实是以离婚这一结果来表现的。第五,是过错行为与损害事实之间具有因果关系,这是离婚损害赔偿因果关系要件。即过错一方的违法行为与无过错一方的损害事实具有法律上的因果关系。离婚损害赔偿必须是配偶一方和第三者的破坏婚姻家庭关系行为直接导致离婚这一最终结果才能要求。没有直接的因果关系,不存在赔偿的问题。

例如,在金正与吕楠的婚姻关系期间,吕楠违背夫妻忠诚义务,在婚姻关系期间出轨,并怀孕在身,为了与金正解除婚姻关系,以保全财产、规避债务为由提出离婚。虽然法律上没有“假离婚”,办理离婚登记就是真的离婚了。但是在本案中,吕楠有主观上的过错、客观上的行为,且最终导致了离婚的损害结果,因此二审法院最终客观公正地支持了金正的离婚损害赔偿。此外,需要说明的是,离婚损害是一个非常主观的判断,哪怕在同一个案件中,不同法官都有不同的观点,在不同的案件中,法官也会综合各方提供的证据材料,考虑过错方的主观恶意程度、行为违法程度等来判断是否构成离婚损害赔偿及赔偿金额。

4. 过错方是否构成重婚罪

重婚罪是出轨最极端的表现形式,重婚罪因破坏我国一夫一妻婚姻制度,属于违法犯罪范畴。在实务中,婚内出轨并不仅仅引发社会道德的谴责,严重的可能会构成犯罪,是要被追究刑事责任的。根据我国《刑法》第258条的规定,有配偶而重婚的,或者明知他人有配偶与之结婚的,处2年以下有期徒刑或者拘役。

第一,《最高人民法院关于贯彻执行民事政策法律的意见》中,解释了关于"重婚"的定义,即一方有配偶又与他人登记结婚或者与他人以夫妻名义共同生活;明知他人有配偶又与之登记结婚,或者与之以夫妻名义共同生活的行为。该法虽现已废止,但江苏、上海等多地审理指南仍继续沿用这一认定,如《江苏省高级人民法院婚姻家庭审理指南》(2010年)、《上海市高级人民法院婚姻家庭纠纷办案要件指南(一)》对重婚的理解仍现行有效,为法院在审理重婚案件提供参考。

第二,"重婚"中的夫妻关系,包括登记婚姻制度的夫妻关系,也包括事实婚姻的夫妻关系。

第三,有"重婚"行为,不一定就构成重婚罪。《刑法》第13条规定,情节显著轻微危害不大的,不认为是犯罪。重婚从情节是否严重来区分罪与非罪的界限。只有情节较为严重,危害较大的重婚行为,才构成犯罪。若将婚内出轨的行为发展为经常性、稳定性的关系,甚至与他人以夫妻名义共同生活,则涉及犯罪的可能性是非常大的。

总结一下,如果发现另一半有外遇了,笔者认为应当从以下几个方面考量。首先,思考一下自己想要什么;其次,如何收集证据,在合适的时间去让对方作出书面承诺、签署书面忠诚协议等;最后,可以寻求专业人士的帮助,如心理咨询师,可以帮助你解决心理问题,更好地渡过婚姻中的难关;同时也可以考虑委托律师,帮助当事人了解法律规定,以及如何通过法律途径维护己方的权利。

法律依据

本文参考案例的法律依据为《中华人民共和国民法典》第一千零七十六条、第一千零八十五条、第一千零九十一条,《最高人民法院关于适用〈中华人民共和国民法典〉婚姻家庭编的解释(一)》第六十九条、第七十条、第八十九条。

11. 夫妻忠诚协议有效吗？应不应该签署？

世界丰富多彩，充满了各种诱惑，世上没有最完美的婚姻，只有愿意互相包容的夫妻。夫妻进入婚姻一段时间之后往往对另一半出现审美疲劳，总觉得哪儿都不好，而路边的野花总想惹一惹。俗话说，百世修来同船渡，千世修来共枕眠，既然结为连理就是莫大的缘分。既为夫妻，更要珍惜这段缘分，彼此尊重、彼此忠诚，携手一生。有的夫妻为了表示自己对另一半的忠诚和决心，签订忠诚协议，承诺一生一世一双人。在法律上，忠诚协议有效吗，是否应该签署呢？

经典案例(一)

1. 案情介绍

李勇和马丽在一次朋友聚会上相识。经历3年的甜蜜恋爱后，李勇与马丽在2012年步入婚姻殿堂。马丽不久后生下一个可爱的女儿，三口之家的日子本应过得甜甜美美，马丽却发现丈夫与聊天软件上认识的女网友罗珊有不正当关系。

马丽撞破两人的婚外情后，李勇不但没有浪子回头，反而变本加厉，根本不把马丽放在眼里。不仅如此，罗珊数次怀孕，名存实亡的婚姻让马丽内心十分痛苦，整天以泪洗面。

2017年1月，马丽向李勇摊牌，主动要求结束两人痛苦的婚姻。李勇则为了挽回马丽，提出双方签订一份婚内协议，约定从今往后双方互相忠诚，如因一方过错行为(婚外情等)造成离婚的，女儿则由无过错方抚养，过错方放弃夫妻名下所有财产，并补偿无过错方人民币20万元。

可惜好景不长，在协议签订后，李勇仍与罗珊保持密切的交往，罗珊更是在2017年7月产下一个男孩。李勇向来性格传统保守，还有些重男轻女，在儿子呱呱坠地后，心里更是想给罗珊一个名分。于是，李勇诉至法院要求离婚，马丽同意离婚并主张按照婚内协议的约定，要求法院处理子女抚养和夫妻共同财产分割。[①]

---

① 参考案例：2019年3月11日，江苏省高级人民法院发布“江苏法院婚姻家庭十大典型案例”《案例四：婚内忠诚协议不受法律保护，财产分割应照顾无过错方》。

2. 争议焦点

马丽与李勇签订的婚内协议是否有效？能否按照婚内协议的约定分割夫妻共同财产？

3. 法院观点

一审法院认为，李勇与马丽夫妻感情确已破裂，应准予离婚。上述协议中，关于子女的抚养约定因涉及身份关系，应属无效；关于财产分割及经济补偿的约定，系忠诚协议，不属于《婚姻法》第 19 条规定的夫妻财产约定情形，马丽主张按照婚内协议处理子女抚养及财产分割无法律依据，但考虑到李勇在婚姻中的明显过错等因素，应对无过错的马丽酌情予以照顾。综合考虑孩子的成长经历、双方收入水平、家庭财产来源等情况，判决女儿随马丽共同生活，并由马丽分得夫妻共同财产的 70%。

一审判决后，李勇、马丽均提起上诉。二审法院认为，虽然《民法典》第 1065 条第 2 款、第 3 款有“夫妻对婚姻关系存续期间所得的财产以及婚前财产的约定，对双方具有约束力。夫妻对婚姻关系存续期间所得的财产约定归各自所有的，夫或妻一方对外所负的债务，第三人知道该约定的，以夫或妻一方所有的财产清偿”的规定，但是此类约定一旦与“保证忠诚”挂钩，即成为忠诚协议，不适用《民法典》第 1065 条。

故夫妻间的忠诚义务更多的是一种情感道德义务，夫妻虽自愿以民事协议的形式将夫妻忠诚的道德义务转化为法律义务，但也是变相以金钱衡量忠诚，存在道德风险。因此，夫妻间订立的忠诚协议应由当事人自觉履行，法律并不赋予其强制执行力，不能以此作为分割夫妻共同财产或确定子女抚养权归属的依据，但在离婚分割夫妻共同财产时，应综合考虑婚姻关系中各自的付出，过错方的过错程度和对婚姻破裂的消极影响，对无过错方酌情予以照顾，平衡双方利益，以裁判树立正确的价值导向。二审法院驳回上诉，维持原判。

经典案例(二)

1. 案情介绍

40 岁的包工头苏大强，10 年前来到深圳打工，近几年因承包建筑工程腰包渐鼓。2010 年 5 月，苏大强结识了 22 岁的女子赵美兰。虽然两人年龄悬殊十几岁，但多次接触后还是擦出了“爱的火花”。不过，苏大强其实早已结婚并育有一子。

2015 年 3 月,在赵美兰的强烈要求下,苏大强写下一份"同居保证书",保证:"我保证三个月内与妻子离婚,然后跟赵美兰结婚,如果做不到,我愿意赔偿赵美兰 20 万元。特此承诺。"落款处有苏大强的签名和日期,苏大强还在保证书上捺了手印。之后,苏大强与赵美兰以夫妻名义生活在一起。2016 年 2 月底,苏大强以二人性格不合为由提出分手,并称不愿意再见到赵美兰。之后,无论赵美兰怎么纠缠,苏大强都不再搭理。

2016 年 7 月,忍无可忍的赵美兰拿着苏大强所写的"同居保证书"向法院起诉,要求法院判令苏大强支付 20 万元违约金。赵美兰认为"那份保证书是我和苏大强之间的协议,苏大强违约了就应该支付违约金,这也是他不讲信用应该付出的代价"。①

2. 争议焦点

苏大强的"同居保证书"是否具有法律效力?

3. 法院观点

法院认为"类似'同居保证'一类的文书都属无效。

所谓"同居保证",是指男女双方在恋爱阶段,为了保证同居关系而作出约定,一旦一方违反约定,则应支付另一方违约金。"同居保证"的出现原意是为了维护双方的同居关系,希望通过这种方式来约束双方不能轻易地提出分手。但在现实中,一旦男女双方感情破裂,"同居保证"往往变成了一方索要金钱的借口。我国《民法典》第 8 条规定,民事主体从事民事活动,不得违反法律,不得违背公序良俗。因此,"同居保证"保证的是法律不予认可的同居关系的稳定性,这种约定违背法律禁止性规定及公序良俗,应属于无效的民事行为,"同居保证"应属无效合同。

律师分析

1. 什么是忠诚协议

忠诚协议是指婚姻关系存续期间,夫妻双方签订的遵守忠实义务的约定,若

① 傅德慧:《"净身出户、同居保证书、忠诚协议"有效吗? 法院是否会支持?》,载"山东高法"公众号:https://mp.weixin.qq.com/s/B5Rw16iL8GOLD3fixFAjCg,最后访问时间:2022 年 9 月 6 日。

一方违反忠实义务，需给予对方约定的赔偿金或补偿金，或违反忠实义务的一方在财产分割时承担按约定少分或者不分的不利后果的协议。夫妻忠诚协议源于我国原《婚姻法》第4条的规定，夫妻应当相互忠实、相互尊重，家庭成员间应当敬老爱幼、相互帮助，维护平等和睦文明的婚姻家庭关系。

司法实践中，法院对忠诚协议的效力存在截然不同的认定。有些法院认可忠诚协议的效力，依据协议的约定，违约一方应当承担违约责任，承担金钱赔偿或者履行某种约定的行为，如上海的夫妻不忠赔偿案。而有些法院则否认忠诚协议的效力，如山东日照的出轨赔百万协议案等。为什么有不同的判决呢？笔者认为是忠诚协议的内容决定了其效力。

2. 什么情况下可能会影响忠诚协议的效力

第一，违反法律行政法规的强制性规定，违背公序良俗的约定，必然无效。例如，出轨就要自残等违背公序良俗的承诺当然是无效的。

第二，对于禁止离婚或离婚后再婚的约定，限制了婚姻自由原则，对此条款的约定也应当是无效的。苏大强保证3个月内与妻子离婚，与赵美兰结婚的“保证”因涉及婚姻自由的约定是无效的，同时也违背公序良俗，因此承诺的违约金也得不到法院的支持。

3. 起草忠诚协议的关键点

关于离婚财产处理的约定，夫妻双方达成的以登记离婚或者到人民法院协议离婚为条件的财产分割协议，原则上是以夫妻双方的约定为准，但夫妻双方的约定必须合法合理，同时对于重婚、出轨、家庭暴力的过错情节，法院会从无过错方的受害程度、双方经济条件等方面对忠诚协议中的经济补偿酌情予以增加或者减少。也就是说，法院有权利调整补偿或赔偿的金额。因此，离婚财产处理当中约定巨额的出轨赔偿金会根据具体情况具体分析，最终作出判决。在忠诚协议中，即使合法的离婚财产约定也并非会全部得到法院的支持。

夫妻忠诚协议的责任主体只能是夫妻关系当中有过错的一方，也就是说，不能向婚姻关系以外的其他人提出，如第三者，也不能向配偶的其他家庭成员要求惩罚性赔偿。需要说明的是，一方或者双方已经有配偶的男女朋友之间所签订的忠诚协议的效力可能是不受法律保护的。

4. 忠诚协议应如何签署

我们看到很多当事人临时拟定的忠诚协议，在陈述上往往是含糊、有歧义的。例如,经常在忠诚协议中会有这样的表述:一方不能出轨,不能背叛家庭,如果背叛了家庭,全部的财产就归另一方所有。事实上,什么叫出轨、什么叫背叛,不同的理解各不相同,概念十分模糊,如果发生争议,拿忠诚协议来寻求赔偿时,首先要证明对方有约定的背叛或者是有出轨的行为。这个时候,对于哪些行为属于出轨、背叛会有多种解释,单方认为这个行为已经达到了出轨条件,或者是背叛家庭的条件,但对方或者是法庭不一定认为达到条件。也就是说,举证过程是非常难的,所以我们在签署或者起草忠诚协议时,要特别注重表述,尽量是清晰的、可量化的、能清楚识别的。

好的婚姻要守护财产,更要守护好爱。如果你遭遇情感的背叛,或者在婚姻中感情得不到满足,失去安全感,却又不知道该怎么保障自己的利益,必要时可以寻求律师的帮助。

法律依据

本文参考案例的法律依据为《中华人民共和国婚姻法》第十九条,现为《中华人民共和国民法典》第一千零六十五条。《中华人民共和国婚姻法》第四条,现为《中华人民共和国民法典》第一千零四十三条。《中华人民共和国民法总则》第八条,现为《中华人民共和国民法典》第八条。

12. 婚内财产协议应该怎么签?

随着我国结婚率、生育率的连年下降,离婚率的连年上升,可以看出当代年轻人对于婚姻的信心也在逐年下降。因此,为了更好地经营婚姻,让婚姻更有保障,越来越多的人会选择通过签署婚内财产协议来为自己的婚姻保驾护航。如何签订一份合法有效的婚内财产协议?本书将通过经典案例进行详解。

经典案例

1. 案情介绍

贺明明与刘丽丽于2000年1月12日登记结婚,于2007年5月5日育有一女,取名贺小雨。2014年11月21日双方在民政部门协议离婚,同年12月12日复婚。2015年2月3日,双方再次在民政部门协议离婚。离婚后,贺明明于2015年6月购买了101号房屋,该房屋性质为商品房,建筑面积为263.6平方米,登记在贺明明名下。2015年8月6日,贺明明与刘丽丽复婚。

2015年12月1日,贺明明与刘丽丽前往北京市国土资源局,签署了《关于房屋所有权归属约定书》,内容为“贺明明与刘丽丽系夫妻关系,海淀区某小区101号房屋是贺明明的个人财产,现因个人原因,申请将该房屋由贺明明转移至刘丽丽名下,转移后为其个人所有”。同日,贺明明将101号房屋过户至刘丽丽名下。

贺明明主张其基于赠与行为将101号房屋过户至刘丽丽名下。刘丽丽在本案审理中曾认可双方为赠与合同关系,并陈述双方复婚后,贺明明为了表示诚意,不因财产问题影响夫妻感情,故将101号房屋赠与刘丽丽。但此后庭审中,刘丽丽变更答辩意见,称贺明明与他人存在不正当关系,贺明明保证断绝关系并作出夫妻财产约定,将101号房屋过户至刘丽丽名下,该约定合法有效。

贺明明称自己没有与其他人有不正当关系,刘丽丽才是那个与他人有不正当关系的人,并提供了大量的录音、录像证据,称刘丽丽侵害其作为丈夫的合法权益。故以刘丽丽严重伤害贺明明感情为由主张撤销房产赠与。①

---

① 参考案例:(2020)京01民终1517号。

2. 争议焦点

(1)本案《关于房屋所有权归属约定书》的性质属于赠与协议还是夫妻财产约定协议?

(2)刘丽丽是否存在侵害贺明明法定权益的行为,贺明明有无权利据此请求撤销协议?

3. 法院观点

关于争议焦点一,刘丽丽认为涉案《关于房屋所有权归属约定书》属于依据《婚姻法》第19条规定的夫妻财产约定协议,故对双方当事人具有法律约束效力,不得被撤销。《婚姻法》第19条规定,夫妻可以约定婚姻关系存续期间所得的财产以及婚前财产归各自所有、共同所有或部分各自所有、部分共同所有。约定应当采用书面形式。没有约定或约定不明确的,适用本法第17条、第18条的规定。夫妻对婚姻关系存续期间所得的财产以及婚前财产的约定,对双方具有约束力。夫妻对婚姻关系存续期间所得的财产约定归各自所有的,夫或妻一方对外所负的债务,第三人知道该约定的,以夫或妻一方所有的财产清偿。据此,我国《婚姻法》依法保护夫妻双方的自由意志与财产处分权利,其中规定的夫妻约定财产制是指夫妻以契约方式约定婚前财产和婚姻关系存续期间所得财产的归属、管理、使用、收益、处分及债务清偿、婚姻解除时财产的分割等事项的法律制度。《最高人民法院关于适用〈中华人民共和国民法典〉婚姻家庭编的解释(一)》在赠与房产变更登记之前撤销赠与,另一方请求判令继续履行的,人民法院可以按照第186条的规定处理。据此,我国婚姻法律规范中也明确规定有夫妻之间赠与房产的情形。

通过对上述法律规范进行体系性的关联与对比,法院认为,《婚姻法》第19条第1款所规定的"夫妻可以约定婚姻关系存续期间所得的财产以及婚前财产归各自所有、共同所有或部分各自所有、部分共同所有",应理解为夫妻间关于财产的约定形式包括三种,即各自所有、共同所有或部分各自所有、部分共同所有。上述约定形式的规范与限定,系基于婚姻的情感性、身份性、伦理性等特征和稳固婚姻家庭关系的初衷。而其中"各自所有"按照文意解释应理解为本属于己方所有的财产仍归己方,不包括本属于己方所有的财产通过约定全部归属于对方的情形,因为后者的情形可以通过赠与的法律关系予以规范。因夫妻财产约定协议与赠与协议在撤销权的行使条件上存在一定区别,故涉案协议的基础法律关系定性应为本案的先决问题。

根据刘丽丽的陈述，刘丽丽与贺明明除涉案房屋之外再无其他关于夫妻财产的约定，涉案协议约定将贺明明于复婚前个人全资购买的房产过户给刘丽丽，作为刘丽丽个人所有，而未约定夫妻共同所有或夫妻部分共同所有，应认定为二人在婚姻关系存续期间约定将贺明明一方所有的房产赠与刘丽丽，由刘丽丽个人完整地享有涉案房屋的所有权益。故涉案《关于房屋所有权归属约定书》应认定为赠与协议，而非夫妻财产约定协议，可依法适用《合同法》的相关规定。

关于争议焦点二，《合同法》第192条规定，受赠人有下列情形之一的，赠与人可以撤销赠与：(1)严重侵害赠与人或者赠与人的近亲属；(2)对赠与人有扶养义务而不履行；(3)不履行赠与合同约定的义务。赠与人的撤销权，自知道或者应当知道撤销原因之日起1年内行使。本案中，贺明明与刘丽丽经历了数次离婚与复婚。在2015年8月6日最后一次复婚后，贺明明于当年12月将价值900余万元的房屋赠与刘丽丽，系抱有积极修复双方感情、维护婚姻家庭关系的态度，刘丽丽在诉讼中曾认可贺明明为了表示诚意，不因财产问题影响夫妻感情而过户。因此，该赠与行为系基于婚姻的身份关系，亦负有夫妻互相忠诚的婚姻义务。

贺明明于本案一审中提供了录音及照片证据并申请进行相关鉴定以证明刘丽丽与案外人李冰存在不正当男女关系，违反了夫妻忠实义务，侵害了其作为丈夫的情感和权益。法院结合录音证据的内容以及照片呈现出的人物动作，认定刘丽丽与婚外异性存在不正当男女关系的事实。刘丽丽违反了夫妻之间相互忠实的法定义务，是对配偶贺明明基于合法婚姻关系具有的身份权和基于婚姻情感伦理具有的人格权的侵害，属于《合同法》第192条第1款第1项所规定的严重侵害赠与人的行为，故贺明明据此主张撤销双方签署的《关于房屋所有权归属约定书》，具备事实及法律依据，其行使本案撤销权亦未超过法定的除斥期间，其诉讼请求应予以支持。

律师分析

1. 什么是婚内财产协议

婚内财产协议是双方通过订立契约对采取何种夫妻财产制所作的约定。是双方协商一致对家庭财产进行分配的结果。司法实践中，通常把夫妻财产约定理解为对夫妻间财产所有制度的约定，而并不针对个别财产。

《民法典》第1065条明确规定了夫妻双方可以自主约定婚内财产的归属形式。在本案中，法院对《关于房屋所有权归属约定书》的性质进行了详细的分析，最终从房产的具体情况及协议的表述中，认定该协议非婚内财产协议，而是赠与协议，因此后续可以适用赠与撤销的相关法律规定。

2. 婚内财产协议与赠与协议

在婚内财产协议中，常常会包含很多与赠与有关的条款。两者既有重合，又有不同。婚内财产协议是夫妻双方对于财产的自愿安排，签订协议并转移财产所有权后，适用的法律条款为《民法典》婚姻家庭编相关规定，再撤销可能性较小。而如本案中的情况，当协议认定为赠与协议，适用的法律条款为《民法典》合同编相关规定，便可以对赠与进行撤销。

如何区分协议究竟是婚内财产协议还是赠与协议，主要在于识别处分的财产内容是夫妻共同财产，还是一方婚前个人财产；是否进行了交付或履行变更手续。

3. 建议签署婚内财产协议的情形

（1）夫妻双方对个人财产保护意识高，担心在离婚时财产会平均分割，有签订协议保护各自财产的意向，并且也认可通过婚内财产协议的方式对双方的财产进行划分与安排。

（2）财富相差悬殊，经济条件较好的一方更愿意通过夫妻财产协议避免财产混同及婚变析产。虽然经济上的悬殊并没有成为两人相爱的阻碍，但要步入婚姻，不仅要做足情感准备，更应做好财富规划。

（3）夫妻双方感情出现危机，其中一方在婚姻中出现过错，导致给另一方带来感情伤害，过错方为了挽救婚姻，或者受害一方为了保护己方利益，从而愿意通过签署协议给予对方一定的安全感。

（4）再婚家庭。再婚家庭的双方在经历过一段不完美的婚姻后，对婚姻的认识会更加深刻，从而能够更加理性地考虑财产问题，对签署夫妻财产协议的接受度也更高。

4. 签署婚内财产协议的注意事项

首先，签订婚内财产协议的时间要趁早。很多人往往在对婚姻产生动摇时，才后悔没有趁早签署婚前协议。能婚前签就婚前签，切莫等到将要离婚时才考虑财产分割的问题,否则到时定是一场惨烈的争产大战。

其次,对于特殊财产需要作妥善、特别的约定。如果夫妻双方拥有股权、合伙份额、股票、期权等类型的财产,除了要约定其归属,还需对其分红、增值、行权等进行明确约定。特别是要考虑分割时保障分割顺利实现的法律措施。如果股权等所有权发生部分变更,为保障对公司的控制等,可考虑确认投票权的单方归属或签署一致行动协议。

夫妻两人来自不同的家庭,有不同的成长环境,结合在一起不容易。因此,我们应该珍惜这种缘分和情谊,这样,我们才能在不断地磨合中达到心灵的和谐,在长期的共同生活中逐渐成为亲人。婚内财产协议不是对婚姻的考验,更不是对感情的怀疑,而是为感情加上一道理性的保障。

法律依据

本文参考案例的法律依据为《中华人民共和国合同法》第十九条,现为《中华人民共和国民法典》第六百五十八条。《中华人民共和国婚姻法》第十九条,现为《中华人民共和国民法典》第一千零六十五条。《最高人民法院关于适用〈中华人民共和国民法典〉婚姻家庭编的解释(一)》第三十二条。

13. 遭遇家庭暴力,该怎么办?

家庭是社会的细胞,是构建和谐社会的基础。然而,家庭暴力的存在严重损害家庭成员的身心健康,破坏家庭的和谐。近年来,家庭暴力成为全球性的热点问题,而其中以妇女、儿童为主要受害群体。家庭暴力是导致夫妻感情破裂的重要因素之一,也是破坏家庭和谐、影响社会稳定的杀手,惩罚施暴者、保护受害人是立法和司法义不容辞的责任。

经典案例(一)

1. 案情介绍

2009 年 9 月,李洁与沈世通过网络交友平台认识,二人见面后恋情迅速得到发展,2010 年年初双方登记结婚,婚后生育一个可爱的儿子。但是,沈世在婚后将本性暴露无遗,性格孤僻、脾气暴躁,双方常常因为生活琐事发生矛盾,引发激烈的争吵,沈世甚至对李洁大打出手。两人打起来后,李洁哪里是沈世的对手,多次被其打伤,甚至住院治疗。李洁不甘忍受沈世的语言和行为暴力,在沈世实施暴力时多次报警,希望在警察的帮助和公权力的权威下,能够让沈世有所收敛。沈世也意识到自己的错误,但是每次脾气一上来就无法控制自己。在殴打李洁之后,沈世又会对李洁作出各种保证以后不再犯的承诺,均无一兑现。后来,李洁终于忍无可忍,向法院提出离婚的请求,并要求沈世支付精神损害赔偿金。[①]

2. 争议焦点

沈世是否构成法律上的过错方?沈世是否应当向李洁支付精神损害赔偿?

3. 法院观点

法院认为,李洁向法院提供了报警记录、就医记录、公安机关对沈世的行政处罚书、沈世写下的保证书等,可以认定为沈世实施了家庭暴力行为。据

---

① 参考案例:2016 年,苏州市中级人民法院发布“苏州法院涉婚姻纠纷典型案例”《案例二:离婚时家暴受害方精神损害赔偿获支持》。

此，法院酌定判令沈世赔偿李洁精神损害赔偿金 1.5 万元。婚生子由李洁直接抚养。

经典案例(二)

1. 案情介绍

1987 年 12 月，高贵与霍丽经人介绍认识，经过 1 年的恋爱，二人于 1988 年 12 月登记结婚，婚后生育一个女儿和一个儿子。生活中难免磕磕绊绊，在共同生活期间，双方因生活琐事发生争吵，高贵一言不合就拳脚相加，殴打霍丽。霍丽考虑子女尚年幼，都非常听话懂事，不忍影响孩子，因此始终忍耐高贵，尽量避而远之，尽力维持家庭表面的完整。在子女均成家立业之后，霍丽想要与高贵解除婚姻关系，选择自己的生活，但高贵早已习惯了与霍丽一起生活。双方在协议离婚无果的情况下，霍丽选择向法院提起离婚诉讼。①

2. 争议焦点

高贵的行为是构成家庭暴力的“施暴方”，其与霍丽的婚姻关系是否应当解除？

3. 法院观点

俗话说“一日夫妻百日恩”，高贵与霍丽的婚姻生活长达 30 余年，并且育有一儿一女，经历了生活的艰辛，实属不易。而今儿女已各自成家，对于生活中的磕磕绊绊，二人应当相互体恤、包容。在高贵的保证及挽留下，霍丽应给予高贵一次机会，希望双方在对多年同甘共苦婚姻生活予以珍惜的基础上，理智对待家庭矛盾、加强沟通交流、相互扶持关爱，相伴到老、共度余生。

律师分析

1. 什么是家庭暴力

根据《反家庭暴力法》第 2 条的规定，指家庭成员之间以殴打、捆绑、残害、限制人身自由以及经常性谩骂、恐吓等方式实施的身体、精神等侵害行为。家庭暴力直接作用于受害者身体，使受害者身体及精神上感到痛苦，损害其身体健康

① 参考案例：(2022)新 29 民终 352 号。

和人格尊严。家庭暴力发生于有血缘、婚姻、收养关系且生活在一起的家庭成员之间,如丈夫对妻子、父母对子女、成年子女对父母等。那么面对家庭暴力,我们应该怎么自救以及如何求助呢?

2. 如何应对家庭暴力

(1)家庭暴力受害人首先要学会自保,从意识层面认识到没有任何人有权利伤害自己的身体,包括配偶、父母在内。如果配偶有家庭暴力的倾向,要学会自保,比如学会用什么样的语言阻止对方暴力行为的发生,不要轻易激怒对方,学会及时向家人求助,实在没有人可以帮忙最起码要学会逃跑。

(2)严重的情况下,家庭暴力受害人及其近亲属可以向加害人或者受害人所在单位、居民委员会、村民委员会、妇女联合会等单位投诉、反映或者求助。

(3)家庭暴力受害人及其近亲属可以及时向公安机关报案。公安机关会根据实际情况制作询问笔录、报警回执及处罚决定,必要时,受害人需要及时前往医院就医,并保存好就医的病历资料、诊疗花费的票据等。

(4)收集、固定证据。实施家暴行为通常具有一定的隐蔽性、时效性,遭遇家庭暴力除积极寻求外界的帮助之外,自身也要加强证据的收集。例如,在保证人身安全的情况下,对加害人实施家庭暴力的过程进行录音、录像;对家庭暴力造成的身体伤痕和打砸现场拍照、录像;如果加害人有悔过的表现,可以要求加害人写保证书等。

(5)向法院申请人身保护令。为使正遭受或面临家庭暴力的受害者得到及时有效的救济,人身安全保护令在施暴者与受害人之间设置了一道隔离墙,通过司法干预手段,加强对施暴者的威慑和制裁力度。

3. 家庭暴力的后果

(1)家庭暴力是认定夫妻感情破裂的依据之一。我国《民法典》第 1042 条明确禁止家庭暴力。且规定配偶一方对另一方实施家庭暴力,经调解无效的应准予离婚。我们都知道家庭暴力是极其私密的事情,一般发生在家中或者其他密闭空间,无人知晓、无人证明。家庭暴力所导致的损害也具有时效性,身体的伤痕会随着时间的流逝慢慢愈合,但是心灵的伤害会随着时间逐渐加深。因此,对家庭暴力的证据准备一定要及时且充分。

例如,在案例二中,高贵与霍丽的婚姻历经 30 年的磕磕绊绊,我们通过霍丽的陈述愿意相信霍丽在家庭中遭遇的暴力行为,也能够理解霍丽这么多年在婚姻中的不易。霍丽身上的伤痕可能已经不在了,但留在霍丽心上的伤与日俱增,所以闹到了法院。但是,霍丽并没有对遭遇的家庭暴力行为及时留下充分的证据,导致法院无法轻信她的口头陈述,最后没有判决双方离婚。

(2)家庭暴力导致施暴者很难获得子女抚养权。在离婚纠纷或子女抚养权纠纷中,法院判决子女抚养权时,通常会按照有利于未成年子女成长的原则来判决,有利于子女成长的一方更易获得孩子的抚养权,不利于子女成长的一方很难获得子女抚养权。我们都知道,孩子的童年对其一生的重要性,儿时的幸福体验或将治愈未来的一生。若小孩整天生活在被打骂的阴影中,是多么不幸运的经历。因此,对于有家庭暴力倾向的一方显然是对孩子不利的,影响孩子的身心健康。例如在案例一中,法院认定沈世是家庭暴力的过错方,子女也直接由李洁抚养。

(3)实施家庭暴力一方离婚时将少分财产。根据《民法典》第 1087 条的规定,离婚财产分割时,应当照顾子女、女方和无过错方权益的原则进行分配。实务中,对于因实施家庭暴力导致夫妻感情破裂的离婚诉讼,夫妻共同财产的分割比例也是向非过错方倾斜的。

(4)家庭暴力受害方可要求离婚精神损害赔偿。根据《民法典》第 1091 条,实施家庭暴力,导致离婚的,无过错方有权请求损害赔偿。家庭暴力的受害者多以女性为主,女性在体能上是天然的弱势群体,在激烈的肢体斗争中,女性往往是受害者。在长期的婚姻关系中,受害者在精神和身体上都承受着恐惧和压力。在案例一中,李洁、沈世婚后双方常为家庭琐事发生争吵及肢体冲突,李洁为此多次报警,另结合沈世曾因殴打李洁受到公安机关的行政处罚的事实,应认定沈世存在家庭暴力行为。而家庭暴力行为,不仅导致夫妻感情破裂,更对李洁的精神造成了一定的损害,沈世作为过错方,应承担损害赔偿责任。《民法典》生效以后,法院对离婚精神损害赔偿支持的力度也在加大。

(5)公安机关对施暴者进行批评教育及行政处罚。对于实施家庭暴力情节较轻,依法不给予治安管理处罚的,由公安机关对加害人给予批评教育或者出具告诫书。对于实施家庭暴力行为较为严重的,公安机关有权对施暴者进行行政处罚及行政拘留。

(6)家庭暴力行为导致家庭成员重伤或死亡的,构成刑事犯罪,将被依法追究刑事责任。根据我国《刑法》第 234 条的规定,故意伤害他人身体的,处 3 年以下有期徒刑、拘役或者管制;故意伤害他人身体且致人重伤的,处3年以上10年以下有期徒刑;致人死亡的,处10年以上有期徒刑、无期徒刑或死刑。

家庭暴力绝对不只是一个家庭的内部问题,是非常严重的社会问题,面对家庭暴力,首先,要在保护好自己的同时固定证据;其次,笔者建议受害者一定要及时寻求公安机关、社会组织的帮助;最后,希望施暴者都会受到相应的惩罚,善良的人都能被世界温柔以待。

法律依据

本文参考案例的法律依据为《中华人民共和国婚姻法》第三十二条,现为《中华人民共和国民法典》第一千零七十九条。

14. 双方离婚又复婚，共同的财产是否仍为夫妻共同财产？

生活中，有的人因为多种原因去办理离婚手续，离婚后不久，又发现双方还有感情，几个月或几年后就再次选择复婚。还有些人出于买房、孩子上学或者躲债等考虑，去办所谓的“假离婚”。离婚后又复婚，两人的财产还是夫妻共同财产吗？离婚后复婚前的财产归属如何？请看本书详解。

经典案例

1. 案情介绍

闫大壮与邓娟娟于 2014 年 12 月 4 日登记结婚，婚后生活一段时间后，双方于 2016 年 8 月 18 日协议离婚。双方签订的《离婚协议书》约定，A 房屋归闫大壮所有，后续按揭款由闫大壮支付，闫大壮应在 1 个月内支付邓娟娟房屋出资款 127 万元，逾期按银行同期贷款利率承担利息，邓娟娟收到款后无条件协助闫大壮办理房屋过户手续。双方无其他共同财产、共同债权债务，各自名下债务由各自承担。

此后，两人虽然名义上已经离婚，但仍以夫妻名义共同生活在一起，也一起以夫妻名义外出旅游、相互多次向对方转款、以各自名义支出家庭开支、以家庭成员名义建立微信群并沟通交流、处理事务等，与离婚前并无两样。2017 年 4 月初，邓娟娟与毛某计划共同收购 B 公司 90% 的股权。股权议价期间，闫大壮多次陪同邓娟娟去 B 公司面谈。

2017 年 4 月 24 日，闫大壮与邓娟娟复婚并办理结婚登记。2019 年 4 月 3 日，双方第二次离婚，法院出具了调解书进行确认，但是这次也没有对财产进行处理。

2019 年年底，闫大壮向法院起诉要求分割之前两段婚姻中没有分割的财产，包括 B 公司的股权价值、分红，夫妻共同存款等。邓娟娟认为 B 公司的股权是其婚前财产，不应当作为夫妻共同财产分割。①

---

① 参考案例：(2021)川 01 民终 391 号。

2. 争议焦点

双方在两段婚姻关系存续及解除期间的财产关系性质应如何认定、双方的财产应如何分割?

3. 法院观点

闫大壮与邓娟娟自2014年12月4日结婚至2016年8月18日协议离婚的第一段婚姻关系存续期间,因双方在离婚时已经签订《离婚协议书》对夫妻关系存续期间的共同财产及各自财产、债权债务进行了明确约定,该约定系双方当事人真实意思表示且不违反法律规定,应属有效,双方均应按约行使权利、履行义务。故对双方第一段婚姻关系存续期间发生的财产关系应按《离婚协议书》的约定予以认定。

夫妻双方离婚后,因婚姻关系的解除,双方均失去继续共同生活的法定条件,各自独立生活期间的财产关系性质亦由婚姻关系确定的夫妻共有关系性质转为一般财产关系性质,即除有另行约定外,各自的收入及支出由各自享有和承担。这既是婚姻关系的法律性质决定,亦是符合一般夫妻在离婚后各自独立生活、各自独立支配财产的生活习惯。然而,该案闫大壮与邓娟娟双方自2016年8月18日离婚至2017年4月24日复婚期间,并未各自独立生活或支配财产,而实际仍以夫妻名义共同居住生活在一起。其间,双方以夫妻名义共同外出旅游、以家庭成员名义建立微信群、相互发生多笔转款、各自以自己名义支配家庭生活开支、各自多笔的对外收入、投资股权等。

由于双方对以上支配款项的性质均未进行明确约定,相互支付的款项、各自的收入、以各自名义对外的支出、对外投资等与双方共同生活开支及收入产生高度混同;同时,双方在离婚后约8个月即复婚的事实亦可印证,虽然双方协议离婚,但因双方均有复婚的意愿且实际仍以夫妻名义同居生活,并未按离婚后的关系区分各自财产,同居期间仍然是按照夫妻关系混同支配财产,故应当认定自2016年8月18日离婚至2017年4月24日复婚期间发生的财产关系具有共同共有的性质,发生的相互转款、各自收入及支出款项、对外投资等,除另有约定外均应按共同共有性质予以认定。双方于2017年4月24日复婚后,原有共同共有的财产关系因婚姻关系的建立自然转化为夫妻共有性质,至2019年4月3日离婚,双方对未分割的共同财产均有权主张进行分割。

关于A房屋,闫大壮与邓娟娟双方在第一次离婚时明确约定该房屋归闫大壮所有，闫大壮应支付邓娟娟房屋出资款127万元，且双方在离婚期间及复婚后亦未对房屋的分割另行约定，故应按约认定A房屋归闫大壮所有，对该项请求一审法院予以支持。

关于B公司的股权，基于本院对双方离婚期间财产关系性质的认定，双方在离婚期间财产关系性质为共同共有，故邓娟娟出资购买B公司股权虽然在双方离婚期间，但其出资款具有双方共同共有性质，该股权应认定为双方共同出资购买、共同共有，原告、被告共同对该股权及股权收益享有权利。各种事实也可以印证双方共同参与、商议投资购买股权事宜、双方实际商议股权分配事宜。该股权系双方共同共有，股权转让款及股权收益亦为共同共有，对股权转让价款及股权收益款应按夫妻共有财产进行分割。

由于邓娟娟收到股权转让款及股权分红款的时间系在双方复婚婚姻关系存续期间，双方财产关系情形多样复杂，对外支出、家庭生活开支、各项对外投资产生混同，实际已无法判断邓娟娟收到股权转让款及分红款后对款项支配的合理性。

最终法院判决A房屋归闫大壮所有，由闫大壮补偿邓娟娟127万元。股权及存款为夫妻共同财产，由两人平均分割。

律师分析

离婚、复婚不同阶段的财产归属如下：

离婚协议中关于财产分割的条款或者当事人因离婚就财产分割达成的协议，对男女双方具有法律约束力。故夫妻离婚时就婚姻关系存续期间所取得的财产进行分割后，财产已经从夫妻共有的状态转化为夫妻分别就所分得的财产单独享有所有权。本案中闫大壮与邓娟娟在第一次离婚协议中约定的内容已生效，因此A房屋按约定归闫大壮所有，由闫大壮补偿邓娟娟127万元。

这个观点是通说的司法观点，现实中也不乏法院认为双方没有真实离婚的合意而推翻离婚协议中关于财产约定的案例，所以还要具体问题具体分析。

1. 离婚后复婚前所得的财产

夫妻离婚后就会产生离婚的法律效力，就夫妻财产进行分割签订的离婚协议有效，双方离婚后，各自对所分的财产单独享有所有权，但闫大壮与邓娟娟离婚后实际上“离婚不离家”，仍以夫妻名义生活在一起，且该段时间财产混同无法区分，并且在邓娟娟收购B公司股份时，闫大壮多次一并陪同，因此本案法院仍认定财产为共同所有。

实际上，大部分离婚夫妇在复婚前无法达到本案中的财产混同程度，若财产没有混同，则在离婚期间的财产通常认为是一方的个人财产。

但也有观点认为，男女在双方离婚后以夫妻名义继续共同生活，双方关系则属于同居关系，之间的财产纠纷应按照同居析产原则进行处理。根据《民法典》及其司法解释等相关法律法规，双方同居生活期间共同所得的收入和共同购置的财产包括房产，按共有财产处理。在共同共有关系终止时，对共有财产的分割，有协议的，按协议处理；没有协议的，应当根据按份共有原则处理，并且考虑共有人对共有财产的贡献大小，适当照顾共有人生产生活的实际需要。

由此看来，关于离婚后复婚前所得的财产归属如何认定，复婚后再离婚是否纳入夫妻共同财产予以分割，司法实践中可能会有不同的裁判结果。但是在离婚后复婚前的财产高度混同时，被认定为共同共有的可能性较大。

2. 复婚后所得的财产

夫妻复婚后所取得的财产，若在婚姻关系存续期间没有另外约定，依法属于夫妻双方的共同财产，离婚时予以分割处理。如本案中的闫大壮与邓娟娟，第二次离婚时未对婚姻关系存续期间的财产进行处理，需通过离婚后财产分割对财产再次梳理、明晰。

3. 离婚、复婚的法律意义

不管是协议离婚，还是诉讼离婚，离婚后婚姻关系即告终止。本案中的闫大壮与邓娟娟，经历了结婚、离婚、复婚又离婚的情形，其间离婚所破坏的婚姻关系和复婚所组成的婚姻关系并不具有法律层面上的延续性。闫大壮与邓娟娟的复婚行为实际上就是第二次结婚，是一次新的婚姻。一方的婚前财产包括复婚前的财产，婚后未作特别约定的，离婚后仍归一方所有。复婚后再离婚，亦是如此。但本案中较为特殊的是，两人离婚后复婚前仍共同生活、财产混同，因此法院认为两人的财产系共同所有，而非个人所有。

4. 关于多次离婚、复婚的法律建议

律师建议，离婚时应当慎重拟定书面的离婚协议，对夫妻共同财产进行详细约定。切忌因为“我们是假离婚”“以后会复婚”等理由，草率签订离婚协议或者不签离婚协议、不对夫妻共同财产进行分割。

两人复婚后，律师建议可以对双方共有或个人所有的财产进行新的财产约定，以两人新的财产约定为主。复婚在法律上相当于一次新的婚姻，如同第一次结婚一样，夫妻共同财产是登记结婚日后的财产，不应想当然地认为复婚以后之前的财产自动变为夫妻共同财产。

法律依据

本文参考案例的法律依据为《中华人民共和国民法典》第一千零六十二条、第一千零六十三条、第一千零六十五条、第一千零七十六条、第一千零八十条。

15. 双方离婚不离家，共同购买的财产是否仍为夫妻共同财产？

离婚不离家即夫妻离婚之后，基于各种原因仍居住在一起。离婚后仍然居住在一起就是我们通俗所称的“假离婚”，也可能是基于其他原因，双方既不想分开居住，也不想再登记结婚。离婚之后仍居住在一起，与之前未离婚时有哪些变化与不同呢？离婚不离家期间获得的财产是否仍为共同财产？若在此期间，无意离婚的一方知晓对方是欺骗自己离婚或是将本属于双方的共同财产转移了，该怎么办？如何维护自己的权益？且看本书解析。

经典案例

1. 案情介绍

朱建国、刘丹丹都是离异人士，两人都已年近50岁，由于各自与前妻、前夫的儿子、女儿都已经长大成人不在身边，两人老了都想有个伴儿，于是两人在2009年7月20日登记结婚。登记当日双方就以两人名义购买了A房屋。结婚没多长时间，有一天，朱建国和刘丹丹商量，说自己的儿子快结婚了，儿媳妇一定要求有套房，看能不能把房子先过到儿子名下去，未来老两口再买一套。开始刘丹丹是不同意的，买房自己也出了钱，凭什么要给别人儿子。但是拗不过朱建国天天叨叨，后来还是同意了将自己名下的份额转让给了朱建国，朱建国将A房屋转让给了前妻孟天。

出了钱却没有保障，刘丹丹要求朱建国给个承诺，2010年11月朱建国出具了《承诺》，注明因刘丹丹将A房屋份额转让给朱建国，朱建国暂补偿刘丹丹20万元；若双方离婚，其再补偿给刘丹丹30万元。后朱建国实际给付刘丹丹20万元。作为中国传统女性，刘丹丹还是觉得要有套房傍身。同年12月，刘丹丹以个人名义又购买了B房屋，房屋总价61万元，首付21万元，贷款40万元。

2013年1月5日，朱建国、刘丹丹因为子女的强烈要求迫不得已离了婚，离婚协议中注明无住房、无家庭财产。同日，朱建国又出具《承诺书》一份，注明“因为子女干预和为了父亲能入土为安，我决定和刘丹丹离婚。离婚后，若刘丹丹仍然作风正派，无是非之事，我朱建国按月承担生活费伍仟元整至刘丹丹另寻再婚止”。后双方仍共同生活、共同居住。

或许是没有婚姻的一纸保障，双方都觉得不安心。2015年9月24日，朱建国、刘丹丹签订协议一份，写明“朱建国、刘丹丹因在朱建国儿女干涉下离婚，但离婚不离家，双方不得再找人谈婚论嫁。刘丹丹名下的房产产权归刘丹丹所有，与朱建国无关。朱建国有永久居住权并跟刘丹丹居住在一起。若刘丹丹与朱建国分手，刘丹丹独立名下的房产有朱建国一半，若朱建国提出与刘丹丹分手与别人（包括前妻）领结婚证，将赔偿刘丹丹精神损失费人民币壹佰万元整，并不得分享、居住刘丹丹名下的房产”。同年12月20日，刘丹丹将B房屋出售，出售价85万元。同日刘丹丹购买C房屋，支付了定金2万元。后刘丹丹于2015年12月归还了B房屋贷款。2016年3月，刘丹丹支付了C房屋首付款75万元并与C房屋原业主签订了《房屋买卖合同》。C房屋贷款40万元。后刘丹丹办理了C室房屋产权登记手续，权利人为刘丹丹。现朱建国认为该房屋系用夫妻双方共同财产出售后所得款项购买，且双方离婚后一直共同生活，其给付了刘丹丹大额款项用于支付房屋装修和归还贷款，故要求确认其享有该房屋50%的产权份额。

2013年至2015年，朱建国通过银行账户陆续向刘丹丹转账18.5万元，除此以外，2016年、2017年、2018年还陆续给付过刘丹丹部分现金用于归还房屋贷款和共同生活。但刘丹丹认为朱建国所给付的全部款项均系用于家庭生活或为朱建国经营企业垫付款项的归还，B房屋、C房屋的贷款均由其个人支付或其哥哥代为支付。①

2. 争议焦点

（1）C室房屋是否为朱建国、刘丹丹共有？

（2）如果上述房屋为共有房屋，朱建国、刘丹丹应各占多少比例？

3. 法院观点

夫妻关系存续期间所得财产，除约定或法律规定情形以外，应为夫妻共同财产。

B房屋系在朱建国、刘丹丹夫妻关系存续期间购买，应为双方共同财产。虽然2015年9月24日双方签订的协议中已约定其个人名下房产归其个人所有，B

① 参考案例：(2021)苏01民终2535号。

房屋与朱建国无关。但是该协议限制了双方的再婚权利,对人身关系进行了限定,违反公序良俗,故该协议无效。根据刘丹丹陈述C房屋首付款均系用出售B房屋款项支付。因此C房屋购买应有双方共同财产的投入,该房屋应为双方共有房屋。共有人对共有的不动产没有约定为按份共有或者共同共有的,除共有人具有家庭关系等外,视为按份共有。C房屋购买时,朱建国、刘丹丹已不再是夫妻关系,因此双方对C房屋为按份共有。

按份共有人对共有的不动产或者动产享有的份额,没有约定或者约定不明确的,按照出资额确定;不能确定出资额的,视为等额享有。

本案中,关于C房屋出资情况,其中首付款来源于B房屋出售款。B房屋虽系双方在婚姻关系存续期间购买,但刘丹丹在转让A房屋份额时朱建国承诺给付其补偿20万元,朱建国对此虽不予以认可,但结合该20万元的给付时间,法院认定B房屋首付款中有20万元系朱建国给刘丹丹的补偿款,该20万元应为刘丹丹个人财产。

双方婚姻关系存续期间共同归还了的贷款应为共同财产。双方离婚时未对B房屋进行分割,离婚后双方一直共同生活,至B房屋出售时,朱建国也提供了转账记录证明其给付过刘丹丹18.5万元,刘丹丹虽陈述该款用于共同生活开销,不认可该款用于归还房屋贷款,但考虑到两人离婚后仍共同生活,朱建国给付的款项即使仅用于生活开销,也必然可减轻刘丹丹的经济负担,以便其有充足资金归还房屋贷款,故对于双方离婚后至B房屋出售时止所归还的贷款视为双方共同归还。因此,B房屋出售款应为双方共有,考虑到B房屋购买时资金的认定,故法院认定C房屋首付款中,朱建国出资30万元,刘丹丹出资45万元。

关于C房屋贷款的归还。除2017年朱建国给付过刘丹丹5万元外,朱建国现未能提供证据证明在刘丹丹购买了该房屋后,其另给付过刘丹丹其余款项用于归还房屋贷款或家庭生活,故C房屋贷款法院认定均由刘丹丹出资归还。

综上,法院认定C房屋朱建国享有30%的份额,刘丹丹享有70%的份额,房屋归刘丹丹所有,该房屋剩余贷款由刘丹丹负责归还。

律师分析

1. 双方离婚不离家,法律关系为同居关系

现实生活中,只要进行了离婚登记,夫妻两人从法律意义已正式解除了婚姻

关系,夫妻身份关系解除,夫妻法律上的权利义务均已消灭。本质上双方的关系是同居关系,双方的关系主要受道德约束。

上述案例中,离婚后,朱建国和刘丹丹的关系是同居关系。同居期间双方都有再婚的权利,因此本案中朱建国、刘丹丹约定一方不得再婚的条款是限制婚姻自由的,在法律上是无效的条款。同居的双方无须遵守夫妻间的忠实义务、互相扶养的义务,没有相互的继承资格和权利等。当然,不管是夫妻还是恋人,不仅受法律的约束,也受道德约束,而且我们每个人都有自己的价值观,心中都有对美好爱情、美好事物的期待,所以同居期间的双方也可以根据双方的情况约定双方经济上的安排以及情感上的约束,但关于结婚离婚的约定是无效的。

2. 离婚不离家期间的财产归属

双方离婚后,通常都认为各自对所分的财产单独享有所有权。有的观点认为,若财产混同无法区分,则应认定为共同所有。有的观点认为,男女在双方离婚后以夫妻名义继续共同生活,双方关系则属于同居关系,之间的房产纠纷应按照同居析产原则进行处理。根据《民法典》及其司法解释等相关法律法规,双方同居生活期间共同所得的收入和共同购置的财产包括房产,按共有财产处理。在共同共有关系终止时,对共有财产的分割,有协议的,按协议处理;没有协议的,应当根据等分原则处理,并且考虑共有人对共有财产的贡献大小,适当照顾共有人生产生活的实际需要。

本案中法院便认为双方离婚后已不是夫妻关系,因此刘丹丹离婚后购买的C房屋视为按份共有,但同时也考虑了购买C房屋的资金来源、还贷的资金来源等情况,最终认为朱建国享有30%的份额,刘丹丹享有70%的份额。

3. 离婚不离家的法律风险

离婚不离家会导致双方在离婚协议或离婚判决中的财产界限难以厘清,容易使离婚时属于各自的财产以及离婚后的个人财产混同。

夫妻双方离婚后,各自都有再婚的权利,如果一方已经再婚却还是离婚不离家,和原来的配偶以夫妻名义共同生活,就可能构成了事实上的重婚,情节恶劣,后果严重的,很有可能构成重婚罪。

4. 对于离婚不离家双方的法律建议

(1)签署书面协议,明确双方权利义务。

当双方基于特殊原因选择离婚不离家时,建议签订协议,明确双方的权利义务，如关于居住权、财产的支配、子女抚养等方面的问题。其中，居住权需根据《民法典》第368条进行登记。

(2)避免财产混同。

离婚后，一方应注意将自己一方的财产与对方的财产区别开来，尽量避免共同出资购买大额资产；一方独自购买大额资产时或者双方共同出资购买的建议签署书面的协议；尽量避免为对方提供借款、担保等。

(3)做好证据保留。

我们说一诺千金当然好，但是同时又有句话叫空口无凭，所以日常生活中多留个心眼儿，必要时保留一下证据，总是没有坏处的。

法律依据

本文参考案例的法律依据为《中华人民共和国民法典》第一千零六十二条、第一千零六十三条、第一千零六十五条、第一千零七十六条、第一千零八十条。

三、离　　婚

(一)协议

16.《离婚协议书》中隐藏的秘密

子女抚养、财产、债务,看似简单的几个词,实务当中,这三件事可以引发无数矛盾与纠纷,假如双方离婚,房子、车子归谁?房贷怎么处理?现金归谁?公司股权怎么处理?家里的债务如何偿还,离婚后债权人又找上门怎么办?每一个问题的背后都可能是雷区和大坑,有前人留下的无数血泪教训。那么一份完整的可操作性较强的离婚协议书应该是怎么样的呢?离婚协议当中到底隐藏了哪些秘密呢?

经典案例

1. 案情介绍

王秋菊与王建国是土生土长的北京人,两人在大学相识,相似的成长环境让他们对彼此产生了好感,成了令人羡慕的校园情侣。2010 年 10 月,二人共同携手走进了婚姻的殿堂。两个人都是丁克主义者,婚后专注享受着甜蜜的二人世界。

2014 年,考虑到王建国父母年事已高,家里召开了家族会议。在家族会议上,全家人经过协商,一致签订了分家协议,在协议中约定了北京市昌平区百善镇某村宅基地北方 5 间房产权归王建国的父亲所有,东方 5 间房产权则归王建国所有。

2018,昌平百善镇迎来了拆迁,王建国的父亲与村民委员会签订《腾退补偿协议》。王建国的父亲拆迁分得房屋一居室一套、两居室四套,以及拆迁款 240 余万元。

2018 年 12 月,王建国和王秋菊作为产权人与村民委员会、房地产开发公司签订选房确认协议,两个人分别获得了一套一居室和一套两居室。

王建国在拆迁后好像变了一个人,整天花天酒地,下班之后不回家。渐渐地,两个人的感情破裂,最终协议离婚。王秋菊和王建国两人签署了《离婚协议书》,在离婚协议中约定,对于他们两人在婚姻存续期间的共同财产,其中位于昌平区百善镇某村的一居室归女方所有,而男方则在离婚后付给女方 5 万元作为补偿。

然而,王秋菊认为离婚协议中处理的只是夫妻共同财产,而非家庭共同财产。王建国的父亲未经王秋菊同意与 6 名被告私分拆迁款,侵犯了她的权益,于是诉至法院,要求依法判令王建国支付原告宅基地拆迁款 50 余万元。[①]

2. 争议焦点

王建国与王秋菊签订的《离婚协议书》是否已经包含了所有的夫妻共同财产？未分割的家庭资产,可以重新分割吗?

3. 法院观点

法院认为,王秋菊与王建国于 2018 年签订了《离婚协议书》。协议书中对拆迁安置利益以及一次性补偿问题作出了约定,表明双方再无纠纷。

由于双方居住的宅基地在 2018 年 1 月就已启动拆迁安置工作,对于补偿政策、补偿数额等已经明确,作为家庭成员的王秋菊不可能不知晓相关事实。在此情形下,其与王建国就离婚财产分配达成协议,协议内容本身也包含拆迁安置利益,因此应认为双方就财产问题已一次性解决。

王秋菊称离婚协议中处理的只是夫妻共同财产,但双方依据分家协议已经获得部分房屋权利,故应认为王秋菊知道其与王建国婚内财产的范围。

最终,法院驳回王秋菊的诉讼请求。王秋菊不服提起上诉,二审法院依法驳回了上诉、维持原判。

---

① 参考案例:《人民法院报》2021 年 10 月 12 日,第 6 版,北京昌平法院发布六个涉离婚协议纠纷典型案例之一。

律师分析

1. 在离婚财产分割时,应当首先厘清夫妻共同财产,再签协议

在离婚协议中,双方应当就夫妻共同财产如何分割作出明确具体的约定。在日常生活中家庭成员共同居住生活较为普遍,这种情况下存在夫妻共同财产与家庭共有财产混同的情况,确定夫妻共同财产的范围以及如何分割夫妻共同财产是其中的关键问题。

例如,在上述案例中,王秋菊作为家庭成员应当清楚家庭宅基地拆迁动工事宜,且在离婚协议中也包含了拆迁利益,法院在处理时认为双方对夫妻共同财产情况明知且无异议,认为双方已经就财产问题一次性解决,不存在夫妻财产以外的其他财产。此时王秋菊依据家庭财产未处分为由提起诉讼,法院通常不会支持。

在此提示大家,签订离婚协议时,应先将夫妻共同财产从家庭共有财产中分离。在家庭共有财产能够分割的情况下,先行厘清夫妻共同财产份额,再签署离婚协议进行分割。若无法分割,夫妻双方应当在离婚协议中进行约定,写明夫妻共同财产暂不分割,双方一致同意待可分割时,再通过协商或者诉讼的方式另行解决,避免后期因夫妻共同财产表述不清而引起争议。

2. 离婚协议书应当包含哪些内容

(1)双方一致同意离婚,这是签订离婚协议最根本的前提。我国法律规定,婚姻自由,即结婚自由、离婚自由。若要通过协议方式解除婚姻关系,双方需共同同意离婚,任何一方不同意,将不能协议离婚。

(2)关于子女的抚养与探望的问题。《离婚协议书》中要明确子女抚养,包括子女的名字、出生日期、抚养权归属和抚养费等。同时,在离婚协议中必须约定清楚探视时间、探望的频率,以及寒暑假如何探望等。

夫妻双方离婚,子女抚养问题是其中极为关键的环节,这不仅关系着夫妻双方能否妥善办理离婚,更关系到子女未来的生活保障和健康成长。若夫妻双方为了尽快办理离婚,对于抚养费、探望权作模糊约定,这很有可能在双方将来条件发生变化时埋下难以履行的隐患。此外,夫妻双方签订离婚协议时应慎重考虑,切不可为了尽快离婚或者争夺子女抚养权而作出超出自己能力范围的承诺,要把握"尽力"和"量力"原则,既要尽力而为,又要量力而行,避免今后引起不必

要的纠纷。

(3)财产分割问题。在离婚协议中应明确房产的信息,包含该房产位置房号、房产证号等。另外,还需要明确房产归哪一方所有,如果需要持有房产一方进行补偿,应在协议中明确补偿的金额。此外,车辆、股权、保险等的分割补偿方式也应当写明。慎用"夫妻共同财产已分割完毕""各自名下的财产归各自所有"等兜底条款,这可能导致财产被动方对其他未分割的夫妻共同财产无法另行主张。

需要注意的是,离婚协议仅能处分夫妻共同财产,不能处分他人财产,也不得为了规避债务损害他人的权益。处理不当,财产所有权人或者债权人将以损害其合法权益为由,撤销离婚协议的效力。

(4)约定违约责任。《离婚协议书》中约定违约责任,以此来约束双方严格按照协议履行责任。

(5)双方应在协议里明确约定债务问题。若存在夫妻债务,应列明债权人、债务金额、还款情况等,并明确双方如何承担债务。若不存在债务,则应在协议中注明无夫妻债务,各自名下的债务归各自承担。

3. 离婚协议中的损害赔偿问题应该如何约定

在签订离婚协议时还需要考虑损害赔偿的问题。比如,离婚到底一方有没有过错?有没有发生财产转移的情况?这些情况都可能产生损害赔偿问题。

损害赔偿的条款也应当在离婚协议中约定明确。在起草离婚协议时约定一方主动放弃所有的财产,实现所谓的"净身出户"是可行的,法律层面也能得到支持。因为在离婚协议中并没有显失公平可言,离婚的双方怎么分财产都是可以得到法律支持的。无论是"净身出户"、五五分等都是可行的、合法的。所以,损害赔偿的部分如何内化到财产分割的条款中,这也是我们需要考虑的问题。

4. 离婚后若发现有尚未分割的夫妻共同财产应如何处理

离婚后,一方若发现新的夫妻共同财产尚未分割,此时双方可就未分割的财产在离婚协议的基础上签订补充协议,就财产分割事宜达成一致。实务中,已离婚的夫妻,一方面很难发现有未分割的夫妻共同财产,另外一方面就算发现了,对方也可能不认可这是夫妻共同财产。这种情况下,被动一方还可以通过法院诉讼的方式,以尚有夫妻共同财产未处理为由提起离婚后财产纠纷,查明未分割物的权利属性。

法律依据

本文参考案例的法律依据为《中华人民共和国民法典》一千零七十六条、第一千零七十八条,《最高人民法院关于适用〈中华人民共和国民法典〉婚姻家庭编的解释(一)》第六十九条、第八十三条。

17. 离婚协议约定向前妻支付生活费有效吗?

我们都知道夫妻离婚时需要向未成年子女支付生活费,却很少知道丈夫在离婚后需要向前妻支付生活的情形。父母向子女支付生活费于情、于理、于法均无可厚非;而丈夫向前妻支付生活费,仅限于情。在现实生活中,男方或是为了愧疚,或为了早日摆脱婚姻的束缚,在离婚协议中作出适当妥协、让步甚至弥补行为,同意向前妻支付生活费,但协议生效后,长年累月的生活费却成为一种负担,那么这样的约定是否具有法律依据呢?是否可以停止向前妻支付生活费呢?

经典案例(一)

1. 案情介绍

2009 年 9 月 14 日,向阳与胡珍因为感情不和协议离婚,双方协议离婚的初衷是"好聚好散"。在离婚协议中,向阳承诺"再婚前,男方应每月支付给女方生活补助费 3000 元,补助期限最长以三年为限"。向阳在离婚后不久便成家了,但是胡珍迟迟未嫁。这笔每月向前妻支付的生活费在向阳单身时可能无关紧要;但在向阳成家后,却成为向阳婚后生活中的负担。现任妻子无法忍受丈夫每月还要向前妻支付生活费,也由此与向阳常常发生矛盾。最后,为了挽回现任妻子,向阳无奈以离婚协议约定的"再婚时"可以理解为自己再婚为由,自己没有义务再继续向前妻支付生活费,由此向阳停止了每月向胡珍支付生活费。

胡珍认为向阳主动离婚,是婚姻的破坏者、背叛者,也导致其日后的生活过得不幸福,向阳向其支付生活费理所应当;且按照协议约定,其既未再婚、离婚也未满 3 年,向阳应当继续向自己支付生活费,这也是当时离婚时向阳对自己今后生活的补偿。现在向阳因为现任妻子的干涉便不再继续支付自己生活费,是违反当初的承诺,已构成违约。胡珍要求向阳继续支付生活费无果之后,便将向阳起诉至法院。这一场诉讼也打破了二人辛苦维系的表面平静。①

① 参考案例:(2011)厦民终字第 2750 号。

2. 争议焦点

(1)向阳与胡珍通过离婚协议约定,向阳向胡珍支付生活费有效吗?

(2)向阳成家后,是否应当继续向胡珍支付生活费?

3. 法院观点

法院认为,胡珍与向阳自愿协议离婚,双方签订的《离婚协议书》系双方真实意思表示,该协议合法有效,双方均应当按照协议约定履行。胡珍与向阳在《离婚协议书》第5条约定:双方办理离婚手续时,男方应一次性向胡珍支付补偿款20万元。再婚前,男方每月向女方支付生活费3000元,生活费最长支付期限为3年。可见,该条款是针对双方离婚后向阳如何对胡珍进行补偿和补助的约定,根据本条文意,“再婚前”应当理解为“女方再婚前”,而非扩大解释为“男方或女方再婚前”。本案中,法院通过向婚姻登记机构查询,胡珍并未有婚姻登记信息,且向阳支付生活费的时间未满3年,向阳应当补齐之前未支付的生活费并继续履行之后的生活费给付义务,直至终止履行条件成就之时。

经典案例(二)

1. 案情介绍

刘小琪与于俊生结婚后,过着传统的男主外、女主内的生活。婚后,刘小琪离开工作单位,全心全意地在家相夫教子,直到小孩长大成人。但是刘小琪维系了20年的婚姻,最终因为于俊生出轨没能继续维系。

于俊生与第三者小娜关系亲密,小娜也多次表示希望于俊生解除现在的婚姻,并愿意与于俊生名正言顺地共同生活。但是,于俊生知道刘小琪不愿意离婚,又不想因为离婚这件事搞得身心俱疲。于是,于俊生想到,家里的房屋要拆迁,传言多出户头便可多分得房屋面积,便以此想到与刘小琪“假离婚”,之后双方再慢慢断开。刘小琪认为能够多分得财产,表示同意,便着手准备《离婚协议书》,虽然是“假离婚”,但是财产方面自己也不能吃亏,所以约定存款、家具、家电都归刘小琪,两套房屋一人一套;此外,于俊生还应当于每月21日前向刘小琪支付2000元的生活费。于俊生现在只想在刘小琪同意的情况下快速离婚,并没有考虑每月向前妻支付生活费对自己产生的影响,且认为钱是自己的,自己想怎么给、给多少都是自己的自由,哪里想到这成为今后生活中沉重的负担。

刘小琪在签署《离婚协议书》之后,以为双方还可以夫妻名义共同生活。但是于俊生在离婚第二天便名正言顺地搬去与小娜同住，刘小琪也知道自己被欺骗了，自然不肯轻易放过于俊生。刘小琪每月定期找于俊生要生活费，但是于俊生给了1个月便不给了，说自己没有给前妻生活费的义务。于是刘小琪便一纸诉状将于俊生告到了法院。[①]

2. 争议焦点

(1)《离婚协议书》约定男方向前妻支付抚养费有效吗？

(2) 于俊生是否应当按照《离婚协议书》的约定向前妻刘小琪支付生活费？

3. 法院观点

法院认为，刘小琪与于俊生二人的离婚协议有双方的签字确认，且已经提交婚姻登记机关作为双方登记离婚的法律文件，双方已登记离婚，故离婚协议对双方当事人具有法律约束力，当事人应当依约履行相关义务。本案中，刘小琪与于俊生在离婚协议中约定，于俊生应当每月21日定时向刘小琪支付2000元作为生活费，但于俊生在离婚协议生效之后给了1个月的生活费，之后便再无金钱往来，于俊生的行为构成违约行为，应当依法承担违约责任。

关于于俊生表示自己没有承诺给刘小琪生活费，《离婚协议书》是刘小琪在其生病期间写的，自己不知道协议内容就签字了。法院认为，于俊生作为完全民事行为能力人，应当理解在离婚协议中签名的法律效力，其以不知道内容就签字而否认承诺每月给刘小琪的2000元生活费不能成立。

律师分析

1. 关于离婚协议的效力问题

离婚协议自办理离婚登记之日发生法律效力。夫妻双方在离婚协议中对财产的约定，法院通常参照合同的效力进行认定。根据法律规定，有效的离婚协议包括：(1) 夫妻双方应当具备完全民事行为能力；(2) 离婚协议的内容系夫妻双方真实的意思表示；(3) 离婚协议不违反法律、行政法规的强制性规定，不违背公序良俗等民事法律原则。即正常行为能力的夫妻，通过真实意思表示且办理了离婚登记，则离婚协议约定的内容应当被认定为合法有效。离婚协议中关于财产分割的条款或一方向另一方的补偿，对双方均具有约束力，双方均应当全面

① 参考案例：(2016) 渝0107民初10295号。

履行约定内容。

由于婚姻关系中往往掺杂太多情感因素，即使一方分得全部财产、一方净身出户均不影响协议的效力，也就是说，在离婚协议中不适用公平公正原则，只要是双方的真实意思表示即可。因此，无论是在向阳与胡珍的离婚协议中，还是在于俊生与刘小琪的离婚协议中，均系双方自愿签署的，不存在协议无效的情形，法院均认定为有效的协议，且双方均应当按照协议的约定履行相应的义务。

2. 离婚协议可撤销的情形

夫妻双方签订离婚协议并在民政部门办理离婚登记后，如果觉得不公平想反悔，法律是赋予了一定情况下的撤销权的。

法律规定，夫妻一方或者双方认为订立《离婚协议书》存在欺诈、胁迫等情形的，可以向人民法院请求撤销财产分割的协议。但是“欺诈”和“胁迫”均是难以认定及难以举证的情形，具有非常主观的标准。在司法实践中，法院对于认定存在欺诈或者胁迫撤销离婚协议的情形也是非常谨慎的，不是大家常规理解的“欺骗、威胁”，想要证明签订离婚协议过程中受到了欺诈和胁迫，必须有充分的证据。在案例二中，于俊生认为《离婚协议书》是刘小琪在自己生病期间写的，且自己生病期间视力比较差，并没有仔细阅读《离婚协议书》的内容，因此，离婚协议约定自己每月需要向刘小琪支付生活费的条款应当无效。但是，在这个案件中，于俊生的理由在常人看来都非常牵强，更加不可能构成法律上的欺诈或者胁迫。

3. 离婚协议中约定向前妻支付生活费性质

离婚协议中约定向前妻支付生活费属于赠与还是补偿呢？赠与是单务合同，除非具有公益、公证等特殊性质的赠与，在完成赠与前均可撤销赠与。通过案例一与案例二，虽然向阳与于俊生均未按时支付生活费，但法院却没有因此认定为赠与的撤销，而是要求向阳与于俊生继续履行给付义务。因此，向前妻支付生活费应当理解为补偿款，且通过分期的方式进行支付。该补偿款或是财产性质的补偿，抑或是情感层面的补偿，约定即有效，不能单方面随意撤销。

笔者建议，与其在办理离婚登记后才后悔，千方百计地举证，还不如一开始就慎重对待协议内容，三思而后行，哪怕是“假离婚”也要当成“真离婚”的后果去签署。因为法律上没有“假离婚”，只要离婚，便要承担离婚带来的一切后果。

法律依据

本文参考案例的法律依据为《中华人民共和国民法通则》第五十七条,《中华人民共和国合同法》第八条、第六十条;现为《中华人民共和国民法典》第一百一十九条、第一百三十五条、第五百零九条。

18. 离婚协议中约定将房产赠与子女有效吗?

近年来,全国的离婚率都在逐年上升。离婚时,夫妻一方或双方可能出于种种考虑,离婚协议中约定将共有房产赠与子女。比如,因一方出轨而离婚的,出轨方将共有房产赠与子女以期减少内心愧疚;离婚后在女方抚养子女的情况下,女方为了能够有稳定的住所,男方为了保证女方抚养的稳定性,双方共同选择把房产赠与子女并登记在子女名下。此种情况下,离婚协议约定归子女是否有效?其中一方是否可以撤销赠与呢?未办理过户赠与有效吗?本书将进行详解。

经典案例

1. 案情介绍

刘大壮与刘小花结婚多年,即便一起经历风雨,一起生育了一子一女,但最终还是没有敌过日常细碎琐事,在2008年9月离婚了。双方签订的《离婚协议书》约定:对2008年年初在北京市A小区新买的两个单元楼601房和602房进行分割,儿子刘大虎、女儿刘娇娇各得一个单元。刘大壮与刘小花离婚后,602房一直是刘大虎在居住。两人也没有给儿子女儿办理房产过户手续。

离婚后的刘大壮很快便从上一段感情中走了出来,2010年5月,和田甜登记结婚。2010年6月,婚后的刘大壮将602房登记在了自己名下,登记状态为单独所有。两人婚后还算甜蜜,不久后生了一个儿子。后来刘大壮因为公司经营急需钱款周转,在2011年6月,借用田甜的名义与工商银行签订了额度为500万元的《个人循环借款合同》,同时刘大壮将A小区602房给田甜的借款提供抵押担保。后来刘大壮的公司生意状况不佳,这些借款至今未还清。两人经常因为此事争吵不休,半路夫妻感情甚是脆弱。2017年5月,两人在民政局协议离婚了。

后来银行起诉田甜要求还款,并要求刘大壮用A小区602房承担连带还款责任。后602房被查封、执行,刘大虎认为602房多年来一直由自己居住,且是从父母那里合法得来的,因此向法院提出执行异议,但最终被法院驳回。[①]

---

① 参考案例:(2017)冀02民初289号;(2018)冀民终527号;(2018)最高法民申6053号。

2. 争议焦点

(1)刘大壮与刘小花离婚协议中,将602房赠与刘大虎的约定是否有效?刘大虎是否需要办理房产登记才享有房产所有权?

(2)602房的所有权应当归属于刘大壮,还是刘大虎?

3. 法院观点

(1)关于刘大壮与刘小花在离婚协议中的约定。

北京市A小区602室房产,系刘大壮与刘小花在婚姻关系存续期间购买,双方在《离婚协议书》中的"共同财产分割"部分对该房产进行了约定,故应为夫妻共同财产。由于该房产归二人所有,故二人在《离婚协议书》中的约定,本质上应理解为双方决定将该房产赠与子女。

(2)关于602房屋赠与是否应该登记。

《最高人民法院关于贯彻执行〈中华人民共和国民法通则〉若干问题的意见(试行)》第128条规定:公民之间赠与关系的成立,以赠与物的交付为准。赠与房屋,如根据书面赠与合同办理了过户手续的,应当认定赠与关系成立;未办理过户手续,但赠与人根据书面赠与合同已将产权证书交与受赠人,受赠人根据赠与合同已占有、使用该房屋的,可以认定赠与有效,但应令其补办过户手续。

最高人民法院的上述规定,对房屋的赠与作出了不同于一般性物品赠与的严格要求。

本案中,刘大虎主张其是涉案房屋的实际产权人,仅提供了其父母的《离婚协议书》,既未提供其父母与其的书面赠与合同,也未提供其占有、使用该房屋的充分证据。虽然其称产权证书在其手中,但是,由于刘大虎与刘大壮的特殊关系,产权证书随时可以持有,不足以说明问题。

(3)602房是否属于刘大虎所有?

法院认为,虽然刘大壮与刘小花在离婚时对涉案房产作出了约定,但该约定仅仅是刘大壮与刘小花之间的约定,不涉及协议之外的第三人,即使有对外赠与的意思,但也绝不等同于赠与合同,赠与合同须在赠与人与受赠人之间签订。从协议的内容来看,这一约定也很笼统,仅仅约定了儿子、女儿各一个单元,并未明确哪个单元给儿子,哪个单元给女儿,单从内容上看,并不能得出北京市A小区602室房产给刘大虎的结论,刘大虎也就不能单纯以《离婚协议书》的约定为由向刘大壮与刘小花要求交付房产。因为赠与是赠与人主动实施的民事行为,所以，若欲完成赠与，刘大壮与刘小花必须主动与刘大虎就特定房产签订书面赠与合同、交付房屋和产权证书、办理变更登记手续。[①] 况且，在刘大壮与刘小花离婚后，刘大壮将房屋的产权登记在了自己名下，又用该房屋为个人贷款提供抵押担保，这也充分说明刘大壮并未向刘大虎交付房屋和产权证书，其仍然在行使产权人的权利。

综上，由于赠与尚未成立，刘大虎对涉案房产不享有实体权利，也就不享有排除执行的权利，故其诉讼请求依法不能成立。

律师分析

1. 关于"离婚协议约定将房产赠与子女，约定是否有效"

离婚协议是夫妻双方对其权利义务的共同处分，两人同意将作为夫妻共同财产的房屋赠与子女，只要意思表示真实，约定就是合法有效的。

本案中刘大壮与刘小花在离婚协议中的约定亦有效，但该约定仅仅是刘大壮与刘小花之间的约定，不涉及协议之外的第三人，即离婚协议就是离婚协议，不等同于赠与合同的效力。因此，若有计划将房产赠与子女，最好单独签订一份赠与合同。

2. 关于"离婚协议约定将房产给子女后，离婚后一方反悔是否能撤销赠与"[②]的问题

夫妻双方在离婚之时将共有房屋赠与子女，与普通的赠与关系并不相同，因为这样的协议往往与双方离婚时的子女抚养、财产分割是不可分割的整体。离婚协议不同于一般合同，离婚协议系具有强烈身份关系的民事合同，不能简单地适用《合同法》的第 186 条[③]规定进行单方撤销。另外，由于赠与是夫妻双方共同决定，且处置的是夫妻共同财产，因此撤销对子女的赠与也需要双方共同同意撤销，不得单方行使任意撤销权。

---

① 《民法典》第 659 条规定：赠与的财产依法需要办理登记或者其他手续的，应当办理有关手续。

② 《民法典》第 663 条规定：受赠人有下列情形之一的，赠与人可以撤销赠与：(1)严重侵害赠与人或者赠与人近亲属的合法权益；(2)对赠与人有扶养义务而不履行；(3)不履行赠与合同约定的义务。赠与人的撤销权，自知道或者应当知道撤销事由之日起 1 年内行使。

③ 《民法典》第 657 条规定：赠与合同是赠与人将自己的财产无偿给予受赠人，受赠人表示接受赠与的合同。第 658 条规定：赠与人在赠与财产的权利转移之前可以撤销赠与。经过公证的赠与合同或者依法不得撤销的具有救灾、扶贫、助残等公益、道德义务性质的赠与合同，不适用前款规定。

因此，双方共同赠与房产应当慎重考虑，宜在进行财产分割后再进行赠与，能避免一些不必要的纷争和麻烦。

3. 关于“子女可否根据离婚协议强制要求夫妻过户”

事实上，在司法实践中通常是不能直接以离婚调解书/协议书作为强制执行依据，其应当另行通过确认赠与合同效力的诉讼主张受赠权利，如判决认定赠与有效的，子女方可依据该判决申请强制执行。本案经历了一审、二审、申诉都认同了本条的观点。

因此，为了确保房产最终能属于子女，确定房产赠与意向后，应当及时进行以下工作：

第一，另行签署一份赠与合同（建议进行公证或约定赠与不可撤销）；

第二，尽快办理过户；

第三，实际交付房产证且基于赠与已实际占有使用房屋。

很多人认为只要在离婚协议中写清楚房子归子女就可以了。但是，经过上述分析，这份协议虽签署容易，在房屋登记过户之前却存在产权归属不确定、赠与条款无效、赠与合同被撤销等风险。所以，为了规避这些风险，建议不具备过户条件的客户，应当聘请专业律师帮助起草离婚协议及赠与协议，并采取公证、交付、占有等效力增强措施，避免约定赠与子女房产的目的落空。

法律依据

本文参考案例的法律依据为《最高人民法院关于贯彻执行〈中华人民共和国民法通则〉若干问题的意见（试行）》（已失效）第一百二十八条。《合同法》的第一百八十六条，现为《中华人民共和国民法典》第六百五十八条。《中华人民共和国民法典》第六百五十七条、第六百五十九条、第六百六十三条。

19.“假离婚”约定的离婚及财产分配有效吗？

所谓的“假离婚”，常指夫妻双方为了满足一方或者双方的某种需求，一致同意办理离婚手续，并且约定在目的达到后再办理复婚手续的行为。法律没有“假离婚”的概念及规定，“假离婚”所形成的法律后果与真离婚完全一致。虽然社会生活中，有人因为购房、避税、子女上学等原因选择“假离婚”，那么“假离婚”中关于财产的约定应当如何认定呢？

经典案例(一)

1. 案情介绍

赖珍与南方是一对普通的夫妻，二人在广州打拼，通过东拼西凑在广州买了房，每月固定还贷6000元，加上房屋装修、做试管婴儿、市区租房、生活开支等，对外举债70余万元。2020年新冠肺炎疫情暴发，对于没有稳定工作的赖珍与南方夫妻而言无疑是雪上加霜，赖珍非常担心债权人起诉并拍卖二人仅有的房产，二人最终决定以“假离婚”保住广州的这套房产，也保住孩子将来读书的学位。

2020年3月3日，赖珍与南方办理离婚登记并签订《离婚协议书》。协议约定广州的房产归赖珍所有且各自名下的债务各自承担。因为债务都是以南方的名义签署的，南方认为，以后哪怕是债权人找到自己，自己名下已经没有了财产，也算是保住了唯一的“家”。但是，外患虽解，内忧却至。二人因为债务忧患、家庭琐事常常发生矛盾，赖珍渐渐认为既然双方已经离婚了，就没有必要继续过下去，随即便将南方赶出家门。南方无奈，认为自己为家庭付出这么多，最后怎落得净身出户还背负一身债务。南方向法院起诉，认为其与赖珍签订《离婚协议书》的目的是避免涉案房屋被债权人起诉后申请查封拍卖，以及《离婚协议书》签订的内容并非双方真实意思表示，要求解除《离婚协议书》约定的内容，重新分割夫妻共同财产。①

① 参考案例：(2021)粤01民终3082号。

2. 争议焦点

赖珍与南方为了规避债务而约定的“假离婚”及《离婚协议书》有效吗？南方能否获得法院的支持，重新分割夫妻共同财产及分担夫妻共同债务呢？

3. 法院观点

法院认为，根据《民法典》的规定，完成离婚登记，或者离婚判决书、调解书生效，即解除婚姻关系。赖珍与南方于2020年3月3日在民政局登记离婚并签订《离婚协议书》，双方婚姻关系已于2020年3月3日解除。《离婚协议书》是夫妻双方权衡利益，考量利弊之后，围绕婚姻关系解除而形成的一个有机整体，既包含关于婚姻解除、子女抚养的身份关系约定，也包含财产分割的协议。不论双方办理离婚是出于何种利益考量或者政策规避，双方签订《离婚协议书》，系双方自愿前往民政局办理离婚手续时签订，所有内容系双方协商一致确认，程序合法、有效，南方未能提供相应证据证明离婚协议存在欺诈、胁迫等可撤销的情形，该《离婚协议书》对双方均具有法律约束力。南方主张离婚协议并非两人的真实意思表示，只是因两人负债过高，避免权利人追偿债务时被起诉拍卖房屋等原因而办理的“假离婚”，法院不认可。

南方最终既没有能挽回自己的婚姻，也没能挽回自己的财产，可谓人财两失。

经典案例(二)

1. 案情介绍

冷婧与章成在2006年2月22日结为夫妻。婚后不久，恰逢房地产市场行情看涨，双方在婚姻关系存续期间陆续购买10余套房产，2016年，双方为了获得新的购房资格决定“假离婚”，购买了目标房产后双方又于2017年复婚。复婚后，双方均认可所有的财产系夫妻共同财产。

章成对金融数据非常敏感，从2013年开始做股指期货，收入一直不错。亲朋好友听说之后，表示愿意将钱借给章成让其帮忙理财。但股市受市场、政策的影响非常大，2015年国家出台政策之后，章成的算法已经跟不上新规，导致账户亏损严重。冷婧担心债主们上门讨债危及房产，又开始商量再次“假离婚”，章成虽觉得不妥，但是考虑到一家老小将来的生活，便同意再次“假离婚”，双方2017年年底办理离婚手续并约定将现有的两套房产全部归冷婧所有且各自名下的债务各自承担。

第二次假离婚后，对于冷婧而言是一种解脱，二人并未像第一次离婚时那样，继续以夫妻名义共同生活，而是矛盾加剧。2018 年年初，冷婧的男性朋友想要购买他们的房产，此事引起了章成的疑心，要求复婚，但此时冷婧并不同意。章成便向法院提出《离婚协议书》无效，要求重新分割夫妻共同财产。①

2. 争议焦点

(1)章成与冷婧为了规避国家政策及规避债务而选择"假离婚"在法律上有效吗?

(2)章成与冷婧为了"假离婚"约定的财产债务关系有效吗?

3. 法院观点

法院认为，离婚协议中关于财产分割的条款或者当事人因离婚就财产分割达成的协议，对男女双方具有法律约束力。离婚协议系双方当事人到民政局自愿办理离婚登记时必要的条件之一，该协议应当是双方当事人自愿离婚的真实意思表示。

本案中，对于双方第一次办理协议离婚，至双方复婚期间，双方仍共同生活，经济仍然高度混同。故在双方共同生活、经济混同且双方就夫妻财产无特殊约定的情况下，可以认定自 2006 年 2 月 22 日登记结婚至 2017 年第二次协议离婚前，双方名下之财产均系夫妻共同财产。对于第二次离婚，首先，章成在审理过程中认可该离婚协议系其本人签字，且作为成年人签字时理应阅读并充分了解离婚协议的内容；其次，章成未能提供证据或者证据不足以证明双方是为了逃避债务、恶意串通损害债权人利益的主张，法院认为第二次离婚协议约定是有效的。

律师分析

1. 离婚以后，一方能否以离婚协议并非双方真实意思为由要求撤销《离婚协议书》重新分割夫妻共同财产

根据法律规定，夫妻双方协议离婚后就财产分割问题反悔，且一方在离婚协议订立过程中存在欺诈、胁迫等情形的，可以请求撤销财产分割协议。在实践中，离婚协议书的内容通常是双方协商一致约定的，双方共同前往民政局办理离

① 参考案例：(2018)京 0105 民初 96131 号。

婚登记,并签署自愿离婚承诺书。若事后反悔,通常很难举证在签订离婚协议时存在“欺诈”“胁迫”等非真实意思表示的可撤销情形。在法律上更没有“假离婚”之说,双方协商一致,并签署离婚协议,就是所谓的“真实意思表示”,也当然发生法律效力。

从上述两个经典案例中可以看出:

在案例一中,南方表示双方因为规避债务所以“假离婚”,向法院申请撤销双方签署的离婚协议。但是,南方未提供证据证明离婚协议存在欺诈、胁迫等情形。因此,法院认为,不论双方办理离婚是出于某种利益考量还是规避政策,双方的离婚协议书,系双方前往民政局办理离婚手续时自愿签订,所有内容系双方协商一致确认,对双方均具有约束力。

在案例二中,冷婧、章成因为购房二度“假离婚”后仍继续共同生活。由于第一次离婚协议中约定的财产归属已发生高度混同,此时便不再区分归属,均认定为夫妻共同财产;第二次离婚协议,双方对房产进行了明确约定。法院表示,离婚协议系双方当事人到民政局自愿办理离婚登记时必要的条件之一,该协议应当是双方当事人自愿离婚的真实意思表示,离婚协议中关于财产分割的条款或者当事人因离婚就财产分割达成的协议,对男女双方具有法律约束力。由于章成并未提供证据证明离婚协议存在可撤销的情形,法院认定协议有效。

2. “假离婚”的法律风险

笔者认为“假离婚”存在非常大的风险,“假离婚”是不可取的。“假离婚”的法律风险:一是导致夫妻感情破裂的风险;二是夫妻共同财产分割不公的风险;三是引起子女抚养权纠纷的风险。

(1)关于导致夫妻感情破裂的风险。

现实生活常有夫妻为了避免“假离婚”的目的成就后,双方不再复婚,便以书面方式达成复婚协议,约定达到某一目的后双方必须复婚。实际上若一方不同意复婚,另一方是不能强迫其复婚的。因为婚姻关系解除是双方自愿解除双方之间的人身关系,若强迫一方复婚,与我国《民法典》规定的婚姻自由原则相悖,故该协议约定无效。此外,还有申请撤销离婚证的,“假离婚”成真后一方不愿复婚,另一方向民政部门或法院申请撤销该离婚证。解除婚姻关系是解除双方之间人身关系的行为,具有不可逆性,根据我国法律规定,只要双方当事人具有民事行为能力，自愿登记离婚，则该项诉求无法得到法院支持。

(2)夫妻共同财产分割不公的风险。

“假离婚”时因很多人认为是假的，故对财产处分问题并未认真加以考虑，主要表现：一是离婚时未对财产作处分，离婚后一方可能到法院进行离婚后财产纠纷诉讼，另一方可能因没有预期准备而陷入被动，使得诉讼结果对自己不利。二是离婚时对夫妻共同财产分割作出明显对一方不利的约定，以离婚协议方式处分财产，一方以不是出于真实意思表示，事后向法院起诉撤销协议，较难获得法院支持。

在“假离婚”所达到的目的成就时，很多人会选择复婚。根据法律规定，双方复婚后，之前的离婚协议中对财产的约定是有效的，不会因为复婚而发生改变，如果双方对于上一份离婚协议中约定的财产性质已经发生改变且改变后的财产存在高度混同的情况下，法院会结合实际情况认定财产的归属。

根据《民法典》的规定，配偶是作为第一顺位继承人来继承遗产的。在极端情况下，如果在办理了“假离婚”之后复婚之前，配偶一方意外离世，作为配偶的另一方是无法通过法定继承的方式继承另一方的遗产，也就是说，离婚直接导致法定继承权的丧失。这种情况下，建议提前对财产的继承进行安排，可以通过订立遗嘱的方式避免发生意外之后导致权益受损。

(3)子女抚养权的风险。

“假离婚”往往不会对子女抚养及抚养费的问题有较多考虑，通常也是随便约定由其中一方直接抚养，抚养费甚至都没有约定。抚养费没有约定，可以随时向法院主张，但是抚养权的变更就比较难，往往要证明一方不适合直接抚养小孩、另一方更加适合抚养小孩等。若协议中约定的抚养权、抚养费并非双方真实意愿的，这也将导致离婚后子女抚养纠纷等一系列后患。笔者代理的案件中就出现一方原本认为是“假离婚”，没有重视离婚协议书的内容，但实际上另外一方是真离婚，真相大白之后，被“欺骗”的一方又对子女抚养和财产分割提起离婚后财产纠纷以及变更抚养权纠纷。

婚姻庄严而神圣，离婚及《离婚协议书》的签订需要严肃而谨慎，不然很有可能导致“赔了夫人又折兵”的后果。营造和谐、文明、友善的婚姻家庭氛围，是社会主义核心价值观的体现，《民法典》也明确规定了“婚姻家庭受国家保护”，在此我们呼吁，婚姻家庭中的每个人要对生活有爱、对婚姻忠诚、对法律敬畏，不要让一己私欲成为美好婚姻的绊脚石。

法律依据

本文参考案例的法律依据为《中华人民共和国婚姻法》第三十九条,《最高人民法院关于适用〈中华人民共和国婚姻法〉若干问题的解释(二)》第八条、第九条,《最高人民法院关于适用〈中华人民共和国婚姻法〉若干问题的解释(三)》第十八条;现为《中华人民共和国民法典》第一千零八十七条,《最高人民法院关于适用〈中华人民共和国民法典〉婚姻家庭编的解释(一)》第六十九条、第七十条、第八十三条。

20. 离婚冷静期，会让离婚变得更难吗？

要问2021年生效的《民法典》中引起大家讨论最热烈的内容是什么，“离婚冷静期”毫无疑问位居榜首。现代闪婚、闪离现象十分普遍，婚后夫妻因为缺乏磨合、沟通，由于赌气、冲动等原因导致草率离婚的情况越来越多。出于维护婚姻稳定的目的，《民法典》中首次参考国外立法设立了离婚冷静期，给夫妻一个缓冲情绪的时间，希望能让更多的婚姻得到调适和挽救。但广大网友并不这样认为，许多人抱怨离婚不自由，30天冷静期时间太长，之前只要想离婚随时可以去民政局办理，现在冷静期间可能随时变卦，变数增多、风险增加，事实是这样吗？我们是否有方法来规避这些风险和变数呢？本书将进行详细解读。①

经典案例

1. 案情介绍

周永和林香香在工作时认识，后经自由恋爱，两人于2006年结婚。婚后生活甜蜜，不久就生下一个女儿。女儿出生后，夫妻间相爱相杀的生活才刚刚开始。随着女儿的长大，夫妻俩因为家庭琐事、婆媳关系、女儿教育问题发生矛盾、争吵的次数越来越多，吵架严重的时候周永甚至还殴打过林香香。林香香也曾多次报警，警察每次上门处理，安抚后就了结了。林香香不忍心年幼的女儿生活在单亲家庭中，每次周永道歉后，最终都选择了原谅周永。

日子也就这样不痛不痒地过着，直到2019年周永的一套房产拆迁，他分得郊区安置房，产权证登记夫妻和女儿三人名字，另分得的100多万元拆迁款由周永进行保管。钱一多矛盾就来，自从有了拆迁款，只要和林香香一吵架，周永就夜不归宿，导致夫妻两人的争吵更加严重。每次吵架，“离婚”就经常挂在夫妻双方的嘴边，林香香也因此得了抑郁症，不得不放弃工作。

两人都无法再忍受吵吵闹闹的生活，终于在2021年1月7日夫妻双方拿着

---

① 由于根据法律规定离婚冷静期适用于协议离婚，在司法诉讼中暂无合适案例参考。

草拟好的离婚协议前往民政局办理离婚手续,离婚协议约定安置房一人一半,女儿抚养权归女方,其他财产都归男方。但此时《民法典》刚刚生效,根据《民法典》的规定,自婚姻登记机关收到离婚登记申请之日起30日内,任何一方不愿意离婚的,可以向婚姻登记机关申请,撤回离婚登记申请。两人当天去民政局只能提出申请,还需经历离婚冷静期。

2021年2月8日,双方离婚冷静期已满30天,周永提出与林香香一同去民政局申领离婚证,但林香香经过30天确实冷静了下来,虽然周永脾气暴躁,自己经常和周永因为琐事吵架,但周永平常对自己也不错,凡事经常会挂念着自己,夫妻间不和睦自己也有很大的原因,双方现在也没有到非离婚不可的地步。离婚冷静期间,林香香后悔了。现在该如何是好?①

2. 争议焦点

(1)林香香后悔离婚,是不是就不能协议离婚了?

(2)离婚冷静期期间离婚协议有效吗?财产和子女抚养问题如何处理?

(3)若林香香不同意协议离婚,周永一定要离婚,他还有什么其他办法吗?

(4)若是周永在离婚冷静期不同意离婚,并且在期间还继续对林香香家暴该怎么办?

律师分析

1. 关于离婚冷静期的法律规定

《民法典》于2021年1月1日生效。第1076条规定:夫妻双方自愿离婚的,应当签订书面离婚协议,并亲自到婚姻登记机关申请离婚登记。离婚协议应当载明双方自愿离婚的意思表示和对子女抚养、财产以及债务处理等事项协商一致的意思。

第1077条规定:自婚姻登记机关收到离婚登记申请之日起30日内,任何一方不愿意离婚的,可以向婚姻登记机关撤回离婚登记申请。前款规定期限届满后30日内,双方应当亲自到婚姻登记机关申请发给离婚证;未申请的,视为撤回离婚登记申请。

---

① 参考案例:吴百欣:《如何正确对待离婚冷静期?来看这个案例》,载“上海杨浦”公众号:https://mp.weixin.qq.com/s/HUgOZdsqaPUigpsNUrNsMQ,最后访问时间:2022年9月7日。

2. 关于《民法典》生效后的离婚流程

离婚登记程序包括申请、受理、冷静期、审查、登记(发证)等。

3. 林香香后悔离婚,是不是就不能再协议离婚了

根据《民法典》的规定,若离婚冷静期届满后的 30 天内,双方没有共同申请发给离婚证的,视为撤回离婚登记申请。下一次双方协商一致后仍可以再次申请协议离婚,但需要重新走一遍离婚流程。由此可见,协议离婚一定是需要双方协商一致方可。离婚冷静期的出现确实延长了离婚的过程,人们的想法在此期间可能会发生变化,使得离婚产生变数。

本案中,林香香虽后悔离婚,若之后双方协商一致,还是可以再次提起协议离婚申请的。

4. 离婚冷静期,双方约定、签字的离婚协议有效吗?离婚协议中约定的财产和子女抚养问题如何处理

离婚冷静期,双方并未正式离婚,只是在申请离婚的过程中,双方依然是夫妻关系。笔者作为专业婚姻家事律师,每次都要提醒客户特别注意的是,离婚协议只有在民政局登记离婚后,即拿到离婚证时离婚协议才生效。在离婚协议未生效时,夫妻双方的共同财产存在被挥霍、转移的可能,亦有可能出现恶意制造夫妻共同债务,这些都是需要提前予以关注、预防的。因此,笔者建议有必要签订《婚内财产协议》,以防离婚冷静期的变数,从而影响离婚协议中的财产约定的效力。

但《婚内财产协议》亦有其局限性,通常只能约定财产相关的条款,其他涉及子女抚养或签署背景是由于出轨等感情因素,可能导致协议内容部分或全部无效。(如何签一份妥当的婚内财产协议,详见“第 12 节,婚内财产协议应该怎么签”)因此,笔者建议可以配套签订《代持协议》《分居协议》《遗嘱》等,以此来保障一些可能在《婚内财产协议》中无法约定或明确的财产。

5. 若林香香不同意协议离婚,周永一定要离婚,周永还有什么办法吗

夫妻双方解除婚姻关系的情形主要分为两类:

(1)协议离婚:双方达成离婚协议后到婚姻登记机关登记离婚;

(2)诉讼离婚:一方起诉至人民法院,最终由法院调解离婚或判决离婚。

《民法典》中所规定的离婚冷静期只适用于协议离婚,如双方协商一致至法院诉讼离婚,在法院立案后进行调解,由法院出具调解书,时间上会比离婚

冷静期要更快一些。法院出具的《调解书》与判决书一样，同样也具有强制执行力。

法院在出具《调解书》后，通常还会出具《离婚证明书》，只载明案号、当事人姓名、离婚判决书生效时间等信息，不涉及案件事实，其证明效力等同于裁判文书，其作用等同于《离婚证》。《离婚证明书》的优点是在离婚后办理一些必要事情时出示，既能够证明双方已解除夫妻关系，又不会过多展示有关财产、感情的情况，很大程度上保护了个人隐私。

但值得注意的是，如果双方未达成一致，诉讼离婚时间可能相对更久，根据夫妻感情状况、财产情况、子女情况的复杂程度可能需要几个月到几年不等。因此，笔者建议在双方均同意离婚之初，应当及时选择最佳、合适的方式去解除婚姻关系。

本案中，若林香香不同意离婚，周永可以选择诉讼离婚的方式。或者可以提前进行配套协议的安排，对个人财产进行规划。

6. 若是周永在离婚冷静期不同意离婚，在冷静期还继续对林香香家暴该怎么办？

这是离婚冷静期制度反对声中最大的声音，正如广大网友担心的，在遭遇家暴的情况下，离婚冷静期可能会变成家暴危险期。社会中也频发在离婚冷静期被另一半伤害甚至杀害的新闻，大家对离婚冷静期变得更加抵触。

林香香如果在离婚冷静期被家暴，可以如何保护自己？首先，遭受家暴应该及时报警，在公安局留下报警记录。及时记录、保存自己被家暴的证据，如照片、医院治疗记录、伤情鉴定等。其次，受害者可以及时向法院申请人身保护令，第一时间保障自己的人身安全。同时，可以向社区、妇联等其他公益组织寻求帮助。（详见“第 13 节，遭遇家庭暴力，该怎么办？”）

遭遇家暴离婚，双方通常无法达成协议离婚的合意，所以笔者认为现实中离婚冷静期期间发生暴力行为的可能性不会太大。另外，在无法协议离婚的情况下，诉讼离婚中提供充分的被家暴证据，将是法定判决离婚的情形之一。

经过上述分析，可以看出事实上《民法典》并没有限制离婚自由，而是让协议离婚多了一道程序，可以使双方更加深思熟虑、认真审视婚姻，对于冲动离婚确实会有一定的作用。若双方无法达成一致协议离婚，也可以采用诉讼离婚的方法解除婚姻关系。但笔者认为面对婚姻大家需要考虑的是要不要离婚、如何离婚以及离婚对生活的影响,并在考虑清楚以后找到适合自己的、遵从自己内心的决定与方法。

法律依据

本文参考案例的法律依据为《中华人民共和国民法典》第一千零六十五条、第一千零七十六条、第一千零七十七条。

(二)房产分割

21. 一方婚前全款出资且登记在自己名下的房产，婚后增值部分离婚时可以要求分割吗？

自2019年起，中国进入万元美金社会。至2020年，中国改革开放已经42周年，计划生育政策也已经实施了38年。在深圳这样的城市，创一代多、富二代多，再加上晚婚晚育、结婚前要准备婚房的中国传统习俗等原因，所以在结婚前男女双方或者一方拥有房产的家庭很多，在离婚时要求分割房产以及租金的纠纷也很多。因为房产金额价值较大，双方通常较难协商一致，往往会诉至法院。那么婚前购买的房产，结婚以后如房产有增值的情况下，增值属于夫妻共同财产吗？一方所有的房产出租的租金收益属于夫妻共同财产吗？本书将对以上情况进行详解。

经典案例(一)

1. 案情介绍

2006年，邢亮与朱小小在工作后经人介绍认识，由于两人都已到了适婚年龄，在家人的催促下，二人于2008年2月6日登记结婚。2010年3月生育一女邢小花。婚后购买了北京市朝阳区某小区809室，登记在朱小小名下，北京市大兴区某小区101室登记在邢亮与朱小小双方名下。除此以外，两人名下还各购置了一辆小汽车。

本来夫妻俩有车有房，小日子过得还算滋润。但是由于两人婚前相互缺乏了解，婚后又和父母长期居住在一起，矛盾日益显现。邢亮常常抱怨朱小小不孝顺其父母，双方经常因为一些家长里短的琐事争吵，有时候甚至大打出手，导致夫妻感情日渐破裂。两人于2012年8月开始分居。

2013年1月，邢亮向法院起诉离婚，但是因朱小小不同意离婚，法院判决驳回邢亮的离婚诉讼请求。即便第一次离婚未果，但并没有使得双方感情复原，双方依然分歧不断、矛盾升级，后两人又先后多次吵闹打架，甚至“110”赶到才将事态平息。2013 年 9 月，朱小小将登记在其名下的 809 室出售，售价 67 万元。2014 年，邢亮认为婚姻已经无法再维持，再次向法院起诉离婚，要求分割夫妻共同财产，包括 809 室、101 室、汽车、100 万元债权等。

朱小小主张，809 室是她的婚前财产，自己有权出售房产并且售房款是其个人财产；同时，朱小小提出邢亮名下还有一套房产在山东济南，也应当作为夫妻共同财产分割；此外，邢亮在婚姻关系存续期间获得了一套房子的拆迁款，应当是夫妻共同财产。邢亮则认为，101 室是自己用出卖婚前的房屋所得的房款出资所购买和装修的，也是自己的个人财产；并且，山东济南房产是自己婚前 2007 年购买，是其婚前个人财产；婚后获得的拆迁款的房子是自己在 2003 年 1 月婚前购买的，与朱小小无关。[①]

2. 争议焦点

(1)809 室是朱小小的婚前个人财产还是夫妻共同财产？朱小小是否有权单方面出售 809 室？

(2)101 室是邢亮的婚前个人财产还是夫妻共同财产？

(3)山东济南的房产是邢亮的婚前个人财产还是夫妻共同财产？

(4)邢亮婚前买的房产，在婚后获得的拆迁款，该拆迁款是邢亮的婚前个人财产还是夫妻共同财产？

3. 法院观点

(1)关于 809 室的财产归属。

朱小小主张该房屋系其婚前个人财产，但在一审、二审审理期间，朱小小均未能提交证据证明此情节，故该房屋应视为夫妻共同财产依法进行分割。在双方夫妻关系存续期间，朱小小未经与邢亮协商，即自行将该房屋出售给第三人，其行为侵犯了邢亮对于夫妻共同财产的平等处分权，故本院应按照 809 室的实际价值进行分割。现邢亮、朱小小双方均认可该房屋的市场价值为 120 万元，朱小小应支付邢亮 809 室房屋折价款 60 万元。

(2)关于 101 室的财产归属。

邢亮主张该房屋系其用出卖婚前的房屋所得的房款出资购买和装修，但未提交充分证据予以证明，朱小小对此亦不予认可，故对邢亮的该项主张，法院不

---

① 参考案例：(2014)二中民终字第 02678 号。

予采纳，101 室应作为邢亮、朱小小夫妻共同财产予以分割。

（3）关于山东济南房产的财产归属。

邢亮认可其工作单位山东某学院，在山东省济南市分配其住房一套，邢亮提供了《教职工个人选定的住房放款信息及房款金额核对通知单》《山东某学院房款收据》等证据，证明该房屋系邢亮于 2007 年 8 月购买，系邢亮婚前个人财产，所以法院对朱小小要求分割的上诉请求不予支持。

（4）关于邢亮婚前房产，婚后获得的部分拆迁款如何分配。

邢亮认可其在婚姻关系存续期间取得部分拆迁款，但其向法院提供了《别墅楼销售合同书》《收款收据》等证明被拆迁房产系邢亮于 2003 年 1 月购买，故邢亮所取得的拆迁款系基于其个人婚前财产所取得。二审法院认为，邢亮个人财产确实是在婚姻关系存续期间产生了价值上的增值，但该增值的发生是因为市场行情或者拆迁政策的变化所致，与夫妻一方或双方对该房产存在投入无关，故此拆迁款属于邢亮一方个人财产在婚姻关系存续期间的自然增值，不属于夫妻共同财产，不支持朱小小分割的要求。

经典案例（二）

1. 案情介绍

王大锤和李霞在 2014 年登记结婚，婚前李霞购买了一套价值 66 万元的房子，其中贷款 20 万元，并从 2015 年 1 月起每月归还房贷。同年 4 月，夫妻俩将房子出租给别人，每月收到的租金则用于偿还贷款。

3 年多过去了，夫妻二人因生活矛盾产生隔阂并分居。2017 年 5 月，王大锤向法院起诉离婚，要求对房屋婚后共同还贷及相应增值部分予以分割。而李霞认为房子是她婚前买的，婚后每月还贷的钱款也以租金形式归还了，没有额外支用夫妻共同财产，所以不需要与王大锤分割。①

2. 争议焦点

李霞婚前购买的房产出租产生的租金是其个人财产，还是夫妻共同财产？

---

① 参考案例：刘海滨：《夫妻一方婚前购房，婚后房租该归谁？》，载“中国普法”公众号：https://mp.weixin.qq.com/s/9suiCnA63h3LP-y3v5AjKw，最后访问时间：2022 年 9 月 6 日。

3. 法院观点

(1)一审法院认为，自2015年4月起，每月租金数额与还贷数额相当，因为租金是房屋的孳息，租金的性质应与房屋一致，是李霞的个人财产。但2015年1月至3月的还贷属于夫妻共同还贷，还贷金额及相应增值部分作为夫妻共同财产予以对半分割，最终判决李霞给付王大锤婚后共同还贷及增值分割款5700元。

(2)二审法院认为，《最高人民法院关于适用〈中华人民共和国婚姻法〉若干问题的解释(三)》第5条规定，夫妻一方个人财产在婚后产生的收益，除孳息和自然增值外，应认定为夫妻共同财产。房屋是李霞婚前购买的个人财产，但房屋婚后出租取得的收益，并非孳息和自然增值，所以这些租金应认定为夫妻共同财产，原审法院认为租金是李霞的个人财产理由欠妥。从目前李霞归还房屋贷款的资金流水和归还款项来说，存在用租金还贷的情况，而租金收益属于夫妻共同财产，由于原审法院对该收益的认定有误，所以判定房屋婚后还贷的款项及增值款项上，原审法院判定的数额不当。2015年4月至2018年6月的还贷应当属于夫妻共同还贷，二审法院依法改判李霞给付王大锤婚后共同还贷及增值部分的分割款7万余元。

律师分析

1.《民法典》生效后，上述案例结果是否会发生改变

这类争议在实务中是较为常见的。《民法典》已经于2021年1月1日生效，关于婚前财产随着时间的推移是否会变成夫妻共同财产这个问题在《民法典》生效前后其规定都没有发生变化。另外，对于一方个人财产在婚后的增值，一方个人财产在婚后产生的孳息，是否属于夫妻共同财产，法律规定也没有发生变化。所以，这两个案例虽然都是《民法典》生效以前的案例，民法典生效后对相关问题的认定依然是不变的。

2. 房产的增值、房屋的租金是否属于夫妻共同财产

房价增长过快，房价过高成为社会常态，特别是热点城市如笔者所在的深圳市，商品房每平方米的成交价动辄几万元、十几万元。绝大多数家庭为了购买房产往往要支出一辈子甚至是两代人的积蓄。但是房价的增长并不取决于个人的努力，而是依托中国经济社会发展的总体趋势和特定的发展阶段，以及一系列国

家制度设置和政策安排的综合作用。所以根据《民法典》以及《民法典》的司法解释的规定,房产的增长应当属于自然增值,不属于夫妻共同财产。

而对于房屋租金,目前实务界的倾向性观点认为,房屋租金与存款利息不同,前者是由市场的供求规律决定的,并且与房屋本身的管理状况紧密相连,其获得收益往往需要投入更多的管理或劳务,因此可以作为经营性收益看待,产生的租金收益应当根据法律规定认定为夫妻共同财产。

3. 如何判断婚前房产是否属于个人财产

第一,看购房一系列行为是否发生在婚前。

根据法律的规定,房屋买卖合同的签订、付款、办理产权证是发生在双方结婚之前,支付款项包括购房款、税费等是一方个人财产,房产登记在一方名下,那么该房产应当属于一方的个人财产,无论双方结婚时间长短,都仍属于一方个人财产。

第二,看是否使用个人财产进行支付。

根据实务的情况,有些房产办理房产证的时间较长,若房屋买卖合同签署、支付购房款,税费在结婚前,并且是一方个人财产支付,这种情况下,就算是房产证办理在结婚以后,房产仍然属于一人财产。尽量避免婚前支付一部分款项,婚后支付一部分款项的情况,若不得不在婚后支付相关款项,建议以一方个人婚前财产支付,而不要用共同财产支付。若使用婚后夫妻共同财产支付相关款项,房产的权属会因此发生变化。

法律依据

本文参考案例的法律依据为《中华人民共和国婚姻法》第十七条、第十八条;《最高人民法院关于适用〈中华人民共和国婚姻法〉若干问题的解释(一)》第十九条;《最高人民法院关于适用〈中华人民共和国婚姻法〉若干问题的解释(三)》第五条,现为《中华人民共和国民法典》第一千零六十二条、第一千零六十三条。

22. 婚前一方全款出资登记在另一方名下的房产，是否属于夫妻共同财产？

中国人的传统观念，结婚前先买房，有房才有家。确实对于大部分准备结婚的人来说，还是有很大的买房需求，虚荣心也罢、实际生活需要也罢、父母的期望也罢、抵抗通货膨胀也罢，买房子对于每一个中国家庭来说是一件大事。现实中也不乏双方结婚前买房，基于购房资格、丈母娘要求或其他原因等由一方全款出资却登记在另一方名下的情形，这种情况下，我们该如何认识该房产的权利归属呢？

经典案例（一）

1. 案情介绍

2003年，张海生与石莉在新加坡一个社交场合认识。张海生为人成熟稳重，石莉温柔可人，二人互生好感。由于双方皆初到新加坡，一来二去，二人便确立了恋爱关系。张海生在与石莉交往过程中，总是遮遮掩掩，石莉才得知张海生已是有妇之夫，张海生与妻子1984年便在新加坡登记结婚，这些年二人确实感情不和，却一直没有离婚。

经过几年的联系，二人也没有因为张海生已婚的事实分开，张海生表示一定会与现在的妻子离婚，石莉相信张海生。2010年，张海生因为工作原因调到广东珠海，石莉也随着张海生回到珠海。随后这两年，张海生陆陆续续转了约50万元人民币给石莉，有意让石莉在珠海买一套房子，将来在张海生离婚之后用于二人共同居住。

2012年6月，石莉与他人签订《房屋买卖合同》，以价格384,080元购买了位于珠海市香洲区珠海大道某小区的房屋。石莉以自己的名义分别于同年的6月4日支付定金5万元，6月14日支付购房款184,080元，6月22日支付购房款15万元，已付清全款。由于此时张海生还未与前妻离婚，该房产也不便于登记在张海生名下，因此张海生与石莉商量将该房产先登记在石莉一人名下。

在张海生与前妻离婚后，随即便与石莉办理结婚登记，石莉如愿成为张海生名正言顺的妻子。婚后，二人开始张罗装修房屋、宴请宾客等，钱款均是张海生的账户转给石莉。但是,恋爱关系与婚姻关系本就存在巨大的差异。婚后,二人因为双方的家庭、二人的关系、家庭琐事等常常发生矛盾,二人的立场也与之前发生较大的变化。几年的婚姻,最终难以维系。张海生再次提出离婚,要求分割石莉名下珠海的房子。[1]

2. 争议焦点

婚前,张海生将购房款陆续转入石莉账户,且转入的钱远超原购房款,石莉以自己的名义签订买卖合同,也以自己的名义支付购房款,且房产登记在自己一人名下,那么该房产是属于张海生与石莉的夫妻共同财产,还是属于石莉一人的婚前个人财产?

3. 法院观点

(1)一审法院认为,《广东省高级人民法院全省民事审判工作会议纪要》(粤高法〔2012〕240 号)第 65 条载明:"以结婚为目的,夫妻一方婚前个人出资购买的房屋登记在另一方名下,如果没有证据证明出资方明确表示归登记一方个人所有,离婚时对该房屋一般应按夫妻共同财产处理。"该条意见的实质是将夫妻共同财产取得的时间从结婚时间前移至双方有结婚目的之时,但其前提条件必须以结婚为目的。

在涉案房产购买之时,张海生与前妻尚处于婚姻关系存续期间,张海生与石莉无法完成登记结婚,张海生此时出资行为的目的应仅是保全与石莉的恋爱关系,而非结婚。因此,本案并不符合前述会议纪要第 65 条所描述的情形,张海生主张本案应按照夫妻共同财产处理珠海房产依据不足,法院不予支持。张海生与石莉是因出资购房所产生的夫妻财产关系以外的其他债务纠纷,张海生可另循途径解决。

在一审判决作出后,张海生认为珠海房子全款都是自己付的钱,现在却得不到法院的支持,又向中院提出二审,希望二审能够支持其诉求。

(2)二审法院认为,首先,张海生向石莉汇款时,尚未与前妻离婚,亦没有直接证据表明其准备离婚且与石莉结婚;其次,张海生将款项汇给石莉,而不是汇给房屋转让方,张海生在汇款单上亦没有注明汇款用于购房,双方也没有书面协议或合同约定这些汇款是用于购房的出资,故张海生没有直接证据证明其出资

---

① 参考案例:(2016)粤 04 民终 2814 号。

购房；最后，从张海生、石莉交房款的时间来看，两者时间及款项并不吻合，也不能推断出张海生所汇款项系用于交房款。因此，张海生以向石莉汇款为由，主张其有出资购买涉案房屋依据并不充分，法院不予采纳。案涉房屋应为石莉个人财产而非夫妻共同财产。

经典案例（二）

1. 案情介绍

2011 年，夏特与周茉莉经人介绍认识，二人的条件可谓是门当户对，双方及双方家长都非常满意，均有结婚之意，双方家庭开始商量为二人结婚做准备。中国传统文化，“成家”之意便是有一个家，有一个房是必备的，二人婚后有固定的住所。而且现在的年轻人都向往自己的小家庭，不愿与父母挤在一起。

夏特与周茉莉的家庭也是如此，在二人均有结婚的意向之后便开始商量买房的事宜。买了新房，就可以安新家，结婚时也主要在新房里筹办及宴请宾客。

2011 年 7 月，夏特出资以周茉莉名义与开发商签订购房合同，购买位于吴川市海滨街道的房产，合同价款为 358，712 元，于当日支付全部购房款。在购买婚房后，2012 年年初，夏特与周茉莉便登记结婚，婚后不久便生育了一个可爱的女儿夏天。办理房屋登记是在 2013 年 1 月，二人想着现在已经是夫妻了，登记在谁名下也没有那么重要，最终二人决定出于方便起见，当时是由周茉莉签的约，还是登记在周茉莉名下。

人们总是不善于珍惜已拥有的人和事，而是不断追求所谓的“求而不得”。通过几年的相处，夏特和周茉莉从最初对彼此优点的仰慕、倾心到后来生活的一地鸡毛，发现对方种种不足，于是争吵不断，常常发生冲突，婚前的激情也随着时光的流逝消耗殆尽。夏特出于没有了爱情，甚至后悔婚姻的建立，以婚前不够了解、匆忙结婚为由向法院提出离婚诉讼，一并要求分割周茉莉名下的房产。①

2. 争议焦点

婚前，夏特全款出资以周茉莉的名义购买的房产且在婚后登记在周茉莉一人名下的房产属于二人的夫妻共同财产，还是周茉莉的个人财产？

---

① 参考案例：（2017）粤 0883 民初 666 号。

3. 法院观点

法院认为,虽然周茉莉辩称吴川市海滨街道房屋是其婚前一次性全款购买,属于婚前财产,应属其个人所有。但在庭审陈述中周茉莉已承认该商品房实际上是由夏特以其婚前财产出资购买,也没有证据证明夏特明确表示该商品房归周茉莉个人所有。根据《广东省高级人民法院全省民事审判工作会议纪要》(粤高法〔2012〕240号)第65条规定的处理精神,即“以结婚为目的,夫妻一方婚前个人出资购买的房屋登记在另一方名下,如果没有证据证明出资方明确表示归登记方个人所有,离婚时对该房屋一般应按夫妻共同财产处理”。据此,吴川市海滨街道的房屋应当作为夏特与周茉莉的夫妻共同财产处理。在双方均同意离婚的情况下,因为夏特经济条件较好,该商品房归夏特所有,夏特按照该房屋50%的市场价折价补偿周茉莉。

律师分析

1. 婚前一方全款买房登记在另一方名下,如何认定

从案例一与案例二中不难看出有相似点,也有不同之处。相同点在于,其一,均是在登记结婚之前购买的房产;其二,购房前,男方均向女方转账足额购房款;其三,均是以女方名义购买的房产,且登记在女方一人名下。但不同之处在于,张海生与石莉没有明显的“以结婚为目的”的意图,而夏特与周茉莉却有明显的“以结婚为目的”之意图。这个意图是否存在导致了两案完全不同的判决结果。

婚前,一方以个人财产全款出资购买房屋,但不动产权登记在另一方名下,对于这样的行为,法官主要考虑的内容主要有两个,一是“是否以结婚为目的”,二是“是否有其他证据证明出资购房的情况”。

在一般情况下,处于正常的单身、恋爱关系中,再结合购房出资时间、办理房产登记时间、登记结婚时间、办理婚礼时间等,法官愿意从基于传统习俗的角度考虑,认可双方具有结婚的合意。尽管,房屋是一方婚前出资购买,且登记在对方名下,结合双方的经济状况调解、转款流水等宜认定为夫妻共同财产。例如,在案例二中,虽然以周茉莉的名义出资且登记在其一人名下,但法官综合考虑实际情况,也将该房屋认定为夫妻共同财产,二人均等分割。

另外一种情况,尽管二人是恋爱关系,却没有结婚的目的,或者很难证明有

结婚的目的。这种情况下，婚前一方转款，以另一方名义购买房屋且登记在其名下，法院很难认定为夫妻共同财产。二人之间的债权债务关系，也不应当在离婚案件中解决。例如，在张海生与石莉的案件中，二人购买珠海房产时，张海生并未离婚，也难以看出有与石莉结婚的意向。再加上张海生向石莉转款断断续续，且没有备注用途，很难界定是赠与、借款还是购房，最后法院将房产认定为石莉的个人财产，张海生与石莉婚前的金钱纠纷应当另案处理。

2. 法律风险提示

(1)婚前购房尽量登记在出资人名下。

人性可言而不可验，不要被爱情冲昏头脑。为了避免不必要的纷争，笔者建议谁出资就登记在谁的名下；若是二人共同购买的就登记在二人名下。

(2)婚前出资购房登记在对方名下的需要保存必要证据。

首先，保存出资的证据。通过银行转款时，特别是分期转款且转款时间与购房时间具有一定时间差时，一定要明确备注款项用途，便于追索。此外，在条件允许的情况下，建议直接转款给出售方或者开发商，这样更加能够明确说明出资的用途。

其次，保存"以结婚为目的"的证据。这个世界上没有无缘无故的爱，也没有无缘无故的恨。婚前买房，在一方出资且登记在另一方名下，总会基于某种目的，不会无缘无故。此时，我们可以把恋爱时间、结婚时间、婚礼时间等关联起来，以及在这期间共同管理、使用房产的证据，证明购房目的。针对"是否以结婚为目的"，法官在判断上也存在较大的自由裁量权。但在一般情况下，双方处于单身、恋爱关系的状态下，法院也会倾向认为双方确为"以结婚为目的"。

最后，在条件允许的情况，双方可以就房产的归属进一步达成书面协议。白纸黑字在，争议的空间就更小了。

房屋只是住所，有家人在的地方才是家。权利与义务在家庭关系中也需要尽量明晰，才能保障两个人能够在爱的世界里无利益争斗、自由翱翔，关系有边界，权益也是。

法律依据

本文参考案例的法律依据为《中华人民共和国婚姻法》第三十二条、第三十七条，现为《中华人民共和国民法典》第一千零七十八条、第一千零七十九条。

23. 婚前双方父母全款出资买房，登记在一方名下如何分割？

上一篇我们讲到婚前一方全款出资登记在另一方名下的房产，是否属于夫妻共同财产。本篇我们分享一下如果婚前双方父母共同出资，全款购买婚前房产，考虑到购房名额等问题，登记在一方名下。当婚姻亮红灯时，“登记在一人名下”的房产往往会引发争议。婚前父母出资买房，房子的权属有父母的份儿吗？如果婚后出现财产纠纷，父母、子女、子女配偶分别能得到房子的哪些权益？

经典案例(一)

1. 案情介绍

2008年，北京奥运会成功举办，北京的大街小巷张灯结彩，一片喜气洋洋。在这样幸福的氛围中，王爱民和樊梨花准备携手走进婚姻的殿堂，一起步入人生的下一个阶段。

双方的父母非常认可这段感情，在经济上更是毫不吝啬。王爱民的父母率先出资60万元，樊梨花的父母则出资30万元。小两口拿着小家庭的启动资金，共同在北京市朝阳区购买了一套三居室。因为王爱民家出了房款的大头，两家人协商一致，将房屋所有权登记在王爱民的名下。

王爱民与樊梨花在2009年9月12日喜结连理，登记结婚。婚后不久，樊梨花却发现自己的婚姻远没有当初想象中美好，优渥的物质条件无法掩盖婚姻的一地鸡毛。王爱民像是变了一个人，结婚后游手好闲，每天只是喝啤酒、嚼槟榔和打麻将。王爱民的真面目让她无法接受，并且一言不合就动手。在忍受了无数的委屈后，樊梨花觉得生活充满了绝望，于是向法院起诉离婚。

对于在婚前购买的房屋，双方起了争执。樊梨花认为北京市朝阳区的房屋虽然登记在王爱民一个人的名下，但当时是出于结婚为目的购买的“婚房”。出资款也是由王爱民与樊梨花双方父母共同承担的，应该视为赠与夫妻双方的财产。因此，北京市朝阳区的房屋应当作为夫妻共同财产在离婚时进行分割。王爱民则辩驳上述房屋是其婚前个人财产，不同意在离婚时进行分割。他解释，樊梨花父母的出资实则是借款,而他应分多次进行偿还,目前已经清偿完毕。2012年5月7日,王爱民偿还樊梨花父母20万元。樊梨花认可其父母于2012年5月7日收到王爱民的银行汇款20万元,但该笔汇款的性质是赠与,并非还款。①

2. 争议焦点

20万元款项属于何种性质,是赠与还是共同购房的出资?

3. 法院观点

一审法院认为北京市朝阳区房屋虽登记在王爱民名下,但该房屋的购房款是王爱民和樊梨花双方父母共同出资。樊梨花就其父母出资部分对北京市朝阳区某房屋享有相应份额。该房屋目前登记在王爱民一人名下,王爱民应就该套房屋给予樊梨花折价补偿款,具体数额法院予以酌定。

而王爱民称樊梨花父母出资系借款的辩解,因为缺乏事实依据,法院不予采信。

经典案例(二)

1. 案情介绍

杜小明和董玫瑰相恋已久,恋爱经历可以用长跑来形容。这么多年两个人风风雨雨一路走来,不管经历了高潮还是低谷,两人都默默守护、共担风雨。在他们相恋8周年纪念日,杜小明在海边向董玫瑰求婚。杜小明的求婚表白虽然没有华丽的语言,但都是他真情实感的流露。

男方出房是杜小明家乡的习俗,杜小明的父母向亲家转款45万元,用于购买房屋。房屋购买后登记在董玫瑰名下。杜小明与董玫瑰于2009年5月7日登记结婚,婚后两人生育了一个孩子。

2015年,杜小明与董玫瑰为了孩子上学的事大吵一架,签署了《离婚协议书》,在《离婚协议书》中,双方约定:儿子由董玫瑰进行抚养;房子是由双方出资购买的,双方一致同意房产(含房屋装修、房屋内家具及家电)归其儿子所有,过户所产生的中介费、税费由双方各承担50%。

2015年3月4日,杜小明与董玫瑰前往民政局登记离婚,在顺义区民政局备案的《离婚协议书》载明:位于北京市顺义区的房屋归女方董玫瑰所有。

① 参考案例:(2014)朝民初字第15391号。

庭审中,杜小明称,双方签署离婚协议及办理离婚登记实属“假离婚”。董玫瑰对此不予认可。[①]

2. 争议焦点

父母的出资属于何种性质,是赠与还是共同购房的出资?

3. 法院观点

法院认为,共有物分割的基础是存在共有关系。

当事人对自己提出的诉讼请求所依据的事实有责任提供证据加以证明,没有证据或者证据不足以证明当事人的事实主张的,由负有举证责任的当事人承担不利后果。

在本案中,杜小明就涉案房屋的出资系基于杜小明与董玫瑰的婚姻关系,属于婚前双方父母共同出资为子女购买房屋的情形,杜小明提交的证据不能证明涉案房屋系杜小明与董某共有。

故杜小明就涉案房屋进行分割的主张依据不足,法院不予支持。

律师分析

1. 婚前双方父母为子女全款出资买房的实务要点

本文两个案例非常典型,具有一定的代表性。在这两个案例中,均是由父母为子女结婚进行出资,并且在购房后,房产的权属登记在夫妻一方名下。在中国,子女结婚买房时不少父母都会给予一定的资金支持,例如双方父母帮子女出首付款,子女自己偿还贷款。当婚姻亮红灯时,“登记在一人名下”房产往往会引发争议,未登记的一方会主张是双方出于结婚的目的共同购房,而登记的一方则会主张是父母对其的赠与、彩礼,从而否认共同买房。

这两个案件存在一个重要的关键点:父母在出资购房之前,没有与子女、子女配偶签署书面协议,同时也没有证据佐证房子是子女与配偶及父母共有,在这种情况下,父母仅凭出资转账的行为而主张房产是父母与子女、子女配偶共有的,很难得到法院的支持。

从实体上说,购买的房产往往用于子女与子女配偶的生活,父母在子女婚姻关系存续期间或者感情破裂之前也从未主张过房屋的权利。

---

① 参考案例:(2020)京0113民初4086号。

从程序上说，谁主张谁举证，父母主张房产系与子女配偶的共有财产，应当完成举证，而这时父母一方往往只有出资的证明。但是出资的行为不能证明父母与子女配偶共同购房的合意，所以父母的主张往往难以得到支持。若父母一方希望保护自身的权益，在子女婚姻存续期间，应当及时收集证据用以佐证。

2. 在子女结婚之前，父母出资买房应当注意什么

父母在子女婚前共同出资购买房屋，通常包含着对于子女未来生活的祝福和支持。爱情是浪漫的，然而，从爱情走入婚姻后，更多的却是一个个平淡的日常，爱会受到更多的考验。如果自己出资购买的房屋，在离婚后却与自己没有任何的关系，不仅失败的婚姻让人伤心，在经济上也遭受损失，确实够让人无法接受的。那我们该如何避免呢？

对于婚前共同买房的行为，若出资父母一方希望保护自身的权益，建议通过书面协议来完成，而且在结婚之前，相对来说，各方更容易就出资数额、房产归属、分割补偿等问题达成一致，并共同签署协议。另外，装修款、家具费用等也可以在书面协议中进行约定，从而更好地保护双方的利益。

在起草书面协议时，应当注意协议内容不违法、不处分第三人利益，否则可能对协议的效力产生不利的影响。

如果实在难以完成购房协议的签署，作为出资父母的一方并非毫无办法，建议在银行转账时备注清楚款项性质来完成意愿的表达，比如，在转账的备注栏中注明"借款""购房出资"等，那么在后续的日子里仍有要求子女或者子女配偶偿还相应款项的可能。

房产在登记的时候，还需要考虑房产是登记在哪一方的名下，若登记在子女配偶一方的名下，在房价飞速上涨的前提下，按照借款的性质认定父母的出资反而会"吃亏"。

在婚前沟通时注意不要一味地迎合。感情是无价的，不能简单地用金钱和其他物质条件来衡量。但是购买房屋不单是小两口的事情，还关乎父母辛辛苦苦攒下的积蓄，有时候单方面的付出并不能换来自己所期望的结果。所以在婚前沟通时要明确底线、认清自我，而不是一味地迎合对方的需求，最终损害自己的利益。

结婚买房是很多小情侣和家长难以迈过去的槛。有房仿佛成了婚姻的门槛，但是拥有了房子真的代表能拥有幸福的生活吗？其实，绑住婚姻的不是那砖

瓦堆砌的冰冰凉的房子,而是居住在屋檐下将要陪伴走一生的这对夫妻,用耐心和陪伴在支撑温馨的家庭。若没有相互理解的家人,房子也不过是个冰冷的容器而已。若一家人可以在一起,并且相知相守,冷暖自知,哪怕是租的房子,也会很幸福。

然而,婚姻的旅途充满了变数,在婚姻亮红灯时如何更好地保障自己的财产?律师建议在婚前购房、为子女购房时,应当三思而后行,最好提前咨询专业人士的意见。

法律依据

本文参考案例的法律依据为《中华人民共和国婚姻法》第十七条、第三十二条、第三十九条、第四十一条、第四十七条,现为《中华人民共和国民法典》第一千零六十二条、第一千零六十四条、第一千零七十九条、第一千零八十七条、第一千零九十二条。

24. 婚前双方全款出资，登记在一方名下的房产，是否属于夫妻共同财产？

婚前共同出资买房，如果房屋登记在双方名下，双方的合法权益都能得到法律的保护。但是，婚前共同出资买房只登记在一方名下，离婚时非登记方就很可能会面临法律风险。那么，婚前双方共同全款出资所购买的房产登记在一方名下，该房产属于夫妻共同财产还是婚前个人财产，司法实践中又该如何处理呢？

经典案例（一）

1. 案情介绍

2012年年初，张远盛与罗丽经红尘有爱婚介所介绍相识，很快双方便确定了恋爱关系。在恋爱期间，张远盛常常赠送罗丽礼物，罗丽也偶有回馈礼物给远盛，互相增进感情。经过半年多的互相了解，双方有了买房结婚的打算，张远盛陪同罗丽一同选房、看房，最后选中成都新都区的一处房产，双方都比较满意。罗丽表示，既然都要结婚了，房子要登记在自己名下才有安全感。遂以罗丽的名字与开发商签订了购房合同，约定价款102万元，由张远盛向开发商支付94万元，余下8万元由罗丽转给开发商。2012年的圣诞节，双方办理结婚登记。

结婚后的第一个春节，张远盛与罗丽便因两个家庭的人情礼节、走亲拜友产生分歧，闹得不愉快。二人都是心直口快的人，一言不合便有了离婚的冲动，且签署了提前准备的离婚协议，并约定婚前的房产为共有。在亲友的劝说下，双方才冷静下来，二人已经不再是单身状态，已经是一个家庭了。但是这种劝说终究没能挽回二人的婚姻，2013年9月，两人协议离婚。为了快速离婚，仅约定了离婚事宜，未说明财产的分割。

离婚之后，罗丽以合同买受方的名义，将房产证登记在自己一人名下。张远盛认为自己付了90%的房款，却没有享受到任何房产的利益，是不合理且不公平的，便向法院诉讼离婚后财产纠纷。[①]

---

① 参考案例：(2014)成民终字第5135号。

2. 争议焦点

张远盛与罗丽婚前共同出资购房，且将房屋登记在罗丽一人名下的行为，属于张远盛对罗丽的赠与还是二人共同购房？若是共同购房，那么应当是共同共有还是按份共有？

3. 法院观点

首先，关于罗丽名下成都房产是否属于其单独享有的问题。根据现有证据以及法院审理查明的事实，足以认定张远盛与罗丽结婚前用各自婚前财产共同出资，并以罗丽的名义购买了该房屋。该房屋购房款共计 102 万元，其中张远盛出资 94 万元、罗丽出资 8 万元，并通过转款方式一次性支付房款，房屋产权登记在罗丽名下，双方婚前取得该房屋，并于婚后取得房屋所有权证。罗丽与张远盛婚前取得该房屋，其性质应当属于双方婚前共有财产。

由于张远盛与罗丽在出资购买该房屋时并不具有家庭关系，双方在婚前以及婚后对该房屋是共同共有、按份共有以及按份共有的份额并无协议约定，根据“共有人对共有的不动产或者动产没有约定为按份共有或者共同共有，或者约定不明的，除共有人具有家庭关系等外，视为按份共有”及“按份共有人对共有的不动产或者动产享有的份额，没有约定或者约定不明确的，按照出资额确定；不能确定出资额的，视为等额享有”之规定，本案房屋应当按照张远盛与罗丽各自出资情况来确定，根据双方的出资额情况，张远盛所占房屋所有权份额应当为92%、罗丽所占房屋所有权份额应当为8%。

其次，关于张远盛支付购房款行为是否属于赠与行为问题。法院认为，罗丽虽然主张其单独签订购房合同、支付购房款及接收房屋并取得房屋产权，张远盛支付购房款的行为属于其对罗丽的赠与行为，该房屋的所有权应当由罗丽单独享有，因张远盛在庭审中否认支付购房款的行为是对罗丽的赠与，但罗丽并未提供证据证明张远盛有赠与购房款的意思表示，也没有相应的证据反驳张远盛诉讼请求所依据的事实，故不支持罗丽的赠与主张。

经典案例（二）

1. 案情介绍

孙建军在工作期间，经好友介绍认识了徐佳慧。恋爱期间，徐佳慧想购买一套住宅，孙建军将自己的存款转了 13 万元给徐佳慧，徐佳慧在此基础上添了 1

万多,并出钱装修了该房屋。一切手续都办理好之后,孙建军与佳慧搬入该房,并准备结婚事宜。2005 年 12 月,孙建军与徐佳慧正式办理结婚登记,结为夫妻。婚后,因为孙建军常常出差,二人聚少离多,感情也每况愈下。直到 2008 年,以为女儿的到来可以让两人的关系变得亲密。但是,徐佳慧独自一人抚养女儿的无奈,让其下定决心离婚。

结婚的时候,只要你情我愿就可以,几乎没有利益、子女、家庭的牵绊,但离婚的时候,你情我愿谈何容易。2010 年,第一次向法院起诉离婚,在法院的调解下,徐佳慧撤回起诉,希望二人的关系能够得到缓和,但二人相处的本质矛盾未能解除,仍然难以继续生活在一起。2011 年,徐佳慧又起诉到法院,因孙建军不同意离婚,最终被法院驳回诉讼请求。而后,徐佳慧再次向法院起诉想要解除婚姻关系。①

2. 争议焦点

婚前,孙建军向徐佳慧转钱 13 万元的行为是赠与还是共同购房?

3. 法院观点

本案二审为终审,二审法院对涉案房产作出了与一审完全相反的判决。

(1)一审法院认为,徐佳慧与孙建军在日常生活中,夫妻间缺乏沟通与交流,因家庭琐事产生矛盾后,双方未能积极化解。徐佳慧曾两次起诉离婚,虽然法院没有判决离婚,但夫妻关系并未缓和,夫妻感情逐渐疏远直至破裂,对徐佳慧离婚请求,法院予以支持。

孙建军与徐佳慧婚前共同出资购买的住宅,用于婚后居住,性质上是共有房屋。徐佳慧认为该房屋是孙建军以结婚为名义的赠与,因孙建军对其否认,并且徐佳慧没有提供相关证据支持其主张,故对徐佳慧提出该房屋登记在其个人名下,属于婚前个人财产的主张不支持。由于该房屋没有约定共有份额,则应按照出资额确定各自享有的共有份额。考虑孙建军出资额的比例较大,该房屋归孙建军所有为宜,由孙建军按照徐佳慧的出资比例对其进行补偿。

徐佳慧认为 13 万就是孙建军以结婚为目的赠与自己的,并非共同买房,便提起上诉,请求二审法院公平裁判。

(2)二审法院审理认为,对于双方婚前买房的产权性质,根据徐佳慧提供的

---

① 参考案例:(2013)盘中民二终字第 00371 号。

房屋产权证、结婚登记证，证明该房所有权人为徐佳慧本人，属于婚前取得事实，虽徐佳慧承认孙建军给付其13万元用于其购买该房，但徐佳慧表示此款是以二人结婚为条件，孙建军同意给付徐佳慧的，并且同意该房产权证办理徐佳慧一人名下，该房属于徐佳慧婚前个人财产。根据法律规定，在没有明确约定的情况下，婚前一方购买的房产属于购房人的个人财产。本案中，虽有孙建军给付徐佳慧的购房款13万元，但对该房产权归属约定不明确，根据上述法律规定，该房属于徐佳慧婚前取得的财产，应属于徐佳慧的婚前财产，对于孙建军给付徐佳慧的购房款13万元应视为对徐佳慧以结婚为目的的赠与。

律师分析

1. 关于婚前双方出资购买房屋且登记在一方名下的权属问题

首先，从上述案例中可以看出，在司法实务中，法院对类似案件的处理存在一定的分歧。在张远盛与罗丽的案件中，一审、二审法院均将双方婚前共同全款出资且登记在一方名下的房屋认定为按份共有，其依据为诉争房屋虽系婚前购买且登记在女方一人名下。但关键点在于，男方对房屋的出资系直接转账给开发商而非女方，以及双方曾经在离婚协议（并未以该协议办理离婚登记）中约定诉争房屋共同分割的事实，女方也并未提供证据证明男方有赠与房款的意思表示，由于男女双方在购买诉争房屋时不具有家庭关系，故法院认为双方对诉争房屋按照出资比例按份共有。

在孙建军与徐佳慧的案例中，一审法院认定为按份共有，但是二审法院改判为登记方一人所有，未登记方的出资系对登记方的赠与。法院依据物权的公示原则，即诉争房屋系女方婚前取得，在双方没有书面约定的情况下，应属于女方婚前个人财产，另外，男方对于购房前转入女方个人账户的13万元并未提出证据证明非以结婚为目的的赠与意思表示，故法院判决诉争房产归女方一人所有，女方无须补偿男方。

其次，若双方对婚前购房且登记在一方名下的房屋权属有明确约定，则按照约定处理。法律规定，男女双方可以约定婚姻关系存续期间所得的财产以及婚前财产归各自所有、共同所有或者部分各自所有、部分共同所有，约定应当采取书面形式。因此，男女双方可以就婚前购买房屋权属进行约定，既可以约定归其中一方所有，也可以约定为双方按份共有或者共同共有。若双方并未订立任何约定，非登记方的举证责任就显得尤为重要。

2. 婚前双方全款出资买房，需要注意什么

在绝大部分家庭中，房产都是家庭重要资产，并且占据相当大的比例，所以在决定买房前，就要清楚婚前共同出资买房登记在一方名下，登记一方有完全处分权，若往后离婚，非登记方很可能会面临法律风险。如果觉得自己不能承受这种风险，为避免日后可能存在的纠纷，婚前双方全款出资买房，需要了解并注意以下事项：

首先，二人在共同购房时，在非必要的情况下，建议两人共同办理合同签订手续、付款手续、房屋登记手续，这些都是对自己权益的保障，不能因一时大意就找人代办。

其次，特殊情况下，若无法登记两个人的名字，建议非登记方将购房款直接转到开发商的账户，最好不要通过另一方的名义过一次手；若无法直接转给开发商，也需要注明转款用途，条件允许的情况下，可通过书面方式进行约定。

法律依据

本文参考案例的法律依据为《中华人民共和国物权法》第一百零三条，《中华人民共和国婚姻法》第三十二条、第三十七条、第三十九条，《最高人民法院关于适用〈中华人民共和国婚姻法〉若干问题的解释（一）》第一条；现为《中华人民共和国民法典》第三百零八条、第一千零七十九条、第一千零八十五条、第一千零八十七条，《最高人民法院关于适用〈中华人民共和国民法典〉婚姻家庭编的解释（一）》第一条。

25. 婚前双方全款出资，登记在双方名下的房产，离婚后如何分割？

大城市房价连年看涨，为了抢占购房先机，许多小情侣在恋爱同居期间就会选择共同购房，一是准备婚房，二是对抗房价的不断上涨。在双方均有出资的情况下，部分情侣会选择房产登记在双方名下。那么情侣结婚后，房产属于夫妻共同财产吗？离婚时通常会怎么分割呢？

经典案例(一)

1. 案情介绍

毛军与葛小华于2007年5月相识恋爱，2009年11月9日登记结婚，婚后初期，夫妻感情尚可。之后，双方因年龄差距较大，对问题的看法不一致，为生活琐事经常争吵，致夫妻矛盾渐深。葛小华怀疑毛军有外遇，2012年上半年起双方因感情不和同室分居，两人婚姻期间未生育子女。2012年下半年，毛军向法院起诉要求离婚，并分割夫妻共同财产。

两人有一套房屋，是两人婚前共同出资购买的，建筑面积48.81平方米，产权登记在毛军与葛小华名下。购买房屋的总价款为57万元，其中毛军出资47万元，葛小华出资10万元。双方一致确认该房屋价值110万元。①

2. 争议焦点

毛军与葛小华两人婚前共同出资购买的房屋归谁所有？离婚时应如何分割？

3. 法院观点

(1)关于房屋的出资。

原告、被告双方一致确认系争房屋价值110万元。被告虽称其为购买系争房屋出资20万元，但根据被告提供的现有证据，仅能证明被告出资购房款为10万元。原告虽称被告出资的10万元购房款是借款，婚后双方共同还清了该借款，但又未能提供合法有效的证据予以佐证，法院不予采信。故应认定原告购买

---

① 参考案例：(2012)闸民一(民)初字第3875号。

系争房屋的出资额为 47 万元,被告购买系争房屋的出资额为 10 万元。

(2)关于房屋的归属。

系争房屋产权系原告、被告婚前出资购买,产权登记在双方名下,但双方在进行系争房屋产权登记时并未明确系争房屋产权为按份共有,故根据婚姻关系存续时间,以及对系争房屋的贡献大小等因素,系争房屋产权可归原告所有,原告给付被告房屋补偿款 33.5 万元(占涉案房屋市场价的 30.45%)。

经典案例(二)

1. 案情介绍

蔡民、代美美于 2003 年 11 月经人介绍相识并相恋,认识不久后两人便开始同居生活。蔡民是第二段婚姻,与前妻曾生育一女,已成年。两人为了有个稳定的居所,便商量一起买套房,就不用总是租房住了。

蔡民在 2004 年 11 月签订《商品房认购书》,购买位于湛江市某小区的 602 房,其中代美美支付了部分首期房款 2.5 万元,房屋余款 11 万多元由蔡民分期按揭支付至 2007 年 4 月。2007 年 5 月,602 房以蔡民、代美美两人的名义办理了共同共有的房屋产权证,并用于出租。蔡民、代美美则一直住在蔡民原工作单位 A 公司分配的 310 房里。

因代美美身体原因无法生育子女,因此两人未生育子女。蔡民、代美美于 2011 年 5 月 11 日补办理结婚登记手续。后来双方因家庭琐事经常产生矛盾,蔡民于 2011 年 6 月出外租房居住。2012 年 3 月,蔡民与代美美发生较大冲突后,蔡民搬走家里部分物品,正式与代美美分居。2012 年 5 月,蔡民向原审法院提起离婚诉讼。代美美认为两人有两套房,而蔡民却出外租房居住,是刻意单方制造分居事实。

2013 年 6 月,蔡民申请法院对 602 房进行评估,确定 602 房在估价时点市场总价值为 25 万元。蔡民认为 602 房应归其所有,代美美所支付的 2.5 万元,其可按比例支付相应折价款给代美美;代美美不同意离婚,因其既无固定收入,也无生育能力,如果蔡民坚持要离婚,蔡民应赔偿其精神损失费,并要求 602 房归其所有,且不同意支付房屋折价款给蔡民。双方都认为 602 房产应当归其一人所有。①

① 参考案例:(2014)湛中法民一终字第 5 号。

2. 争议焦点

(1)在双方共同出资的情况下,如何认定涉案房屋的归属?

(2)蔡民、代美美离婚时该如何分割房产?

3. 法院观点

关于602房的处理问题。602房是蔡民、代美美在婚前共同出资购买的房屋,虽然蔡民的出资比代美美多,但在办理房地产权登记时,蔡民同意将该房屋的产权登记为蔡民、代美美共同共有,故602房是蔡民、代美美婚前取得的共同共有财产。蔡民主张应按照双方的出资比例进行分割,实质是认为该房屋所有权按份共有,该主张不能成立,法院不予采纳。现蔡民、代美美均主张602房的所有权,考虑到代美美没有固定工作和收入,也没有生育子女,离婚后确需要房屋居住,生活上比蔡民困难,从照顾妇女权益角度考虑,602房可归代美美所有,并适当为其多分至60%的房屋份额,由代美美支付房屋折价款100,960元(252,400元×40%)给蔡民。

律师分析

1. 婚前双方全款出资,登记在双方名下,通常认定为按份共有

上述两个案例均是婚前双方全款出资,登记在双方名下,离婚后如何分割的问题。依据《民法典》第308条的规定,"共有人对共有的不动产或者动产没有约定为按份共有或者共同共有,或者约定不明确的,除共有人具有家庭关系等外,视为按份共有"。对于双方婚前全款出资购房且登记在二人名下的此类争议,由于购买房产时不具有家庭关系法院的原则性观点为按份共有。很明确地界定出两人的共有方式及分割的金额,即"共有人对共有的不动产或者动产没有约定为按份共有或者共同共有,或者约定不明确的,除共有人具有家庭关系外,视为按份共有。案例一中原被告双方在婚前购买房屋,登记在双方名下,没有明确约定各自的份额,应按双方各自的出资比例确定份额"。案例二中因房产登记为共同共有,所以法院判决为共同共有。

在按份共有的情况下,法院通常会将房屋判给出资较多或者最后分配比例较多的一方所有,由获得房屋的一方给予另一方与其出资比例相应的补偿款。补偿款通常考虑以下因素:出资比例、对房屋的贡献大小、离婚时房屋市场价等。在实践中,若女性为弱势一方或者女性需要照顾子女,法院通常会依据照顾妇女

儿童原则，在房产分割和补偿款金额确定时通常也会多为女性考虑一些。

2. 共同出资购房的注意事项

(1)通过以上案例，笔者提醒大家应注意共同出资购房的各方应当保留好出资凭证，最好将所有的款项通过银行转账的方式支付，以便有章可循。若无法证明自己的出资金额，则有可能导致少分的情况。若双方对房屋出资款举证后，仍无法证明由谁出资的，则法院通常将无法证明的部分按双方共同出资处理。

(2)双方购房时大家往往不太注意不动产证登记的内容，建议在办理不动产登记时关注“共有情况”一栏的内容，是共同共有还是按份共有，以及比例多少，都将影响双方的实体权利。

生活总是比我们想象的要复杂得多。为了让生活更纯洁美好，避免误会和不合适的期待，婚前共同购买房产尽量说清楚、写清楚，让生活归生活，财产归财产，爱情归爱情。

法律依据

本文参考案例的法律依据为《中华人民共和国物权法》第一百零三条，现为《中华人民共和国民法典》第二百九十八条、第二百九十九条、第三百零二条。

26. 婚前一方付首付款，婚后夫妻共同还贷的房产是否属于夫妻共同财产？

夫妻一方婚前签订不动产买卖合同，以个人财产支付首付款并在银行贷款，房产登记在一方名下。婚后夫妻双方共同还贷。这种情况在现实生活中也是很常见的。那么我们该如何认识这种情况下的财产权利归属呢？共同还贷部分、房产增值部分哪些属于个人财产，哪些属于夫妻共同财产呢？鉴于此种情况在现实生活中争议较多，所以在此用两个案例对问题进行阐释与解读。

经典案例（一）

1. 案情介绍

2006 年 11 月 1 日，刘峰、李洁登记结婚，双方均系再婚，因为感情走到了一起。由于双方在前一段婚姻中都有子女，两人再次结婚后没有再生育子女。半路夫妻的相处比起初婚要更加艰难，没多久双方便经常发生争吵，僵持 10 年，最后在 2016 年 3 月离婚。离婚时夫妻共同财产未予分割。

法院判决离婚下来后，李洁便向法院起诉要求分割位于北京市某小区的 591 房。法院调查情况：591 房是李洁 2005 年婚前支付了 10 万元首付款购买的，婚后还贷了 15 万元。2017 年房产的市场价值为 470 万元。李洁表示该房产是自己的婚前财产，婚后的部分贷款也是其个人财产支付，该房屋一直处于出租状态，部分贷款是通过该房子的房租去支付，理应归其所有。但是刘峰表示，房子是李洁婚前首付没错，但婚后还贷用的是夫妻共同财产，婚后还贷及增值部分应当作为夫妻共同财产分割。①

2. 争议焦点

(1)婚后支付的房屋按揭款是否属于夫妻共同财产？

(2)若是夫妻共同财产，这部分按揭款的增值是否属于夫妻共同财产？

(3)婚后租金是否属于夫妻共同财产？

---

① 参考案例：(2020)京 02 民终 2787 号。

3. 法院观点

(1)一审法院认为,夫妻一方婚前订立不动产买卖合同,以个人财产支付首付款并在银行贷款,婚后用夫妻共同财产还贷,不动产登记于首付款支付方名下的,离婚时该不动产由双方协商处理。不能达成协议的,人民法院可以判决该不动产归产权登记一方,尚未归还的贷款为产权登记一方的个人债务。双方婚后共同还贷支付的款项及其相应财产增值部分,离婚时应由产权登记一方对另一方进行补偿。

本案中,李洁名下的诉争房屋,是李洁婚前支付的首付款,婚后还贷。李洁称房贷全部由该房屋的房租支付,但证据不足。事实上,双方婚后财产收入已经混同。虽然是用该房屋的租金偿还的每月的房贷,但因房屋出租行为本身是一种经营活动,房租应当认定为经营性收益,婚后收益应当认定为夫妻共同财产。

因此诉争房屋产权应当归登记一方即李洁所有。双方婚后共同还贷支付的款项及其相应财产增值部分,根据《婚姻法》第 39 条第 1 款规定①的原则,由李洁对刘峰进行补偿。故双方婚后共同归还的贷款由李洁给付刘峰 1/2,房屋增值部分补偿方法根据鉴定机构评估的房屋现值以及夫妻共同还贷部分所占份额予以确定。故对于刘峰主张分割夫妻关系存续期间房租收益的诉求,法院予以支持。李洁的辩称,依据不足,法院不予支持。

对于租赁的期限,从 2016 年 4 月双方离婚开始起算,至 2019 年 8 月止,应认定为 41 个月。对于租金的数额,根据周围租金、房屋等情况,同时考虑出租的不确定性等因素酌定为每月 3000 元。判决:李洁于判决生效后 15 日内给付刘峰婚后还贷补偿款 7 万元、房屋增值补偿款 93 万元、房屋租金 6 万元,共计 106 万元。

双方针对一审法院确认的诉争房屋首付款数额以及共同还贷和共同还贷百分比存在争议,李洁认为即使法院最终认定为夫妻共同还贷,法院关于增值部分的计算存在错误,同时也存在重复赔偿情况,因此提起二审。

(2)二审法院认为,本案争议的焦点系一审法院认定涉案房屋由双方共同还贷是否正确;若正确,则相对应共同财产价值的计算标准是否适当;诉争房屋租金应否予以分割。

---

① 现为《民法典》第 1087 条。

关于双方婚姻关系存续期间所偿还贷款的性质，诉讼中李洁虽表示偿还贷款的钱款系由诉争房屋租金支付，因此该贷款行为仍应属于李洁个人还款行为，对此刘峰不予认可，并表示双方婚后财产收入已经混同。

无论是从双方婚后财产混同状况考虑，还是从诉争房屋在婚姻关系存续期间所获出租收益属于经营性收入从而被视为夫妻共同财产的角度出发，诉争房屋在夫妻关系存续期间的还贷行为均应被认定为夫妻双方的共同还贷行为，由此相对应的财产增值部分亦应属于夫妻共同财产。诉讼中，李洁主张一审法院确定上述共同财产计算标准存在错误，经本院核查，一审法院在确定双方共同还贷及相对应财产增值部分的价值时，确实存在漏算利息以及重复计算问题，故法院根据双方在二审中举证质证情况对上述共同财产的价值予以重新确定并依法予以分割。

经典案例(二)

1. 案情介绍

黎小明与陈小米恋爱多年，感情一直不错。谈婚论嫁阶段，黎小明听从家里人安排在老家厦门置业，2003 年 7 月购买了期房 A 房产，总价 24 万元，首付 7 万元，贷款 17 万元。2003 年 12 月，陈小米也购入了单位的一套职工联建房 B 房产，价值 12 万元。

2004 年 8 月，黎小明与陈小米登记结婚。2004 年 9 月，A 房产交房，黎小明和父母对该房产进行了装修，由于当时黎小明与陈小米都在福州市工作，后 A 房产一直对外出租，其间的招租及收取租金等事宜均由黎小明父亲负责。直至 2012 年 8 月黎小明与陈小米将 A 房屋收回自住。2005 年 6 月，A 房产可以过户时，黎小明将房产登记到自己名下。

2006 年 8 月 1 日儿子黎小皮出生。双方婚后一直共同在福州市工作生活直至 2009 年 7 月。2009 年 8 月，黎小明调动至厦门工作，后陈小米也调动到厦门工作。搬至厦门后，黎小明回到了熟悉的老家，整日不思进取，两人感情日渐消磨。2015 年，黎小明向厦门法院提起了离婚诉讼，要求离婚，并分割 A 房产、B 房产。

黎小明称，关于 A 房产，自 2003 年 12 月 15 日起至双方登记结婚前，自己共偿还本息计 1.2 万元；自双方登记结婚后至 2011 年 6 月 10 日，共偿还贷款本息

21 万元,至此前述按揭贷款全部提前清偿完毕。2016 年 A 房产市场价为 225 万元。此外,黎小明表示 B 房产产权登记时间 2008 年 6 月,应当属于夫妻共同财产,但是 2013 年 5 月陈小米将 B 房产出售,出售的合同价为 52 万元,但实际出售价格为 73 万元。黎小明认为陈小米的行为是恶意转移夫妻共同财产。

陈小米称,B 房产的房款是分期支付的,其中 11.7 万元缴纳于婚前,3000 元缴纳于婚后,应当属于自己的婚前财产,自己卖掉房产的款项也应该归自己所有。①

2. 争议焦点

(1)陈小米婚内卖房的行为是否构成恶意转移财产?黎小明是否因此有权多分?

(2)婚前支付首付以及部分按揭款,婚后夫妻双方共同还贷,婚后还贷的部分以及对应的增值部分是否属于夫妻共有?

3. 法院观点

黎小明主张陈小米存在隐藏售房收入的行为,应少分共同财产及多承担诉讼费,但其提供的证据尚不足以证明其主张,法院不予采信。

A 房产的购房成本应为购买时房产价格(24 万元)+已偿还银行利息(1.2 万元+21 万元-17 万元=5.2 万元)+购房其他必要支出(契税、房屋登记费、土地登记费、个人贷款抵押房屋综合险、中介费共计 8000 元)=30 万元。考虑到该房产系黎小明于婚前签订购房合同、以个人财产支付首付并在银行贷款,产权亦登记在其名下,故该房产应判归黎小明所有为宜,但婚后夫妻共同还贷及其对应的财产增值部分应由黎小明依法补偿陈小米,结合陈小米作为女方应适当照顾及该房产装潢、添附主要由黎小明及其家人投入两个因素,相互折抵后,法院认为陈小米要求黎小明补偿共同还贷及增值部分 50% 的比例合理,予以支持,具体补偿数额为夫妻共同还贷部分(21 万元)×房产升值率(房产现价格 225 万元÷购房成本 30 万元)×50% =78 万元。

对于 B 房产,黎小明主张陈小米实际出售价为 73 万元,而非买卖合同上所写的 52 万元,但并未提供证据证明,法院不予采信。黎小明所应分得的具体款项数额为(3000 元/12 万元×52 万元)/2=6500 元。

---

① 参考案例:(2016)闽民终 4933 号。

律师分析

1. 婚前一方首付,婚后共同还贷,房产通常归房产登记方所有,双方婚后共同还贷支付的款项及其相对应财产增值部分为夫妻共同财产

根据《最高人民法院关于适用〈中华人民共和国民法典〉婚姻家庭编的解释(一)》第78条的规定,夫妻一方婚前签订不动产买卖合同,以个人财产支付首付款并在银行贷款,婚后用夫妻共同财产还贷,不动产登记于首付款支付方名下的,离婚时该不动产由双方协议处理。

依前款规定不能达成协议的,人民法院可以判决该不动产归登记一方,尚未归还的贷款为不动产登记一方的个人债务。双方婚后共同还贷支付的款项及其相对应财产增值部分,离婚时应根据《民法典》第1087条第1款规定的原则,由不动产登记一方对另一方进行补偿。

上述两个案例中,虽然都是婚前一方首付,婚后共同还贷的情况,但是两个案例争议焦点不同,具体分析如下:

(1)案例一中,李洁作为支付首付款一方,房屋婚后一直出租,其认为出租所获租金属于其个人财产,因此婚后的贷款部分也属于其个人财产偿还,不应当将还贷部分作为夫妻共同财产予以分割。法院认为双方婚后财产已混同,房屋出租所获得的租金属于经营性收益,应当属于夫妻共同财产。因此对于共同还贷及房屋增值部分,夫妻一方婚前购房婚后共同还贷,离婚时房屋获得方应对另一方就共同还贷款项对应的增值部分进行补偿。

案例一中,由于一审法院已经判决分割房产,二审认为一审分割房屋后又支持刘峰的租金请求,重复计算了补偿数额。事实亦是如此,房屋租金已经用于支付房屋的贷款,租金已经计入房屋价值中。一审法院同意刘峰分割租金的请求,造成金额的重复计算。实践中大家应该谨慎注意这一点,避免重复支付相关费用。

(2)婚后共同还贷支付的款项及其相对应财产增值部分的计算方法。

案例一中,法院未完整展示补偿金额的计算过程,仅在最后列明了应补偿的金额。事实上各地法院计算方法不一,甚至同一法院的不同法官之间的计算方法也存在较大差异,导致同案不同判情况屡屡发生,影响了法院裁判的权威性。案例二法院判决中详细列明了其计算方法,每一项的依据,相较案例一更清楚

明晰。

(3)笔者所在的深圳地区,《深圳市中级人民法院关于审理婚姻家庭纠纷案件的裁判指引》按照如下公式计算:夫妻婚后共同还贷部分(含婚后偿还的本金和利息)÷实际购房款(房屋购买价＋离婚时已还全部利息)×离婚时房屋市场价。此种计算方式着重将还贷本息均作为夫妻贡献,购房成本为婚姻缔结时的房屋价值,排除了婚前还贷增值纳入共同增值考虑的可能性。该方法是在法理障碍上最小的一种,适用较为便利,易于被大众接受。

在离婚分割争议房产时,依照上述公式计算出的补偿数额并不是绝对的,法官可以根据案件的实际情况行使一定的自由裁量权,对数额进行适当的调整,调整所考虑的因素包括《民法典》所规定的照顾子女和女方权益的原则;夫妻一方对婚前所购房屋有较大的资金上的贡献,如对婚前房屋进行装修装潢使得房屋产生了较大的增值等;夫妻一方通过对房屋进行修葺、管理、维护等劳务上的贡献使得房屋在市场上同等房屋中保有了较高的价值;夫妻一方通过自身努力使得房屋以明显优于当时的交易价格出卖等机会上的贡献等。

2. 婚前一方首付,婚后共同还贷的房屋所获得的租金,应作为夫妻共同财产,但应考虑贡献大小

本文的两个案例均有涉及婚后房屋租金问题。《最高人民法院关于适用〈中华人民共和国民法典〉婚姻家庭编的解释(一)》第26条规定,夫妻一方个人财产在婚后产生的收益,除孳息和自然增值外,应认定为夫妻共同财产。通常争议之处在于对租金性质的定义。

笔者所在的地区,《深圳市中级人民法院关于审理婚姻家庭纠纷案件的裁判指引》认为,夫妻一方请求分割另一方婚前个人房产在婚内出租所得租金收益的,人民法院应予准许。人民法院在酌定具体分割比例时可以适当考虑夫妻双方对该租金收益的贡献大小。原因是房屋出租时出租方应履行租赁物的维修义务,保障租赁物的居住安全,往往需要投入许多管理时间和劳务,因此房屋租金不属于自然增值,应当作为经营性收益看待,可以作为夫妻共同财产加以分割。但在具体分割时也要适当考虑夫妻双方对该租金收益的贡献大小。

法律依据

本文参考案例的法律依据为《中华人民共和国婚姻法》第三十九条,现为

《中华人民共和国民法典》第一千零八十七条。《最高人民法院关于适用〈中华人民共和国婚姻法〉若干问题的解释(三)》第十条,现为《最高人民法院关于适用〈中华人民共和国民法典〉婚姻家庭编的解释(一)》第七十八条。《最高人民法院关于适用〈中华人民共和国民法典〉婚姻家庭编的解释(一)》第二十六条。《最高人民法院关于适用〈中华人民共和国民法典〉婚姻家庭编的解释(一)》第七十六条。

27. 婚前双方出资首付但登记在一方名下，婚后共同还贷的房产如何分割？

实践中，经常会出现婚前双方共同出资购房，但是由于购房资格、贷款额度等客观情况或因为主观因素等，将共同出资购买的房产登记在一方名下。若这种情况出现在双方登记结婚之后，无论登记在哪一方名下均为夫妻共同财产，但若此种情况出现在结婚登记之前，那出资且未进行产权登记一方享有房屋产权吗？未登记方的出资有可能在实践中被认为借款或者赠与吗？

经典案例（一）

1. 案情介绍

孟浪与李雪于2010年7月经人介绍相识。感情稳定之后，事业也顺风顺水，二人开始商量买房结婚。2012年3月，孟浪与北京某开发商签订"房屋买卖合同"，约定购买北京一处房产，首付款约为47万元，其中包含李雪向孟浪转款10万元、信用卡透支20万元，再加上孟浪自己的17万元存款。购买房屋之后，二人共同居住使用、共同偿还房屋贷款、共同偿还信用卡借款。没有谁结婚是奔着离婚去的，孟浪与李雪也是这样，由于一系列手续都是孟浪办理的，房子便自然而然地登记在孟浪名下。

2012年7月，孟浪与李雪登记结婚。3年的婚姻，足以让两个人看清彼此所有的优缺点，孟浪认为李雪并不是一个贤惠的太太，无法让其感受到家的温暖，二人常常因为鸡毛蒜皮的小事怄气。最终，孟浪首先决定退出这场婚姻。在二人协商无果后，孟浪向法院申请判决离婚。李雪同意离婚，但认为婚前登记在孟浪名下的财产是二人的夫妻共同财产。①

2. 争议焦点

恋爱期间，李雪转给孟浪的10万元属于对孟浪的借款，还是李雪与孟浪的共同购房行为？

① 参考案例：(2017)京03民终8341号。

3. 法院观点

法院认为,虽然婚前购买的房屋的首付款是出自孟浪的银行卡,购房合同、贷款合同均是孟浪一人所签,该房屋登记孟浪名下,但判断房屋权属还应结合购房款的具体来源即实际出资情况。根据本案案情,不可否认孟浪的购房首付款中有20万元是通过刷信用卡方式支付的,其中有部分信用卡做了分期还款直到婚后才还清。此外,孟浪借记卡支付的27万元首付款中,亦有李雪出的10万元。虽孟浪主张该10万元系借款,但李雪不认可,另结合双方共同购房、共同偿还银行贷款,双方并未按照正常的借贷关系行使权利、承担义务等因素,故法院认为该10万元系李雪的出资更符合常理,也更公平,对孟浪关于该10万元系借款的说法不予认可。

考虑到双方购买房屋、结婚时间及婚后双方共同生活时间、双方婚前财产大量混同等因素。法院认为,涉诉房屋虽系孟浪在与李雪结婚登记前以自己名义购买,但购房后不久双方即登记结婚,且李雪在购房过程中亦曾大量出资,婚后二人共同偿还首付款中的信用卡刷卡部分以及共同偿还银行贷款等情况,客观上双方是以结婚、长期共同生活为目的的购房。鉴于涉诉房屋系双方在婚前共同支付首付款,婚后共同偿还银行贷款,该房系孟浪婚前申请银行贷款并登记在其名下,孟浪名下无其他房屋及本案具体情况等因素,涉诉房屋确定为孟浪所有为宜,房屋的剩余贷款由孟浪负责偿还。孟浪应向李雪支付相应的房屋折价款,具体数额由法院考虑涉诉房屋的评估值、剩余贷款的偿还情况及适当照顾女方权益的原则等因素,酌情予以确定。

经典案例(二)

1. 案情介绍

2007年3月,侯军与胡囡登记结婚。

2005年4月,在侯军与胡囡恋爱期间,胡囡的父母决定以胡囡名义购买北京市某小区的一套房屋,并登记在胡囡名下。房屋首付款19万元为胡囡父母对其的资助,贷款本金为70万元。婚前,胡囡通过父母的资助及自己的存款偿还了部分贷款;侯军在结婚前向胡囡转款39万元,用于偿还房屋贷款。

2007年春节,侯军与胡囡与双方父母开始商量二人的婚事。2007年3月,侯军与胡囡领证结婚。结婚后,胡囡与侯军共同偿还了剩余的房屋贷款本息30

万元。

在北京有房无贷，夫妻二人本应该过着稳定且知足的生活。但是，因为感情不和，二人常常冷战、争吵，最终夫妻感情破裂。在协议离婚期间，二人对财产部分争议最大的就是北京的这一套房产。侯军认为，婚前给胡因转了 39 万元，胡因均用于偿还北京房屋贷款，因此该房屋系其与胡因的共同出资购房；但是，胡因认为该钱款是侯军作为结婚彩礼赠与给自己的，房子属于自己婚前个人财产。在协商无果的情况下，胡因向法院提起诉讼离婚。①

2. 争议焦点

婚前，侯军向胡因转款 39 万元，是以结婚为目的的赠与还是共同出资购房？胡因名下的北京房产是个人婚前财产还是夫妻共同财产？

3. 法院观点

婚姻关系的存在与维系应以夫妻感情为基础。胡因以双方感情破裂为由起诉离婚，侯军也表示双方感情不和，无法继续共同生活，同意离婚，表明双方感情确已破裂。故法院对胡因解除双方婚姻关系的主张予以支持。

婚姻关系存续期间取得的财产属于夫妻共同财产，离婚时应依法分割。关于北京房屋的分割问题，该房屋系胡因婚前购买，由胡因在婚前支付了首付款并偿还了部分贷款，且房屋登记在胡因个人名下，因此，该房屋以判归胡因所有为宜。关于侯军主张的其于 2007 年 1 月 9 日给付胡因的 39 万元为其在该房屋中的出资购房款，由于该 39 万元系侯军在婚前给付胡因，并非夫妻婚后共同偿还贷款，而侯军亦未提供证据证明双方存在共同出资购房的约定或者借贷关系的证明。因此，对于侯军的上述主张，法院不予采纳，而是综合考虑侯军的付款时间、双方结婚时间、双方当时感情状况等情况，认定该 39 万元为侯军婚前赠与胡因的财产，系胡因婚前个人财产。涉案房屋在双方婚后偿还的贷款本息 30 万元及其相对应财产增值部分，应作为夫妻共同财产分割。胡因在取得该房屋所有权的情况下，应就上述财产给予侯军一定的补偿。关于补偿的数额，法院根据房屋的房价款及利息、双方夫妻关系存续期间还贷金额、房屋的现值等情况予以确定。

---

① 参考案例：(2016)京 03 民终 148 号。

律师分析

1. 婚前双方共同出资，且登记在一方名下，法院通常会结合购房时具体情况、双方结婚时间、双方感情状况等综合考虑

结合两个案例，笔者发现均为双方婚前"共同出资"的情况，法院结合个案的裁判情况却不同。在案例一中，双方在婚前存在大量资金往来，出现双方个人财产混同的情况，再加上李雪转给孟浪10万元的资金与孟浪转给开发商的购房款的时间较为吻合；另外，孟浪首付款中出现大量信用卡支付，婚后还款的情况，且双方在购房后随即登记结婚，共同生活多年。基于此，法院认定孟浪与李雪双方婚前购买且登记在孟浪一人名下的房产系双方夫妻共同财产。

但是，在案例二中，胡园所购房屋的首付款、银行按揭贷款均是其独自完成，虽然侯军也在婚前部分出资用于偿还胡园所购房屋的贷款，但出资时间与双方登记结婚时间较为接近，在此基础上，法院认定侯军的出资为赠与，房屋也系胡园婚前个人财产。需要说明的是，即便房屋被认定为婚前个人财产，但是婚后双方共同还贷及对应增值部分，房屋所有权一方均需要对另一方作出补偿。

2. 婚前双方共同出资购房，且登记在一方名下，若非登记方在非赠与的情况下应注意的事项

首先，在男女双方婚前共同出资，不含一方对另一方赠与的情况下，建议按照实际出资情况登记，可以是双方按份共有，也可以是双方共同共有。这可以避免非登记方在没有证据证明出资的情况下，而导致房屋拱手让人。

其次，若因为购房名额等限制，出资一方没有购房资格而登记一方名下的情况，双方可以采取书面约定的方式约定按份共有或者共同共有，同时也要保留银行往来的凭证、票据等，并备注款项的用途等，避免之后发生不必要的争议。在非登记方不能完成登记的情况消失后，对房屋进行变更登记无疑是对权利最好的保障。

法律依据

本文参考案例的法律依据为《中华人民共和国婚姻法》第三十二条、第三十六条、第三十七条、第三十九条、第四十一条，《最高人民法院关于适用〈中华人

民共和国婚姻法〉若干问题的解释(三)》第十条;现为《中华人民共和国民法典》第一千零七十九条、第一千零八十五条、第一千零八十七条、第一千零八十九条,《最高人民法院关于适用〈中华人民共和国民法典〉婚姻家庭编的解释(一)》第七十八条。

28. 婚前双方共同出资首付且登记在双方名下，婚后共同还贷的房产如何分割？

婚前共同出资买房，如果房屋登记在双方名下，似乎双方的合法权利都能得到法律的保护。但是，婚前双方各自的出资比例不同会因平均分割而导致一方受益、一方受损吗？我们一起看一下案例吧。

经典案例（一）

1. 案情介绍

孙燕、周航在一次朋友聚会上偶然认识，这也是二人故事的开端。有共同的好友、共同的爱好，孙燕和周航能够迅速地融入对方的生活。经过1年多的恋爱，二人的感情在亲朋好友间都传为了佳话。

2010年9月，孙燕与周航有了买房结婚的打算。二人一起看了很多地段、户型，为将来的美好生活选定一个温暖的住处。最后，定了上海市宝山区联杨路的一套房屋。房屋登记在孙燕与周航两个人的名下，房屋购置价168万余元，首付款51万余元（其中孙燕支付20万元，周航支付31万余元），贷款117万元，（其中公积金贷款30万元，商业贷款87万元），公积金和商业贷款的主贷人均为周航，也就是说以周航的名义偿还往后所有的贷款。由于二人购买的是二手房，买房后即可入住，孙燕和周航按照自己的喜好添置了一下物件，便搬入新居。

2011年2月14日，孙燕与周航选择情人节这一天登记结婚。但是，婚后生活并非尽如人意，周航的事业也遭遇“瓶颈”，甚至面临离职的压力，难免将情绪带到家里。孙燕也因为迟迟怀不上孩子而发愁。二人的感情生活有了矛盾和隔阂。2013年5月，孙燕生育了一个可爱的儿子。原本以为孩子的到来能够让两人的感情有所回暖，但周航由于工作原因没有时间照看孩子，应酬也比较多，照顾婴儿的责任全部都落在孙燕一人身上，这也使得两人陷入无休止的争吵和矛盾。2013年10月，孙燕便带着儿子回娘家长期生活，两人的关系跌至冰点。后面就是孙燕一次又一次地向法院起诉离婚。第一次离婚，因周航不同意而暂停。

孙燕坚持离婚,2016 年第二次向法院提起诉讼,要求离婚并分割财产。[①]

2. 争议焦点

孙燕与周航在婚前共同购买的上海市宝山区联杨路房屋是否属于夫妻共同财产？该房屋的权属应当按照出资份额按份共有,还是夫妻共同共有?

3. 法院观点

法院认为,孙燕、周航虽系自由恋爱后登记婚姻,但婚后双方缺乏深入沟通,未能正确处理家庭矛盾,导致夫妻失和,双方已分居多年,周航也表示同意离婚,可以认定夫妻感情确已破裂,法院依法支持孙燕的诉讼请求。

关于上海市宝山区联杨路房屋的权利归属。孙燕与周航婚前共同出资购买的联杨路房屋,登记在双方名下,婚后共同偿还贷款,且购买该房屋是以结婚为目的,满足婚后生活所需,故法院认定为夫妻共同财产。孙燕表示无力支付补偿款,也无力偿还后续的房屋贷款,请求获得补偿款。但是二人未就房屋的现值达成一致,经评估公司评估,该房屋现总价值为 444 万元。综合考虑本案实际情况,法院认为,联杨路房屋归周航所有为宜,周航应继续清偿房屋的剩余贷款,并应向孙燕支付房屋折价款。参考房屋评估价、房屋装修鉴定价及庭审中当事人的陈述,法院酌情确定,周航应支付孙燕房屋及装修折价款共计 175 万元。

经典案例(二)

1. 案情介绍

熊悦是一个来自内蒙古的女孩,是一名医生;胡杨来自湖北,是一名工程师,二人在深圳这样一个对彼此来说都很陌生的环境相遇,成了彼此的依靠。

2006 年 10 月 30 日,熊悦、胡杨以结婚为目的共同以按揭贷款的方式购买了深圳市海岸明珠房产,并于 2006 年 12 月 6 日办理了房地产权证书,登记的权利人为熊悦、胡杨,双方各占 50% 的产权份额。该房的购买价为 92.3 万元;首付款为 32.3 万元,其中,27 万元是胡杨父亲在签订买房合同第二天转给胡杨的,主要用于支付购房款,剩余 5.3 万元是熊悦支付的;按揭贷款为 60 万元,熊悦、胡杨为共同贷款人。

2006 年 12 月 25 日,熊悦与胡杨办理了结婚登记,也正式搬入新房开始甜蜜

① 参考案例:(2016)沪 0113 民初 6017 号。

的夫妻生活。2010 年,4 年的婚姻,终究没能让两个具有南北差异的人融入对方的生活,熊悦提出了离婚。[①]

2. 争议焦点

(1)熊悦与胡杨在婚前共同购买的深圳市海岸明珠房产是否属于夫妻共同财产?该房屋的权属应当按照出资份额按份共有,还是夫妻共同共有?

(2)胡杨父母向胡杨转的 27 万元购房款是对胡杨个人的赠与还是对熊悦与胡杨二人的共同赠与?离婚房产分割时应当返还吗?

3. 法院观点

一审法院与二审法院均认定深圳市海岸明珠房产属于二人的夫妻共同财产。但对于胡杨父母向胡杨转了 27 万元是否应当返还,法院给出了不一样的结论。

(1)一审法院认为,深圳市海岸明珠房产系熊悦、胡杨婚前共同出资并以按揭方式购买,属于双方的夫妻共同财产,依法应当分割。考虑到熊悦、胡杨的收入情况以及熊悦抚养小孩的需要,本着照顾子女和女方权益的原则,该房产宜归熊悦所有,剩余房贷由熊悦自行偿还,由熊悦补偿胡杨 45% 的份额。

关于首期款 32.3 万元,熊悦以婚前个人财产支付了 5.3 万元;胡杨父母支付了 27 万元,根据《最高人民法院关于适用〈中华人民共和国婚姻法〉若干问题的解释(二)》第 22 条的规定,当事人结婚前,父母为双方购置房屋出资的,该出资应当认定为对自己子女的个人赠与,但父母明确表示赠与双方的除外。本案中,熊悦无法证明胡杨父母明确表示将 27 万元首期款赠与熊悦、胡杨,故该 27 万元应认定为胡杨父母对胡杨的个人赠与,应当在分割时返还胡杨。

熊悦不服一审法院判决,向二审法院提起上诉。

(2)二审法院认为,关于深圳市海岸明珠房产分割的问题,涉案房产登记权利人为熊悦、胡杨,各占 50% 的产权份额,虽上述房产系双方当事人结婚之前以按揭方式购买且首付款各自出资比例不同,但房产证登记各占 50% 的份额以及双方在购房后结婚等事实,足以认定双方当事人以明确意思表示,确认了涉案房产为夫妻共同财产。考虑到熊悦抚养婚生女的实际需要,以及胡杨并未在上诉中主张房产所有权,确认涉案房产归熊悦所有,剩余房贷由熊悦自行偿还,熊悦

---

① 参考案例:(2014)深中法民终字第 2007 号。

应依法对胡杨进行相应补偿。

胡杨婚前支付首付款27万元确系胡杨父母对其的单方赠与，胡杨受赠后该款项已成为其婚前个人财产，胡杨、熊悦以比例不同的婚前个人财产支付房产首付，并登记房产各占50%的份额，应视为已对夫妻共同财产的份额进行了明确约定，双方离婚时按照相应比例分割即可，不应在分割房产时将婚前支付部分再次进行计算，原审判令熊悦补偿胡杨父母在婚前赠与的27万元，并无法律依据，法院依法予以纠正。

律师分析

1. 婚前双方共同出资，且登记在双方名下，法院通常认定为夫妻共同财产

结合案例一与案例二，双方在婚前购房的出资比例都是有所差异的，购房后也多是共同还贷，但考虑到案件男女双方均是以结婚为目的并且共同生活所购置房产，法院在认定财产性质时通常会直接认定为夫妻共同财产；若在离婚纠纷中需要分割财产时，也结合双方对房产的出资等实际情况考虑获得房产所有权一方对未获得房产所有权一方的补偿数额。

有争议的是在案例二中，胡杨父母对其因购房所赠与的27万元是否属于胡杨的婚前个人财产，是否需要在分割房产时予以退还。经过法院一审、二审，可以看出，胡杨父母对其的赠与是直接转入胡杨的账户，当胡杨的银行账户收到该笔款项时，赠与已完成，即该27万元已属于胡杨的个人财产。在购房过程中，胡杨以个人财产27万元出资，熊悦以个人财产5.3万元出资，并且在房产登记时各占50%的份额，应视为对夫妻共同财产的份额进行了明确约定，无须在后续分割时另行补偿。因此，笔者认为二审法院的判断更加客观公正。

2. 在婚前双方共同出资购房，婚后共同还贷的情况下，若双方在首付款出资比例差异较大需要注意的事项

首先，若男女双方未明确约定房屋各自占比的情况下，法院通常结合双方购房是否以结婚为目的、是否共同居住等实际情况来认定为夫妻共同财产。

其次，若男女双方出资比例差异较大的情况下又不愿按照夫妻共同财产处理，建议在房产登记时明确登记份额，并且通过书面方式约定按份共有份额，以免日后产生不必要的争议。同时也要保留银行往来的凭证、票据等，并备注款项的用途等。

法律依据

本文参考案例的法律依据为《中华人民共和国婚姻法》第四条、第十七条、第十九条、第三十二条、第三十九条、第四十六条，现为《中华人民共和国民法典》第一千零四十三条、第一千零六十二条、第一千零六十五条、第一千零七十九条、第一千零八十七条。

29. 婚前双方父母出资，登记在双方名下的房产，离婚时如何分割？

在房价日益高涨的年代，子女结婚、全家出资已越来越常见，因为很多普通的家庭无法独自承担高昂的房价，便有了“四个钱包买房”“六个钱包买房”的故事。父母为子女出资购房，意在减轻子女婚后生活的负担、减少小夫妻间的矛盾，只要子女能够家庭幸福。父母出资对应的份额也多半是登记在自己子女名下。但是在司法实践中，远不如想象中的简单，双方一旦感情出现问题或者感情破裂可能为房屋是按份共有还是共同共有争执不休，那么法律到底如何规定、司法实践将如何判决呢？

经典案例（一）

1. 案情介绍

宁宇与方莹两个人在动漫贴吧上相识，两人兴趣相投，都喜欢看动漫作品、逛漫展，很快就坠入了爱河。2016 年 12 月 12 日，宁宇与方莹双方父母共同出资购买了位于广元市利州区的一套商品房，《房屋买卖合同》上的购买方为宁宇和方莹，购房款为 356, 905 元。其中，宁宇父母出资 216, 905 元，方莹父母出资 14 万元。购买房屋后，双方就该房屋签订《婚前协议》，约定“今我宁宇承诺，在婚前购买广元市利州区某房屋产权归方莹所有。结婚后如果离婚，宁宇净身出户。承诺人：宁宇”。

宁宇与方莹于 2017 年 2 月 14 日在利州区民政局登记结婚。

2018 年 8 月 5 日，宁宇、方莹通过房屋中介公司将广元市利州区的房屋出售给唐某、向某二人，并签订《房屋买卖合同》，约定房屋成交价为 59 万元。

夫妻二人购买房屋之后，以为这个家就圆满了，却因为这个房子的装修、居住等问题争议不断。

2019 年 1 月 14 日，宁宇与方莹因夫妻感情破裂，在民政局协议离婚，双方在离婚协议中约定,无共同财产、无共同债务。[①]

2. 争议焦点

(1)广元市利州区房屋所有权归属的认定问题;

(2)广元市利州区某房屋出售后的房款如何分配问题。

3. 法院观点

关于广元市利州区某房屋所有权归属的认定,根据《最高人民法院关于适用〈中华人民共和国婚姻法〉若干问题的解释(二)》第22条第1款以及《最高人民法院关于适用〈中华人民共和国婚姻法〉若干问题的解释(三)》第7条第2款的规定,宁宇、方莹均认可广元市利州区的房屋系由双方父母实际出资共同购买,宁宇父母出资216,905元,方莹父母出资140,000元,在无证据证明双方父母明确表示赠与宁宇、方莹双方的情况下,应认定为对各自子女的个人赠与。因此,该房屋为双方按份共有,其中宁宇应享有该房屋份额的60.80%(216,905元÷356,905元),方莹应享有该房屋的39.20%(140,000元÷356,905元)。

关于广元市利州区的房屋出售后房款如何分配的问题。该房屋出售合同约定全部价款为590,000元,购买人已实际向宁宇、方莹共支付500,000元,余款90,000元尚未支付。该余款系债权,属于可期待利益,因需视宁宇、方莹对该买卖合同的履行情况决定能否实际取得,故在本案中法院无法分配,双方当事人可待实际取得后另行主张。关于已支付的500,000元,经查实,方莹收到房款90,000元后向宁宇转款共65,629元,宁宇收到房款410,000元后向方莹转款共277,000元,则宁宇实际收到房款198,629元(410,000元-277,000元+65,629元),方莹实际收到房款301,371元(90,000元-65,629元+277,000元)。按照按份共有分配原则,方莹应向宁宇退还超出比例份额。

但法院综合考虑,双方在离婚时约定"无夫妻共同财产",当时其明知存在该房款,而未提出处分或者重新分割,事实上是以行为方式对实际分配现状的默认。现宁宇提起诉讼要求重新分配,有悖于诚实信用原则,故驳回宁宇的诉讼请求。

① 参考案例:(2019)川0802民初5154号。

经典案例(二)

1. 案情介绍

姚光亮与李艺萍是大学同学,校园时就确定了男女朋友关系。2014 年,两人从学校毕业后,经过商量决定在洛阳市工作、打拼,便开始了同居生活。

因结婚需要,2017 年 4 月 12 日,由姚光亮母亲转给姚光亮 54 万元,李艺萍母亲转给姚光亮 5 万元,以及双方各自的收入作为出资款,姚光亮、李艺萍以共同买受人身份购买了洛阳市名门世家的一处房屋,房屋契税已缴纳完毕,房屋登记在双方名下。购买房屋后,姚光亮、李艺萍对该房屋进行了装修,并开始在该房屋共同居住生活。

2018 年某天,李艺萍发现自己丈夫的手机里出现了一连串的挑逗短信、裸露照片,她才发现自己的丈夫早已背叛了家庭。姚光亮痛哭流涕,书写了一份《承诺书》,承认存在有网上聊天的不端行为,承诺不再下载其他聊天工具,不再出现和任何人试图聊天等一切有任何意图的行为。若被发现,愿意将两人共同所有全部归李艺萍所有,自己净身出户。共同所有的财产为银行存款、洛阳房产。

自此之后,双方信任减少、矛盾不断,姚光亮搬离房屋,双方持续分居起诉离婚时。李艺萍无法忍受该段婚姻,便向法院起诉离婚,要求分割夫妻共同财产。①

2. 争议焦点

洛阳市名门世家的房屋为双方父母出资购买,登记在姚光亮、李艺萍二人名下,该套房屋是否属于夫妻共同财产?应该如何分割?

3. 法院观点

(1)一审法院审理后认为,姚光亮、李艺萍双方父母为双方购置房屋出资,发生在双方结婚登记前,依法是对自己子女的个人赠与,姚光亮、李艺萍双方用该赠与资金购买房屋的行为是双方个人的出资行为。依据合同内容,姚光亮、李艺萍是共同买受人和共有的关系,故姚光亮、李艺萍双方对该房屋为共有关系。但是,购买房屋的行为发生在双方同居期间,目的是缔结婚姻关系,且姚光亮所

---

① 参考案例:(2019)豫 03 民终 6576 号。

书写的《承诺书》载明洛阳市名门世家某房屋为双方共同所有，故洛阳房屋属于共同共有，而非按份共有。

此后，双方对共同共有的房屋进行装修，是双方协商一致的行为，系对共有物的添附，无论各自投入多少，都不能改变共同共有的关系。物权的变更经依法登记才能发生法律效果，即使姚光亮承诺放弃共同共有的房屋，将其所有的份额赠与李艺萍，也可以在变更登记前撤销该赠与。现房屋登记并未发生变更，姚光亮又诉求该房屋的所有权，故李艺萍有关单独享有洛阳市名门世家某房屋所有权的意见，法院不予采纳。

李艺萍不服一审法院的判决，提出上诉。

(2)二审法院审理后认为，一审法院的审理有误，并依法改判。根据《物权法》第103条的规定，除有明确约定共同共有外，同居生活期间购置的财产按一般共有财产即按份共有财产处理。

2018年9月14日姚光亮书写有一份《承诺书》，是其为处理双方情感道德问题而出具的。虽《承诺书》显示涉案房产为双方"共同所有"，但此为姚光亮一方陈述，并非双方共同的约定。并且李艺萍在一审答辩时亦认可洛阳市名门世家某房屋属于按份共有。据此，法院认为二人同居期间共同购买的洛阳市名门世家某房屋由双方按份共有较为合适。一审认定共同共有不当，法院予以纠正。

根据法律规定，按份共有人对共有的不动产或动产没有约定或约定不明确的，按份共有人可以随时请求分割。本案中，双方同居期间感情出现矛盾，姚光亮搬离涉案房产后与李艺萍分居至今，现姚光亮对洛阳市名门世家某房屋提起诉求，可以对洛阳市名门世家某房屋进行分割处理。

根据法律规定，按份共有人对共有的不动产或动产享有的份额，没有约定或约定不明确的，按照各自出资份额、贡献大小等进行确定分割。本案中，双方均未提交有力证据证明对洛阳市名门世家某房屋明确约定各自享有的份额，虽然洛阳市名门世家某房屋的购买及装修资金大部分来源于姚光亮出资，但鉴于李艺萍亦有部分出资，并对洛阳市名门世家某房屋的装修付出较多，法院酌定李艺萍对洛阳市名门世家某房屋占有30%的份额，姚光亮占有洛阳市名门世家某房屋70%的份额。

律师分析

1. 婚前双方父母全款出资购置的房产且登记在双方子女名下的情况，该房产应当属于父母的房产还是子女的房产

根据《最高人民法院关于适用〈中华人民共和国民法典〉婚姻家庭编的解释(一)》第29条的规定，男女双方结婚前，双方父母为子女购置房屋出资的，在没有明确表示的情况下，该出资应当认定为对自己子女个人的赠与。对于双方父母全款为子女出资购房也同样适用这个规定，也就是说，婚前双方父母帮助子女买房的行为，属于各自父母对各自子女的赠与。若房产登记在双方子女名下，则应当属于购房款的赠与而非房产的赠与。即子女使用父母赠与的购房款共同购买了房产且登记在自己名下。此时，购置的房产应当属于子女的房产，而非父母的房产。

2. 男女双方婚前全款购房，属于共同共有还是按份共有

依据《最高人民法院关于适用〈中华人民共和国婚姻法〉若干问题的解释(三)》第7条第2款的规定，即使是房屋登记在一方子女名下，房屋也应当按照双方父母的出资份额按份共有，因此，在没有证据证明双方父母出资购房款的行为是赠与双方的情况下，房屋的性质认定为按份共有，出售房屋的房款也应当按照所占有的房屋份额予以分割，而并非平均分割。在《民法典》生效之后，其第308条规定“共有人对共有的不动产或者动产没有约定或者约定不明的，除共有人具有家庭关系外，视为按份共有”，因此在男女双方并未建立起婚姻关系时，其二人没有法律意义上的家庭关系，共同购置房屋的行为在没有约定或者约定不明确的情况也应当推断按份共有。

从前述两个案例中可以看出，案例一法院是按照购房时出资额的比例按照按份共有分配原则进行认定的。在案例二中，虽然一审法院认定婚前购买的房屋为共同共有，但是二审法院推翻了一审法院的认定，最终将婚前购房认定为按份共有。

3. 男女双方婚前共同购房应当注意哪些问题

(1)对于夫妻双方婚前获得按份共有的房屋，双方在婚后仅有“口头表示”“个人承诺”的行为，属于法律意义上的“赠与”。不动产赠与在没有变更登记的情况下，均可以随时撤销。因此，建议经双方协商一致后，按份共有的房屋如归

夫妻其中一人所有，应当双方共同签署《夫妻财产协议》，在条件允许的情况下办理过户手续。

(2)对于按份共有的房屋，在“份额”的举证上，需要明确证明各方的比例是多少，若没有明确的证据予以证明，法院大概率会以“酌定”的方式予以处理。所以建议对于出资较多一方，保管好出资证明，即银行转账时注明款项用途，以备查证。

法律依据

本文参考案例的法律依据为《最高人民法院关于适用〈中华人民共和国婚姻法〉若干问题的解释(二)》第二十二条，《最高人民法院关于适用〈中华人民共和国婚姻法〉若干问题的解释(三)》第六条、第七条、第十八条，《中华人民共和国合同法》第一百八十七条；现为《最高人民法院关于适用〈中华人民共和国民法典〉婚姻家庭编的解释(一)》第二十九条、第三十二条、第八十三条，《中华人民共和国民法典》第六百五十九条。

30. 婚前一方父母出资首付款，登记在双方名下的房产，是否属于夫妻共同财产？

目前，一方父母为小两口出资房屋首付款购买婚房的情况时有发生，考虑到仅出资首付款，且房屋为婚房，在登记时，大多将房屋登记在小两口名下。这种情况下，房屋的性质是个人婚前财产还是夫妻共同财产呢？是共同共有还是按份共有呢？我们一起看一下经典案例。

经典案例(一)

1. 案情介绍

谢萍刚大学毕业，家里就马不停蹄为她张罗相亲。亲戚给她介绍了许朗。许朗温文尔雅，相貌清秀。谢萍马上对他展开了猛烈的追求，两个人很快便确定了恋爱关系，并于2010年8月22日登记结婚。

婚前，许朗、谢萍与龙海市田园房地产开发管理有限公司签订《商品房买卖合同》，共同购买了龙海市某房屋，总价款527,640元，其中谢萍父母出资首付款167,640元，由谢萍父亲直接支付至开发商账户，其余360,000元由许朗与谢萍共同办理按揭贷款，龙海市某房屋产权登记为许朗与谢萍共同共有。婚后，许朗出资对龙海市某房屋进行了简单装修，双方共同居住。

婚后谢萍发现许朗对家庭总是心不在焉，两人经过彻夜长谈后，谢萍才知道许朗一直没有放下自己的前女友。谢萍非常失望，提出结束这段没有感情的婚姻。离婚时，双方对谢萍父亲的购房出资首付的归属有不同认识。谢萍和谢萍父亲皆认为虽然涉案房屋登记在双方名下，但是上述出资行为系对谢萍一人的赠与，要求按照出资所占的份额分割财产；许朗认为出资行为系对谢萍和许朗双方的赠与，要求平均分割房产。[1]

2. 争议焦点

谢萍父母出资的首付款，是对谢萍一人的赠与，还是对谢萍和许朗双方的

---

① 参考案例：(2020)闽06民终1916号

赠与?

3. 法院观点

(1)一审法院认为,本案中许朗与谢萍对龙海市某房屋的首付款为谢父在双方婚前支付的事实并无异议,但双方对该款项的性质存有争议。龙海市某房屋的首付款及相关契税等款项是由谢父直接支付至开发商的账户,谢父支付款项时,许朗与谢萍尚未办理结婚登记手续,在谢父并未明确说明该款项是赠与许朗与谢萍的情况下,应认定为对自己子女的赠与。另外,在谢父赠与行为发生后,谢萍于婚前自愿与许朗共同购房,并将房屋登记为共同共有,应视为对自身财产处分,房屋首付款虽为谢父支付,但许朗亦对龙海市某房屋进行了装修,应当认定许朗与谢萍均对龙海市某房屋有贡献,龙海市某房屋为双方共有财产,应当依照共有财产进行分割。谢萍主张房屋为按份共有,没有依据,法院不予支持。

(2)二审法院认为,《最高人民法院关于适用〈中华人民共和国婚姻法〉若干问题的解释(二)》第22条第1款规定,当事人结婚前,父母为双方购置房屋出资的,该出资应当认定为对自己子女的个人赠与,但父母明确表示赠与双方的除外。本案中,涉案房产系许朗与谢萍于婚前向开发商所购买,但首付款167,640元及专项维修基金、契税均由谢父出资支付。谢父确认该出资为对谢萍的个人赠与。据此,龙海市某房屋应依据按份共有进行分割。具体分割如下:谢父出资的首付款167,640元占购买该房产总价527,640元的比例为31.77%;许朗与谢萍共同向银行按揭贷款360,000元,占该龙海市某房屋购买时总价款的68.23%,为共同共有,谢萍应享有涉案房产的份额为65.88%,许朗应享有涉案房产的份额为34.12%。综上,谢萍主张其应享有龙海市某房屋的份额为65.88%的主张成立,法院予以支持。许朗主张龙海市某房屋属共同共有,应按各自享有50%份额进行分割的主张不能成立,法院不予支持。

经典案例(二)

1. 案情介绍

郭若冰与汪贺硕经过朋友介绍相识,两人情投意合,于2015年5月20日登记结婚。郭若冰非常上进、勤奋,她利用一切空余时间备考公务员。皇天不负有心人,郭若冰考上了深圳市某单位的公务员,在命运的分岔路口,郭若冰选择了前往深圳,向汪贺硕提出了离婚。2017年1月26日,郭若冰与汪贺硕协议离婚,未对财产及债务作出处理。

2015 年年初，汪贺硕购买了位于株洲市天元区的某房屋。其中，首付款以及税款由汪贺硕母亲通过银行转账的方式支付给开发商。株洲市天元区某房屋贷款期限为 15 年，2015 年 5 月 22 日，郭若冰与汪贺硕双方将株洲市天元区某房屋预告登记在双方名下。2019 年 1 月 9 日，郭若冰与汪贺硕办理了株洲市天元区某房屋不动产权证，株洲市天元区某房屋登记为郭若冰与汪贺硕共同共有。

2019 年 5 月，经中介公司介绍，郭若冰与汪贺硕商谈以 860, 000 元的价格将房屋出售给他人，考虑到郭若冰在外地工作来回不方便，郭若冰于 2019 年 5 月 21 日通过公证向汪贺硕出具《委托书》，全权委托汪贺硕代为办理出售案涉房产等各项手续。2019 年 5 月 23 日，汪贺硕在没有告知郭若冰的情况下，持郭若冰出具的《委托书》与案外人苏某某在不动产登记部门签订《不动产转让协议书》，约定以 520, 000 元的价格将株洲市天元区某房屋出售给案外人苏某某，在办理房产交易的税费时，地税部门对该房产的评估价（不含税）为 668, 500 元。①

2. 争议焦点

汪贺硕母亲转账支付给开发商的购房款是赠与汪贺硕一人，还是赠与郭若冰与汪贺硕夫妻二人？离婚时应当如何分割该房产？

3. 法院观点

法院认为，针对株洲市天元区某房屋，汪贺硕于婚前通过支付首付款 349, 885 元、贷款 200, 000 元（贷款 15 年）购买，婚后，该房屋产权登记在郭若冰与汪贺硕名下，据此，株洲市天元区某房屋为郭若冰与汪贺硕的夫妻共同财产。考虑到该房产的首付款系汪贺硕母亲出资，且郭若冰与汪贺硕婚姻存续期间不足 2 年，故依据《最高人民法院关于人民法院审理离婚案件处理财产分割问题的若干具体意见》第 8 条的规定，考虑株洲市天元区某房屋来源及郭若冰与汪贺硕双方对房屋的贡献等因素，郭若冰与汪贺硕持有的株洲市天元区某房屋份额应当有所差别，法院综合本案实际情况酌情认定郭若冰与汪贺硕对株洲市天元区某房屋的分配比例为 3 : 7，即郭若冰分配 30%，汪贺硕分配 70%。

关于株洲市天元区某房屋的价值问题，因房屋已于 2019 年 5 月 23 日出售，郭若冰主张按地税部门的评估价 668, 500 元计算，汪贺硕答辩按实际成交价

---

① 参考案例：（2019）湘 0211 民初 2574 号。

520,000元计算。法院结合以下因素,酌情认定株洲市天元区某房屋的价值按地税部门的评估价668,500元计算,故汪贺硕应向郭若冰补偿房屋价款200,550元(668,500元×30%)。

律师分析

1. 婚前一方父母出资,登记在双方名下的房产,通常认定为对自己子女的个人赠与

《最高人民法院关于适用〈中华人民共和国婚姻法〉若干问题的解释(二)》第22条第1款规定,"当事人结婚前,父母为双方购置房屋出资的,该出资应当认定为对自己子女的个人赠与,但父母明确表示赠与双方的除外"。而对于此条规定,《民法典》婚姻家庭编司法解释没有变化。

就法律规定而言,《最高人民法院关于适用〈中华人民共和国婚姻法〉若干问题的解释(二)》第22条第1款所指向的"父母为双方购置房屋出资的",并未限定于出资的方式是全款还是首付款,因此,出资方式无论是全款还是首付款,均视为对其子女的赠与。另外,还需强调的是,依据此法律规定,"父母为双方购置房屋出资应当认定为对自己子女的个人赠与",此处并未强调说明房屋必须登记在自己子女名下才认定出资行为属于对自己子女的个人赠与。在案例一中,一审法院将房屋登记在夫妻双方名下的行为视为赠与,并认定赠与行为已经完成,无法撤销,认定房屋的性质为共同共有。而二审法院则将一套房屋区分为"父母支付首付款赠与其子女个人"以及"夫妻共同共有"两个部分,并将房屋的性质认定为按份共有,最终予以改判。结合以上两个案例,房屋确已登记在双方名下,但法院在判决时并不实际考虑登记行为,而是考虑房屋实际的出资情况,将房屋性质认定为按份共有。综合而言,在家庭关系中,房屋登记的情况并不等于房屋产权。

另外,从两个案例中可以看出,婚姻家庭案件中影响双方利益的维度是多方位的,所以法官往往会根据案件情况作出调整,换言之,法官的自由裁量权较大,通常的表述为酌情处理(判决)。

2. 律师建议

(1)回归到现实生活中,考虑到双方购买房产时登记的实际情况,若双方对于房屋的根本意思是不区分份额的共同共有,建议通过签署《婚前财产协议》

《婚内财产协议》等方式予以处理。

(2)若父母为子女购房仅赠与子女一方,则建议提前签署赠与协议,明确仅赠与自己的子女,避免后续产生纠纷。

法律依据

本文参考案例的法律依据为《最高人民法院关于适用〈中华人民共和国婚姻法〉若干问题的解释(二)》第二十二条,现为《最高人民法院关于适用〈中华人民共和国民法典〉婚姻家庭编的解释(一)》第二十九条。

31. 婚前一方父母出资首付且婚后持续还贷的房产如何分割？

笔者讲解了多种父母为子女购房出资的情形。那么，对于婚前一方父母出资首付，登记在自己子女名下，且婚后持续还贷的房产，如何认定房产归属，是一方的个人财产，还是夫妻共同财产？是父母对子女的赠与，还是父母对子女的借款？让我们依据实践中的案例来探讨这个问题。

经典案例

1. 案情介绍

郝欣、赵俊在2016年年初相识并开始恋爱。两人恋爱一段时间后，赵俊的父母想着不久赵俊可能就要结婚，还是要买套房子给他们住，不至于以后还要和爸妈住一起。于是赵俊的父母出钱，帮赵俊买了套房子，登记在赵俊名下。2016年3月，赵俊便与天津某置业有限公司签订《商品房买卖合同》，约定赵俊购买坐落于天津市某小区的A房屋，房屋总价款90万元，其中首付18万元，贷款72万元。赵俊的父母也对这笔贷款进行了担保。

每月的房贷3710元，对于刚参加工作的赵俊来说不是小数目。父母也心疼他，自愿承担了每个月的房贷，一直都是父母在中国银行把钱存到他卡里，然后银行再划扣。有时候房贷也通过母亲的传秀公司转账3800元到赵俊的账户，备注“借款”。

2017年6月，郝欣、赵俊登记结婚，婚后两人一直住在A房屋中。但可能因为婚前双方了解不够深入，婚后总是发生不愉快和争吵。两人在2020年1月协议离婚，离婚协议书中双方关于房产约定：夫妻共同所有的位于天津市某小区的A房屋所有权全部归男方所有，剩余贷款由男方偿还。女方自行解决住房问题。但2021年，郝欣在离婚后向法院起诉，主张离婚协议中遗漏双方夫妻关系存续期间A房屋共同还贷部分及增值部分的财产，请求对以上部分的价值进行分割。

郝欣、赵俊夫妻关系存续期间为2017年6月至2020年1月，其间该房屋共计还贷款126,140元。郝欣主张该部分贷款是用夫妻共同财产偿还,并提供了部分转账记录作为证据。但赵俊对此不予认可,主张该房屋首付款及还贷部分均是由其父母出资,与夫妻双方都无关,并提供其尾号为4577的中国银行交易流水明细清单,清单显示银行卡每月固定有ATM存款,每月固定还款。赵俊的父母也向法院提交了情况说明:我们二人为赵俊父母,我们夫妻双方本想购买坐落于天津市某小区的A房屋,但由于双方没有资格购买故只能以赵俊名义购买,该房产首付款及每个月还贷的金额都是我们夫妻双方通过ATM现金存入或转账的方式,打款至赵俊的银行账户内,再通过赵俊归还房贷,该房产及还贷的金额也是我们单独赠与赵俊个人所有的,与赵俊的前妻即郝欣没有任何关系,特此说明。[①]

2. 争议焦点

赵俊父母在他结婚前出首付款为他购买的房屋,登记在赵俊名下,婚后也是由赵俊父母进行还贷,房屋的归属如何?婚后还贷及增值的部分是夫妻共同财产还是个人财产?

3. 法院观点

本案涉案房屋系赵俊于2016年3月贷款购买,且登记在赵俊个人名下,郝欣、赵俊于2017年6月登记结婚,婚后共同还贷及增值部分应根据《婚姻法》第39条第1款[②]规定的原则对郝欣进行补偿。

关于婚后偿还贷款的出资问题。本案根据赵俊父母转账、存款的时间地点、金额及赵俊的工资收入情况可以看出赵俊父母出资还贷的金额及时间非常规律,赵俊偿还贷款的款项系赵俊父母出资这一事实存在高度可能性,法院认定该事实的存在。由于诉争房屋系赵俊婚前购买,赵俊父母为其偿还银行贷款,视为对赵俊个人的赠与。

郝欣虽主张该房屋其亦有还贷并出示转账记录,但该转账记录较为分散且夫妻间转账实属正常,不能证明该款项系用于偿还贷款。郝欣另主张传秀公司给付款项系赵俊工资、传秀公司应支付赵俊的房租、传秀公司与赵俊个人拆借款项。对于郝欣的主张,传秀公司办公地点并非在涉诉房屋。赵俊庭审中已提交

---

① 参考案例:(2020)津0104民初8915号。

② 《民法典》第1087条第1款规定:离婚时,夫妻的共同财产由双方协议处理;协议不成的,由人民法院根据财产的具体情况,按照照顾子女、女方和无过错方权益的原则判决。

银行流水,证明其有工作单位,并不在传秀公司工作。郝欣并未提交证据证明赵俊与传秀公司具有拆借关系。综上,郝欣提出以上主张,法院不予认定。故郝欣要求分割涉诉房屋共同还贷及增值部分的财产的诉讼请求,法院不予支持。

律师分析

1. 关于父母出资,登记在出资一方子女名下的问题

上述案例是赵俊婚前父母出资为赵俊购买房屋,登记在自己子女的名下。无论是根据之前的《婚姻法》的相关规定,还是根据《民法典》司法解释最新规定,当事人结婚前,父母为双方购置房屋出资的,该出资应当认定为对自己子女个人的赠与,但父母明确表示赠与双方的除外。因此,本案房屋为赵俊的个人财产无争议。

现实中父母出资购房行为常常会发生在婚后,此时归属如何?

根据之前的《最高人民法院关于适用〈中华人民共和国婚姻法〉若干问题的解释(三)》①的相关规定,若婚后男方父母出资,登记在男方名下,则视为对自己子女一方的赠与,为男方的个人财产。但若是婚后登记在双方名下,则通常视为对双方的赠与。

若案件发生在2021年《民法典》生效后,则可能结果大有不同。《民法典》相关司法解释②明确规定:结婚后,父母为双方购置房屋出资的,依照约定处理;没有约定或者约定不明确的,按照夫妻共同所有原则处理③。即有约定是个人财产的按照约定,没有约定或约定不明确的就是夫妻共同财产。

因此,未来婚后父母出资买房一定要注意进行书面约定,明确是只赠与自己的子女,还是夫妻双方。避免后期纠纷的产生。

---

① 《最高人民法院关于适用〈中华人民共和国婚姻法〉若干问题的解释(三)》第7条第1款规定:"婚后由一方父母出资为子女购买的不动产,产权登记在出资人子女名下的,可按照婚姻法第十八条第(三)项的规定,视为只对自己子女一方的赠与,该不动产应认定为夫妻一方的个人财产。"

② 《最高人民法院关于适用〈中华人民共和国民法典〉婚姻家庭编的解释(一)》第29条规定:"当事人结婚前,父母为双方购置房屋出资的,该出资应当认定为对自己子女个人的赠与,但父母明确表示赠与双方的除外。当事人结婚后,父母为双方购置房屋出资的,依照约定处理;没有约定或者约定不明确的,按照民法典第一千零六十二条第一款第四项规定的原则处理。"

③ 《民法典》第1062条第1款规定:"夫妻在婚姻关系存续期间所得的下列财产,为夫妻的共同财产,归夫妻共同所有:……(四)继承或者受赠的财产,但是本法第一千零六十三条第三项规定的除外。"

2. 关于父母还贷的问题

大家通常都较为清楚的是，婚后一方父母付首付，夫妻双方共同还贷的，登记在一方或双方名下的，房屋应认定为夫妻共同财产。本案中法院认定，若夫妻有婚后共同还贷及增值部分，应为夫妻共同财产。

如果是父母首付、父母还贷，按照《民法典》及相关司法解释的规定，如果没有明确约定的情况下，应按照夫妻共同财产处理，不考虑还贷主体的问题。但是本案中，赵俊能够通过银行流水等证据明确证明父母支付每一笔贷款的金额、时间，且与还贷记录吻合。同时赵俊父母亦出具证明表示将房产只赠与赵俊一人。法院由此推定房产为赵俊的个人财产，郝欣对于婚后还贷部分亦无权分割。

因此，律师建议无论是婚前还是婚后买房还贷，都应当进行较为明确的书面约定，若因客观原因未进行书面约定，也应当保留好相关的付款、还贷的凭证，凭证应当注明用途，避免后期纠纷。

法律依据

本文参考案例的法律依据为《中华人民共和国婚姻法》第三十九条，现为《中华人民共和国民法典》第一千零八十七条、《最高人民法院关于适用〈中华人民共和国民法典〉婚姻家庭编的解释（一）》第五条；《最高人民法院关于适用〈中华人民共和国婚姻法〉若干问题的解释（三）》第七条；《最高人民法院关于适用〈中华人民共和国婚姻法〉若干问题的解释（一）》第二十九条；《中华人民共和国民法典》第一千零六十二条。

32. 婚后夫妻一方购买的军产房,离婚时如何分割?

军产房是指军队所享有房屋所有权的房屋,出售、转让军产房,必须经军区级单位审查并报总后勤部批准,由售房单位组织实施,否则可能导致转让无效。而这种流转上的限制,也直接影响在离婚纠纷中对军产房的处理。对于军产房,原则上只宜处理房屋的使用权与居住权,但双方当事人也可以根据协议对房屋的权利进行约定。文章通过法院案例,进一步为大家分析军产房在司法实践中的处理原则。

经典案例(一)

1. 案情介绍

阿坤是现役军人,2006年12月19日与同乡小萍在深圳登记结婚,婚后虽聚少离多但也夫妻和睦,2010年5月女儿小阮出生了。由于阿坤入伍多年,能够享受购买军产房的福利,便全款购买了一套位于深圳市罗湖区的军产房,2012年9月20日办理的产权登记,登在阿坤名下,并由中国人民武装警察部队深圳市支队盖章确认。双方夫妻感情破裂后,对于阿坤名下位于罗湖区的军产房是否应当予以分割产生争议。小萍认为罗湖区房屋应当由其使用,用于小萍与女儿的生活、教育;阿坤则认为该房产是其单位给入伍军人的福利待遇,小萍无权分割该房产。双方无法就房产分割事宜达成一致,便诉至法庭,请求法院依法予以分割。①

2. 争议焦点

涉案的军产房是否属于夫妻共同财产,在离婚诉讼中能否分割该军产房?

3. 法院观点

(1)一审法院认为,关于夫妻共同财产,虽案涉房屋为部队分配住房,但系双方婚内取得且已取得部队颁发的房产证,房产证权利人为阿坤,故应作为夫妻双方共同财产分割。阿坤称该房产系单位给其的福利待遇,小萍无权分割该财

① 参考案例:(2016)粤03民终15360号。

产,法院不予支持。考虑到小萍在深圳并无其他住处,其还要抚养未成年女儿小阮,法院判定该房屋归小萍使用,今后因该房屋产生的权利义务由小萍享有和承担,小萍应支付阿坤相应的补偿款。在双方无法就该房屋现值达成一致的情况下,法院依法通过摇珠程序选定了司法鉴定机构对房产市场价值进行了评估,根据该评估价由小萍补偿市场价的50%给被告阿坤,房产由原告小萍使用。

阿坤不服一审判决,提起上诉。

(2)在二审过程中,阿坤提交新的证据。具体内容为:中国人民武装警察部队深圳支队出具的《关于银某某苑住宅区为部队公寓房的函》,内容为:“一、我支队出具的房产证明不能作为房屋产权认定凭证。阮坤同志目前所居住的银某某苑甲号楼乙住房为部队财产,不属于其个人和家庭财产,故该公寓房不能作为本案的夫妻共同财产来进行分割。二、福田区法院对该房屋进行评估的委托和评估单位出具的《评估报告》,因损害军队财产权益而无效。三、阿坤同志是现役军人,根据中国人民解放军总后勤部2008年4月21日颁发的《军队公寓住房管理规定》(后发〔2008〕20号)第四章第二十一条规定:军队公寓住房主要是保障军队在职人员住用。不得将公寓住房分配给非在职人员,已经分配的,应当采取依法清退、调整置换和安排购房等办法逐步迁出;第三十二条规定:任何单位和个人不得转让和擅自出租、出借军队公寓住房。已经转让和擅自出租、出借的应当无条件收回,并追缴非法所得,由此产生的经济损失和纠纷,由转让和出租、出借的单位或者个人负责。”

对于该证据,二审法院认为,中国人民武装警察部队深圳市支队盖章确认的《房产证》明确记载诉争房产的权利人为上诉人阿坤,且明确记载权利来源为分配,并对使用期间进行了明确约定,现上诉人依据该支队出具的函件主张诉争房产为部队房产明显与《房产证》的记载相悖,法院对其该项主张难以采信。二审维持了一审判决,与军产房相关的权利义务均由小萍享有。

经典案例(二)

1. 案情介绍

梁冰、张超于2002年8月9日登记结婚。2006年张超所在部队分配了一套军产房,位于深圳市罗湖区爱国路。2008年,经过装修后,双方正式搬入居住使用。2018年5月7日,双方因感情不和协议离婚。离婚时,梁冰与张超对夫妻共同财产约定：双方婚后共同出资购买的一套房屋，离婚后男方以一次性支付女方经济补偿款200万元的形式进行房产分割，支付时间为签订离婚协议后3个月内。若男方未按期缴纳全款，女方继续享有该套房产的所有权。若男方按期缴纳全款，则房产归男方一人所有，女方不再拥有该套房产所有权。梁冰、张超离婚后，张超未按照约定支付补偿款。张超认为，该房屋因没有取得产权而无法分割，因此也没有支付补偿款的必要。梁冰则认为张超应当按照约定支付补偿款，与该房屋是否取得产权无关，否则自己按约享有该房屋的所有权。双方对此产生争议。

双方的争议焦点是张超是否应当按照约定支付补偿款。①

2. 争议焦点

张超应当按照约定支付补偿款还是应当按照房屋取得登记所有权之后才支付补偿款？

3. 法院观点

涉案房产系梁冰、张超婚姻关系存续期间取得，属于梁冰、张超的夫妻共同财产。该房产虽不属于商品房，但仍有价值，双方在离婚协议中张超向梁冰支付补偿款的约定属于双方对该房产进行的处理。张超关于因房产尚未取得产权故无法分割亦无法支付补偿款的主张，无事实和法律依据，原审法院不予支持。梁冰关于要求张超按协议约定支付200万元补偿款的主张，法院予以支持。

律师分析

1. 关于什么是军产房

首先，根据《城镇驻军营房产权转移和房屋现状变更登记实施细则》[(1992)建房管字第18号]第8条的规定，军队房屋产权属军委、总部，所有权性质属军产，“产权单位”为总后勤部。

其次，根据《军队现有住房出售管理办法》[(2000)后营字第70号]第4条的规定，出售军队现有住房，必须经军区级单位审查并报总后勤部批准，由售房单位组织实施。若不符合上述规定的，产权转移无效，并不得进行营房变更登记。

最后，军产房与普通商品房的区别在于，一方面，双方的土地性质不同，军产

---

① 参考案例：(2019)粤03民终6124号。

房所依附的是划拨用地，而商品房所依附的是国有出让用地；另一方面，军产房与商品房转让的方式不同，购买军产房，必须由军区级的后勤部审批后才可以进行。

2. 关于部队分配给现役军人的房产，配偶可否主张所有权

通过案例一，阿坤与小萍在夫妻关系存续期间购买军产房一处，由法院认定的事实可知，该军产房阿坤已经取得完全产权，且登记在阿坤名下。庭审中，阿坤主张该房产并非夫妻共同财产，而是部队财产，但是法院并未采纳，且认为该军产房虽为部队分配住房，但系阿坤、小萍在婚内共同出资购买并取得部队颁发的房产证，故符合离婚案件中对夫妻共同财产的处理原则。由该案例可以得出，在取得军产房完全产权的情况下，法院通常不会因为一方系非现役军人而驳回其主张军产房分割的请求，会结合夫妻双方的实际情况进行分割处理。在案例一中，法院考虑到小萍在深圳无房且直接抚养子女，便支持女方享有该房屋的权利。

3. 关于军产房的使用权能否通过协议约定

通过案例二，张超与梁冰协议离婚，并对涉及的军产房权利归属进行约定，张超享有房屋权利，梁冰获得现金补偿。但协议离婚后，张超以该军产房尚未取得产权而拒绝支付补偿款。法院认为，双方均具有完全民事行为能力，未受到胁迫、欺诈，离婚协议系双方的真实意思表示，合法有效，且对双方均有约束力，从而支持了梁冰获得补偿款的请求。因此，军产房虽不属于商品房，但是仍具有价值，夫妻双方可就军产房的使用权进行约定。

此外，关于军产房使用权建议采取书面方式约定，且不建议约定双方共同享有居住使用权。夫妻离婚，一般双方会各自重新组建新的家庭，若一方再主张共同享有居住权，法院通常也会以双方不具备共同居住使用基础而不再支持。

法律依据

本文参考案例的法律依据为《中华人民共和国婚姻法》第三十二条、第三十六条、第三十七条、第三十八条、第三十九条，《最高人民法院关于适用〈中华人民共和国婚姻法〉若干问题的解释（三）》第十九条；现为《中华人民共和国民法典》第一千零七十九条、第一千零八十四条、第一千零八十五条、第一千零八十六条、第一千零八十七条，《最高人民法院关于适用〈中华人民共和国民法典〉婚姻家庭编的解释（一）》第八十三条。

33. 婚后夫妻一方购买“小产权”房，离婚时如何分割？

前段时间，深圳版的“小产权”房火了，不管是交易金额还是交易数量上都占深圳房产市场的很大比例。统计数据显示，整个深圳小产权和类小产权建筑数约40万栋，建筑面积达4.2亿平方米，占深圳总建筑面积的约50%。同时居住在小产权房，单位自建房或者无房的人群约1850万人。小产权不仅为城市人口解决了居住问题，还成为投资客追捧的投资标的。所以我们不得不重视小产权的存在。

小产权并非严谨的法律概念，它往往和大产权相对应。本书所讲的小产权房是指在宅基地上所建设的房屋，由乡镇政府颁发证书，或者未经行政许可所建设的房屋，也就是违章建筑，但是尚未被行政处罚。小产权房的权利人对该房产只有使用权，没有所有权。但是由于在深圳这样的城市，小产权房的交易价已经达到一平方米几万元，甚至可以比肩一些二线城市的房价，所以对于婚后购买的小产权房，离婚时如何分割也往往是大家关注的重点。本篇将就夫妻离婚过程中小产权房的处理进行分析。

经典案例(一)

1. 案情介绍

梁军和廖玲玲于1995年5月相识并恋爱，后来两人于1997年在广东省陆丰市登记结婚，婚后生育一子一女。2013年7月，廖玲玲不想再与梁军共同生活，遂向法院提起离婚诉讼，但被法院驳回。2014年廖玲玲再次提起离婚，并要求其名下的财产都归其所有。

廖玲玲所称其名下的财产，是位于深圳市宝安区的A房产，该房产已经进行了深圳市农村城市化历史遗留违法建筑普查申报，申报人为廖玲玲。申报材料中显示该房产是当地政府于1993年批准给廖玲玲个人的。廖玲玲认为A房产是1993年报批兴建的，她与梁军是1997年才结婚，所以A房产是其个人财产。双方离婚前，廖玲玲将A房产已经出售给他人，并收取了大部分款项。但梁军认为A房产是2003年才建造的，应当是夫妻共同财产。

第二是位于深圳市宝安区的B房产,也是小产权房。两人都认可是夫妻共同财产,但对于如何分配上述房产,双方各执一词、争论不休。[①]

2. 争议焦点

(1)A房产是夫妻共同财产,还是廖玲玲婚前的个人财产?

(2)小产权房是否能够进行分割?在没有产权证的情况下如何分割?

3. 法院观点

(1)一审法院认为,根据梁军提供的一审判决书、民事起诉状、庭审笔录及其他有关该房产建设的证据,足以认定该房产为梁军和廖玲玲婚后建造,系两人的婚后共同财产,廖玲玲认为该房产为其婚前个人财产,法院不予支持。深圳市宝安区B房产分割问题,廖玲玲向法院提出了评估申请,但该房产归梁军实际占有,梁军也不同意评估,导致评估不能进行,故评估不能导致的后果由其自行承担。各房产及地皮均为夫妻共同财产,应当予以分割。鉴于A房产和B房产实际建筑面积相差217.17平方米,A房产又面临拆迁,价值可能略高,廖玲玲是出售房产的相关用地、规划、建设、历史遗留申报登记手续的登记人,并收取了款项,梁军又不要求评估,按照照顾子女及女方的原则,将A房产分给廖玲玲,B房产分配给梁军为宜。至于实际的差价,两人可另行追索。

(2)二审法院认为,对于两处房产,人民法院仅能对其占有、使用权暂时作出处理。原审判决虽然亦未对该两处房产的所有权作出分割,但表述不够明确,法院予以纠正。由于在本案中仅能对该两处房产的使用权进行分割,故原审判决将两处房产的面积和地理位置等因素作为主要分割考量因素,并无不当。上诉人梁军主张应当通过竞价方式对上述房产的所有权进行分割,缺乏法律依据,法院不予支持。考虑到上述房产均位于深圳市宝安区原所属范围,虽然被上诉人廖玲玲实际分得使用权的房产较之上诉人梁军实际分得使用权的房产更加接近深圳中心区。但考虑到双方未成年子女随被上诉人廖玲玲生活、学习,原审对上述房产的分配方案符合儿童权益最大化的婚姻法原则,法院予以确认。对于上诉人梁军所称被上诉人廖玲玲擅自处分A房产的问题,因该房产属于深圳经济特区历史遗留违法私房,上诉人梁军和被上诉人廖玲玲目前实际均不具备处分该房产所有权的资格。而本案亦非对有关房产的所有权作出分割处理,故上

---

① 参考案例:(2016)粤03民终5044号。

诉人梁军在本案中要求被上诉人廖玲玲少分或者不分B房产的依据不足,法院不予支持。如果本案双方或者一方当事人日后取得了本案所涉深圳经济特区历史遗留违法私房的所有权或者获得了未来有关房产的拆迁补偿款,可以另寻法律途径解决。

经典案例(二)

1. 案情介绍

李峰与李静2000年前后结婚,两人感情一直尚可。2010年李峰与李静共同出资购买了上海市某区的204室、205室房屋,但由于两套房屋都是小产权房,均未办理产权登记。2017年6月,两人因感情破裂而经法院判决离婚,并分割了两人的夫妻共同财产,但该判决对上述两套房屋未予处理。之后李峰提起上诉,法院经审理后判决驳回上诉,维持原判。在此之前,李静已于2016年9月、10月分别以人民币50万元的价款将204室、205室房屋出售给其他人。现李峰提起诉讼,要求依法分割上述房屋。①

2. 争议焦点

204室、205室房屋已经被李静出售,是否还可以分割?应当如何分割?

3. 法院观点

204室、205室房屋系李峰与李静婚后所购买,故应属李峰与李静共同所有,该事实已为李峰提供的双方离婚案件卷宗等证据及李峰、李静的陈述所证实,故法院予以确认。现李峰与李静虽已经人民法院判决离婚,但由于离婚判决对系争204室、205室房屋未予析产分割,故现李峰要求对上述系争204室、205室房屋依法分割于法有据,法院予以支持。

由于上述系争204室、205室房屋已为李静分别以50万元的价款出售给案外人,该事实已为李静提供的二手房买卖合同等证据所证实,故法院予以确认,故李峰仅能对上述系争204室、205室房屋的售房款主张分割。李静辩称上述系争204室、205室房屋是其用个人婚前的积蓄及向哥哥姐姐借款购置的、李峰并未出资而属李静个人财产,因其未提供充足的证据予以证实,故法院难以采信。最终判决李静支付李峰房屋出售款50万元。

---

① (2019)沪0115民初12458号。

律师分析

1. 对于小产权房,法院的处理态度

法院在处理离婚纠纷或者离婚后财产纠纷时,通常不会判决小产权的所有权,但是仍会对争议事项进行处理。各地法院对小产权房产的处理各不相同,其中《北京市高级人民法院的参考意见》规定得比较详细,将小产权房产的处理具体分两种情况。第一种是已经被认定为违法建筑的小产权房,不予处理,即驳回原告一方的诉讼请求;第二种是对于事实上已经存在,行政机关未定性处罚的,告知当事人变更诉讼请求,即对使用权进行分割、处理。

以笔者所在的深圳市中级人民法院为例,即便小产权房被确定为历史遗留违法建筑时,大部分情况下法院会判决分割小产权房的使用权、收益权(租金收益)。但对于小产权房的分割,也有地方法院持不支持处理的态度。

2. 对于小产权房,应当保留好相关出资凭证、合同原件

双方结婚后获得的小产权房,不管是自建的小产权房还是购买的小产权房,笔者建议双方完整保存好建设小产权的相关出资证明、相关审批文件、购房合同、付款凭证等,用于证明小产权的“共有”性质、出资比例等。以避免后续夫妻双方产生争议、纠纷。

3. 小产权房通常会判归实际使用方所有

在实务中,小产权房不具有所有权,因此其发挥的核心功能是居住或者出租等,所以哪一方实际占用使用、管理、控制小产权房也是非常重要的。大多数情况下为了发挥房产的最大使用效能,法院通常通过考虑占用、使用情况来决定作出判决。

从上述两个案例中可以看出,小产权的购买还是有较大的法律风险,即便最终按照使用权、收益权进行分割了,在最终的实务操作中,实际想获得对应的利益也是非常难执行到位的。因此,在选择购买何种资产时,大家还是要考虑清楚,避免增加纠纷,避免让财产的分割更加复杂。

法律依据

本文参考案例的法律依据为《中华人民共和国婚姻法》第十七条、第三十二条、第三十六条、第三十七条、第三十九条,现为《中华人民共和国民法典》第一千零六十二条、第一千零七十九条、第一千零八十五条、第一千零八十七条。

34. 婚前购房,婚后加名的房产如何分割?

现实生活中,常出现婚前男方买了房产,在新婚夫妻登记结婚前后,为考查男方诚意,女方或者女方父母会要求把女方的名字登记在男方的房产证上。很多时候,男方自愿或者迫于无奈,在自己的房产上加上未婚妻或者老婆的名字。不少人认为,既然登记在双方名下或是加上了配偶的名字,房子理应有一半属于自己。这种婚前购买,婚后(婚前)加名的房产,属于夫妻共同财产还是个人婚前财产呢?假如离婚,法院通常会如何判决房产比例?本书将结合实务案例进行分析。

经典案例

1. 案情介绍

柴杰年少有为,收入颇佳,在北京工作几年后于2005年1月10日购买了朝阳区A房屋,并于2007年1月23日还清全部购房贷款。后柴杰与孙小芳在2007年6月相识,2009年7月登记结婚。婚后于2011年1月生育一子柴帅。但由于两人都忙于工作,孩子出生后,双方经常因家庭琐事及孩子的抚养问题发生纠纷甚至肢体冲突。2012年5月,双方决定协议离婚,孙小芳作为乙方,柴杰作为甲方签订了《离婚协议书》,协议中约定:甲乙双方因家庭暴力感情破裂,无法正常生活所以离婚。甲乙双方共同拥有的房产为朝阳区A房屋,双方离婚后对此财产不分割,在双方孩子柴帅成长到18岁时双方将此房产转为孩子财产,双方不得违约,否则违约方赔偿另一方该房当时价格的金额。上述协议签订后,双方并未到民政部门办理离婚手续。

2012年6月中旬,两人一前一后向法院提起离婚诉讼,一审法院于2013年5月判决双方离婚。柴杰不服提起上诉,二审审理过程中,柴杰提交了双方于2012年12月20日的一份协议书,该协议分为两页,甲方柴杰,乙方孙小芳,协议前4条约定:(1)甲方将A房屋加上妻子孙小芳的名字;(2)乙方放弃对以前各种家庭纠纷的计较,签订本协议之前的各种纠纷不愉快之事一概不得提起,尤其是夫妻不愉快的时候不准提起,否则放弃对甲方房产的拥有权及子女抚养权;

(3)双方不得随便提出离婚之事,否则提出方放弃对房产拥有权及子女抚养权;(4)甲方不得辱骂及出手伤及乙方,否则放弃对房产的拥有权及子女抚养权。协议第2页有柴杰与孙小芳的签字。

柴杰表示该协议的实际签署日期为2011年12月20日,签署原因是孙小芳与其母发生矛盾想要离婚,其为挽回婚姻表态可以加名,双方协商了这个协议,随后在2011年12月27日去房地局办理了加名,房产登记为柴杰与孙小芳共同共有。孙小芳在过户后提出离婚,违反了协议约定,故柴杰要求撤销该协议中的加名赠与。孙小芳不认可该协议,并称协议第1页从未见过,第2页虽然有本人签名但内容进行了篡改,且签署时间就是2012年12月20日,签署原因是柴杰对自己有暴力行为,自己想要离婚,柴杰为了缓和关系自愿将房屋加上自己的名字,离婚的原因是柴杰有家庭暴力,且自己起诉离婚的同时柴杰亦提起离婚诉讼,故没有撤销协议的权利。①

2. 争议焦点

(1)A房屋房产证上加上孙小芳的名字以后,房屋产权是否一半归孙小芳所有?

(2)《离婚协议书》约定,孙小芳不得随便提出离婚,否则提出方放弃对房产拥有权。这种情况下,柴杰是否有权撤销对孙小芳的房产赠与?

3. 法院观点

所有权人依法对自己的财产享有处分的权利。本案中,双方当事人签订的协议书第1条约定"甲方(柴杰)将A房屋加上妻子孙小芳的名字",即柴杰将其所有的房屋部分权属赠与孙小芳,符合法律规定。随后双方重新办理了房屋产权证,将房屋所有权状态登记为柴杰、孙小芳共同共有,即赠与财产的权利已经发生转移。

现柴杰主张孙小芳违反协议书约定的义务提出离婚,并据此主张撤销上述赠与。对此,《合同法》中确有赠与可以附义务,受赠人不履行赠与合同约定的义务,赠与人可以撤销赠与等相关规定。对于所附义务,依据合同自治原则,可由双方当事人自行协商确定,但同样依据《合同法》的规定,相关约定如存在违反国家法律法规的强制性规定、损害社会公共利益等法定情形的,应属无效。

---

① 参考案例:(2014)三中民终字第12633号。

本案中，协议书中关于“双方不得随便提出离婚之事，否则提出方放弃对房产拥有权及子女抚养权”的相关约定，系以财产性契约约束身份关系。我国法定的婚姻自由包括结婚自由与离婚自由两个方面，这是婚姻关系当事人不可剥夺的法定权利。本案双方协议书中关于提出离婚一方放弃财产权利的约定，违背相关法律规定精神，亦有违社会公序良俗，即损害了社会公共利益，应属无效。故柴杰以孙小芳提起离婚诉讼，违反了上述约定，未履行赠与所附义务为由要求撤销赠与，没有法律依据，法院不予支持。

退言之，即便上述相关约定有效，鉴于双方系几乎在同一时间向不同法院起诉要求离婚，能够证实双方均认为夫妻感情确已破裂，且经生效判决认定柴杰的家庭暴力行为亦是导致双方离婚的重要原因之一，依据本案具体情形亦不能认定孙小芳属随便提出离婚，柴杰据此主张孙小芳违反协议书约定，进而不应取得房屋权属的诉讼请求亦不能成立。

关于协议书签署时间，鉴于协议书签署时间认定的变化，并未对双方诉讼及实体权利构成实质影响，亦没有证据表明会对第三人的权利造成损害，故法院对双方所认可的签署时间予以确认。

律师分析

1. 房屋加名以后，并非一定一人一半

根据《民法典》第 1062 条的规定，夫妻在婚姻关系存续期间所得的财产，为夫妻的共同财产，归夫妻共同所有。但这并不意味着夫妻共同财产就是简单的一人一半，而是两个人不分份额共同共有。对于夫妻共同财产，夫妻享有平等的处理权。只有在离婚、一方去世或者依法在婚内进行分割等情况下，才能打破共同共有状态，出现确定份额的问题。

本案中柴杰在婚姻关系存续期间为孙小芳加名，房产登记为两人共有，应当属于夫妻共同财产。但在具体分割时，仍需考虑房产的合同签订情况、购房款支付情况、税费支付情况、各方贡献大小等案件事实。本案中，A 房屋是柴杰婚前购买，并于婚前完成还贷。因此，柴杰对 A 房屋的贡献更大。同时法院也常常会考虑“照顾女方权益的原则”等因素。法院的最终判决通常是以平均分割为原则，但也要考虑财产来源、形成共有关系的原因、婚姻关系存续时间的长短、离婚的过错情况等其他因素，不会简单地“一刀切”，直接判决一人一半。

所以,在司法实践中,判决分给没有出资或者极少出资的“后加名一方”较少的份额,早已屡见不鲜。其也是为了最大限度地兼顾公平,减少社会矛盾。

2. 夫妻双方签署的协议限制离婚自由,限制离婚自由的条款无效

本案中柴杰与孙小芳签订的协议,以不得随意离婚为条件,赠与孙小芳 A 房屋。这种赠与在法律上称为附条件的赠与,即只有孙小芳不离婚,房产的赠与才生效。柴杰在诉讼中反复提到,因为孙小芳提出了离婚,其违约在先,因此赠与房产的约定是可撤销的。

其实不然。首先,双方签订赠与协议,柴杰自愿将房产部分赠与孙小芳,且两人至不动产登记中心办理了变更登记,视为赠与行为已经完成。其次,双方限制离婚自由的约定已经违反了法律规定,属于无效的约定,不能因此而要求撤销赠与。

3. 律师对婚后加名的建议

首先,婚后加名应当及时进行变更登记。很多夫妻仅是口头约定或书面协议约定,并未及时去办理变更登记,导致赠与未完成。根据法律规定,不动产的赠与需以完成登记为要件。在未完成赠与前,对方可以撤回赠与,法院亦很有可能不支持协议约定的赠与主张,即房产与未登记一方无关。

其次,关于婚后加名的书面约定应当细致、全面,避免发生无效的情形。如本案中的情况,柴杰限制孙小芳离婚自由的行为是不可取的。附条件的赠与,条件应当具有限制性、可操作性,不可违反一些强制性法律规定及公序良俗,否则会被认定无效。

最后,一方婚前房产,另一方婚后加名并不能够保证分到一半房产。笔者建议婚姻中各方都应当在婚姻中积极付出,都应为家庭作出自己的一份贡献,付出与回报往往是成正比的。

法律依据

本文参考案例的法律依据为《中华人民共和国合同法》第一百九十二条,现为《中华人民共和国民法典》第六百六十三条;《中华人民共和国民法典》第一千零六十二条。

35. 一方用婚前房产置换婚后房产，置换后的房产离婚时会分割吗？

在崇尚经济独立的时代，无论是男方还是女方，在经济条件允许的情况下，都会在婚前早早购置属于自己的房产，以避免在婚后对配偶一方有过强的财产依附性。但是，婚前购房，往往对房屋的位置、面积、学位以及周围的公共服务配套等缺乏完整的思考。结婚之后，因房屋的位置不能满足工作需求、小孩上学需求等就会考虑换更合适需求的房产，此时就会出现婚前财产在婚后转化的情形，那么转化后的房产属于夫妻共同财产吗？

经典案例（一）

1. 案情介绍

2006 年 12 月 25 日，李林通过银行按揭贷款的方式购买了位于上海市普陀区新村路的房产，登记价为 1,094,505 元，其中支付首付款 329,505 元，贷款 765,000 元。2008 年 10 月 9 日，李林又以 53,000 元的价格购买了车库。

2009 年 1 月，李林向心爱的女友朱珠求婚成功。2009 年 7 月，李林与朱珠登记结婚。李林想在老家惠州购买一处大一点的房子，用于以后家庭生活，但是暂时没有这么多钱款。于是，2011 年 6 月，李林将自己婚前上海市普陀区新村路的房产以 310 万元的价格出售。2011 年 8 月，李林购买位于惠州市陈江镇五一村光耀荷兰小城的房产，购买价格为 2,219,360 元，购买该房产时李林先支付 10 万元定金，后一次性支付完毕剩余款项。

李林与朱珠都在上海工作，李林出售上海的房子而购买老家惠州的房子已经让朱珠觉得极度没有安全感，其间双方也产生了矛盾。2011 年 12 月，李林与朱珠便协议离婚。双方婚姻关系存续期间未共同生育子女。

双方在离婚协议中并未约定惠州房产的归属，李林认为惠州房产系其用婚前上海房产置换所得，该房产属于其婚前个人财产；而朱珠认为惠州房产系李林在婚姻关系存续期间购买，应当予以分割而并未分割所以诉至法院。[①]

2. 争议焦点

李林婚后将婚前购买的房产出售，再用售房款购买新的房产，新的房产的购买过户均发生在婚姻关系存续期间，那么新的房产属于李林的个人财产还是属于夫妻共同财产？

3. 法院观点

法院认为，惠州房产是李林于2011年8月购买，购买价格为2,219,360元，是李林一次性支付全款购买。关于惠州房产购房款来源，李林提交的《上海市房地产买卖合同》、工商银行流水清单足以证实其于2011年6月至8月收到出售上海房产的售房款300万元，并以该账户资金支付了惠州房产的购房款。因此，惠州房产是李林出售上海房产后购买，其购房款以一次性付款的方式支付，款项全部来自出售上海房产的售房款，而上海房产属于李林婚前财产，因此惠州房产的购房款是李林的婚前财产，故惠州房产应属于李林的个人财产。

经典案例（二）

1. 案情介绍

张荣与丁爱梅于1996年相识，二人于1997年5月27日登记结婚，丁爱梅系初婚，张荣系再婚。

2004年，张荣以自己的名义购买了位于深圳市福田区的一处房屋，购买价格为1,645,828元，向银行办理抵押贷款，贷款人为张荣。购买该房屋的首付款来源于张荣将其婚前的住宅用地转让后所得的转让款32万元，转让款主要是现金交易。由于贷款人为张荣，该房屋后续的贷款也都是张荣在还。

张荣与丁爱梅婚后初期双方感情尚可，后因经济问题等家庭琐事发生争执，对夫妻感情造成伤害。丁爱梅诉至法院，请求法院判决离婚并依法分割夫妻共同财产。丁爱梅认为宅基地土地转让属于非法交易，该笔交易没有收款记录或银行转账凭证，且即便属实，发生在婚姻关系存续期间，也属于夫妻共同财产。此外，该房屋系婚后用夫妻共同财产购置，婚后银行按揭贷款亦由夫妻共同财产偿还，与该房屋装修的各项费用开支都是丁爱梅所出。丁爱梅认为该房产属于

① 参考案例：(2016)粤03民再20号。

夫妻共同财产,离婚时应当依法予以分割。[①]

2. 争议焦点

张荣用婚前住宅用地转让款支付婚后房产的首付款,且共同还贷的情况下,张荣婚后购买的房屋属于个人财产还是夫妻共同财产?

3. 法院观点

(1)一审法院认为,丁爱梅与张荣虽系自由恋爱结婚并生育一女,但婚后由于缺乏沟通,未能妥善处理彼此分歧,致使夫妻矛盾恶化。虽经法院调解,丁爱梅仍坚持离婚,张荣亦表示同意离婚,表明双方夫妻感情确已破裂,法院同意双方解除婚姻关系。

关于位于深圳市福田区的房屋,该房屋登记在张荣名下,系婚后购置,从结婚到购房时间间隔长达7年。张荣虽认为房屋首付款来自转让婚前住宅用地使用权所得款,但并无相关资金往来记录佐证,且该地块使用权出让的合法性存疑,法院亦无法核实其真实性。此外,张荣表示转让住宅用地及支付首付款均系现金交易,未提出有说服力的证据证实其购房出资系个人财产。根据相关规定,主张婚姻关系存续期间取得的财产为个人财产的一方应承担举证责任,当事人无法举证,人民法院又无法查清的,应认定为夫妻共同财产。张荣确认丁爱梅承担了该房屋部分装修款及购买家电费用,故房屋应作为夫妻共同财产予以分割。

考虑到丁爱梅尚有一名未成年女儿需要抚养,丁爱梅名下并无其他房屋,而张荣名下还有另外两套房屋出租的现状,法院酌情判令该房屋归丁爱梅所有,张荣应协助丁爱梅办理产权变更登记手续,相应的过户税费由丁爱梅承担,张荣限期自行搬离该房屋,据此丁爱梅补偿被告房屋差价4,125,000元(825万元×50%)。

(2)张荣不服一审法院判决,遂提起上诉。

关于深圳市福田区房屋的处分问题,张荣主张,该房屋系其变卖婚前住宅用地所得的款项购买,属其婚前个人财产。对此,二审法院认为,双方结婚时间为1997年5月,购买该套房屋的时间为2004年,购买价格为164万余元,结合双方当事人的工作和收入情况,双方结婚7年后,在婚姻关系存续期间所得的收入应能购买这一价值的房产,即便张荣经济条件优越,使用了部分其自有的婚前财产购买房屋,但这仅能表明张荣对这一房产的贡献较大,可作为酌情多分财产的因

① 参考案例:(2016)粤03民终9584号。

素，涉案房产购买于双方结婚7年后，依照法律的规定，婚后购买的房屋应认定属夫妻共有。一审法院将该房产认定为夫妻共同财产，符合我国《婚姻法》的相关规定，法院予以维持。

在二审过程中，张荣还主张其在2003年变卖了其婚前所有的住宅用地，将所得款项购买了涉案房产，故该房产属其婚前个人财产的转化，该房产仍属其个人婚前财产。对此，法院认为，金钱为种类物，并非特定物，张荣变卖住宅用地后收到了现金，其所得的款项已与其他款项发生混同，无法确定购买涉案房产价款即住宅用地变卖款，并且张荣出售土地所得款项为32万元，涉案房产价格为164万余元，金额上并不对等，可见，现有证据无法证明涉案房产与张荣个人所有的住宅用地存在一一对应关系，张荣主张的涉案房产属其婚前个人财产的形态变化而来的主张，缺少证据支持，法院不予采信。

律师分析

1. 婚前房产婚内置换，购房款均来源于婚前财产的出售款，则婚后的房产仍属于权利人个人财产，不会因此转化为夫妻共同财产

根据《民法典》第1063条，一方的婚前财产属于一方的个人财产，不因婚姻关系的延续而转化为夫妻共同财产，除双方当事人另有约定。因此，在案例一中李林用婚前上海房产置换惠州房产，且系全款支付了惠州房产的购房款，虽李林的婚前财产内容发生了变化，但婚内取得的惠州房产是通过婚前财产转化而来的，仍然属于个人财产。

2. 婚内置换一方婚前的房产需要完整保留证据，在无法证明置换后的房产系婚前财产出资，则会被认定为夫妻共同财产

例如，在案例二中，虽张荣主张婚内置换的房产部分出资来源于婚前个人财产，但是由于张荣变卖婚前住宅用地系现金交易，无法确认婚内置换的房产系婚前财产转化而来，因此法院认定为夫妻共同财产。值得注意的是，若存在婚前房产婚后置换的情况，尽量通过银行转账，避免婚前财产与婚内财产混同；此外，若一方主张婚内购买的房产系个人财产，需要承担严格的举证责任，若无法举证，法院在无法查清的情况下，通常会认定为夫妻共同财产。

3. 婚后购买的房产部分款项来源于婚前个人财产应当如何认定

实务中倾向于认定为夫妻共同财产。用婚前个人财产出资一方可能会认为

比较吃亏,此时,法院也会综合考虑夫妻双方对购买房屋的贡献程度,酌情对购房贡献较大的一方多分财产,这一点在案例二中也有提及。问题还是回到如何举证证明哪些财产属于个人婚前财产,尤其是对于结婚时间比较长的夫妻,财产早已发生混同,无法区分。因此,建议在条件允许的情况下对自己的婚前个人财产加以区分,可以用特定的账户单独存放;另外,夫妻双方也可以通过协议对个人财产与共同财产进行约定。

法律依据

本文参考案例的法律依据为《中华人民共和国婚姻法》第三十九条、第四十七条,《最高人民法院关于适用〈中华人民共和国婚姻法〉若干问题的解释(二)》第九条,《最高人民法院关于适用〈中华人民共和国婚姻法〉若干问题的解释(三)》第十八条;现为《中华人民共和国民法典》第一千零八十七条、第一千零九十二条,《最高人民法院关于适用〈中华人民共和国民法典〉婚姻家庭编的解释(一)》第七十条、第八十三条。

36. 离婚房产分割是否以不动产权证登记比例为准？

夫妻共同购房进行房产登记时有些登记两人名字，写上“共同共有”；也有夫妻直接按照双方各50%进行登记；更有夫妻在感情较好时为了表达爱意，或者基于其他原因，会登记夫妻一方99%、另一方1%的比例。以上这些登记情况在现实中都很常见。那么如此登记，在离婚房产分割时，是应当按出资比例分割还是按产权登记比例分割？在不动产登记中心办理房产登记时的文件，效力能否等同于夫妻间的财产约定？本书将通过经典案例解析实务中的操作。

经典案例

1. 案情简介

徐小峰和马晓云于2011年登记结婚，婚后于2012年6月签订买卖合同购买“古楼房屋201”。2015年10月这套房产在不动产登记中心办理了产权登记。房屋权利人登记为徐小峰和马晓云两人，为按份共有，其中马晓云享有99%的产权份额，徐小峰享有1%的产权份额。此外，两人还在不动产登记中心签署了《声明》，约定马晓云占99%，徐小峰占1%。房屋总价约147万元，其中公积金贷款80万元，贷款期限为10年。2018年9月20日，该房住房公积金贷款全部结清。

后两人因日常琐事感情不和，马晓云向法院提起离婚诉讼，要求离婚并要求按照不动产登记中心登记的比例分割“古楼房屋201”。徐小峰承认房屋从购买到提前还贷，马晓云出资均多过自己，但该房产为婚姻关系存续期间购得，应该属于夫妻共同财产，且多年来自己对房产付出不少，要求按照50%的比例平分该房产。目前该房由马晓云居住使用，双方确认该房目前市场价值为280万元。①

① 参考案例：(2017)沪01民终491号。

2. 争议焦点

(1)离婚时,房产是应当按照不动产登记比例分割,还是按照夫妻共同财产均分?

(2)不动产登记中心登记的比例,能否作为夫妻间的财产约定?

3. 法院观点

(1)一审法院认为,虽然不动产权证书显示房屋共有情况为按份共有,但是该房产为双方婚后购买,在婚姻存续期间共同偿还贷款,双方就该房屋亦无其他约定情形。马晓云请求就以房产证登记为准,即按99%的比例给马晓云;马晓云再按1%的比例给付徐小峰折价款2.8万元,没有法律依据,因此法院不予采信。

结合案件的实际情况,从照顾女方权益的原则出发,法院最终认定涉案房屋归原告马晓云所有,由马晓云向被告徐小峰支付相应房屋补偿款140万元。

(2)二审法院认为,该案审理时明确争议焦点为"是否存在夫妻财产约定,双方离婚时如何分割财产"。法院认为,按照《婚姻法》第19条第1款①的规定,夫妻可以约定婚姻关系存续期间所得的财产以及婚前财产归各自所有、共同所有或部分各自所有、部分共同所有。约定应当采用书面形式。而徐小峰、马晓云所签《声明》系为办理产权证书出具。在双方未单独以书面形式作出明确约定的情况下,难以认定双方对涉案房屋存在夫妻财产约定,无法据此认定马晓云主张的对房屋的份额约定。

经过综合考量,二审法院认定马晓云提交的证据不足以证明其与徐小峰就涉案房屋权属作出过明确约定,判决驳回了马晓云的上诉请求,维持一审判决。

(3)检察院审判监督认为,夫妻将婚后购买的房屋登记为按份共有,不仅是一种特别的意思表示,还是双方已经完成的行为,该意思表示和登记行为经过了房屋管理部门的确认。由此可见,双方通过权属登记的方式明确约定了涉案房屋的份额,审判机关认为双方未单独以书面形式作出明确约定,属于适用法律错误。

依据相关规定,夫妻间无书面财产约定,但双方均认可或有证据足以表明存在财产约定合意的,且是双方真实意思表示的,应认定财产约定成立。本案中,

---

① 现为《民法典》第1065条第1款。

马晓云提供的房屋产权证书足以认定财产约定合意,在已经存在不动产登记的情况下,本案不应机械地以双方之间没有一份名为《夫妻财产约定》的书面材料就否认双方关于财产份额的约定,而应结合双方的真实意思表示、书面材料及立法本义进行认定,《声明》实质是双方对婚姻关系存续期间所得财产按份共有的书面约定,符合法律关于夫妻财产约定采取书面形式要式的规定,二审判决认定双方"未采取法律规定的书面形式"与证据证明的事实不符。

从房屋产权登记结果看,不动产权证书是落实共有权人关于财产约定的载体,房产登记机关亦是按照所有权人的意思表示进行产权登记,一经登记即具有确认共有权份额的法律效力。不动产登记中心向徐小峰、马晓云颁发的不动产权证书反映了二人对财产份额约定的结果,在没有相反证据的情况下,对涉案房屋的份额认定不应与不动产权登记内容不同。

依据法律规定,夫妻可以约定婚姻关系存续期间所得的财产以及婚前财产归各自所有、共同所有或部分各自所有、部分共同所有。约定应当采用书面形式。夫妻对婚姻关系存续期间所得的财产以及婚前的约定,对双方具有约束力。本案中,双方存在合法、明确的按份共有的财产约定,涉案房屋应按照双方约定进行分割。原审判决未按双方约定分割婚内房屋,适用法律错误。

最终,法院进行再审,撤销原审及二审判决,判决涉案房屋归马晓云所有,马晓云在判决生效30日内给付徐小峰房屋折价款2.8万元。

律师分析

1. 不动产中心登记的性质及效力

不动产登记中心作为不动产登记部门,其登记对外具有物权公示效力。在办理房屋产权登记时,如果是初始登记,那么登记比例应当依据购买人与开发商签署的购房合同为准;如果是转移登记,那么就要看转移登记的原因是什么,是买卖、赠与还是继承等。那么登记的比例也要按照买卖合同、赠与合同以及继承文件的内容来确定。

但是,对于家庭关系内部,其登记并没有物权公示效力,典型的夫妻之间可以按照份额或者登记为共同共有,但是都不影响夫妻双方共有的属性。比如,夫妻结婚后,以夫妻一方名义购买房产,登记在一方名下,购房出资来源于夫妻共同财产,这时房产就算登记在一方名下,仍然属于夫妻共有财产。

但是,对于登记了夫妻双方的名字,双方登记比例是基于特殊原因,并且有书面文件证明夫妻双方就房屋产权进行约定的情况下,应当认定为夫妻双方已经就房屋产权进行了财产约定,并认可双方约定的有效性。

本案中,涉案双方当事人在不动产登记中心办理了产权登记,并且在不动产权证书中载明份额比例。检察院抗诉认为,这足以证明双方就涉案房产的共有比例这一法律事实及相应的法律关系已达成共识,并得到了行政机关的确认。法院不应当拘泥于"书面",而忽略了双方真实意思表示的实质。

2. 如何认定夫妻财产约定的性质及表现形式

上述案例的争议焦点在于任何认定夫妻财产约定的性质和表现形式的问题。《民法典》第1065条规定了夫妻财产约定制,即夫妻双方可以就婚姻关系存续期间的财产归属进行约定,可以各自所有、共同所有或其他类型,我们通常叫作"婚内财产协议"。(详见本书第12节"婚内财产协议应该怎么签?")

由于《民法典》第1065条明确规定了"约定应当采用书面形式",因此在实务中通常会被认为需要明确的书面文件,比如名称为"婚内财产协议"的双方书面约定,或是双方明确将财产列明、分割的书面文件。基于这些字面的理解,因此不动产登记中心的《声明》在一些案例中不会被认为是夫妻双方关于财产的书面约定。所以笔者建议对于双方的真实意思是进行财产约定的夫妻双方,除签署不动产登记中心要求的文件外,另行签署夫妻财产约定文件进行补充,以避免发生不必要的误解和矛盾。

法律依据

本文参考案例的法律依据为《中华人民共和国婚姻法》第十九条,现为《中华人民共和国民法典》第一千零六十五条。

(三)股权分割

37. 一方擅自转移有限责任股权的,离婚时如何处理?

随着经济的发展,创业热潮的兴起,越来越多的公司蓬勃发展,因此公司股权也逐渐成为个人财产,夫妻共同财产的重要组成部分,与公司股权有关的纠纷也日益增多。有些人预感到婚姻危机,为了保住公司股权,不让另一半分割股权,可能会不经另一方同意,提前擅自将持有股权转让给他人或者子女,那么该股权转让协议效力如何?离婚时,另一方可否以一方擅自转移夫妻共同财产要求多分财产或者获得股权?

经典案例

1. 案情分析

王小明与柳小红于1987年登记结婚,婚后生育一女王露露,现已成年。赶上千禧年的下海热潮,2003年4月,柳小红与柳云、柳萍三人成立骏马汽车有限公司打算大干一场。公司的注册资本为50万元,柳小红出资16.5万元,占公司33%的股份。同年,柳小红作为公司股东为公司购买土地,建造厂房,以家庭财产先后投入225.5万元。后来,公司做得红红火火,现在登记在该公司名下的厂房面积为7323.39平方米,土地面积为8539平方米。

刘小红的事业红火,但与王小明的感情却陷入了危机。由于两人都常常忙于工作,忽略了家庭,导致夫妻关系越来越差。2009年3月,柳小红以夫妻感情不和为由,向法院起诉要求离婚,后来在王小明的求和下又撤诉。但是,两人在短暂的和好后又多次发生争吵,2009年10月20日,王小明主动向法院起诉要求离婚。离婚期间,柳小红将其在骏马公司的股权以16.5万元转让给女儿王露露。王露露与骏马公司股东柳萍、柳云签订了股权质押协议一份,将登记在王露露名下的骏马公司股权质押给柳云、柳萍,并于2009年12月初向工商部门办理了股权质押登记手续。2009年12月23日,王小明在知晓股权转让事宜后,向法院起诉要求确认柳小红与王露露的股权转让协议无效,王露露应将其名下的股权恢复登记到柳小红名下。

后法院判决柳小红与王露露的股权转让协议无效，但王露露也一直未将股权变更到柳小红名下。2011年5月30日，离婚纠纷中法院判决两人465万元财产中，因柳小红转移夫妻共同财产，少分价值25万元的财产，王小明实际分得257万元，柳小红实际分得208万元。

几个月后，王小明又向法院提起离婚后财产纠纷诉讼，称33%的骏马公司股权未分割，并要求取得骏马公司25%的股权(暂估价650万元)。柳小红则认为骏马公司33%股权并未直接登记在自己名下，王小明不能直接要求分割骏马公司33%的股权。①

2. 争议焦点

(1)骏马公司的股权是否属于王小明与柳小红的夫妻共同财产？

(2)柳小红将其在骏马公司的股权以16.5万元转让给女儿王露露，该协议是否有效？

(3)柳小红将股权转让给女儿王露露，属于转移夫妻共同财产吗？可以少分财产吗？

3. 法院观点

柳小红与王小明婚姻关系存续期间，以柳小红名义出资16.5万元与他人成立骏马公司，并持有骏马公司33%的股权，柳小红所持有的骏马公司股权应属于夫妻共有财产。柳小红在未经得王小明的同意下，擅自处分夫妻共有财产，损害了共有人的利益。柳小红明知在骏马公司的股权价值不只16.5万元，却仅按工商登记注册资本50万元为基数，以16.5万元价格转让33%的股权，该转让价格明显低于王小明与柳小红共有的在骏马公司的实际财产价值。因此，柳小红与王露露签订的转让协议无效。王露露明知父母关系不好，处于离婚纠纷状态，低价购得该股权，并非善意取得。

骏马公司系柳小红在夫妻关系存续期间以夫妻共同财产与案外人共同出资设立。柳小红出资16.5万元，享有该公司33%的股份。后柳小红虽与王露露签订骏马公司股权转让协议，其所持有的骏马公司33%的股份现已登记在王露露名下，但因柳小红私自转让股份的行为无效，故骏马公司33%的股份仍应作

① 参考案例：(2013)浙民提字第121号。

为夫妻共同财产依法予以分割。该股权目前虽然没有复归到柳小红名下,但不妨碍其作为夫妻共同财产的性质,可依法对其进行分割。

柳小红在离婚过程中转移夫妻共同财产,影响了王小明合法权益的实现。在之前的离婚纠纷诉讼中,法院仅对王小明、柳小红的部分共有财产进行分割,在本次财产分割中,柳小红仍应少分,参考原来的分配比例,具体比例为王小明得55%,柳小红得45%(双方自行达成分割协议的除外)。即登记在王露露名下的骏马公司33%股份,王小明可得18.15%的股份,柳小红可得14.85%的股份,王小明、柳小红在取得上述股份后,如需变更登记则应按有关法律规定另行办理。

律师分析

1. 婚姻关系存续期间的公司股权中的财产权属于夫妻共同财产

公司股权既有身份权利又有财产权利。通常,公司的身份权利仅由登记权人享有。婚姻关系存续期间的公司股权中的财产权利属于夫妻共同财产,即股权中的财产权利可以进行分割。

骏马公司是柳小红在夫妻关系存续期间以夫妻共同财产出资设立,所持有的股权对应的财产性收益属于夫妻共同财产。案件审判之时的法律依据是《婚姻法》第17条规定夫妻在婚姻关系存续期间所得的生产、经营的收益归夫妻共同所有。《民法典》生效后,法律依据为《民法典》第1062条,婚姻关系存续期间的生产、经营、投资的收益为夫妻共同财产。

虽然涉案骏马公司股权,在未经王小明同意的情况下,已经被柳小红无偿转让并变更至女儿王露露名下,但是该股权转让已经被认定为无效,所以并不影响该部分股权是属于夫妻共同财产的事实。

2. 婚姻关系存续期间,夫妻一方无偿转让或以明显不合理的低价转让股权的行为可能无效

根据《民法典》第154条的规定,行为人与相对人恶意串通,损害他人合法权益的民事法律行为无效。夫妻一方未经对方的同意擅自将登记在其名下的股权无偿转让给非善意的第三人,损害了配偶方的合法权益,则股权转让的行为无效。

本案中,王露露已成年,其作为王小明与柳小红的女儿,应当明知两人的关

系与状态,在此情况下仍接受柳小红无偿转让的股权,属于非善意第三人。即便王露露系王小明与柳小红的女儿,但是在王小明与柳小红的婚姻关系中,王露露仍然属于第三人。

此外,根据《民法典》第1092条的规定,夫妻一方隐藏、转移、变卖、毁损、挥霍夫妻共同财产,或者伪造夫妻共同债务企图侵占另一方财产的,在离婚分割夫妻共同财产时,对该方可以少分或者不分。离婚后,另一方发现有上述行为的,可以向人民法院提起诉讼,请求再次分割夫妻共同财产。本案中,柳小红恶意转让公司股权的行为,可以参照上述条文规定,被认定为转移夫妻共同财产的行为,在离婚诉讼中可以少分或不分财产,具体由法院进行裁量。

这是本案的具体情况,由于涉及恶意转让,公司股东会决议、股权转让合同均被认定为无效。现实中,很多案例中是股东一方以某价格将股权转让给"善意"第三人。或者是股东与受让方是合伙转移财产的关系,但是基于股权的特殊性,股权的真实价值难以评估,股东配偶一方无法完成举证证明,导致无法确认股东与"善意"第三人的股权转让合同无效,从而无法正常分割股权的财产性利益。

3. 离婚分割公司股权,非公司股东一方不能直接根据所得股权要求成为公司股东

离婚时分割有限责任公司股权,非公司股东一方可以请求分割股权或股权价值,但不能直接根据所得股权要求成为公司股东。若公司其他股东放弃优先购买权,并且同意非公司股东一方成为公司股东,配偶方能成为公司股东。

正如法院观点所述,骏马公司股权虽然一直登记在王露露名下,但并不影响该股权是夫妻共同财产的性质。王小明可以要求分割公司股权,即公司股权对应的财产性利益。在公司非常有价值的情况下,有些配偶会选择成为公司的股东,但成为公司股东是股权的身份性权利,只有当公司股东通过公司决议,同意非公司股东一方成为公司股东,经过此程序后,配偶方能成为公司股东,并非可以通过离婚诉讼直接取得股东的身份。

非公司股东一方因离婚纠纷分得有限责任公司的股权,可以要求支付与公司股权价值相应的财产金额,但是否能够成为公司股东仍需受《公司法》的约束,按照《公司法》的相关流程进行处理。有限责任公司具有人合性,股东转让股权其他股东享有优先购买权,且股东转让股权需经其他股东过半数的同意。

因此非公司股东一方不可直接依据股权自动成为公司股东。

回归到本案，法院判决王小明、柳小红在取得上述股份后，如需变更登记则应按有关法律规定另行办理。在实务中，王小明的权利可能难以实现。因为如果公司很有价值，柳小红以及公司其他股东仍然不会同意王小明成为公司股东，在柳小红实际控制公司的情况下，王小明的利益仍无法实现。

法律依据

本文参考案例的法律依据为《中华人民共和国婚姻法》第十七条、第三十九条、第四十七条，《最高人民法院关于适用〈中华人民共和国婚姻法〉若干问题的解释(二)》第十一条、第十六条；现为《中华人民共和国民法典》第一千零六十二条、第一千零八十七条、第一千零九十二条，《最高人民法院关于适用〈中华人民共和国民法典〉婚姻家庭编的解释(一)》第二十五条、第七十三条。

38. 离婚时未处理的公司股权,是否归股东一方所有?

不少人在办理离婚登记时往往较为冲动,对于夫妻共同财产没有细思,离婚协议书起草得很随意;又有部分人在办理离婚登记时未足够重视离婚协议书,中了对方的“圈套”;更有甚者,离婚时双方都没有意识到公司未来可能经营得很好,所以在离婚协议中只字未提公司股权,未想到经过几年的时间股权变得非常有价值。所以实务中不乏离婚后双方又来分股权的案例。若离婚时公司股权未进行处理,股权归属如何?股权价值如何认定?本书将就笔者团队实务案例分析离婚时公司股权未处理的解决思路。

经典案例

1. 案情介绍

何小龙和苏小美因工作原因相识,两人恋爱后很快谈婚论嫁,于2007年10月在深圳市某区登记结婚。两人从事的行业相似,因此在2011年,双方以何小龙的名义出资设立了A公司,注册资本500万元。何小龙出资165万元,持股比例为55%;另外两位股东合计持股45%。由于用心经营,公司经营情况一直不错。何小龙和苏小美跟大部分夫妻一样,没有签署夫妻财产协议。按照中国的传统理念来说,签署夫妻协议就是还没离婚就要分家,对夫妻感情是极其不好的,两人因此也没有动过这个念头。

但是双方都专注于事业,就忽略了家庭关系的经营。在公司做得风生水起的时候,两人的感情却悄然出现了裂痕。2013年5月,双方协议离婚,在深圳市某区办理了离婚登记。双方签署的《离婚协议书》对房产、车辆、双方个人物品进行了分割,但是未提及登记在何小龙名下的A公司的股权。事实上当时何小龙名下的股权已经价值几百万元,但是何小龙表示双方离婚时正好有人要收购A公司,如果让收购人知晓大股东离婚事宜,可能会不利于公司收购估价,因此两人并未在离婚协议中提及该股权。

2014年6月,A公司成功被并购,何小龙将其持有的股权转让给B股份公司,并签署了3年的对赌协议。经过潜心经营,2017年何小龙也成功完成了对赌,拿到了高额的股权转让款 725 万元以及相应份额的 B 公司的股权。苏小美知晓该情况后,便向何小龙要求分一部分的股权转让款,但何小龙直接拒绝了苏小美的要求,他认为自己持有的公司股权不属于夫妻共同财产,A 公司的出资款都是自己向亲戚朋友借的款项;并且相关股权已经在《离婚协议书》中写明为"债权",夫妻共同财产早已全部分割完毕,不存在没有约定的情况。苏小美找到了律师,询问应该如何处理该事。[①] 经过几次商谈,谈判不成,苏小美起诉到法院要求分割公司股权的财产利益。

2. 争议焦点

(1)登记在何小龙名下的 A 公司股权是否属于夫妻共同财产?

(2)苏小美和何小龙未在离婚协议中约定该股权如何分割,苏小美是否有权另行要求分割?

(3)两人离婚后,A 公司被 B 公司收购,何小龙分得了现金和 B 公司股权,苏小美是否有权要求分得 B 公司股权?

3. 法院观点

一审法院认为,本案属于离婚后财产纠纷,何小龙和苏小美两人于 2013 年 5 月在深圳市某区民政局办理离婚,但《离婚协议书》中并未对何小龙作为 A 公司股东的股份及现金对价进行处分。现苏小美以上述财产属于婚姻存续期间的共同财产主张分割,符合法律规定,法院予以支持。

对何小龙主张的其在 A 公司作为股东的出资额属于其向案外人的借款,法院认为何小龙对借款已提交银行流水证明,法院予以采信,且上述借款发生时间为 2013 年 3 月底,发生在认缴时间之前的两三天,故法院对何小龙陈述用于支付上述出资额的主张予以采信,可在何小龙取得的对价金额中扣减。

据此,何小龙取得的 A 公司对价金额 725 万元,减去 165 万元后的余款,以及扣除相应税款之后,按照 50% 支付给苏小美 280 万元。何小龙取得的 B 公司的 80 万股公司股份,按照 50% 分配给苏小美 40 万股。

---

① 参考案例:(2021)粤 0305 民初 3584 号。

律师分析

1. 婚姻关系存续期间的公司股权属于夫妻共同财产

根据《民法典》的规定，夫妻在婚姻关系存续期间所得的工资、奖金、劳务报酬；生产、经营投资的收益均属于夫妻共同财产。

本案中，A公司成立于何小龙和苏小美婚姻关系存续期间，虽然A公司的165万元投资款为两人共同借款，并且该股权未在离婚协议中约定以及分割，但并不影响该公司股权是夫妻共同财产的实质。法院在判决中已将165万元作为借款在收益中抵扣。

婚姻关系存续期间，若没有另外签订夫妻财产协议，则婚姻关系存续期间的生产、经营、投资的收益均为夫妻共同财产。①

2. 夫妻关系存续期间，或者夫妻关系结束以后，未分割的共同财产形式发生变化，新的财产形式仍然属于共同财产

本案中，A公司被B公司收购，何小龙因股权转让而获得的现金对价及股份对价，应当属于两人未分割的共同财产，应当予以分割。

从何小龙与B公司的收购协议中可以看出何小龙获得现金对价及股份对价，且A公司已按照对赌协议要求完成约定业绩，B公司的股份也已解除限售条件，B公司于3年后按照协议已完成现金及股份的交付。何小龙所获得的现金对价以及股权对价为A公司55%的股权份额经B公司收购后所转化的，现金对价人民币725万元以及股份对价80万股为两人的夫妻共同财产，应当依法予以分割。

同时，依据《公司法》第139条第1款"记名股票，由股东以背书方式或者法律、行政法规规定的其他方式转让；转让后由公司将受让人的姓名或者名称及住所记载于股东名册"的规定，对于何小龙所获得的B公司已完全解除限售的股份对价80万股可通过股东背书或者法律、行政法规规定的方式实现对苏小美的转让，不需要经过B公司股东的同意。

3. 离婚时未分割股权应当如何分配

离婚时未分割的股权如何分割，要区分有限责任公司和股份有限公司。

---

① 《民法典》第1062条。

何小龙在A公司中所占股份所对应的价值，在两人离婚时，属于夫妻共同财产，苏小美享有依法主张分割的权利。本案中由于可以通过协议内容获知股权具体的现金价值，以及分得B公司股份的具体数量，因此在请求分割上难度不大。

但若苏小美要的不是B公司的股份，而是B公司的股权价值，或者是A公司没有被B公司收购，该如何确认A公司股权的价值？那么这就需要根据具体情况来确定。由于公司资产状况处于不断地变动之中，且与一方所投入的时间、精力以及公司高管团队管理能力有关，所以股权的价值确定是实务中非常重要的问题，也是双方的争议焦点。笔者认为，延伸出一个问题需要大家特别注意，就是离婚后财产纠纷中，双方分割在离婚时未分割的公司股权以什么日期作为基准是值得大家认真思考的。离婚协议或离婚判决的生效日作为基准日是以离婚后财产纠纷起诉日作为基准日还是以开庭日作为基准日？实务中大多以离婚协议签订日、离婚纠纷第一次开庭日作为基准日。

通过本案，可以看出离婚协议的重要性，如何就夫妻共同财产的分割进行约定、如何才能保障弱势一方的权益，都需要慎重考虑、提前规划。同时，建议对于在离婚协议中不方便约定的财产（如股权、代持房产等），最好可以有其他的约定或保障性措施，避免财产有被转移的风险。

法律依据

本文参考案例的法律依据为《中华人民共和国民法典》第一千零六十二条、《中华人民共和国公司法》第一百三十九条；《最高人民法院关于适用〈中华人民共和国民法典〉婚姻家庭编的解释（一）》第八十三条。

39. 离婚股权分割,是否应当考虑其他股东的优先购买权?

在离婚股权分割中,当《民法典》婚姻家庭编与《公司法》交叉时,应当如何既能维护夫妻非股东方的利益又能保障公司利益及公司其他股东利益呢?有限责任公司股东离婚分割股权时,其他股东应当如何有效行使股东优先购买权?本书将通过两个案例说明司法实践中的裁判思路与裁判规则。

经典案例(一)

1. 案情介绍

董悦与朱勇2001年1月23日登记结婚。朱勇婚前主要经营贸易公司,在与董悦结婚前曾有过一段婚姻,并且与前妻生育了一个女儿。朱勇与董悦结婚后,其商业版图也不断拓展。

1996年12月,朱勇婚前与堂弟朱骁然共同设立A公司,注册资本为10万元,二人以现金方式出资,其中朱勇持股60%,朱骁然持股40%。2003年3月,A公司股东会决议增加公司注册资本至100万元,增资后,朱勇仍然持有60%的股权,朱骁然持有40%的股权。

2001年2月12日,朱勇与好友张三共同成立B公司,注册资本为20万元,二人以现金方式出资,其中朱勇持有70%的股权,张三持有30%的股权。2015年11月,B公司经过股东会决议增加股东朱骁然,朱勇将其持有的出资14万元全部转让给朱骁然,注册资本也变更为500万元,变更后的持股情况为:张三持有50%的股权、朱骁然持有50%的股权。

2001年2月14日,朱勇与好友张三共同设立了C公司,注册资本为20万元,二人均以现金方式出资,其中朱勇持有70%的股权,张三持有30%的股权。

2011年5月,朱勇与董悦因感情不和协议离婚。双方在《离婚协议书》中约定了子女抚养、房产车辆分割及“二人各自名下目前占有的有价证券等其他财产及私人物品,归各自所有”。

双方离婚后,朱勇的事业也迎来不断发展。董悦认为,朱勇的公司很大一部分都是在双方婚姻关系存续期间设立且持续经营，双方在离婚时并未对公司股权作出分割，朱勇名下的公司股权也有董悦的份额。因此，董悦向法院提出诉讼。①

2. 争议焦点

(1)朱勇持有的A公司、B公司、C公司股权是否属于朱勇、董悦二人的夫妻共同财产？

(2)朱勇持有的A公司、B公司、C公司的股权在婚姻关系存续期间产生的股权收益是否属于夫妻共同财产，是否应予以分割？

(3)董悦与朱勇离婚时，二人是否已就公司股权分割完毕？

3. 法院观点

针对争议焦点一，朱勇持有的B公司、C公司股权，由朱勇提交的上述二公司的《公司设立登记申请书》及《开业登记验资报告书》可知，上述二公司均已由朱勇在与董悦登记结婚前申请设立并完成出资验资，董悦认可注册上述二公司的出资资金来源于朱勇的婚前个人财产。上述二公司的注册成立时间虽为朱勇与董悦登记结婚后，但此时朱勇取得的上述二公司股权，仅为朱勇婚前个人财产在婚后进行的形式转化，故朱勇持有的上述二公司股权不应认定为与董悦的夫妻共同财产。A公司于1996年注册成立，朱勇出资6万元取得的60%的股权应属其个人财产。但朱勇在与董悦登记结婚后，对A公司进行了增资并出资54万元，朱勇虽持有的股权份额仍为60%，但其中54万元对应的A公司54%的股权应属朱勇与董悦的夫妻共同财产。

针对争议焦点二，夫妻一方个人财产在婚后产生的收益，除孳息和自然增值外，应认定为夫妻共同财产。本案中，朱勇持有的C公司股权、B公司股权、A公司6%的股权虽属朱勇的婚前个人财产，但朱勇在婚后实施经营行为，由该股权产生的收益应属夫妻共同财产。朱勇持有的A公司54%的股权应属于董悦的夫妻共同财产，产生的收益亦应属于董悦的夫妻共同财产。朱勇提交的三家公司自双方登记结婚至2010年的利润表反映出三家公司的利润较少，董悦未就三家公司在婚姻关系存续期间存在股权收益向法院提交相应证据。且即便朱勇持有三家公司股权存在收益，亦会转化为其他财产形式，如存款等形式。董悦在本

① 参考案例：(2018)京01民终8635号。

案中直接要求分割股权收益，无事实及法律依据，法院对此不予支持。

针对争议焦点三，双方签署的《离婚协议书》中约定的“有价证券”与公司股权并非同一概念，朱勇以此主张双方在《离婚协议书》中已对股权分割完毕，法院对此不予采信。

综上，董悦要求分割朱勇持有的A公司54%的股权，具备事实及法律依据。夫妻双方就出资额转让份额和转让价格等事项协商一致后，过半数股东不同意转让，但愿意以同等价格购买该出资额的，人民法院可以对转让出资所得财产进行分割。过半数股东不同意转让，也不愿意以同等价格购买该出资额的，视为其同意转让，该股东的配偶可以成为该公司股东。董悦虽向A公司另一股东朱骁然发送询问通知，但该通知并未记载转让价格等信息，朱骁然未予回复，但不应视为其放弃股权的优先购买权。在另一股东主张优先购买权的情况下，董悦坚持主张分得股权，而非要求朱勇给付折价款，法院对董悦的诉讼请求无法支持。

经典案例（二）

1. 案情介绍

1999年8月15日，邹伦与张莉登记结婚。2014年7月30日，邹伦与好友蔡某、冯某签订协议书，购得呦呦公司部分股份，其中邹伦出资270万元，为公司法定代表人。2016年，张莉因与邹伦感情不和向广州市越秀区人民法院离婚。在邹伦与张莉离婚案件一审期间，邹伦将其在呦呦公司出资额129万元转为刘志所有，其本人出资额改为141万元，股权份额从90%变更为47%。关于在张莉与邹伦离婚案件中所涉及的呦呦公司股权分割事宜，新入股东刘志以及呦呦公司的原股东蔡某、冯某分别出具《不同意股权转让声明》，声明如下：“不同意以上股权转让事宜，另同意邹伦优先于本人享有以上股权的优先购买权。”在邹伦与张莉离婚案件一审期间，蔡某、冯某与杨家签订《股东转让出资合同书》，将其在呦呦公司所占各5%的股权合计10%的股权全部转让给杨家。2017年11月17日，一审法院判决准予张莉与邹伦离婚，其中判决第五项为“邹伦名下所占呦呦公司47%的股权归张莉所有”。邹伦不服，提起上诉。

在该案二审期间，刘志、杨家于2018年4月3日向法院提交《存在法律理解错误纠正声明》，将上述声明内容修改为：“不同意以上股权转让给其他非股东人，若邹伦股权被分割给他人，则我将行使该股权的优先购买权利，在公司股权价值确定后优先购买。”2018 年 6 月，二审法院驳回了邹伦的上诉请求。

法院判决生效后，呦呦公司的股东为张莉持股 47%、刘志持股 43%、杨家持股 10%。刘志与杨家显然不服，认为张莉与邹伦离婚案件一审、二审判决损害了其优先购买权。[①]

2. 争议焦点

邹伦与张莉的离婚纠纷是否损害了呦呦公司股东刘志与杨家的优先购买权？

3. 法院观点

依据《最高人民法院关于适用〈中华人民共和国婚姻法〉若干问题的解释（二）》第 16 条第 1 款第 2 项规定，“人民法院审理离婚案件，涉及分割夫妻共同财产中以一方名义在有限责任公司的出资额，另一方不是该公司股东的，按以下情形分别处理：……（二）夫妻双方就出资额转让份额和转让价格等事项协商一致后，过半数股东不同意转让，也不愿意以同等价格购买该出资额的，视为其同意转让，该股东的配偶可以成为该公司股东”。在张莉与邹伦离婚案件中，邹伦就呦呦公司 47% 的股权事宜征询三位股东刘志、蔡某、冯某的意见，三位股东出具了《不同意股权转让声明》，明确表示不同意涉案股权转让，但同意邹伦优先于三人享有优先购买权。刘志、蔡某、冯某虽不同意邹伦将股权转让给张莉，但是并不主张优先购买权，根据上述规定，应视为其同意转让，张莉可成为呦呦公司的股东。杨家的股权是受让自蔡某、冯某，自然亦应受蔡某、冯某所作声明的约束，不具有优先购买权。

在离婚案件二审期间，刘志、杨家出具《存在法律理解错误纠正声明》，认为其原作出的声明存在法律理解方面的错误，要求予以更正。法院则认为，当事人因自身主观原因对法律理解错误不构成撤销其已作出法律行为的法定事由，其该项诉讼主张缺乏法律依据，同时也违背了诚实信用原则，因此法院驳回了刘志与杨家的诉求。

---

① 参考案例：（2018）粤 01 民撤 12 号。

律师分析

1. 男女双方通过协议离婚方式解除婚姻的，若在《离婚协议书》中未明确约定公司股权分割，视为夫妻共同财产未分割完毕

任何一方对于未分割完毕的夫妻共同财产有争议的均可以向法院提起诉讼，要求再次分割。例如，在案例一中，虽然双方在《离婚协议书》中约定了“二人各自名下目前占有的有价证券等其他财产及私人物品，归各自所有”。这一条看似是已在兜底条款中处理完毕了双方的夫妻共同财产，却为公司股权争议埋下了伏笔。“有价证券”并非“公司股权”。因此，在离婚协议中需要明确约定什么财产归谁所有，以免产生不必要的纠纷。

2. 在离婚案件中，应当如何考虑其他股东优先购买权

涉及分割夫妻共同财产中以一方名义在有限责任公司出资额，另一方不是该公司股东的，根据《最高人民法院关于适用〈中华人民共和国民法典〉婚姻家庭编的解释（一）》第 73 条的规定，处理办法：(1)夫妻双方协商一致将出资额部分或全部转让给该股东的配偶，过半数股东同意且其他股东明确表示放弃优先购买权的，该股东的配偶可以成为公司股东；(2)夫妻双方就出资额转让份额和转让价格等事项协商一致后，过半数股东不同意转让，但愿意以同等价格购买该出资额的，人民法院可以对转让出资所得财产进行分割。过半数股东不同意转让，也不愿意以同等价格购买该出资额的，视为其同意转让，该股东的配偶可以成为该公司股东。

首先，基于有限责任公司的人合性，为了避免影响股东之间和谐稳定、相互信赖的关系被破坏，夫妻间的纠纷解决不能侵犯其他股东的利益和优先购买权。因此，股东离婚时向配偶分割股权并不排除其他股东优先购买权的行使。但是，夫妻双方应当就出资额转让份额及转让价格等协商一致后，告知其他股东是否行使优先购买权。否则便如上述案例一，董悦虽向 A 公司另一股东发送询问通知，但该通知并未记载转让价格等信息，另一股东虽未予回复，但不应视为其放弃股权的优先购买权。董悦也不能以此分得该公司股权。

其次，夫妻双方就出资额转让份额和转让价格等事项协商一致后告知公司其他股东，公司其他股东虽不同意转让公司股权，但也不同意以同等价格优先购买该出资额的，视为同意转让，配偶一方可以成为该公司股东。例如，案例二中，

刘志、杨家二人虽出具《不同意股权转让声明》，表示不同意邹伦将股权转让给张莉，但是二人也并不主张优先购买权，故视为同意转让，张莉可以成为呦呦公司股东。

公司股权作为财产的一种形式，其价值与房产、车辆等不同，房产、车辆的价值稳定且相对容易变现，但是公司股权的价值多少难以通过简单的方式计算，通过股权转让的方式实现也不容易。所以对于中小型的有限责任公司来说，股东离婚时，股东一方以及非股东一方都应当考虑清楚是否要争取公司股权，以及争取到公司股权后下一步如何实现经济利益。

法律依据

本文参考案例的法律依据为《中华人民共和国婚姻法》第十七条、第十八条，《最高人民法院关于适用〈中华人民共和国婚姻法〉若干问题的解释(二)》第十六条第一款第二项；现为《中华人民共和国民法典》第一千零六十二条、第一千零六十三条，《最高人民法院关于适用〈中华人民共和国民法典〉婚姻家庭编的解释(一)》第七十三条。

40. 婚前设立婚后增资的公司股权，离婚时如何分割？

在当代年轻人的婚姻观里，先立业再成家已成常态。越来越多的创业型年轻人，在结婚之前，自己经营着具备一定规模的公司，经营良好的公司会不断扩大经营规模，公司原有的资本也可能持续增加。财产种类的增多，财产类型的复杂，也成为离婚财产分割的实务难点，在夫妻双方没有特别约定的前提下，婚前公司婚后增资部分能够成为夫妻共同财产吗？

经典案例（一）

1. 案情介绍

许浩初看准出口文具的广阔市场，从公务员队伍中辞职，投入到创业的热潮中。虽然工作辛苦，但是很有奔头。许浩初与好朋友共同出资设立精茵文具有限责任公司，该公司成立时的注册资本为68万元，其中许浩初出资40万元，占59%。

在许浩初签下第一笔出口大单的晚上，许浩初跟女朋友俞若颖一起在出租屋里规划未来，两人眼睛里闪烁着憧憬与兴奋。

2002年，公司进入平稳运行阶段。事业爱情双丰收，许浩初跟俞若颖也喜结连理。但该段婚姻并没有迎来善终，后来两人因感情不和于2015年7月31日通过法院判决解除婚姻关系。

在双方婚姻关系存续期间，精茵公司于2003年增资200万元，全部由许浩初一次性缴纳，占注册资本的89.55%；于2005年增资250万元，其中许浩初实缴注册资本为218万元，占注册资本比例的88.4%；于2007增资500万元，其中许浩初新增实缴注册资本为438万元，占注册资本的88%。截至2007年5月10日，许浩初以货币形式共出资896万元，其中婚前出资40万元，婚姻关系存续期间增资856万元。

精茵公司2001年年底负债及所有者权益总计858,174.8元，2002年年底负债及所有者权益总计878,839.8元。湖州市地方税务局出具的精茵公司《企业资产负债表》，载明：精茵公司2015年年初所有者权益总计8,398,858.34元，

2015 年年底所有者权益总计 8,517,193.91 元。[①]

2. 争议焦点

许浩初持有的精茵公司股权婚后累计增资 856 万元是否属于夫妻共同财产？双方离婚,应当如何分割？

3. 法院观点

许浩初作为股东出资 40 万元在婚前注册成立精茵公司,婚后以货币增资 856 万元,且增资行为发生于夫妻关系存续期间,属于婚内投资行为。俞若颖请求分割许浩初持有的精茵公司股权婚后所得和增值部分,原审法院予以准许。根据《最高人民法院关于适用〈中华人民共和国婚姻法〉若干问题的解释(二)》第 16 条的规定,在过半数公司股东同意且其他股东明确表示放弃优先购买权的,持股一方可将股权转让给配偶一方。但双方就股权的转让方式及价格未能达成一致意见,亦均未向原审法院提交过半数股东同意的证据。许浩初愿意转让其持有的精茵公司股权份额给俞若颖而不同意折价补偿;俞若颖认为其从未参与过精茵公司的管理事务,不同意受让股权份额,仅要求折价补偿。

法院经审理认为,精茵公司的公司类型为有限责任公司。有限责任公司的股权是一种综合性权能,包含财产性权利和事务参与权,特别是事务参与权具有较强的人身专属性质,故无法直接进行分割,从维护企业稳定、方便生产的角度考虑,原则上由持股一方继续持有股份,并给予对方作价补偿,更具有合理性。对于补偿数额,双方未能达成协议。俞若颖向法院提交精茵公司的《企业资产负债表》和《企业利润表》作为证据计算相应的股权折价款。许浩初对此有异议,但未提交材料,亦未向法院申请鉴定。本案俞若颖作为非持股一方已提供公司的财务报表积极举证主张自己的权益,许浩初未能提供证据证明其反驳意见,需承担由此产生的不利后果。故俞若颖要求许浩初支付婚姻关系存续期间股权增值部分 6,930,643.68 元(2015 年企业所有者权益平均值 8,458,026.12 元 × 0.88 - 2002 年企业所有者权益平均值 868,507.3 元 × 0.59)50% 的折价款 3,465,321.84 元,法院予以支持。

---

① 参考案例:(2019)浙 01 民终 3200 号。

经典案例(二)

1.案情介绍

付景烁与马君怡是朋友眼中最好的“黄金组合”,在事业上互相配合,在感情上相互扶持。两人在2008年登记结婚,付景烁在外忙工作,经常不着家,马君怡帮他把家里的事情打点得妥妥当当。

付景烁在婚前跟朋友一起创业,共同设立京山有限公司,公司的注册资本为4888万元。其中付景烁出资48.88万元,持有公司1%的股份。2012年,增资后京山公司注册资本为9776万元,付景烁实际新增注册资本48.88万元,增持股份0.5%,增资后仍持有公司1%的股份。

付景烁与马君怡两人性格都要强,公司经营越来越大,双方的分歧也越来越多,很难说到一块儿,两人于2018年6月27日经法院判决解除婚姻关系。离婚时并未对京山公司的股权进行分割。

离婚后,京山公司于2019年9月10日,通过股东会决议,同意吸纳马君怡作为该公司股东,但未对马君怡享有的股权份额作出明确约定。①

2.争议焦点

本案的争议焦点为马君怡、付景烁婚后增资取得的京山公司0.5%的股权是否属于夫妻共同财产?该公司股权及其增值部分收益的价值如何确定及分割?

3.法院观点

法院认为,对于付景烁在京山公司设立之初持有的1%公司股权,根据婚姻法及相关司法解释的规定,“夫妻一方个人财产在婚后产生的收益,除孳息和自然增值外,应认定为夫妻共同财产”。本案中,股权产生的收益是基于公司生产经营所得,其对应的增值部分应当认定为夫妻共同财产。对于京山公司在婚后增资部分系双方婚姻关系存续期间共同出资取得,应当认定为夫妻共同财产。

关于婚后增资取得京山公司0.5%的股权,该0.5%的股权系马君怡与付景烁夫妻关系存续期间共同出资取得,应当认定为夫妻共同财产。京山公司也已经通过股东会,以股东会决议的形式吸纳马君怡作为该公司的股东,但并未对马

① 参考案例:(2020)鄂08民终285号。

君怡享有的股权份额作出明确约定。

本案涉及的两份股权,即京山公司设立之初的1%股份以及马君怡、付景烁婚后增资取得的该公司0.5%股份。对于夫妻共同财产的分割应当首先遵循当事人的意思自治和协商约定。因付景烁与马君怡无法达成协商一致,考虑到在本案中,未对马君怡、付景烁夫妻关系存续期间付景烁持有的京山公司1%股份的增值部分的价值进行具体金额的认定和分配,出于对各方利益的平衡,在分割股权时对马君怡酌情予以适当照顾,对马君怡、付景烁夫妻关系存续期间共同共有的京山公司的股份作如下分割:马君怡获得京山公司0.3%的股份,从付景烁所持有的1%股份中予以分割。

律师分析

1. 一方婚前出资设立的有限责任公司婚后进行增资扩股,新增股权系双方夫妻关系存续期间共同出资取得,系夫妻共同财产

通过案例一、案例二均不难看出,男方婚前设立的公司,在婚姻关系存续期间,以夫妻共同财产对婚前公司增资扩股,并继续登记在男方名下,法院均将其认定为夫妻共同财产。例外的情况是,若男方能够证明婚后增资扩股资金系个人财产,或者男女双方签订了夫妻财产分别所有制的情况,有可能被认定为男方一方个人财产。

2. 关于婚后增资的有限责任公司股权分割问题

基于公司的人合性,股东之间需要较高的信赖度,若未经其他股东同意新加入其他股东,则可能导致公司在经营决策与利益分配方面产生分歧和矛盾,影响公司的发展。分割夫妻在有限责任公司的股权出资时,既要避免破坏股东间的和谐稳定、互相信赖的关系,保护其他股东的优先购买权和受让权,也要有利于解决夫妻之间的纠纷。

在案例一中,许初浩表示愿意转让股权份额但不同意折价给俞若颖,俞若颖表示其从未经营过公司,不要求受让股权,仅要求折价。由于双方就股权转让方式及价格均未能达成一致意见,亦未提交过半数股东同意的证据。法院基于公司股权具有较强的人身专属性质,从维护企业稳定、方便生产的角度考虑,由持股一方继续持有股权,并给予对方作价补偿更为合理。在案例二中,由于涉案公司通过股东大会决议已经明确表示同意吸纳马君怡作为公司股东,在这一点上,

法院认为直接分割公司股权并不会影响其他股东的合法权益。

3. 有限责任公司股东配偶一方如何成为股东

依据《民法典》婚姻家庭编司法解释，人民法院审理离婚案件，涉及分割夫妻共同财产中以一方名义在有限责任公司的出资额，另一方不是该公司股东的，按以下情形分别处理：(1) 夫妻双方协商一致将出资额部分或者全部转让给该股东的配偶，过半数股东同意、其他股东明确表示放弃优先购买权的，该股东配偶可以成为该公司股东；(2) 夫妻双方就出资额转让份额和转让价格协商一致后，过半数股东不同意转让，但愿意以同等价格购买出资额的，人民法院可以对转让出资额的财产进行分割。过半数股东不同意转让，也不愿意以同等价格购买该出资额的，视为同意转让，该股东的配偶可以成为该公司股东。因此，同时满足该公司过半数股东同意且放弃优先购买权，配偶方即可成为公司股东。

4. 对于股份有限公司或者上市公司而言，公司的财产性较强，公司的人合性较弱

一方婚前购买的股票，在没有发生混同的情况下，属于婚前个人财产；若在婚后增加股数或者购入新股，那么新购入的股票应当算作婚姻关系存续期间的投资经营行为，该行为产生的收益属于夫妻共同财产。在双方无法就股票分割事宜协商一致的情况下，法院通常直接分割股票股数。

法律依据

本文参考案例的法律依据为《中华人民共和国婚姻法》第十七条、第三十九条、第四十七条，《最高人民法院关于适用〈中华人民共和国婚姻法〉若干问题的解释（二）》第十一条、第十五条、第十六条、第二十条，《最高人民法院关于适用〈中华人民共和国婚姻法〉若干问题的解释（三）》第五条、第十八条；现为《中华人民共和国民法典》第一千零六十二条、第一千零八十七条、第一千零九十二条，《最高人民法院关于适用〈中华人民共和国民法典〉婚姻家庭编的解释（一）》第二十五条、第二十六条、第七十二条、第七十三条、第七十六条、第八十三条。

41. 婚内约定的股权转让，一方不履行时应如何处理？

随着大众法律意识的加强，很多夫妻会选择在婚内签订夫妻财产协议，对夫妻各自的财产进行区分，以平等地保障各自的财产权益。有些夫妻也会在《婚内财产协议》中约定共同共有的公司股权归属以及股权转让事宜，但是由于协议签订在婚内，变更股权也需要成本，所以一部分人不会选择马上去变更股权，这就导致了因为没有及时变更，股权持有方在感情发生变化时会反悔，拒绝履行股权转让的义务。那么当上述情况发生时，夫妻中原本的股权受让方是否有权让股权持有方按照协议履行？还是说如果未进行变更登记，股权转让的约定即不成立？本书将结合案例进行详解。

经典案例（一）

1. 案情介绍

2009 年，何红与梁飞因志趣相投而相识，后两人共同创业，一起成立 A 公司，注册资本为 50 万元，何红出资 10 万元，梁飞出资 40 万元。由于经常一起工作，彼此都比较了解，两人从生意上的合作伙伴逐渐变成了生活上的伴侣，决定在 2011 年登记结婚。但生活并非一帆风顺，当两口子长期在一起共事，常常把公司的事情带入家庭，把家庭的情绪带到公司，导致两人时常界限不清，家庭事业都顾不到位，两人因此感情不和。

为了两人的小家庭着想，2013 年 6 月，初何红与梁飞协商好后共同签订了《婚内财产协议书》，协议书约定：何红将自己在 A 公司所有股份转让给梁飞，双方确认何红股份价值总金额为 84 万元。梁飞应在 2013 年 6 月 20 日前支付给何红 30 万元，剩余 54 万元应在 2013 年 12 月底前支付。何红应在 2013 年 6 月 15 日前，把自己所有的股份转让给梁飞。自 2013 年 6 月 14 日起，A 公司所有一切产权将归梁飞所有；A 公司相关的业务均由梁飞负责，何红不得插手。6 月 15 日，梁飞将第一笔股权转让款 30 万元支付给何红。

但婚内财产协议并没有让双方的感情有回转的余地，2013 年 7 月，何红向法院提起离婚诉讼，双方达成调解协议：何红与梁飞离婚，何红应于 2013 年 12

月12日前支付梁飞房屋差价13万元等其他内容。

2014年1月，何红起诉除收到梁飞第一笔30万元转让款，后续并未收到梁飞剩余转让款。剩余转让款54万元，扣除13万元房屋差价，梁飞仍需支付41万元。梁飞称，由于何红未按《婚内财产协议书》约定于2013年6月15日前将股权转让给自己，因此无须再向其支付转让款。①

2. 争议焦点

何红未按照《婚内财产协议书》约定的时间办理股权变更登记，梁飞是否有权拒付股权转让款？

3. 法院观点

原告何红与被告梁飞之间签订的《婚内财产协议书》系双方当事人的真实意思表示，依法成立并生效，双方当事人均应按约履行。在本案中，原告何红认为其已按约退出了A公司的经营管理并将其所有的股份全部转让给了梁飞，梁飞亦支付了第一期股权转让款30万元，因此梁飞理应支付剩余的股权转让款给何红。被告梁飞认为，未支付给何红剩余的股权转让款是因为何红未将A公司的股权转让给自己并进行工商登记变更，依据《婚内财产协议书》的约定付款条件尚未成就，因此梁飞未支付相应款项。

法院经审查后认为，依据何红、梁飞两人签订的《婚内财产协议书》约定，梁飞同意受让何红所有的A公司股份，并定于2013年6月20日前支付30万元、2013年12月底前支付54万元；同时何红应在2013年6月15日前将其所有的股份转让给梁飞。双方一致确认，梁飞已于2013年6月15日将第一笔股权转让款30万元支付给何红，但是未办理股权变更登记。

法院认为，“何红应在2013年6月15日前将其所有的股份转让给梁飞”并不等于在2013年6月15日前完成股权的工商变更登记，但因工商变更登记是完成股权转让的法定程序，经法院释明，且鉴于本案原告、被告双方均对何红将其在A公司的股份全部转让给梁飞没有异议，且同意进行股权变更登记，法院给予双方5天的时间共同办理股权变更登记事宜。后双方已于2014年5月8日共同至苏州市工商行政管理局办理了相应的股权变更登记手续。现何红已将在A公司的股份全部转让给了梁飞，则梁飞理应将剩余的股权转让款54万元

---

① 参考案例：(2014)相商初字第0119号。

支付给何红。

关于梁飞提出的何红违反婚内财产协议约定，给其带来巨大经济损失的辩解，并不属于本案的审理范围，故法院对此不予理涉。综上所述，何红要求梁飞支付股权转让款 41 万元（剩余股权转让款 54 万元抵销 13 万元的房屋差价）的诉讼请求，法院认为，在庭审中，梁飞同意从剩余的股权转让款 54 万元中抵销何红应支付给其的 13 万元房屋差价，且因剩余的股权转让款 54 万元的付款条件已成就，故梁飞理应支付何红股权转让款 41 万元。

经典案例（二）

1. 案情介绍

2009 年，傅晴、楼辉登记结婚。2010 年，双方共同设立 B 公司，注册资本 100 万元，傅晴持 51% 的股份，楼辉持 49% 的股份。2015 年 5 月 14 日，双方签订《股东退股协议书》，约定：楼辉自愿放弃所持有的所有股份，按盈利比例拿出 200 万元给楼辉。楼辉退股后，傅晴持有公司 100% 的股份，公司的盈亏由傅晴负责，与楼辉不再有任何关系。同日，楼辉出具收条一份，写明收到 B 公司退股分红金额 200 万元。

2015 年 6 月，双方签订《婚内财产分配协议》约定，……B 公司已完成股权转让事宜，现归傅晴个人完全独有，盈亏与楼辉无关。该公司财产及经营所得均归傅晴个人所有，不作为夫妻共同财产，不论婚姻关系如何变更，不将其按家庭财产进行划分。

2018 年，楼辉向法院起诉要求离婚，并表示其退出 B 公司傅晴需支付 200 万元，但该转让款已被傅晴用于购买杭州市某房屋，傅晴实际未支付股权转让款。①

2. 争议焦点

（1）B 公司的股权转让款应当由公司支付还是由傅晴支付？

（2）傅晴是否应按照《股东退股协议书》和《婚内财产分配协议》的约定向楼辉支付股权转让款？

3. 法院观点

案涉《股东退股协议书》由楼辉与傅晴签订，系双方当事人的真实意思表

---

① 参考案例：（2020）浙 01 民终 1999 号。

示，合法有效，对双方均有法律约束力。该协议名为股东退股协议，实质为楼辉、傅晴就楼辉将其持有的B公司49%的股份转让给傅晴，楼辉收取200万元款项而达成的协议。协议虽未明确写明支付款项的主体，但协议签订的双方是楼辉与傅晴，傅晴受让了股权，应是承担支付股权转让对价款的责任主体。B公司未在协议上盖章，傅晴辩称支付主体为B公司，未提交相应的证据证实，对其该辩称意见，法院不予采信。

楼辉虽出具过收到200万元的收条，但傅晴未提交相应的付款凭证。傅晴辩称200万元采用的是折抵计算而非实际货币交付，且款项已结算完毕。法院认为，《股东退股协议书》并没有关于款项折抵的约定内容，反而表述为"拿出200万元给予楼辉"；另外，傅晴未能明确说明用以折抵计算的相关款项的具体项目、金额，更未提交相应的凭证及折抵计算的过程等证据，故该辩称意见亦不予采信。综上，法院认定，傅晴迄今未履行支付股权转让款200万元的义务。《股东退股协议书》未约定办理股权转让变更登记以及支付转让款的时间，双方均可以随时要求履行。楼辉诉请要求傅晴支付股权转让款，并由双方办理股权变更登记手续的诉讼请求，合法有据，予以支持。

律师分析

1.《婚内财产协议》可以约定公司股权的归属与变更

夫妻可以在婚姻关系存续期间，自愿通过《婚内财产协议》对公司的股权比例、股权转让等内容进行约定，内容不违法情况下，均为有效。

婚姻关系存续期间，未明确表示股权转让行为是双方对夫妻共有财产进行分割的行为，股权不论登记在谁名下，应为夫妻共有财产。当股权为夫妻一方所有时，可按《合同法》及相关规定处理。即受让股权一方应当向出让一方支付相应的股权转让价款。

结合案例一，双方关于股权转让的约定有效，但由于没有约定"办理股权变更登记的时间"，仅仅约定了"转让时间"，因此双方并不存在先诉抗辩权，梁飞也无权要求对方先过户再支付费用。

结合案例二，双方关于股权转让的约定有效，法院认为虽然楼辉出具了收款收条，但没有相关的款项交付凭证，并不能证明股权转让款已经给付。且协议中未约定款项的支付时间、办理股权转让时间，同时履行可能会导致履行的拖延、迟缓,不利于权利实现。

2. 夫妻间股权转让注意事项

夫妻间协议往往写得不够细致、明确,常常导致在实际履行时产生较多纷争与矛盾。《夫妻财产协议》《婚内财产协议》中约定的股权转让、股权折价条款应当详细约定转让股权的内容,包括转让股权的比例、转让款金额、支付转让款时间、办理股权变更登记的时间等。转让股权也应保留好相关合同、凭证等,以此来证明履行义务情况。

股权转让协议内容应当明确、具体,具有可操作性。这样当对方不履行约定时,也能快速地诉诸法院,尽快获得有利的判决。

公司股权作为夫妻共同财产往往价值较高,也逐渐被大家重视。但是大家在具体的分割中容易忽略细节的约定,导致股权款的支付、股权的变更登记都不能顺利进行。因此,对待股权应当如对待实体类资产、现金类资产一样谨慎,准确安排每一个环节,全面有效地预防可能产生的问题。

法律依据

本文参考案例的法律依据为《中华人民共和国合同法》第六十条、第六十二条,现为《中华人民共和国民法典》第五百零九条、第五百一十一条、第一千零六十五条。

42. 离婚时配偶可以成为有限责任公司股东吗?

公司股东既享有股东知情权、表决权等身份权益,也享有收益、分红等财产权益。通说认为,以夫妻共同财产出资,登记在夫妻一方名下的股东身份权益不是夫妻共同财产,夫妻二人并非股权的共有人,股权只能由一人行使,其配偶仅对股权所代表的财产利益享有间接的权益,这也是基于公司的人合性及公司长期的发展考虑。那么,既然配偶一方能够享有间接的财产权益,离婚时可以要求成为公司股东获得身份权益吗?

经典案例(一)

1. 案情介绍

刘晓烁与王林蔚的婚姻开始并不浪漫。刘晓烁一直忙于工作,到了适婚的年纪却一直单身,家里不断给她介绍相亲对象。在频繁的相亲中,只要对方条件尚可,刘晓烁就会尝试与对方交往。多次相亲失败后,王林蔚出现在刘晓烁的生活中。王林蔚个子不高,相貌平平,身材有点偏胖,但是性格老实,工作稳定。刘晓烁的母亲曾经语重心长地劝她,结婚就是过日子,合适最重要,真爱又不能当饭吃。

在双方父母的撮合下,刘晓烁和王林蔚匆匆忙忙地结了婚,甚至连婚纱照、酒席都没有。两个人都知道,彼此并没有太多的感情,只不过到了适婚的年纪。结婚后,王林蔚用家里资助的钱创立了一家快递网点公司,因为王林蔚勤快老实,在当地的口碑不错,生意慢慢有了起色,两个人的生活条件也随之好了起来。

因为两个人没有感情基础,所以交流也比较少,几乎都是柴米油盐,根本就没有浪漫可言,所以一旦发生一点小矛盾,刘晓烁就感觉非常委屈。久而久之两个人对彼此都失去了耐心。

2006年9月18日,刘晓烁与王林蔚的婚姻走到了尽头,两人签署《离婚协议书》,约定了子女抚养、财产分割问题等。离婚时,王林蔚表示其与好友共同经营的快递网点公司,主要经营电商平台的快速收发,但因资源有限,公司经营并未有多少起色,甚至是负债累累,因此在《离婚协议书》中,双方并未对快递网点公司进行约定。

离婚后，刘晓烁了解到快递网点公司并非王林蔚说的那样处于亏损状态，而是不断扩大规模，运营越来越好。刘晓烁便向法院主张要求分割快递网点公司股权，并提出不同意折价补偿，也不同意评估股权价值，要求成为公司股东，共同经营公司。[①]

2. 争议焦点

刘晓烁与王林蔚在《离婚协议书》中未约定的快递网点公司，刘晓烁在双方离婚之后还能要求分割吗？刘晓烁能够成为公司股东吗？

3. 法院观点

法院认为，快递网点公司系刘晓烁与王林蔚婚姻关系存续期间设立，应认定为夫妻共同财产。根据《最高人民法院关于适用〈中华人民共和国婚姻法〉若干问题的解释（二）》第16条的规定，人民法院审理离婚案件时，涉及分割夫妻共同财产中以一方名义在有限责任公司的出资额，另一方不是该公司股东的，若夫妻双方不能就股权分割问题达成一致意见，为了保证公司的人合性，应对另一方请求分割的股份折价补偿。

本案中，由于刘晓烁坚持要求分割股权，不同意折价补偿，也不同意评估股权价值，但王林蔚不同意分割股权，因此法院无法支持刘晓烁成为公司股东的诉讼请求。

经典案例（二）

1. 案情介绍

陈彬彬人如其名，彬彬有礼，英俊帅气，十分受异性欢迎。章萌则自小在爷爷奶奶身边长大，缺乏父母的关爱，长大后也没有谈过恋爱，毕业后章萌在知名科技公司担任中层管理，在一次朋友聚会上认识了陈彬彬。陈彬彬名校毕业，收入颇丰，是一个不错的结婚对象，而最重要的是，陈彬彬长得十分帅气，章萌一见钟情。两人迅速恋爱结婚。

然而陈彬彬还有不为人知的另一面。婚后不久，陈彬彬因为章萌工作应酬深夜回家而对其动怒。他用拳头狠打章萌的头部，甚至在打完后不让她休息，用

① 参考案例：（2018）最高法民申769号、（2017）桂民终176号。

冷水浇到她坐的沙发上,章萌只能蜷缩在冰冷的地板上瑟瑟发抖。因无法忍受喜怒无常的丈夫,章萌向陈彬彬提出了离婚。

婚内,陈彬彬与好友尚伟、李华共同设立博雅公司,陈彬彬持股53.57%,是博雅公司的大股东,但章萌并不知情。

2005年3月17日,两人离婚协议,并在当天前往民政局办理离婚登记。在《离婚协议书》中,陈彬彬隐瞒婚内拥有博雅公司股权的事实,并未将该公司股权分割事宜约定在《离婚协议书》中。不久,章萌得知陈彬彬名下博雅公司股权之后向法院主张分割夫妻共同财产。①

2. 争议焦点

博雅公司属于章萌与陈彬彬的夫妻共同财产吗?离婚后,章萌能否要求分割博雅公司股权?

3. 法院观点

法院认为,陈彬彬在博雅公司占有的股权,系婚后设立并持股,属于夫妻共同财产,在离婚协议未处理的情况下章萌可以申请分割。依照《最高人民法院关于适用〈中华人民共和国婚姻法〉若干问题的解释(二)》第16条的规定,直接分割股权的前提是夫妻双方就一方在有限责任公司的出资分割问题协商一致,如果夫妻本身对其共同财产中在有限责任公司的出资分割问题无法达成共识,则不适用直接分割股权。考虑到公司的人合性,人民法院可以判决股权归出资一方所有,另一方可以取得相应的折价补偿。

鉴于陈彬彬有虚假借款的行为,可以适当将股权多分给章萌。考虑股权的人合因素,以判决金钱方式支付为宜。章萌、陈彬彬商定陈彬彬在博雅公司的股权现值为450万元,按照照顾妇女合法权益的原则,考虑到陈彬彬伪造债务的情况,该院确定博雅公司陈彬彬名下的股权归陈彬彬所有,其应向章萌支付博雅公司股权款350万元。

律师分析

1. 什么情况下,有限责任公司股东的配偶不能成为公司股东

根据《最高人民法院关于适用〈中华人民共和国民法典〉婚姻家庭编的解释

---

① 参考案例:(2015)苏民再提字第00064号。

(一)》第73条的规定,在两种情况下,有限责任公司股东的配偶不能成为有限责任公司股东:

第一,夫妻中,股东方不同意分割公司股权,或无法就公司股权分割协商一致。道理很简单,夫妻之间因为离婚,夫妻感情破裂,在股东配偶不同意直接分割股权的情况下,直接分割股权的后果就是夫妻双方均成为公司股东,人合性会受到破坏。

例如,在案例一中,刘晓烁在一审、二审中均坚持分割公司股权、成为公司股东,但王林蔚不同意分割公司股权,法院最后没有支持刘晓烁的请求。有人可能会有疑问,在该案中,法院为何既没有支持分割股权,也未支持补偿呢?问题在于,在民事案件中,法院只会根据诉讼请求来判决,刘晓烁在请求的分割公司股权无法支持的情况下,也不愿改变诉讼请求,因此法院无法支持。

第二,夫妻双方就公司出资额、转让份额、转让价格等事宜协商一致后,其他股东半数以上不同意转让,但愿意以同等条件购买出资额的,配偶不能成为公司股东,只能要求分割股权转让款。这也是基于公司治理中人合性的考虑。

2. 什么情况下,有限责任公司股东的配偶能成为公司股东

根据《最高人民法院关于适用〈中华人民共和国民法典〉婚姻家庭编的解释(一)》第73条的规定,在两种情况下,股东的配偶可以成为有限责任公司股东:

第一,夫妻双方协商一致,将出资额部分或者全部转让给该股东的配偶,其他股东过半数同意并且均明确表示放弃优先购买权。

第二,夫妻双方就公司出资额、转让份额、转让价格等事宜协商一致后,其他股东半数以上不同意转让,也不愿意以同等条件购买该出资额的,视为同意转让股权,该股东的配偶可以成为该公司股东。这也说明有限公司的人合性本身就是相对的,其他股东半数以上不同意转让也不行使优先购买权的,视为同意转让。

可以看出,配偶需要成为公司股东的前提均是"夫妻双方协商一致"。如果股东配偶不同意直接分割股权,实践中往往不会对涉案公司股权进行直接分割,而是采取作价补偿的方式进行处理。例如,在案例二中,章萌与陈彬彬无法就有限责任公司股权分割达成共识,则不宜直接分割公司股权,基于对公司人合性的考虑,人民法院判决股权继续由陈彬彬持有,章萌可以取得相应的折价补偿。

让两个无法共同经营好家庭的人再去共同经营公司,本身就存在难度。因

此，股东的配偶要想成为公司股东，必须经过作为股东的夫妻一方同意，其次才是获得其他股东的过半数同意，这才能最大限度地保障公司的人合性，保障公司的良好发展。

法律依据

本文参考案例的法律依据为《中华人民共和国婚姻法》第十七条、第三十九条，《最高人民法院关于适用〈中华人民共和国婚姻法〉若干问题的解释(三)》第十八条；现为《中华人民共和国民法典》第一千零六十二条、第一千零八十七条，《最高人民法院关于适用〈中华人民共和国民法典〉婚姻家庭编的解释(一)》第八十三条。

43. 婚内设立的公司股权，是否必然属于夫妻共同财产？

根据前面讲述的内容，我们学习到夫妻共同财产的很多知识，了解到夫妻共同财产的范围包括夫妻共同投资，如投资的有限责任公司、股份有限公司、合伙企业等。那么，问题来了，婚后登记在一方名下的公司股权，该股权一定是夫妻共同财产吗？如何判断该股权是否属于夫妻共同财产呢？且看本书详解。

经典案例

1. 案情介绍

2003 年，纪芙与任俊登记结婚。两人婚后共同生育了一个小孩，结婚多年也算过得充实、美满。

2010 年 8 月，任俊与 A 公司共同出资成立 B 公司，注册资本 500 万元，其中任俊持股比例为 49%。B 公司验资报告显示，2010 年 8 月 23 日，两股东缴纳首次出资共计 200 万元，其中任俊出资 98 万元。2012 年 8 月 13 日，两股东缴纳第二期出资 300 万元，其中任俊出资 147 万元。

2011 年开始，纪芙与任俊因为家庭问题感情不和，经常吵架。

2012 年 8 月 25 日，任俊与袁大庆签订《股权代持协议书》，约定：任俊所持有的 B 公司 49% 的股权，任俊并没有实际出资，任俊仅是名义股东，实际出资人系袁大庆，所有人及控制人也为袁大庆。任俊代表袁大庆代持公司股权，不享有任何权利，也不承担任何义务，公司的一切经营活动由袁大庆负责。任俊有义务根据袁大庆的指示，将所持有的股份变更至袁大庆指定的人或公司名下。

2012 年 8 月 28 日，任俊与张大伟签订股权转让协议，将 B 公司的股权全部转让给张大伟。协议签订后，张大伟未支付该股权转让款，B 公司工商登记的股东任俊变更为张大伟。

2013 年，纪芙与任俊在法院调解离婚，但只处理了孩子抚养权和两套房产的归属问题，并未涉及公司股权分割问题。

离婚后，纪芙知晓了任俊在离婚前转移B公司股权的事情后，向法院起诉，请求确认任俊与张大伟的股权转让协议无效。纪芙认为任俊持有B公司49%的股权的出资款属夫妻共同财产，该股权转让严重损害了自己的合法权益，请求法院确认任某与张某签订的股权转让协议无效。

任俊称，其对B公司未实际出资，都是袁大庆出的资，自己仅代袁大庆持股。自己对B公司未实际出资，既不享有权利，亦不承担责任。将B公司股权转让给张大伟也是根据袁大庆的指令，张大伟实际上也是名义股东，实际控制人仍是袁大庆。自己不存在转移夫妻共同财产的行为。①

2. 争议焦点

B公司49%的股权，是否是任俊替袁大庆代持？是否是夫妻共同财产？

3. 法院观点

当事人对自己提出的诉讼请求所依据的事实或者反驳对方诉讼请求所依据的事实有责任提供证据加以证明。本案中，纪芙主张任俊系B公司的实际股东，任俊、张大伟、袁大庆三人恶意串通，无对价转让诉争股权，损害其合法权益，故要求确认案涉股权转让协议无效。

法院认为，首先，从现有证据看，任俊和袁大庆提供的二次出资的缴款凭证，结合袁大庆为任俊出资的陈述和代持股权协议，能够确认袁大庆系贸易公司的实际出资人。诉讼中，纪芙不是B公司股东，其亦未能提供任俊系以夫妻共同财产向贸易公司出资的证据。其次，企业经登记设立，但工商登记资料关于对股东相关信息的记载对相对人而言，有宣示股东资格的功能，其目的是保护善意第三人，维护交易安全。但如果在公司内部就股权归属产生争议，工商登记资料不能证明诉争股权的真正权利人。在纪芙不能提供证据对其上诉意见予以佐证的情况下，法院对任俊和袁大庆之间的代持股份协议书、银行本票的证明力予以确认，该部分证据可以证明任俊系名义股东，袁大庆系实际股东。据此，纪芙提供的证据亦不足以证明任俊、张大伟、袁大庆恶意串通，损害其合法权益的事实主张。任俊、张大伟对股权归属袁大庆的事实不持有异议，故权利人袁大庆指令任俊将诉争股权转让给张大伟，由张大伟代持该股权，并不违反现行法律规定。法院驳回纪芙的诉求。

---

① 参考案例：(2015)宁商终字第808号。

律师分析

1. 股权登记≠所有权

并非在夫妻关系存续期间登记在一方名下的所有股权，均为夫妻共同财产。如本案中的情况，若一方仅为名义股东，在不实际控制、经营公司的情况下，即便在公司的工商登记信息中显示，首先该股权不属于登记人所有，那么其在公司中的股权也可能不属于夫妻共同财产，在离婚诉讼或者在离婚后财产纠纷诉讼中是不能直接作为夫妻共同财产被分割的。

2. 如何判断股权是否是夫妻共同财产

夫妻共同财产以夫妻一方名义投资于有限责任公司所取得的股权为夫妻共同财产。虽然任俊在夫妻关系存续期间被登记为股东，股权的工商登记对外具有公示公信力，但这只是判断名义股东的主要依据，确认股东属于实际股东还是名义股东系公司内部关系，应当从股东享有的权利和承担的义务角度进行判断。

案例中法院认定任俊是名义股东系代持股权，主要在于纪芙无法证明任俊是B公司的实际股东，包括无法证明其出资与实际经营等。判断股权是否为夫妻共同财产，不能仅以工商登记的信息为准，而应当从股东享有的权利和承担的义务角度进行分析。一方是否有实际出资、是否有实际管理经营公司、股权转让价格是否合理等，也都是判断是否构成恶意转让股权的关键点。

3. 如何证明一方是名义股东

律师建议，若要证明一方为名义股东，应当保留好相关代持协议，实际股东的相关出资证明、实际控制公司的证明。这样，公司可以避免代持股权被名义股东分割，影响公司的股权比例和公司的稳定性。

公司就像股东的一个口袋，到底是不是“他”的，作为配偶证明起来非常有难度。所以对于未持股配偶一方，建议在离婚前做好证据准备再提起诉讼。

法律依据

本文参考案例的法律依据为《中华人民共和国公司法》第七十一条，《中华人民共和国合同法》第五十二条，《最高人民法院关于适用〈中华人民共和国公司法〉若干问题的规定(三)》第二十四条、第二十五条；现为《中华人民共和国民法典》第一百四十六条、第一百五十三条、第一百五十四条。

44. 离婚中分割由他人代持的股权,法院会支持吗?

由于公司类型、股权结构多样化,不同公司对于股东、出资的要求各有不同,有些人可能苦于身份原因无法担任股东,只得找有资格的人担任;也有些人出于社会地位、家庭关系等考虑选择担任隐名股东,不在公司登记信息、公司章程及内部文件中显名,默默在背后出资、操盘。隐名股东可以在不用抛头露面的情况下获得公司红利。但是股权代持往往涉及第三人的权利和义务,当夫妻要离婚分割财产时,由他人代持的股权会直接作为夫妻共同财产进行分割吗?双方在离婚协议中约定了他人代持股权的处理,就可以得到保障吗?本书将会对司法实践中对他人代持股权如何分割进行详细分析。

经典案例

1. 案情介绍

魏晴与王涛于2014年12月在网上相识,由于都是离婚后单身一族,两人就觉得找到了知己,互相是对的那个人,便于2015年2月14日登记结婚。双方均是再婚,婚后也没有再生育子女。谁料想,二婚的激情来得快,消散得也快。由于缺乏了解,两人结婚没多久便产生了矛盾,觉得无法再共同生活。魏晴与王涛双方于2016年8月25日登记离婚,同时双方签订《自愿离婚协议书》,约定:没有子女抚养和共同财产分割,在其他财产约定中:王涛同意将广州市A公司拥有的股份以及广东某B有限公司拥有的股份转让50%给魏晴,并同意支付30万元给魏晴作为经济补偿金。婚姻存续期间的一切贷款由王涛个人承担。

魏晴、王涛离婚后,魏晴认为王涛没有按照离婚协议的约定向其支付补偿款30万元,也没有将A公司及B有限公司被代持股份的50%转让给自己,因此向法院起诉要求王涛履行协议。

A公司中王涛占有65.22%的股份,王涛表示A公司出现亏损,没有股权现价值,同意按照离婚协议转让A公司王涛拥有的50%股份给魏晴。魏晴表示不清楚该公司是否亏损,要求王涛按离婚协议书的约定转让王涛占该公司股份的

50%给自己。B公司的企业信息中并未显示王涛是B公司的股东。[①]

2. 争议焦点

(1)魏晴是否有权按照离婚协议中的约定,分得A公司和B公司的50%股权?

(2)王涛同意魏晴分得自己在B公司股权的一半,但王涛并非B公司股东,魏晴还有权要求分割吗?

3. 法院观点

魏晴、王涛双方在办理离婚登记手续时签订的《自愿离婚协议书》,是双方的真实意思表示,没有违反法律或行政法规的强制性规定,该协议合法有效,双方应按照该协议自觉履行。魏晴、王涛离婚后,王涛没有按照协议的约定,向魏晴支付全部补偿款,只支付了3万元,魏晴也确认离婚后收到王涛支付的3万元,故王涛尚欠魏晴27万元补偿款应支付给魏晴。

由于广州市A公司的其他三位股东都同意王涛将其占有该公司的65.22%股份的50%转让给魏晴,故魏晴请求按照离婚协议书的约定取得该公司王涛占有65.22%股份的50%即32.61%股份的请求法院予以支持。

至于魏晴请求王涛将广东B有限公司王涛名下50%的股权给魏晴的诉讼请求,由于魏晴提供的该公司的工商登记信息显示,王涛并不是该公司的股东,魏晴没有提供王涛享有该公司股权的依据。魏晴如认为B公司的登记情况与实际不符,应先向职权部门申请变更,在此之前其两人的个人意见不足以推翻工商登记的效力,魏晴要求分割该股份的意见不具备事实和法律依据,法院不予支持。

律师分析

1. 有限责任公司股权的分割

在本案中,A公司为有限责任公司,王涛登记股权比例为65.22%。且公司其他股东均同意王涛将32.61%的股权转让给魏晴,因此魏晴可以受让A公司该部分股权。这是离婚股权分割最顺利的一种情况,作为股东的配偶同意将公司股权分给另一方,公司所有股东也同意股权的转让。

但司法实践中有限责任公司股权的分割往往要艰难得多,首先是当公司其他股东不同意由非股东配偶受让时,该配偶仅能获得与股权价值相当的对价。

① 参考案例:(2020)粤01民终52号。

而有限责任公司的股权价值几何，一直也是业界、实务界未有定论的问题。正如王涛所称，A公司经营状况不佳，连年亏损，股权没有价值，甚至还可能有较多负债。这个时候，分割股权的价值仿佛一纸空文，没有任何意义。

2. 代持股权的分割

股权代持又叫委托持股，指的是实际出资人与名义出资人达成约定，由名义出资人作为名义股东进行工商登记，而由实际出资人出资并享有投资权益的一种持股方式。离婚诉讼中，持有股权的一方经常以名下股权是替亲朋好友代持为由进行抗辩，以达到让另一半少分甚至不分的目的。本案中，王涛虽然承认B公司股权是他人代持，但工商登记信息中并没有王涛作为股东的信息，亦没有其他证据证明代持股权的事实，才导致法院对股权代持不予认可。

通常分割代持股权，需先确认代持关系，再进行离婚财产分割。代持股权是否会被作为夫妻共同财产予以分割，主要看是否有足够的证据证明代持关系的成立及真实性。本案中，魏晴无法提供代持股权的足够证据，因此法院对代持关系不予认可。因股权登记信息具有公示效力，外部善意第三人对此产生合理信赖受法律保护。所以在认定股权代持关系上，没有非常直接、确凿的证据，通常以工商登记的股权信息为准。

因此，为证明代持关系，律师建议应当保管好相关代持协议；转账记录、凭证；出资凭证；实际参与、经营公司的证明等。法院通常会从是否对目标公司实际出资并有清晰转账记录，是否实际行使股东权利、是否直接经营管理公司等方面进行考察。

代持股权如同代持房产、股票这些行为一样，都具有一定的风险，在离婚分割时也有较大难度，非股东一方的配偶举证责任较大，需要证明代持关系的存在，但往往相关资料都掌握在股东配偶的手中。因此证据的收集是能否分割到代持股权的关键所在，相关证据应当及时收集、保存，避免错失良机。

法律依据

本文参考案例的法律依据为《中华人民共和国婚姻法》第三十九条，现为《中华人民共和国民法典》第一千零六十二条、第一千零八十七条；《最高人民法院关于适用〈中华人民共和国公司法〉若干问题的规定（三）》第二十四条、第二十五条。

45. 婚前设立公司,婚后增值部分离婚时如何分割?

夫妻一方婚前持有的有限责任公司股权,在婚后因妥善经营得到较好的发展,相应股权价值也获得增加。目前司法实践中对于婚前个人财产在婚后增值的部分已基本达成共识,通常一方婚前财产,在婚后付出了劳动与时间,并由此带来了价值增加,该增值部分系夫妻共同财产;若婚后并未付出任何劳动与时间,仅因市场波动或他人行为导致的价值增加,该增值部分仍然属于一方个人财产。那么有限责任公司股权增值是否属于夫妻共同财产,在实务中应当如何去判断呢?

经典案例(一)

1. 案情介绍

彭玉璐与董朝宗是在全国大学生科技竞赛中相识的。董朝宗知识渊博,英俊潇洒,是校园里不折不扣的男神。彭玉璐则性格开朗,貌美如花。两人一见钟情,相见恨晚。

两人于 2008 年 3 月 17 日携手走进婚姻殿堂。两个人都是要强的性格,经常加班、出差在外,共同语言越来越少。2015 年,彭玉璐无法忍受这段婚姻便向法院提起了离婚诉讼。2015 年 7 月,彭玉璐与董朝宗经法院调解离婚。因夫妻财产问题较为复杂,考虑到诉讼效率,双方均未就夫妻共同财产分割进行主张,仅是处理了离婚。

2007 年 6 月,碧水科技公司设立。董朝宗持有该公司股数为 605,000 股,占总股本比例为 0.55%。2010 年 4 月,碧水科技公司成功上市,发行价格为 69 元每股。2011 年至 2014 年,该公司分四次通过资本公积转增注册资本金。截至 2015 年 8 月,董朝宗共持有该公司股数为 2,681,552 股。

彭玉璐主张上述股票均为夫妻共同财产,要求董朝宗按照离婚当日的股票价格即 39.63 元给付其相应折价款。董朝宗则认为该公司原始股份为其婚前持有,婚后该公司上市并经资本公积金转增并非其婚后的经营行为,上述股票属于其婚前财产的自然增值,不同意进行分割。即便分割,董朝宗仅同意给付彭玉璐相应股票,其无力支付相应折价款;如对方一定主张折价款,其主张应当按照该股票的现价值予以分割(截至开庭辩论当日,该公司股票收盘价格为8.36元/股),不同意按照离婚时的价格进行分割。①

2. 争议焦点

董朝宗婚前持有的碧水科技公司股份婚后增值部分是否属于夫妻共同财产?对于董朝宗所持股份,在双方无法达成一致的情况下应当如何分割?

3. 法院观点

《最高人民法院关于适用〈中华人民共和国婚姻法〉若干问题的解释(三)》第5条明确规定,夫妻一方个人财产在婚后产生的收益,除孳息和自然增值外,应认定为夫妻共同财产。依据上述法律规定,夫妻一方个人财产在婚后产生的投资收益以及主动增值部分为夫妻共同财产。投资收益即通过经营性投资行为所获取的相应收益;主动增值即该财产增值发生的原因系基于夫妻一方对该财产投入物资、劳动、管理等行为。

本案中,董朝宗于婚前持有碧水科技公司的股份605,000股,后该公司在双方婚后进行上市并进行四次资本公积金转增,现董朝宗共持有该公司股数为2,681,552股,董朝宗于双方婚姻关系存续期间取得的该公司股份2,076,552股应属于董朝宗与彭玉璐的夫妻共同财产。

董朝宗认为上述股份的增加属于资本公积金转增,故为其婚前持有股份的自然增值。法院认为,自然增值是指该财产增值的原因是通货膨胀或市场行情变化。而本案中,董朝宗作为该公司股东,实际参与公司的经营管理,该公司在双方婚姻关系存续期间上市并进行资本公积金转增之行为与董朝宗投入的劳动、管理等经营行为密不可分,该财产的增值原因并非通货膨胀或市场行情变化,上述股权应属于董朝宗在从事生产经营活动中的一种收益形式载体,故法院对董朝宗的上述主张不予采信。

董朝宗持有的碧水科技公司股份应当作为夫妻共同财产依法予以分割。关于分割方式,依据《最高人民法院关于适用〈中华人民共和国婚姻法〉若干问题的解释(二)》第15条规定,夫妻双方分割共同财产中的股票、债券、投资基金份额等有价证券以及未上市股份有限公司股份时,协商不成或者按市价分配有困难的,人民法院可以根据数量按比例分配,即由彭玉璐持有股份1,038,276股。

---

① 参考案例:2015年海民初字第27327号。

另查明,董朝宗婚前持有的原始股在婚后并未产生价值的增值,故法院不予处理。

经典案例(二)

1. 案情介绍

朱德辉是当地小有名气的企业家,公司做出口牛仔裤生意,赶上改革开放的东风,赚到了第一桶金。郑子衿与朱德辉于2001年1月23日登记结婚。

在与郑子衿结婚之前,朱德辉就成立了两家公司,经营得风生水起。其中,千秋公司于2001年2月14日注册成立,注册资本为20万元,股东为朱德辉与好友张伟,二人均以现金方式出资,朱德辉与张伟分别持股70%、30%。万代公司于2001年2月12日注册成立,注册资本为20万元,股东为朱德辉与好友李芬,二人均以现金方式出资,朱德辉与李芬分别持股70%、30%。2015年11月,万代公司经股东会决议增加股东朱德厚;朱德辉将其持有的出资14万元转让给朱德厚;注册资本变更为500万元,变更后的出资情况为股东李芬出资250万元,股东朱德厚出资250万元。

后来朱德辉与郑子衿因性格不合于2010年5月13日协议离婚,共同签署了《离婚协议书》。双方通过离婚协议的方式约定了子女抚养、房产车辆分割以及二人各自名下目前持有的有价证券等其他财产及私人物品归各自所有。[①]

2. 争议焦点

朱德辉与郑子衿已协议离婚,朱德辉婚前持有的千秋公司、万代公司是否属于夫妻共同财产?朱德辉与郑子衿离婚时,郑子衿是否对朱德辉持有股权一事知情并分割完毕?

3. 法院观点

法院认为,千秋公司、万代公司成立时间虽为双方登记结婚之后,但朱德辉婚后取得的公司股权仅为朱德辉婚前个人财产婚后进行的形式转化,故上述二公司股权不应认定为夫妻共同财产。另外,夫妻一方个人财产在婚后产生的收益,除孳息和自然增值外,应认定为夫妻共同财产。本案中,朱德辉持有的千秋公司股权、万代公司股权虽属朱德辉的婚前个人财产,但朱德辉在婚后实施经营

① 参考案例:(2018)京01民终8635号。

行为,由该股权产生的收益应属夫妻共同财产。朱德辉提交的两家公司自双方登记结婚至2010年的利润表反映出两家公司的利润较少,郑子衿未就两家公司在婚姻关系存续期间确存在股权收益向法院提交相应证据。且即便朱德辉持有两家公司股权存在收益,亦转化为夫妻双方的其他财产如存款等形式。郑子衿在本案中直接要求分割股权收益,无事实及法律依据,法院对此不予支持。

律师分析

1. 婚前财产婚后增值部分是否属于夫妻共同财产,需要区分婚后增值是投资收益、主动增值还是自然增值

根据法律规定,夫妻一方个人财产在婚后产生的投资收益以及主动增值部分为夫妻共同财产。投资收益即通过经营性投资行为所获取的相应收益;主动增值即该财产增值发生的原因系基于夫妻一方对该财产投入物资、劳动、管理等行为。而自然增值是指该财产增值的原因是通货膨胀或市场行情变化,如婚前房产在婚后增值便属于自然增值。

在案例一中,董朝宗作为该公司股东,实际参与公司的经营管理,该公司在双方婚姻关系存续期间上市并进行资本公积金转增之行为与董朝宗投入的劳动、管理等经营行为密不可分,该财产的增值原因并非通货膨胀或市场行情变化,上述股权应属于董朝宗在从事生产经营活动中的一种收益形式载体,故婚前公司股权婚后增值的部分应属于夫妻共同财产。在案例二中,朱德辉持有的千秋公司股权、万代公司股权虽属朱德辉的婚前个人财产,但朱德辉在婚后实施经营行为,由该股权产生的收益应属夫妻共同财产。因此,一方婚前享有的公司股权,在婚后增值的,其增值部分应系夫妻双方共同财产。

2. 一方婚前持有有限责任公司股权婚后增值部分如何分割

关于分割方式,依据《最高人民法院关于适用〈中华人民共和国民法典〉婚姻家庭编的解释(一)》第72条规定,夫妻双方分割共同财产中的股票、债券、投资基金份额等有价证券以及未上市股份有限公司股份时,协商不成或者按市价分配有困难的,人民法院可以根据数量按比例分配。例如,在案例一中,彭玉璐要求董朝宗按照双方离婚时该股票价格给予其一半折价款,若董朝宗不同意给付折价款,同意给付对方相应股票,则法院可根据相应数量比例进行分配。

由于有限责任公司具有极强的人合性,从公司的发展角度出发,在夫妻感情

已破裂、婚姻关系已解除的情况下,二人确实不适合再共同经营公司,司法实践中也采取公司股东一方就股权增值的金额对另一方作出现金补偿的方式处理。关于公司的现金价值需要通过双方协商一致或者由专业评估机构进行评估。此外,在公司及其他股东同意的前提下,若持有股权一方提出用相应比例的股权抵扣应给付的货币补偿,既不损害公司及其他股东的权益,又维护了有限责任公司的人合性,且男女双方共同分担了股权转让的风险,也是一种合理的方式。

法律依据

本文参考案例的法律依据为《中华人民共和国婚姻法》第十七条、第十八条,《最高人民法院关于适用〈中华人民共和国婚姻法〉若干问题的解释(二)》第十五条、第十六条,《最高人民法院关于适用〈中华人民共和国婚姻法〉若干问题的解释(三)》第五条、第十八条;现为《中华人民共和国民法典》第一千零六十二条、第一千零六十三条,《最高人民法院关于适用〈中华人民共和国民法典〉婚姻家庭编的解释(一)》第二十六条、第七十二条、第七十三条、第八十三条。

46. 婚后设立公司,登记在一方名下,离婚时如何分割?

随着社会的发展,越来越多的人会选择自己开公司的方式创业。先成家后立业是一直以来的传统认知。如果公司是在双方结婚后共同出资设立,股权登记在其中一方名下,相关公司权利也是由一方行使,离婚时,此部分公司股权如何处理?是一方个人财产,还是夫妻共同财产?与其他类型的财产(现金、存款、房产等)不同,股权较为特殊,在处理上不仅涉及婚姻家庭的法律法规,还要结合《公司法》的有关规定进行分析。由于篇幅有限,股份有限公司的股权分割相对容易,所以本书仅讨论有限责任公司的股权分割问题。

经典案例

1. 案情简介

2008 年 11 月,张小花与陈大福在福州市某区民政局登记结婚。婚后,陈大福开始创业,设立 A 公司。A 公司成立于 2010 年 8 月 27 日,注册资本为 100 万元,股东为 B 有限公司,2014 年 7 月 21 日陈大福从 B 公司受让了 A 公司股权,A 公司与 B 公司均为电子类公司,近年来发展趋势较好,陈大福整天忙于工作,处理 A 公司及 B 公司的公司经营事宜,导致两人感情日渐疏远。2017 年张小花向法院起诉离婚,两人对房产及其他财产分割都达成了一致,都同意好聚好散。同年 4 月 12 日,法院判决准予张小花与陈大福离婚,该判决于 2017 年 5 月 18 日生效。

张小花几年后才发现当时 A 公司的股权应当属于夫妻共同财产,但是双方在离婚中并未对这部分股权进行分割。张小花向陈大福提出分割该部分股权的价值,但是陈大福不同意,陈大福认为,财产离婚时已经分完了,公司属于他一人所有。张小花不得不再次向法院提起离婚后财产纠纷诉讼,要求分割陈大福在 A 公司的股权价值,即 A 公司股权仍归陈大福所有,但陈大福应当按照股权价值补偿给张小花 92 万元。

张小花与陈大福离婚判决生效时,登记在陈大福名下的股权比例为 99%,

另有1%的股权比例登记在案外人潘峰名下。2017年12月1日,A公司召开股东会,全体股东同意张小花成为公司股东,同日,潘峰出具声明放弃行使对陈大福名下股权的优先购买权,并同意张小花成为公司股东,但不同意对公司股权价值进行评估。但张小花只想要股权折价款,她对电子行业一窍不通,并不想要加入A公司拥有其股权,即便拥有了股权也无法实际参与公司的经营,股权变现对她来说也十分困难。①

2. 争议焦点

(1)A公司的股权是否属于张小花与陈大福的夫妻共同财产?能否在离婚后分割?

(2)张小花能否只要求股权折价款,不要股权份额?股权折价款金额如何确认?

3. 法院观点

离婚后,一方以尚有夫妻共同财产未处理为由向人民法院起诉请求分割的,经审查该财产确属离婚时未涉及的夫妻共同财产,人民法院应当依法予以分割。婚姻关系存续期间,夫妻一方以夫妻共同财产出资获得的登记在一方名下的有限责任公司的股权,应当属于夫妻共同财产。本案中,陈大福在其与张小花婚姻关系存续期间取得A公司99%的股权,上述股权虽登记在陈大福一方名下,但属于张小花与陈大福二人共同财产,张小花依法可诉请分割。

在分割方案上,张小花提出A公司的股权归陈大福所有,由陈大福支付给张小花股权折价款的分割方案,陈大福不同意该分割方案,表示愿意将股权平均分割,同时表示如果坚持分割股权折价款,其愿意要折价款,只要张小花主张金额的八折即可,张小花坚持分割股权折价款但未申请股权价值评估。即本案双方当事人均不愿意取得股权,且对股权处理未能达成一致意见,故张小花主张的分割方案缺乏法律依据,法院不予支持。

因A公司其他股东表示同意张小花成为公司股东且放弃优先购买权,故对陈大福名下的A公司99%的股权予以平均分割并不违反《公司法》关于股权向公司以外的人转让的相关规定,且符合公平原则。

法院判决陈大福享有的A公司99%的股权,分割49.5%的股权归张小花所

① 参考案例:(2020)闽01民终275号。

有,陈大福应于判决生效之日起30日内协助张小花将公司49.5%的股权变更登记至其名下。

律师分析

1. 婚后夫妻共同出资设立的公司,股权登记在一方名下,如何认识股权的归属问题

第一,按照法律规定,婚姻关系存续期间,夫妻一方以夫妻共同财产出资获得的登记在一方名下的有限责任公司的股权,应当属于夫妻共同财产。只是夫妻一方设立公司,或者与其他合伙人共同设立公司时,基于多种因素的考虑仅仅登记在了一方名下。比如在陈大福与张小花的案例中,虽然股权都登记在陈大福名下,公司也实际上由陈大福经营,但是公司股权仍然属于夫妻共同财产,应当在离婚时依法分割;如果离婚时双方未进行分割,离婚以后,张小花仍然有权要求分割,依然能够得到法院的支持。

第二,虽然婚后设立公司登记在一方名下,仍然属于夫妻共同财产,但是我们同时要了解公司股权通常分为财产权和身份权两方面内容,作为非股东一方,其权利受到巨大的限制,也就是说,其权利的实现,有赖于股东一方。具体来说,股东的财产权部分,因股权获得的收益,该收益应当成为夫妻共同财产,但是如果公司一直不分红,作为股东的配偶,无权要求公司进行分红;就身份权部分,如公司的知情权、表决权等,股东配偶也并不享有。

2. 婚后设立公司,股权登记在一方名下,夫妻双方离婚时公司股权应当如何分割

最好的解决方法是双方协商一致。公司股权是非常复杂的资产,股权是否有价值取决于多重因素,如公司的主营业务、产品是否有竞争力、公司的经营管理团队是否有竞争力、公司的负责人是否有影响力等。所以夫妻离婚时,若能够协商解决如何分割股权是非常值得推荐的。

3. 双方无法协商一致的情况下如何处理

第一,双方均主张股权但不愿与对方共同经营的。这种情况通常通过竞价的方式获得股权,竞价的价格是根据双方自愿出具的股权购买价,而非股权评估价。

第二,未登记一方配偶放弃股权,主张补偿款的。补偿款的价格通常是公司

的股权价值。有限公司的股权价值是实践中较难确定的核心内容，一是因为有限公司不如股份公司有较为标准的市场价值，股权评估的过程复杂、时间长，往往是一方主张公司股权不值钱，另一方主张公司股权价值不菲。股权价值几何？分割过程中是否会贬值，以哪个时间点作为评估的时间节点等。对于此项问题，往往会通过双方多轮谈判，最终确定一个双方都能接受的价格来解决。

本案中，张小花便是考虑到电子行业并非自己熟悉的行业，因此直接获得股权折价款对其更有利。但由于对方及公司其他股东均拒绝评估，无法获得股权价值，因此最终还是直接分割了股权本身。

第三，双方均不主张股权的。可以按照《公司法》的相关规定，将股权转让给其他股东或股东之外的第三人，并对转让价款依法分割。但在公司价值不高，股权较难转让的情况下，此操作在现实中也较难实现，股权无法变为转让款，造成股权无法分割，形成“冻结”状态。

司法实践中，作为夫妻共同财产的股权分割较为复杂，要钱还是要权？若要钱，评估股权价值是难点。若要权，需参照《公司法》的相关规定，未登记的配偶方获得股东权利难度大。因此，建议夫妻婚后以共同财产投资公司时，双方宜提前通过书面约定公司股权的归属情况、占比情况，若发生股权分割情况应当如何处理等。避免后期因为夫妻间内部的股权分割问题，影响公司的股权架构及整体运营。

法律依据

本文参考案例的法律依据为《中华人民共和国婚姻法》第十七条；现为《中华人民共和国民法典》第一千零七十九条，《最高人民法院关于适用〈中华人民共和国民法典〉婚姻家庭编的解释(一)》第七十二条、第七十三条、第八十三条。

47. 婚后设立的“夫妻公司”，离婚时如何分割？

从家族或家庭的经营模式延伸到公司层面上，产生了“夫妻公司”。“夫妻公司”与其他有限责任公司相比，其独特之处在于股东之间的特殊关系，即公司的股东之间存在夫妻关系。因此，在离婚案件中如果涉及夫妻公司的股权分割，当事人之间往往争议比较大，公司财产与夫妻共同财产之间的混同与剥离也会增加案件处理难度。本书将通过两个案例分析夫妻公司的离婚分割问题。

经典案例(一)

1. 案情介绍

张璞玉与熊博裕在2008年登记结婚。夫妻两人都是工作狂，早在婚前就协商好要做“丁克一族”，婚后两人便将所有精力都投入到了工作中。

婚后不久，张璞玉与熊博裕共同创立了一家印象广告制作公司，专门为房地产公司拍摄楼盘广告，收入颇丰。这是一家夫妻公司，成立于2012年，注册资本100万元，其中，张璞玉持有公司股份比例为20%，熊博裕持有公司股份比例为80%并担任广告公司的法定代表人。熊博裕本想让妻子帮忙共同经营企业，但由于妻子张璞玉没有广告制作的经验，经常犯下一些不该犯的错误。两个人性格要强，各不相让，每天家里都吵得不可开交。2016年6月，经法院判决解除两人婚姻关系，破碎的婚姻最终走到了尽头。

由于双方在离婚纠纷中并未主张印象公司股权的分割，便因此产生纠纷。张璞玉表示，按照印象公司实际注册资本对应的股权价值进行分割；而熊博裕则表示，印象公司目前处于亏损状态，无法经营，不同意按照注册资本进行分割，表示同意按照每人50%股权的原则进行分割。此外，张璞玉与熊博裕无法就印象公司股权价值达成一致意见。[1]

① 参考案例：(2017)粤03民终382号。

2. 争议焦点

(1)张璞玉与熊博裕婚后成立的夫妻公司,分别登记在二人名下,在持股比例不同的情况下,法院会按照持股比例分割还是平均分割?

(2)张璞玉与熊博裕二人无法就该公司股权价值达成一致意见应当如何分割?

3. 法院观点

法院认为,印象公司系张璞玉、熊博裕婚姻关系存续期间用夫妻共同财产投资设立的夫妻公司,公司经营所产生的股东收益均属于夫妻共同财产,而工商登记所载明的注册资本只是设立公司股权价值,由于张璞玉、熊博裕均不向法院申请评估该公司股权的价值,张璞玉要求按公司注册资本确定股权价值没有法律依据,熊博裕亦不认可。因此,在张璞玉持有该公司股份比例为20%,熊博裕持有该公司股份比例为80%的情况下,熊博裕应向张璞玉转让其名下持有的公司30%的股份,张璞玉、熊博裕最后获得印象公司的股权份额分别为50%、50%。

经典案例(二)

1. 案情介绍

牛承德、胡雨宁都是甘肃人,1999年经村里的媒人介绍认识。2001年3月15日,牛承德、胡雨宁根据算命师傅给的良辰吉日按照农村习俗举办了喜气洋洋的婚宴。婚宴结束后,两人在同年的7月6日领取结婚证。

婚后不久,胡雨宁生下了儿子牛冬冬、牛西西,还有女儿牛贝贝。

两口子敢闯敢拼,不仅开上了北京现代SUV小轿车,还共同设立了顺邦电器设备有限公司。牛承德和胡雨宁各持有公司50%的股份。2015年12月31日顺邦公司资产负债表数据显示"所有者权益"(或股东权益)合计461,317.14元。

公司经营走上正轨,牛承德应酬逐渐多了,经常花天酒地、夜不归宿,更开始嫌弃发妻不够年轻漂亮。2015年10月21日,胡雨宁向法院起诉离婚后,便离开杭州回到甘肃老家。

自2015年10月胡雨宁回到甘肃后,顺邦公司一直由牛承德管理经营。公司经营期间欠工人工资10万元。另外,浙江金洋纺织公司欠顺邦公司现金3万元。①

---

① 参考案例:(2016)豫17民终2041号。

2. 争议焦点

(1)牛承德与胡雨宁共同所有的顺邦公司如何分割?

(2)牛承德与胡雨宁离婚时,顺邦公司的债权债务是否一并处理?

3. 法院观点

法院认为,夫妻之间要互谅互让,互相帮助,维护平等、和睦、文明的婚姻家庭关系。本案胡雨宁提出离婚,牛承德同意离婚,应视为夫妻感情确已破裂,故对于胡雨宁的离婚请求,法院予以支持。顺邦公司为牛承德、胡雨宁共同投资设立的有限责任公司,其股东为夫妻二人,各持50%的股份,故对于该“夫妻公司”,法院认为利用“折价补偿”的方式更为合理。由于此时实际股东仅为牛承德一人,故牛承德必须到工商部门办理变更登记。在2015年10月双方分居后,该公司一直由牛承德负责管理经营,故该公司处理方式应由牛承德管理经营并向胡雨宁补偿一半的财产为宜。

法院调取顺邦电器设备有限公司资产负债表记载截至2015年12月31日,该公司所有者权益(或股东权益)合计461,317.14元。虽然该公司的法定代表人登记为胡雨宁,但根据本案查明事实,胡雨宁于2015年10月离开杭州市回到甘肃老家后,该公司一直由牛承德经营管理。法院考虑上述因素后认为该公司由牛承德继续经营管理较为适宜。该公司股份已具备分配条件,并依据该资产负债表对双方股份折价后进行分配。由于顺邦公司的债权与债务均已包含于资产负债表中,不再对单笔债权、债务予以处理。综上,顺邦公司应归牛承德经营管理,牛承德向胡雨宁补偿现金230,658.57元。

律师分析

1. 夫妻公司股东身份之间存在特殊性

夫妻公司的股东只有二人,且两个股东之间还存在夫妻关系。在法律适用的问题上,股东之间的法律关系受《公司法》调整,涉及股东出资与权利、公司组织架构等内容;同时夫妻之间的法律关系受《民法典》婚姻家庭编调整,主要涉及身份契约与财产关系,包括夫妻共同财产、共同债务等。如果“夫妻公司”出现内部治理问题、对外负债问题,抑或夫妻在离婚时要求分割“夫妻公司”的股权,需要处理的就不仅仅是单纯的夫妻关系或者股东关系。所以,在处理夫妻公司股权争议时,既要考虑《民法典》姻家庭编的规定,又要考虑《公司法》相关法律法规的规定。

2. 夫妻公司的公司资产并非夫妻财产

公司是法律拟制的人，是独立的民事主体，公司资产是应当属于公司的财产，而非夫妻财产。尽管公司股权是由股东出资财产转化而来，但享有公司股权不等同于享有公司财产所有权，股东不能侵害公司法人的财产权。公司的财产未经法定程序分配之前，公司利润、资产均属于公司法人的财产范畴，而非夫妻共同财产范畴，夫妻离婚时，只能分割公司股权，不得分割公司资产。分割公司资产，只能待公司清算时才能分配公司资产。

3. 婚后设立的夫妻公司股权，夫妻离婚时如何分割

公司的股东地位、持股比例等均为公司经营管理需要，工商登记中载明的夫妻投资比例并不能等同于夫妻之间的财产约定。在夫妻关系内部，若没有特别约定的情况下，无论是哪一方持有的公司股权均应当按照夫妻共同财产来处理。

首先，夫妻双方可以通过协商的方式处理各自持有的公司股权。夫妻感情好时一起经营公司无可厚非，但离婚后，夫妻感情已破裂，再继续经营公司容易感情用事，存在共事难度。若是双方均有经营能力且愿意继续经营公司的，可确定各自明确的股权比例，严格按照《公司法》的要求行使股东权利；若双方都不愿意再经营公司的，可对公司进行清算，对公司剩余资产进行分割；若一方愿意继续经营公司，另一方也愿意退出，退出方可将自己的股份转让给经营方或者第三方，以获得相应的经济补偿。

其次，若双方无法协商一致，在可以明确公司股权价值时，法院倾向于将公司股权判归夫妻实际经营一方所有，再折价补偿另一方。即夫妻一方退回股权给另一方，另一方按公司财产的一半补偿给一方。例如，在案例二中，二人婚后共同经营公司，各持50%的股权，但双方因感情破裂分居后，该公司一直由牛承德负责管理经营。案件审理过程中，牛承德向法院申请调取公司的所有者权益（或股东权益）的价值，该价值在一定程度上反映了公司的股权价值。因此，法官综合考虑公司的经验状况及更有利于公司发展的角度，认为由牛承德管理经营并向胡雨宁补偿一半的财产更为适宜。

最后，若双方无法协商一致，在无法明确公司股权价值时，法院倾向于平均分割公司股权份额。例如，在案例一中，二人婚后共同设立公司，其中分别持股20%、80%，在二人没有特别约定的情况下，法院将该公司100%的股权份额认

定为夫妻共同财产。股权分割时,双方无法就股权价值达成一致,又不同意将公司注册资本作为公司价值,亦未向公司申请股权价值评估。因此,法院最终判决张璞玉、熊博裕最后获得印象公司的股权份额分别为50%、50%。

当然,笔者对张璞玉、熊博裕的判决并不认同,因为这样的判决直接造成公司运行出现僵局。张璞玉、熊博裕已经通过诉讼的方式离婚了,所以很难指望双方能共同经营公司,作出有效决策。所以,这样的判决并未解决双方的根本矛盾。笔者认为,是否判决直接经营一方多得一些股权,未直接经营一方少分一些,使公司不至于陷入公司僵局,能够继续经营下去。

法律依据

本文参考案例法律依据为《中华人民共和国婚姻法》第十七条、第十八条、第三十二条、第三十九条,《最高人民法院关于适用〈中华人民共和国婚姻法〉若干问题的解释(二)》第十五条;现为《中华人民共和国民法典》第一千零六十二条、第一千零六十三条、第一千零七十九条、第一千零八十七条,《最高人民法院关于适用〈中华人民共和国民法典〉婚姻家庭编的解释(一)》第七十二条。《中华人民共和国公司法》第七十一条。

48. 离婚时,配偶一方能否要求分割公司的未分配的利润?

现实生活中往往存在婚前或婚后的股权仅登记在一方名下的情况,但我们知道《民法典》最新规定婚后产生的投资收益属于夫妻共同财产,所以登记在一方名下的股权婚后产生的收益应为夫妻共同财产。既然是夫妻共同财产,如果婚姻存续期间股权一直未进行利润分配,对方是否可以要求公司就未分配的利润进行分割?本书将从此角度进行分析,未登记的配偶一方是否享有要求分配的利润等股东权利。

经典案例

1. 案情简介

顾小帅的父亲顾大与其叔叔顾二共同出资设立了A有限责任公司,顾大出资41万元,占80.39%的股份,顾二出资10万元,占19.61%的股份。2006年6月19日,顾大以25.5万元的金额将其持有的A公司50%的股权转让给顾小帅。

2007年4月9日,秦小雨与顾小帅登记结婚。2015年10月22日,顾小帅与顾大签订股权转让协议一份,约定顾小帅将其在A公司的50%的股权以25.5万元的价格转让给顾大。双方签订上述股权转让协议后办理了相应的股权变更登记手续。2016年4月1日,顾小帅向法院起诉要求离婚,法院判决不准离婚。

2016年年底,秦小雨向法院起诉要求确认顾大、顾小帅于2015年10月22日签订的股权转让协议无效,并请求公司向其支付分红20万元。秦小雨认为,顾大作为顾小帅的父亲,在签订案涉股权转让协议时,明知双方夫妻关系不和,有条件但是没有向秦小雨征求意见,存在过错,且股权转让价格明显低于实际价值,顾大不是善意取得A公司的股权。[1]

---

[1] 参考案例:(2018)苏02民终768号。

2. 争议焦点

(1)顾小帅是否有权擅自转让登记在其名下的A公司股权?

(2)顾大与顾小帅的股权转让协议是否无效?

(3)秦小雨是否可以向A公司主张公司分红?

3. 法院观点

股权(股东权)是一种综合性权利,是以身份权、管理权、财产权为主要内容,集身份、财产与管理等权利于一体的独立的权利形态。根据《公司法》的规定,公司股东依法享有资产收益、参与重大决策和选择管理等权利,据此,股权系股东基于其股东资格而享有的权利,非股东不享有上述权利,即便是股东的配偶。股权不能等同于一般财产,股东配偶仅能对因股权所得的财产收益按约定或法律规定享有共有权利,而不能与股东共同行使股权。

就本案而言,因顾小帅与秦小雨登记结婚前即持有A公司50%的股权,其持有的该部分股权系婚前财产,在顾小帅与秦小雨婚姻关系存续期间亦未有就上述股权由二人共同共有的约定,故应认定顾小帅原持有的A公司50%的股权系其个人财产,秦小雨并非该部分股权的共有权人。案涉股份系顾小帅婚前取得,且登记在顾小帅名下,其向顾大转让股份的行为系有权处分,而非无权处分,不需要事先征求其配偶秦小雨的同意或者得到事后的追认。顾小帅、顾大于2015年10月22日签订的股权转让协议,系双方自愿、真实的意思表示,且内容不违反法律、行政法规的强制性规定,合法有效。

关于秦小雨主张的顾小帅原持有的A公司50%的股权在婚姻关系存续期间是否发生增值的问题。本案中,秦小雨认为,顾小帅经营A公司期间产生的股份增值部分为夫妻共同财产,认为顾小帅转让股份应当经由自己同意,否则是无权处分,事实上系主张自己拥有对案涉股份在婚姻关系存续期间的共有权,该观点缺乏法律依据,不能成立。首先,股权是一种具有身份属性和财产属性的复合权利,仅为股东所享有,与股东资格相匹配,配偶并不能基于婚姻关系共有股权或者行使股东的任何权利;其次,《公司法》确认的股权转让主体是股东本人,受让人亦无法定义务审查股权转让是否取得了股东配偶的同意;最后,夫妻财产共有关系仅指向股权的价值利益(如分红款、转让款、清算款等),而非股权本身,配偶并不享有该股权的处分权。包括转让在内的股权的各项权能应由股东本人行使,不受他人干涉。《婚姻法》第17条明确规定生产经营的"收益"归夫妻共同所有，并非规定可分享收益的权力基础或身份。因此秦小雨并无限制顾小帅转让股权的权利，亦无权以股东的配偶身份向公司申请分红。

律师分析

1. 夫妻一方以个人或家庭财产投资取得的收益，依法应属于夫妻共同所有的财产

根据《民法典》的最新规定，夫妻在婚姻关系存续期间所得投资收益为夫妻的共同财产，归夫妻共同所有。本案中，顾小帅持有的A公司的股权是婚前取得，因此法院认定其是顾小帅的个人财产。但本案中顾小帅的公司股权虽是婚前取得，但婚后股权产生的增值收益、分红等应当是夫妻共同财产，归夫妻共同所有。

股权登记在一方名下的，股东的配偶对于股权的共同财产体现在基于股权所对应的财产性收益，包括公司分红或者转让股权所取得的对价等。结合本案情况，若分红实际发生，则属于夫妻共同财产，秦小雨可以申请对分红款进行分割。

2. 夫妻中未登记为股东的一方请求公司分配利润通常不会得到支持

股东资格的取得源于股东合意，有限公司的股东资格夫妻不能共有，未登记为公司股东的夫妻一方不是公司股东，夫妻共有的对象是股权所对应的财产利益而不是股权本身。我国《公司法》不承认股权共有，同一股权不能同时登记在两个人名下。

本案中，虽然秦小雨可以享受婚姻存续期间股权增值部分的夫妻共同财产，但其无法享受顾小帅作为登记股东的股东权益，包括股东身份权、知情权、表决权、提案权、请求解散权等。这些具有人身属性的权利，应由股东本人行使，不受他人干涉，即秦小雨可以享受分红款，但是无权向公司请求分红。

3. 律师建议

鉴于目前法律将大部分婚姻存续期间的财产都认为是夫妻共同财产，因此有限责任公司股东在发生婚变时对于其个人及公司的影响较大，可能会影响公司的股权架构及长远规划。

在此，律师建议夫妻之间宜提前签署婚前/婚内财产协议，对于双方婚前及婚后的财产归属提前进行约定，特别是涉及婚前股权部分，双方在该财产协议中

对一方婚前股权的分红、收益、增值等事先约定清楚，可有效避免后续纠纷的发生。

法律依据

本文参考案例的法律依据为《中华人民共和国婚姻法》第十七条、《中华人民共和国公司法》第七十一条、《最高人民法院关于审理买卖合同纠纷案件适用法律问题的解释》第三条第一款，现为《中华人民共和国民法典》第一千零六十二条。

49. 登记在夫妻一方名下的股份有限公司的股权，离婚时如何分割？

现实生活中，部分股份有限公司的股权登记在夫妻其中一方名下，有些是夫妻双方共同投资共同经营，双方都是公司股东，登记不同比例的股权。有些人认为，登记在谁名下就是谁的股权，是个人的财产；有些人认为，无论是婚后获得的股权，还是婚前股权婚后的收益，这些资产都应当是夫妻共同财产。显然，认为登记在一方名下的股份有限公司股权归自己一方所有不符合中国婚姻财产制度的规定，离婚时未登记股权一方也未必同意股权仅归登记一方所有。本书将结合法院的实际案例，分析登记在夫妻一方名下的股份有限公司股权，离婚时如何分割。

经典案例

1. 案情介绍

黄玥珊、杨奇略婚后共同养育了一个可爱的女儿。杨奇略名校毕业，利用校友资源很快成立了自己的创业公司。黄玥珊的父母非常满意这个女婿，周围的朋友都羡慕黄玥珊能嫁给英俊帅气、多金顾家的好男人。

然而表面幸福的婚姻，对于黄玥珊而言却是一地鸡毛。婚后，杨奇略的多疑病越发严重，经常以丈夫身份禁止黄玥珊与异性接触。刚开始，黄玥珊以为这是丈夫爱她的表现，结果杨奇略变本加厉，将黄玥珊微信中的异性全部删除。不仅如此，杨奇略常常将工作中的情绪带回家，经常对黄玥珊拳打脚踢。

2017 年 1 月 12 日，双方在威海市某区民政局进行了协议离婚。在《离婚协议书》中载明：因感情破裂，自愿离婚，并对子女安排及财产处理作了相应的约定。其中对于财产处理的约定：位于文化中路某房归女方（黄玥珊）所有；位于世昌大道某房及文化名居某房归女儿所有；车辆归女方所有，以上财产均约定男方协助办理产权转移登记手续；双方各自名下债权债务归各自承担。

双方在《离婚协议书》中均书写“我自愿离婚，完全同意协议书的各项安排，并无其他不同意见，离婚协议书已生成，不再变更”。在办理离婚手续时，黄玥珊、杨奇略接受民政部门相关工作人员询问中陈述，离婚协议书上内容完全真实，夫妻共同财产、共同债权债务均已全部协商处理，其对离婚协议书上处理的财产具有所有权。

黄玥珊、杨奇略协议离婚后，黄玥珊认为当时不堪忍受杨奇略家庭暴力急于离婚因此签署了《离婚协议书》，但因双方存在未分割的财产，且认为杨奇略隐瞒、隐匿了夫妻共同财产，因此诉至一审法院，要求对未分割的财产进行分割。

黄玥珊诉请分割的财产包括存款、其他房产若干套、部分有限责任公司的股权、部分股份有限公司的股权[(1)威海市A有限公司持有山东威海B银行股份有限公司股权500万元，占股比为0.72%。威海市A有限公司成立于1999年3月9日，杨奇略出资5万元；婚姻关系存续期间，2010年5月24日，杨奇略增资至45万元，案外人甲出资5万元，注册资本50万元。(2)山东文登C银行股份有限公司，该公司成立于1996年1月10日。婚姻存续期间，2016年4月10日，杨奇略出资50万元，占股比例0.05%]。①

2. 争议焦点

(1)双方的夫妻共同财产是否已经分割完毕，离婚协议中未体现的部分房产、车辆、股权、存款应否予以分割？

(2)如应当分割，股权和存款的分割方式及比例如何确定？

3. 法院观点

(1)一审法院认为，黄玥珊、杨奇略在民政部门离婚时自愿签订的关于共同财产分割的协议，系双方当事人真实意思表示，亦不违反法律规定，应认定合法有效。但本案双方诉争的是离婚后财产纠纷，根据《婚姻法》的相关规定及司法解释，离婚后，一方以尚有夫妻共同财产未处理为由向人民法院起诉请求分割的，经审查财产确属离婚时未涉及的共同财产，人民法院应当予以分割。

对于婚姻关系存续期间杨奇略成立、经营的公司股权出资额，属于杨奇略原夫妻关系存续期间出资的，双方协议离婚时对该部分财产分割亦未涉及，因而作为未分割的共同财产应继续分割，对公司资本认缴出资额与实际股权出资额不一致的，应以实际出资额为准。另外，从庭审过程看，在黄玥珊、杨奇略婚姻存续期间，杨奇略将其名下股权变更至近亲属(包含本案第三人)名下，但受让人存

① 参考案例：(2020)鲁10民终2658号。

在未支付合理股权价款的情形，因此该部分转让的公司股权亦属于夫妻共同财产，且客观上也存在属于夫妻共同财产的公司出资额未分割的情形。同理，对于黄玥珊名下的两个公司的出资份额，也应认定为属于未分割的夫妻共同财产而继续分割。至于公司股权如何分割，因当事人未申请价值评估和鉴定，且当事人并未协商一致，黄玥珊诉请要求以份额方式分割，所以本案中只能根据夫妻关系存续期间，即截至 2017 年 1 月 12 日，依法对双方名下公司所实际出资额的比例进行分割。在执行或实际履行过程中，当事人如何享有权益，当事人可依据《公司法》的相关规定另行处理。

法院判决：确认黄玥珊享有杨奇略对威海市 A 有限公司 45 万的股权出资 50% 份额；确认黄玥珊享有杨奇略对山东文登 C 银行股份有限公司 50 万股权出资 50% 份额。

(2)二审法院认为，《最高人民法院关于适用〈中华人民共和国婚姻法〉若干问题的解释(二)》第 15 条规定“夫妻双方分割共同财产中的股票、债券、投资基金份额等有价证券以及未上市股份有限公司股份时，协商不成或者按市场价分配有困难的，人民法院可以根据数量按比例分配”，第 16 条、第 17 条、第 18 条以及《最高人民法院关于适用〈中华人民共和国民法典〉婚姻家庭编的解释(一)》第 73 条、第 74 条、第 75 条规定，在双方当事人对转让有限责任公司、合伙企业、独资企业等出资额达成一致意见的情况下，需根据其他股东的具体情况分别按照变更股东、出资购买、折价补偿等方式处理。《民法典》的相关规定与上述规定一致。

根据上述规定，夫妻基于婚姻关系对股权享有权利，在分割股权时有几种不同的分割方式，在双方无法就股权转让及价值达成一致意见的情况下，可以根据数量按比例分配，若达成一致意见需由其他股东共同参与变更股权或折价补偿等多种方式分割。不论如何分配都有一个前提，即夫妻任何一方不因婚姻关系而径行取得股权所有权，从而直接成为股东，鉴于本案是离婚后财产纠纷，仅处理杨奇略和黄玥珊之间因离婚分割财产而产生的债权债务关系，而双方并未针对股权转让事宜达成一致意见，股权价值也未经鉴定予以确认，其他股东亦未参加本案诉讼，在此情况下，基于股权自身具有人合性的特点，法院只能对股权所对应的财产性权益在杨奇略、黄玥珊之间予以分配确认，一审根据上述规定确认双方在股权出资份额范围内的权利比例，实际上也属于对股权中财产性权益的一种确认，并不直接产生股权所有权的变化或确权，该表述方式亦符合婚姻法解释的相关规定，不存在歧义，且该数额无论实缴还是应缴，只对股权价值有影响，但不影响股权财产性权益比例的认定，对此法院予以照准。至于最终股权所有权应当如何分配，双方可以在其他股东参与的情况下以折价补偿、变更股东或其他合理方式，根据《民法典》《公司法》《物权法》《婚姻法》的相关规定处理，因涉及案外人权益且与本案并非同一法律关系，本案对此不予审查。黄玥珊主张杨奇略隐匿转移财产，对此并未提供证据证实，且上述财产大多有登记，均对社会公开，黄玥珊可以通过多种途径了解情况，故现有证据不能认定杨奇略隐匿转移财产，不符合《婚姻法》规定的应当少分或不分的规定，一审依照婚姻法的规定确认双方各享有50%的比例并无不当。二审法院驳回上诉，维持原判。

律师分析

1. 股份公司的股权是否是夫妻共同财产

本案中的一个争议焦点即相关股权是否属于夫妻共同财产，是否应当予以分割。关于夫妻共同财产的范围已经多次分析，想必各位读者对股份公司的股权的归属已经有了自己的判断。通常股权本身以及股权的收益权的归属有以下几种形式：

（1）婚后以共同财产投资取得的股权及收益。根据我国法律规定的婚后共同财产制度，以这种方式取得的股权除非双方另有约定，一般认定为夫妻共有。本案即属于婚姻关系存续期间的股权，应认定为夫妻共同财产，进行分割。

（2）婚后夫妻一方以个人财产投资获得的股权及收益。根据法律规定，通常情况下，以此种方式投资取得的股权属于投资者婚前个人财产的形态转化，一般认定归属于投资者个人所有，但因该股权获得的收益归夫妻共同所有。

（3）夫妻一方婚前股权的婚后收益。在《民法典》生效前，大部分人认为在婚姻关系存续期间，如果经过夫妻一方或双方的劳务付出、智力扶持、主动投资与管理等行为而取得的收益，归夫妻共同所有，即使该收益的取得系基于一方婚前财产。婚后持续管理、运营公司，实现创收，并转化为利润（红利），最终体现在股权价值（股权增值）上，属于典型的非自然增值，应认定为夫妻共同财产。但是《民法典》生效后，法律明确规定，投资的收益属于夫妻共同财产，不论另一方是否进行投资、管理。

2. 股份公司的股权在离婚分割时有哪些方式

第一种是夫妻间直接转让股权。但值得注意的是,转让股权应当遵守公司法的相关规定及公司章程的规定。

第二种是一方作价补偿,股权不发生转移。通常如果就补偿价格能够协商一致,就按照协商价格进行货币补偿。若双方无法协商一致,对股权价值进行评估后分割。但是通常股权价值评估较为复杂,需要对公司的全部净资产还有债权债务进行盘点,来评估公司的净资产。若暂时无法评估,根据笔者的实务经验,大部分法院会选择对这部分共同财产不予分割或者如本案中一样仅分割比例。

3. 律师建议

夫妻个人或夫妻共同拥有价值较大的公司股权,最好提前通过婚前协议、婚内财产分配协议、修订公司章程、调整股权比例、设计股权架构、设立股权信托、设计一致行动方案、表决权委托、涉及优先受让权条款等方式来确定股权的归属及比例,避免未来因为夫妻关系影响公司的整体架构与公司的持续稳定运营。

法律依据

本文参考案例的法律依据为《中华人民共和国婚姻法》第十七条、第三十九条、第四十七条,现为《中华人民共和国民法典》第一千零六十二条、第一千零八十七条、第一千零九十二条,《最高人民法院关于适用〈中华人民共和国婚姻法〉若干问题的解释(三)》第十八条,《最高人民法院关于适用〈中华人民共和国婚姻法〉若干问题的解释(二)》第十五条、第十六条、第十七条、第十八条;现为《最高人民法院关于适用〈中华人民共和国民法典〉婚姻家庭编的解释(一)》第七十三条、第七十四条、第七十五条。

50. 一方婚前持有的有限责任公司股权，婚后分红是否属于夫妻共同财产？

“人无股权不富”是私募圈流行的一句话。改革开放浩浩荡荡40余年，“富一代”们在努力创业，“富二代”们持有家族股权也越来越常见，很多企业家实现了财富积累。正因如此，人们越来越关注结婚这件事对婚前持股产生的利与弊。例如，在离婚诉讼中，婚前股权在婚后产生的股权增值及分红是否属于夫妻共同财产？

经典案例(一)

1. 案情介绍

赵韶影出生于高知家庭，家中长辈都是高级知识分子，喝过洋墨水，赵韶影的父亲是杂志社总编辑，母亲是歌剧团的演员，她在物质优渥、精神富足的家庭中成长。在赵韶影24岁那一年，她爱上了家境普通的刘俊生。这段恋情从一开始就不被赵韶影的家人看好。

刘俊生虽然没有赵韶影家境优越，但是踏实肯干，满腔热情与抱负。在结婚前，刘俊生凭借自己的才华与人脉积累，入股了晨曦公司，该公司经营不错，也有较好的发展前景。

2004年7月7日，刘俊生与赵韶影登记结婚，2006年年底生下一个可爱的女儿，给这个家庭增加了暖意。平静的生活没过太久，赵韶影发现刘俊生的心中还留恋着前女友。赵韶影眼里揉不得沙子，遂于2010年向法院起诉离婚并要求分割共同财产。最后，该段婚姻在法院的调解下，于2011年3月16日作出《民事调解书》，也标志着该段婚姻走向终点。在法院的调解书中，双方并未约定公司股权及分红如何分割。双方于2011年3月18日自行协议约定“双方经过慎重考虑且多次沟通，均认为双方感情已经完全破裂，无法继续维持现有婚姻关系。因此，在平等且充分沟通的基础上，达成一致意见：刘俊生持有晨曦公司股权，每年分红一人一半”。

双方离婚后，公司一直由刘俊生经营管理，赵韶影不清楚公司的情况，更加不清楚公司何时分红,分多少钱。每次赵韶影向刘俊生提出支付分红款时,刘俊生都以公司没有分红等理由进行搪塞。直到赵韶影忍无可忍,便向法院提出要求分割从2011年3月16日到2017年9月18日的股权分红款。①

2. 争议焦点

刘俊生婚前入股的公司,双方离婚时约定离婚后赵韶影分得刘俊生持有的股权分红的一半有法律依据吗?

3. 法院观点

关于晨曦公司股份分红的问题,刘俊生与赵韶影明确约定了晨曦公司的股权分红每年一人一半,虽然刘俊生表示签订协议的时候口头约定前提是孩子由刘俊生抚养,孩子却一直都由赵韶影抚养;此外,刘俊生还表示分红款以抚养费的形式给了赵韶影。但刘俊生未能提供充分的证据对其异议加以佐证,法院认为,双方签订协议真实有效。因此,赵韶影依据协议要求获得晨曦公司的股权分红款,合法有据。

通过法院调取晨曦公司分红情况,查明从2011年3月16日到2017年9月18日,刘俊生获得晨曦公司分红8万元。因此,法院支持赵韶影的诉讼请求,刘俊生应当按照协议约定向赵韶影支付分红款4万元。

经典案例(二)

1. 案情介绍

王承业与兰蓓蕾经人介绍相识、恋爱,2013年年底登记结婚。朋友们都羡慕空姐兰蓓蕾能够嫁入豪门。原来,王承业是当地名副其实的富二代,他的父母一手创办了波澜纸业公司。早在王承业结婚前,他就于2011年通过父母向其转让股权,获得占波澜纸业公司出资比例近5%的股份。

2015年孩子出生后,由于王承业经常出差在外,双方聚少离多,导致矛盾升级并分居。2016年王承业诉至法院要求离婚,后撤回起诉。同年年底,波澜纸业公司登陆上海证券交易所,王承业作为股东,直接持有公司近600万股,持股比例接近4%。

到了2017年,眼看夫妻感情没有任何改善,已无和好可能,王承业再次诉至

① 参考案例:(2018)京03民终6332号。

法院。庭审中,兰蓓蕾表示同意离婚,对夫妻之间的大部分财产分割也没有异议,只有一项,就是王承业名下上市公司的股权及分红的分割。

2017年波澜纸业公司发布公告显示,王承业分得2016年度的现金红利110万元。兰蓓蕾认为,2014年以来,丈夫王承业作为股东参与公司上市进程,并实际担任总经理助理职务,其还在公司上市所需的相关文件上签字。因此,他所持有股权在双方婚后增值和分红均应当作为共同财产予以分割。

王承业则表示,公司从2008年就开始进行上市辅导,历经8年上市成功。自己持有公司股份时还在国外读书,完全是父母的安排。他在法庭上回顾,自回国后,一直在从事自己的事业,与公司上市并无紧密联系也未实际参与管理,对公司上市没有贡献,仅仅是由于身份原因才获得了相应的股权,其所持有的股份上市后的增值部分应为自然孳息。①

2. 争议焦点

王承业所持有波澜纸业公司股权在双方婚后增值及分红能否作为夫妻共同财产予以分割。

3. 法院观点

婚姻关系存续期间,一方以个人财产投资取得的收益,属于夫妻共同财产。一方个人财产婚后取得的孳息和自然增值归一方所有。

本案中,由于王承业在波澜纸业公司持有的股份系其婚前取得,属于王承业婚前个人财产;考虑到王承业在庭审中主张未参与公司实际经营,公司所担任职务仅为挂名,结合公司招股说明书中对持股情况的说明,其所持上述股份的增值部分及分红,可能属于其个人财产的孳息或自然增值,而兰蓓蕾又未能提供证据证明上述股份增值部分及分红属于王承业以个人财产投资并通过劳动付出所取得的收益,且公司股权的增值主要取决于市场因素。因此,兰蓓蕾认为王承业持有的波澜纸业公司股份婚后增值部分及分红属于夫妻共同财产,依据不足,故一审、二审均不予支持。

---

① 参考案例:江苏省高级人民法院:《"富二代"婚前拿股权婚后企业上市,增值及分红是否属于夫妻共同财产?》,载"江苏高院"公众号:https://mp.weixin.qq.com/s/bCBbvXLkcqpo-oIplkYnHA,最后访问时间:2022年9月12日。

律师分析

1. 如何理解夫妻一方婚前个人财产在婚后产生收益

夫妻一方个人财产在婚后产生的收益部分，要区分两种情形：一是孳息和自然增值，如存款利息，房产升值、股票升值等；二是除孳息和自然增值以外的其他收益。对于第一种情形产生的收益属于个人财产；对于第二种情形产生的收益属于夫妻共同财产。那么对于一方婚前持有的股权，婚后所获收益应当理解为自然增值还是其他收益呢？

2. 一方婚前持有的有限责任公司股权，将婚后收益认定为一方个人财产的情形，主要体现为未实际参与公司的经营，未就公司股权的增值及收益提供劳动

在这种情况下，股权价值仅因股权所有人主客观因素之外的变化因素产生增值及收益。也就是说，持股人虽持有该公司的股权，但并未参与公司的实际经营，没有为公司的发展付出任何劳动与时间成本，持股人因持有股权所产生的收益是持股人主观意志以外的因素导致的，也就是他人行为或市场行为。该持股行为类似于婚前购买上市公司的股票，但婚后并未有任何操作，股票的增值及收益均属于市场行为，也就是自然增值。在这种情况下，该收益属于持股人的个人财产。例如，在王承业与兰蓓蕾的案件中，王承业婚前持有家族公司股权，但并未参与实际经营，持股时期还在国外念书，回国后也有自己的事业，且该事业与持股公司并未关联。在这种情况下，法院认为王承业并未参与波澜纸业公司的经营，该公司的成长与收益也与王承业无直接关联，王承业在该公司获得的收益，仅因其享有股东身份所致，因此，该收益属于其个人财产。

3. 一方婚前持有有限责任公司股权，将婚后收益认定为夫妻共同财产的情形，主要表现为股东一方实际参与了公司经营

在这种情况下，婚前持股婚后收益为除孳息与自然增值以外的其他收益。也就是说，持股人不仅是公司股东，并且持续经营、管理该公司，例行公司会议、参与公司决策，为公司的发展付出了劳动及时间成本，公司的发展及收益是因为持股人的主观意志导致的。在这种情况下，即便是一方婚前成立的公司，在婚后继续经营，则婚后的收益就属于夫妻共同财产，属于个人财产的仅仅是股权本身。但是，双方也可就婚前股权婚后增值、收益等情形进行详细约定，作为共有财产还是个人财产的判断标准。

4. 离婚后的股权收益归属可以通过协议进行约定

风险在于，作为非持股一方，在离婚后很难知道公司的经营情况，更加难以了解公司的分红情况。在持股方不愿意支付分红款时，非持股一方若要获得分红款将付出更多成本。另外，作为持股方，是否给分红款以及如何给、给多少都是可以安排的。例如，在案例一中，刘俊生承诺在离婚后愿意继续将公司的分红款分一半给赵韶影，赵韶影心里一定还是信任刘俊生的，并且相信他会兑现承诺。但是离婚后，赵韶影并未如愿每年都获得分红款，反而维权的过程举步维艰。

法律依据

本文参考案例的法律依据为《中华人民共和国婚姻法》第三十九条，现为《中华人民共和国民法典》第一千零七十八条。

51. 离婚时夫妻双方分割股权，公司股权价值如何确定?

我们比较容易理解,公司制度从产生开始就是为了让股东更有动力去赚钱,股东投资公司,从公司赚取工资、分红,改善家庭生活,购买房产、车辆、黄金珠宝,再投资等。在自然人股东与股东配偶离婚时,一般情况下房产、车辆等财产有成熟评估体系,财产价值几何,双方容易达成一致意见,达不成一致意见等情况下,评估起来也很容易。但是他们持有的公司股权价值多少往往较难确定。有限责任公司讲究人合性,股东张三经营公司经营得很好,但是张三妻子一直是全职家庭主妇,完全不懂经营,难以实际参与公司经营。公司经营得好,未来可能上市了,一股值千金;也有可能公司上市失败,股权价值估值一落千丈。股权具有人身与财产的双重属性,与其他可以确定价值、直接简单分割的财产存在明显差异。因此,股权价值的确定往往是婚姻家事案件中的难点。如何确定公司股权的价值,本案将通过实务案例进行详细分析。

经典案例

1. 案情简介

赵静与张科于2010年2月23日登记结婚,2011年8月20日生育一子名张星星。后双方因家庭琐事产生矛盾,夫妻感情破裂,赵静遂向本院起诉要求离婚,张科表示同意离婚。2014年6月两人离婚,分割方案:家电与股票归张科,汽车归赵静。对于公司股权部分,两人未进行分割。后赵静知晓张科持有公司股权,股权价值不菲,因此再次提起诉讼要求分割公司股权。

经查,张科是两家公司的股东:

北京A医美公司,公司成立于2004年3月2日,注册资本51万元,股东为张科、吴甲、吴乙,三人各货币出资17万元,张科持股33%。2010年4月、2011年6月,公司变更股东及注册资本,吴乙退出,公司注册资本由51万元变更为100万元,张科与吴甲每人出资额追加到50万元,出资比例张科与吴甲各占50%。

北京B贸易公司，公司成立于2002年4月16日，注册资本50万元，股东为王甲、王乙及王丙。2014年，张科加入成为新股东。王乙、王丙将股权分别转让给张科、王甲后退出。王甲以货币方式投入25万元，占公司注册资本总额的50%，张科以货币方式投入25万元，占公司注册资本总额的50%。2017年2月，该公司注册资本变更为100万元，变更后王甲与张科每人出资50万元。2018年4月张科退出股东会，并将其持有的出资50万元转让给王甲。现B公司的投资人为王甲一人。张科称其自2014年4月1日至2018年4月2日持有的该公司股权是代王甲持有，受让股权及转出股权均未支付、收取对价。王甲亦认可张科系替其代持B公司的股权。

经查，赵静是一家公司的股东：

北京C医美公司，公司于2010年11月8日注册成立，注册资本200万元，2012年4月股东变更为杨甲、杨乙、赵静，杨甲出资40万元，占注册资本的20%，杨乙出资80万元，占注册资本的40%，赵静出资80万元，占注册资本的40%。2012年12月20日C公司吸收新股东杨丙，赵静将持有的股权80万元以货币方式转让给杨丙。后赵静提起多个诉讼，最终判决确认赵静享有C公司注册资本40%的股权。赵静称在以往的多个诉讼中C公司及张科均表示张科系C公司的实际股东，且均不同意恢复赵静股东身份。

张科认为赵静持有的C公司40%的股权系婚姻关系存续期间形成，该股权对应的财产价值应作为夫妻共同财产予以分割，另张科主张该公司在2014年12月31日资产负债表中记载所有者权益合计451.55万元，张科据此主张分得90万元。[①]

2. 争议焦点

(1)赵静是否有权要求分割张科所持有的北京A医美公司的股权在2010年2月23日至2014年6月25日的净利润额？

(2)张科持有的A公司、B公司股权，赵静持有的C公司的股权是否属于夫妻共同财产？

(3)若上述三家公司的股权属于夫妻共同财产，那么张科持有的A公司、B公司的股权、赵静持有的C公司的股权价值应当如何确定？

---

① 参考案例：(2019)京0105民初33172号。

3. 法院观点

(1)关于赵静主张分割张科所持有的北京A医美公司的股权在2010年2月23日至2014年6月25日的净利润额的问题。

北京A医美公司企业类型为有限责任公司,股东按照实缴的出资比例分取红利,股东会负责审议批准公司的利润分配方案和弥补亏损的方案。赵静主张分得婚姻关系存续期间的净利润额,应首先对张科持有股份公司的分红情况举证,但赵静对利润分配方案、是否分红及分红多少等均未举证。赵静主张按照原审的《检验报告书》分配,但《检验报告书》审计的是北京A医美公司的股权在2010年2月23日至2014年6月26日的增值情况,与赵静的诉求不符。因此在利润分配方案及分红未确定的情况下,对赵静主张分得净利润额法院无法处理。日后赵静有新证据,可另行起诉。

(2)关于赵静主张分割张科婚后取得的北京A医美公司33%股权的价值,及主张分割张科婚后所持有的北京B贸易公司股权的价值的问题。

法院认为,在双方婚姻关系存续期间,张科为北京A医美公司及北京B贸易公司股东,现赵静主张分割张科婚后持有两家公司的股权价值,对股权价值的确定首先应采取协商,但两人对此分歧极大,无法协商,且双方对股权价值均未申请评估,因此在股权价值未确定的情况下无法进行分割。

(3)关于张科主张分割赵静持有的北京C医美公司40%的股权价值的问题。

同上所述,双方亦应对股权价值进行协商,在无法协商后应通过评估方式确定股权价值。现张科主张按照2014年12月31日资产负债表中记载所有者权益予以分割,对此法院认为,因企业财务管理混乱、会计账册不全以及企业经营者拒不提供财务信息等原因导致无法通过评估方式确定股权价值的,人民法院可以依据该企业在行政主管机关备案的财务资料对财产价值进行认定;或可以参照当地同行业中经营规模和收入水平相近的企业的营业收入或者利润及其他方式来核定其价值。在双方对股权价值均未申请评估的情况下,法院不宜直接依据该企业在行政主管机关备案的财务资料对财产价值进行认定,且被告依据的资产负债表为2014年12月31日,并非双方解除婚姻关系之日,因此在股权价值未确定的情况下法院无法分割。两人日后可另行对股权价值主张权利。

律师分析

1. 夫妻协商一致确定股权价值

在处理夫妻离婚分割股权的过程中，根据笔者的经验，大部分夫妻最终是通过协商完成股权价值确定的，为什么最终达成一致的可能性比较大，原因是多方面的。

首先，也是最重要的一点，双方毕竟是夫妻关系，对于自家公司价值多少，要不要自己经营，想不想自己经营，是不是能经营得好，想必都是有深入考量的，若一方经营另一方不经营，另外一方具体能提供多少对价也是相对清楚的。

其次，夫妻两个人中，总有对公司控制较强的一方，那么控制较强的一方往往会有机会对公司施加较大的影响，进而影响公司的价值，所以另一方迫于形势，有时候选择协商一致可能比进行诉讼评估等的效果会更好一些。

最后，对于中小公司股东来说，公司的赚钱能力是一个方面，但是公司股权价值的评估的结果是另外一个方面，两者并没有较强的关联性。所以，这对于不直接经营公司一方是极其不利的，这时候不直接经营一方也有很大可能选择协商。

2. 夫妻无法协商一致，通过司法评估确认股权价值

当夫妻双方实在无法协商一致，实务中通常是由主张分割一方申请司法评估，最终以司法评估报告中的价值为准。

司法评估存在评估时间久、评估费用高等缺点。且司法评估股权价值通常需要确定一个基准日，对于基准日在实务中又有不同的观点，包括双方共同确定之日、评估机构确定之日、提起离婚财产分割起诉之日、离婚之日等。同时实务中还存在公司方不愿意按照法庭的要求提供评估资料，或者因为公司本身原因，财务数据混乱无法达到评估机构的要求。这样问题就如俄罗斯套娃般层出不穷，股权评估时间往往会持续几年，将会是一场持久战。

3. 评估不成的情况下，实务中部分案例以公司审计报告、公司纳税申报资料中关于公司所有者价值等数据确定股权价值

如果夫妻中股东一方主动提供了公司近期有过审计机构出具的正规审计报告，可以作为判断公司股权价值的依据。如果股东一方不愿意提供，或者无法提

供,另一方可以申请调查公司最近的纳税申报资料,以申报材料中关于公司净资产、股东(所有者)价值作为依据。

4. 以最近的股权转让对价,作为认定公司股权价值的依据

公司近期有股权转让行为,可以参考近期成功的股权转让协议,确定股权价值。

本案中,双方未能协商一致,也未对股权价值申请评估,法院认为不宜通过其他方法自行对股权价值进行认定,最终未对作为夫妻共同财产的公司股权进行分割。因此,在实务中确认股权价值后进行股权分割,是一个复杂而又漫长的过程,需要进行充分的准备。

法律依据

本文参考案例的法律依据为《中华人民共和国婚姻法》第十七条,现为《中华人民共和国民法典》第一千零六十二条。

52. 一人有限公司与个人独资企业离婚时如何分割?

一人有限公司与个人独资企业为中国常见的经营主体。本书主要探讨一个自然人股东的一人有限责任公司与个人独资企业涉及的离婚财产分割,对于其他法人独资的有限责任公司可以参考其他章节关于有限责任公司的分割方式。夫妻中一方在婚内设立的一人有限公司或个人独资企业,多由一方经营管理,离婚时应当如何分割呢?

经典案例(一)

1. 案情介绍

杜春与陈辉煌经过朋友介绍认识,两人恋爱长跑后在江西登记结婚。婚后不久生下了两个可爱的女儿陈大美、陈小美。女儿出生后,两人也想干一番事业,提升家庭经济水平。杜春和陈辉煌决定以杜春的名义开一家饭店,取名“春辉饭店”,主营餐饮、住宿等业务。

饭店主要由杜春负责经营,饭店的生意风生水起,但夫妻二人的感情有了摩擦,工作和生活混在一起,少了很多夫妻间的浪漫,两人感情越来越淡。最终,婚姻走向了尽头。陈辉煌向法院起诉离婚,法院也判决了两人离婚。

离婚后,陈辉煌认为春辉饭店系杜春一人设立,杜春持有该公司100%的股权。该公司及运营的饭店均系婚后用夫妻二人共同的积蓄设立,自己也曾参与管理经营,该饭店相关的所有财产均应当属于夫妻共同财产,自己也有一半的份额,于是向法院提起离婚后财产纠纷。

杜春则认为,陈辉煌要求享有春辉公司一半的股权的要求没有根据,法院应予驳回。杜春表示,自己一直经营公司,负责公司所有日常管理;再加上公司经营需要高度的人合性,夫妻双方感情已经完全破裂,无法经营好婚姻,更加无法经营好饭店。因此,春辉饭店已不再适合二人共同经营。①

① 参考案例:(2018)赣1126民初837号。

2. 争议焦点

春辉饭店是陈辉煌、杜春在婚后以夫妻共同财产出资设立的一人有限责任公司，杜春持有公司100%的股权。有限公司股权是独立的，具有财产权和身份权的双重属性。春辉饭店能否作为夫妻共同财产进行分割？

3. 法院观点

法院认为，春辉公司是杜春在婚后以夫妻共同财产出资设立的一人有限责任公司，杜春持有公司100%的股权。有限公司股权具有财产权和身份权的双重属性。参照《最高人民法院关于适用〈中华人民共和国婚姻法〉若干问题的解释(二)》第16条的规定，人民法院审理离婚案件，涉及分割夫妻共同财产中以一方名义在有限责任公司的出资额，另一方不是该公司股东的，按以下情形分别处理：(1)夫妻双方协商一致将出资额部分或者全部转让给该股东的配偶，过半数股东同意、其他股东明确表示放弃优先购买权的，该股东的配偶可以成为该公司股东；(2)夫妻双方就出资额转让份额和转让价格等事项协商一致后，过半数股东不同意转让，但愿意以同等价格购买该出资额的，人民法院可以对转让出资所得财产进行分割。过半数股东不同意转让，也不愿意以同等价格购买该出资额的，视为其同意转让，该股东的配偶可以成为该公司股东。用于证明前款规定的过半数股东同意的证据，可以是股东会决议，也可以是当事人通过其他合法途径取得的股东的书面声明材料。

夫妻离婚可以分割共同财产中涉及其他股东的有限责任公司的股权，而春辉公司为一人有限责任公司，不涉及他人股权，作为夫妻共同财产的股权的分割应具有可行性，原告起诉要求分割作为夫妻共同财产的春辉公司的股权，依照《婚姻法》第39条第1款的规定，离婚时，夫妻的共同财产由双方协议处理；协议不成时，由人民法院根据财产的具体情况，照顾子女和女方权益的原则判决。陈辉煌享有春辉公司45%的股权，杜春享有春辉公司55%的股权。

经典案例(二)

1. 案情介绍

纪冬梅与周世青于2005年登记结婚，婚后生育一子周小跳。周世青系二婚，与前妻育有一个女儿周小花。后来二人夫妻感情不和，双方于2016年9月5日协议离婚，财产部分约定：(1)越野客车归女方所有，男方支付女方现金8万元整;(2)婚姻存续期间各自名下的债务归各自偿还。此外,再无其他夫妻财产约定。

周世青是企业家,经营两家公司,分别为鸿运公司与鸿翼公司。鸿运公司系周世青于2010年1月12日成立的一人有限公司,注册资金50万元,股东及法定代表人系周世青。鸿翼公司系周世青的妹夫张强2015年3月17日成立的一人有限公司,注册资金20万元,股东及法定代表人为张强。2016年6月17日股东及法定代表人变更为周小花。

2018年6月24日,周世青不幸因病去世。其父母、子女悲痛不已。其留下的遗产,也成为父母、子女及前妻争议的焦点。

周世青去世后,前妻纪冬梅将周小花告上法庭,要求法院平均分割纪冬梅与周世青在夫妻关系存续期间未分割完毕的夫妻共同财产。①

2. 争议焦点

(1)周世青去世,纪冬梅能够主张未分割的夫妻共同财产吗?

(2)一人有限公司鸿运公司、鸿翼公司的股权是否属于周世青与纪冬梅的夫妻共同财产?应当如何分割?

3. 法院观点

关于第一个争议焦点。法院认为,离婚后,一方以尚有夫妻共同财产未处理为由向人民法院起诉请求分割的,经审查该财产确属离婚时未涉及的夫妻共同财产,人民法院应当依法予以分割。纪冬梅与周世青离婚时虽然对部分夫妻共同财产进行了分割,但并未对其他共同财产如何分割进行约定,故纪冬梅有权要求分割尚未分割的其他夫妻共同财产。

关于第二个争议焦点。法院认为,判定是否属于夫妻共同财产主要应考察该财产是否在夫妻关系存续期间取得,以及所取得的财产是否是他人的财产。

鸿运公司虽然属于一人有限公司,但该公司财务混乱,没有将公司财产与纪冬梅和周世青的共同财产明确区分,故鸿运公司的财产视为纪冬梅与周世青共同财产,本案中所涉鸿运公司财产,应当依法分割。

关于纪冬梅对鸿翼公司股权的主张,因该公司股东并非周世青和纪冬梅,周世青是否属于该公司的实际控制人或股东,以及该公司与鸿运公司是否存在法

---

① 参考案例:(2020)鲁10民终1718号。

人人格混同，均不属于本案审理的范围，纪冬梅可另行主张。

法院最终判决，鸿运公司50%的股权归纪冬梅所有，周世青的继承人周母、周父、周小美、周小跳于本判决生效后30日内协助纪冬梅办理股权变更手续。

律师分析

1. 一人有限公司如何分割

(1)夫妻双方愿意和对方继续共同经营公司，均主张要股权的，可以按比例分割股权，后续依照《公司法》及公司章程规定变更股东工商登记。

(2)夫妻双方均主张股权，但不愿与对方共同经营的，可以通过竞价方式确定由谁最终取得股权，取得股权的一方，应当给予另一方相应的经济补偿。

(3)持股方或者非持股方不要股权而主张补偿款的，应当在确定股权价值的基础上，由取得股权的一方给予另一方相应的经济补偿。

夫妻双方均不愿意取得股权继续经营公司的，可以依照《公司法》规定将公司转让给其他人，继而针对转让价款依法分割；或者拍卖、变卖或解散清算公司，在清算后对公司剩余财产进行分割。

例如，在案例一中，杜春与陈辉煌均主张公司股权的，法院酌定让夫妻二人均成为公司股东。在案例二中也同样如此，周世青去世后，纪冬梅表示想要获得一半股权，法院在认定为夫妻共同财产后判令纪冬梅享有周世青名下一人有限公司的50%股权。

2. 对于个人独资企业的如何分割

《最高人民法院关于适用〈中华人民共和国民法典〉婚姻家庭编的解释（一）》第75条有明确规定，夫妻以一方名义投资设立个人独资企业的，人民法院分割夫妻在该个人独资企业中的共同财产时，应当按照以下情形分别处理：

(1)一方主张经营该企业的，对企业资产进行评估后，由取得企业资产所有权一方给予另一方相应的补偿；

(2)双方均主张经营该企业的，在双方竞价的基础上，由取得企业资产所有权的一方给予另一方相应的补偿；

(3)双方均不愿意经营该企业的，可按照《个人独资企业法》等有关规定转让或清算。

由于独资企业的性质为“独资”，没有办法像有限责任公司一样增加股东的数量。若夫妻一方想要继续经营,则由经营一方对另外一方进行补偿;若双方都想要经营,则评估竞价,价高者得;若双方都不想要,则以转让、拍卖等方式分割所得款。

3. 股东分割一人有限公司与个人独资企业在经营过程中应当特别注意的问题

所有公司经营过程中都存在一定的债务风险,一人有限公司与个人独资企业也不例外。根据《公司法》第 63 条的规定,一人有限责任公司的股东不能证明公司财产独立于股东自己的财产的,该股东需要对公司的债务承担无限连带责任;根据《个人独资企业法》第 18 条的规定,个人独资企业在申请企业登记明确以其家庭共有财产作为个人出资的,应当以家庭共有财产对企业债务承担无限责任。所以在处理离婚事宜时,不直接经营公司的夫妻一方,应当要求实际经营一方明确,由实际经营一方承担已经发生或者曾经发生的债务;另外,一人有限公司与个人独资企业的经营者,比其他的企业形式更容易产生家庭财产和企业财产的混同,所以离婚分割时,不实际经营公司的夫妻一方,应当要求一人有限公司与个人独资企业出具不向该方主张债权的承诺。

法律依据

本文参考案例的法律依据为《中华人民共和国婚姻法》第十七条、第三十九条、第四十七条,《最高人民法院关于适用〈中华人民共和国婚姻法〉若干问题的解释(二)》第十六条,《最高人民法院关于适用〈中华人民共和国婚姻法〉若干问题的解释(三)》第十八条;现为《中华人民共和国民法典》第一千零六十二条、第一千零八十七条、第一千零九十二条,《最高人民法院关于适用〈中华人民共和国民法典〉婚姻家庭编的解释(一)》第七十三条、第八十三条。

(四)其他财产分割

53. 配偶婚前购买的股票,婚后增值部分可以要求分割吗?

股票已成为越来越普遍和重要的财产类型,也是很多家庭重要的投资渠道,现在涉及股票分割的离婚诉讼日益增多,一方婚前购买的股票婚后增值部分应当如何分割,在司法实践中已非个案。要正确处理关于婚前股票婚后增值部分分割的争议焦点,必须对股票增值部分准确定性并结合我国夫妻财产制度进行分析。

经典案例(一)

1. 案情介绍

陆铭与王昭然是令人羡慕的校园情侣,双人家境殷实,感情恩爱,可以说是天造地设的一对。毕业没多久,两个人拿了家里几百万美元的资助,通过投资移民的方式取得美国绿卡。

2010年9月23日,两人在美国内华达州登记结婚,未生育子女。两个人都崇尚自由且以自我为中心,加上有父母的支持,均不大懂得付出,这段婚姻并没有持续多长时间。2016年6月16日双方经美国得克萨斯州法院判决离婚。

双方在美国的财产作了分割,但在中国境内财产未分割。为了分割在中国境内的财产,2016年,两人向上海的法院申请对得克萨斯州法院作出的离婚判决的法律效力予以承认。同年12月经上海市第一中级人民法院裁定,对得克萨斯州的离婚判决的法律效力予以承认。

法院查明双方结婚登记日,王昭然在东方证券股票账户内总资产为人民币1,902,925.56元及耀皮B股11,400股,双方离婚当日总资产为人民币214,607.64元及耀皮B股11,400股。结婚登记日,王昭然名下中国工商银行账户(银证转账)余额为3,568.40元,双方离婚日,余额为279.39元。王昭然婚内通过证券账户累计转款共计2,537,950元。

经核算，王昭然名下东方证券账户内的股票收益为846,343.07元。在二人离婚后，王昭然已将其中813,788元的盈利转入其他账户，股票账户内留有32,555元。

王昭然认为该股票账户婚后有交易，同意分割股票交易的盈利部分，股票收益有一部分已经转入上海浦东发展银行账户内，已在其他财产中分割，不能重复计算，同意股票账户中的盈利按照32,555元进行对半分割，但陆铭不认可。[①]

2. 争议焦点

王昭然婚前购买的股票，婚后盈利部分属于夫妻共同财产吗？应当如何分割？

3. 法院观点

法院认为，王昭然在东方证券公司账户内的股票及资金、股票账户内的耀皮B股11,400股，系王昭然婚前购买，在婚姻关系存续期间该股票未有交易变动，故耀皮B股11,400股应认定为王昭然婚前个人财产。夫妻一方个人财产在婚后产生的收益，除孳息和自然增值外，应认定为夫妻共同财产。个人财产的婚后收益，是基于原个人财产的自然增值还是基于夫妻共同经营行为所产生来判断，前者原则为个人所有，后者原则为共同所有。本案中，王昭然婚后股票交易所产生的盈利，并非其个人财产的孳息和自然增值，应作为夫妻共同财产处理。婚姻关系存续期间王昭然从中国工商银行（银证转账）转入上海浦东发展银行其名下银行卡之金额已包含王昭然婚前全部的个人财产及婚后股票部分盈利共计813,788元，故至2016年6月16日王昭然的股票账户内的收益32,555元，各半分割。

经典案例（二）

1. 案情介绍

徐百灵与何乐驰是单位同事，两人都是1998年4月在新单位入职。相识的第一天，何乐驰就被这个扎麻花辫的姑娘吸引了。经过2年的追求，他们确定了恋爱关系，2004年1月2日登记结婚，携手步入婚姻的殿堂。

2006年，徐百灵生下了一个可爱的男孩，两人都有稳定的工作，一家三口生

---

① 参考案例：(2018)沪0109民初20037号。

活得温馨幸福。但是这么一个幸福的家庭,却被何乐驰破坏了。何乐驰误识损友,经常通宵喝酒,更是沾染了赌博的恶习。徐百灵百般劝阻,都没有使何乐驰浪子回头。2018 年 3 月 1 日,徐百灵向法院提起离婚诉讼。

关于何乐驰名下的有价证券。1992 年 3 月 14 日,何乐驰在申万宏源证券有限公司开设了账户。截至 2000 年 1 月 21 日,该账户总资产为 111,152.73 元。2001 年 11 月 13 日,何乐驰投入该账户 20 万元。2002 年 7 月 2 日,何乐驰又向该账户投入 32 万元。次日,何乐驰再次投入 8 万元。结婚之后,何乐驰于 2006 年 6 月 30 日又向该账户投入 60 万元。

何乐驰将上述钱款投入该账户后一直持续进行操作管理。直至 2017 年 2 月 3 日,该账户内除上述资金往来,无其他资金往来情况。自 2017 年 1 月 26 日起,何乐驰开始大量抛售持有股票,直至 2017 年 2 月 6 日止全部清仓。抛售后,何乐驰陆续将抛售所得及账户资金余额通过银证转账方式转入其名下绑定银行存管。其中,2017 年 2 月 3 日,何乐驰从该账户转出 774,536 元入其名下中国工商银行账户;2017 年 2 月 7 日,何乐驰转出 3,109,548.46 元入其名下上海银行账户;2017 年 2 月 8 日,何乐驰转出 10.85 元入其名下中国工商银行账户;2017 年 2 月 10 日,何乐驰转出 41.08 元入其名下中国工商银行账户。该笔资金转出后,该账户内总资产清零。经核算,该账户自 2000 年 1 月 21 日起至资产清空之日止,实际投入资金为 1,311,152.73 元,股票总收益(包括本金及增值部分)为 3,884,136.39 元,收益率约为 196%。

徐百灵认为剔除何乐驰一方婚前个人财产部分后,其余股票收益均应作为夫妻共同财产予以分割;何乐驰则表示,该股票账户中的运作资金有其阿姨和父母委托其操作股票而投入的资金,其中婚后的 60 万元全部系其父母投入,经折算,该账户股票总收益中仅有其婚前投入并增值的 28 万元系其个人资产,其余均为其父母资产,故该账户内全部股票收益均不应作为夫妻共同财产予以分割。①

2. 争议焦点

何乐驰婚后购买的股票是否构成为父母的代持行为?何乐驰婚前购买的股票婚后收益应当如何分割?

---

① 参考案例:(2018)沪 0114 民初 3629 号。

3. 法院观点

法院认为,夫妻感情是维系夫妻关系的基础,感情确已破裂,调解无效的,应准予离婚。

至于夫妻共同财产的分割问题,依据相关法律规定,夫妻在婚姻关系存续期间所得的工资、奖金、生产或经营的收益、继承或赠与所得的财产等均应当认定为夫妻共同的财产。离婚时,对于夫妻共同财产,原则上应当各半均分。但一方的婚前财产不属于夫妻共同财产,分割时应予剔除。据此,就徐百灵与何乐驰夫妻共同财产的分割,法院认定如下:

何乐驰证券账户自2000年1月21日起至该账户资金全部清空之日止共投入资金1,311,152.73元,其中,该账户截至2000年1月21日的资金为111,152.73元,何乐驰于2001年11月13日投入20万元,于2002年7月2日投入32万元,次日再次投入8万元,由此其婚前股票资金共计711,152.73元;2006年6月30日,何乐驰又向该账户投入60万元。截至该账户被清空时,股票总资产为3,884,136.39元,收益率为196%。依据法律规定,夫妻一方个人财产在婚后产生的收益,除孳息和自然增值外,应认定为夫妻共同财产,故何乐驰名下证券账户于婚后所产生的股票增值部分原则上应当作为夫妻共同财产予以分割。

从本案来看,上述股票资金投入的时间均集中发生在何乐驰婚前及双方结婚初期,结合双方经济收入,确实尚不具备短期内投入百万元资金于股市的经济能力,不能简单地认定为夫妻共同财产;而从何乐驰父母在其婚后共同出资购买并装修902室房屋以及何乐驰父母的经济条件等因素,可以看出何乐驰父母确实对双方家庭多有资助,亦不排除何乐驰父母委托何乐驰炒股的可能性,虽然何乐驰未能提供充分证据证实其名下账户内资金部分来源于其父母的委托投资款,但从上述分析来看,证券账户的股票资产很大程度上可能存在何乐驰与其父母资产相混同的情况。徐百灵与何乐驰于2004年1月2日登记结婚时该股票账户已经开设,而截至2004年1月1日的该账户所持股票数及对应资产因时间距今过久已无法核查。基于此,法院依据该股票账户内自2000年1月21日起实际投入资金与股票总收益比例,在合理剔除何乐驰婚前个人股票资产以及考虑其父母委托炒股、实际资产混同等情况,酌情确定应予分割的夫妻婚后股票增值部分资产为130万元,由此徐百灵应当分得65万元。

律师分析

关于婚前财产的归属问题,《民法典》与《最高人民法院关于适用〈中华人民共和国民法典〉婚姻家庭编的解释(一)》均作出了规定。即夫妻一方个人财产在婚后产生的收益,除孳息和自然增值外,应认定为夫妻共同财产。

1. 婚前购买股票,婚后增值如何认定

增值,即价格上升,通常有两种情形,一种是自然增值,一种是人为增值。自然增值是指该增值的发生是因通货膨胀或市场行情的变化而致,与夫妻一方或双方是否为该财产投入物质、劳动、努力、管理等无关。比如,夫妻一方婚前所有的房屋、古董、字画、珠宝、黄金等,在婚姻关系存续期间因市场价格上涨而产生的增值。人为增值是指该增值的发生原因与通货膨胀或市场行情的变化无关,而是与夫妻一方或双方对该财产所付出的劳务、投资、管理等相关,如夫妻一方的婚前房屋因在婚姻关系存续期间装修而产生的增值部分。

具体到股票的增值问题上,应当分析股票增值产生的原因。如果在婚前就持有股票,一直就没有操作过,则股票的增值完全是市场行情变化导致的,应当将这种增值理解为自然增值,将增值部分认定为婚前个人财产较为妥当。如果股票在婚后进行过多次的买入与卖出,则将股票的增值理解为投资行为较为妥当。因为此种情况下,股票的增值往往需要夫妻一方投入大量的时间与精力,其收益往往取决于炒股人的管理,这需要夫妻中的另一方在其他方面更多的付出,将增值部分认定为夫妻共同财产较为妥当。①

例如,在案例一中,王昭然婚前持有股票与离婚时持有股票的数量虽完全一样,但是在庭审过程中,王昭然表示该账户婚后有交易,且愿意分割婚后收益部分。此种情况下,陆铭可以分得王昭然婚前股票婚后的收益部分。在案例二中同样如此,何乐驰婚前购置大量股票,婚后也频繁交易,尽管离婚时股票账户已被清空,但仍然可以分割婚前股票婚后收益的金额。

2. 股票的分配时间节点和分配方式

基于股票的特殊性,股票账户的金额随时都在变化。所以不管是离婚财产分割还是离婚后财产分割甚至继承纠纷中面临的一个问题是股权分割的基准

---

① 参见最高人民法院民事审判第一庭编:《民事审判实务问答》,法律出版社 2021 年版,第 123 ~ 124 页。

点。笔者认为,离婚案中分割的基准点应当以第一次开庭的时间作为分割的基准点最为合适,一方面对于双方比较公平,对于法院认定起来也比较容易;对于离婚后财产纠纷,时间节点的确定要根据诉讼的情况以离婚生效日作为基准日或者以离婚后财产纠纷案的开庭日作为基准日,但是具体以哪一天为准尚没有明确的标准,需要具体问题具体分析。

关于股票的分配方式,因为股票账户开户的复杂性等,法院一般情况下会判定股票归持有方所有,由持有一方补偿现金给另一方。

法律依据

本文参考案例的法律依据为《中华人民共和国婚姻法》第十七条、第十八条、第三十二条、第三十六条、第三十八条、第三十九条、第四十七条,《最高人民法院关于适用〈中华人民共和国婚姻法〉若干问题的解释(一)》第十九条,《最高人民法院关于适用〈中华人民共和国婚姻法〉若干问题的解释(二)》第十五条,《最高人民法院关于适用〈中华人民共和国婚姻法〉若干问题的解释(三)》第五条、第七条、第十八条;现为《中华人民共和国民法典》第一千零六十二条、第一千零六十三条、第一千零七十九条、第一千零八十四条、第一千零八十六条、第一千零八十七条、第一千零九十二条,《最高人民法院关于适用〈中华人民共和国民法典〉婚姻家庭编的解释(一)》第二十六条、第二十九条、第三十一条、第七十二条、第八十三条。

54. 婚后缴纳的住房公积金离婚时可以分割吗?

“五险一金”无论是对于企业家还是对于普通职工,都是基本福利,其中“金”是住房公积金。绝大部分企业,在职工入职后都会连同“五险”为职工缴纳一定比例的住房公积金,住房公积金主要用于购房、按揭贷款、租房等专项使用。那么,当没有上述需求时,这部分款项将一直储存于个人公积金账户,这部分款项是个人财产还是共同财产?离婚时又该如何分割?

经典案例(一)

1. 案情介绍

梁晓晓、张明明于2002年8月9日登记结婚。结婚后没过多久,梁晓晓发现自己根本不爱张明明,但是为了孩子能够健康成长,梁晓晓忍耐了很多年。在孩子中考结束后,终于忍耐不住,双方经协商于2018年5月7日协议离婚。双方通过《离婚协议书》约定:双方名下的一切银行账户存款归各自所有。

但是离婚后,两人在住房公积金的问题上却起了争执。梁晓晓主张依法分割双方婚姻关系存续期间张明明的住房公积金存款。但张明明辩称双方在离婚协议中已经明确约定各自名下的存款归各自所有,住房公积金属于存款,因此双方各自名下的公积金存款均不予分割。

法院查明,截至2018年5月7日双方离婚时,梁晓晓住房公积金账户余额为89,217.14元,张明明住房公积金账户余额178,747.7元。梁晓晓表示张明明住房公积金账户中有多笔大额转出或提现,具体为2013年11月25日转出50,002.31元、2017年4月27日转出125,284.64元、2017年8月8日提取62,736元。这几笔公积金的提取用途不明,梁晓晓想要分割上述公积金的余额以及被转移的公积金。[1]

2. 争议焦点

梁晓晓与张明明双方在婚姻关系存续期间所缴纳的住房公积金账户存款是

---

① 参考案例:(2019)粤03民终6124号。

否属于各自名下的银行账户存款？应当如何分割？

3. 法院观点

法院认为，本案属于离婚后财产纠纷。梁晓晓、张明明自愿协议离婚，在协议时，双方均是完全民事行为能力人，处理财产时，张明明并未受胁迫，应视为双方真实意思的表示，合法有效，对双方均具有法律约束力。

关于梁晓晓主张分割双方婚姻关系存续期间的公积金存款的问题。根据《住房公积金管理条例》的相关规定，住房公积金虽然以在银行开立公积金专户的形式体现，但是其规制依据、账户的管理运作部门、账户设立和款项存取的自由程度等与银行存款均不相同。

第一，从管理依据看，公积金管理依据的是《住房公积金管理条例》等相关规定，和银行存款依据的银行相关规定并不相同；第二，从账户的运作部门看，公积金由住房公积金管理中心运作，而银行存款是由银行负责；第三，从账户设立角度看，公积金实行专户存储，一人同时期仅能设立一个公积金账户，而银行账户则可在不违反有关规定的前提下设立多个；第四，公积金账户内的存款不能自由提取，账户所有人亦不能向该账户自行存款，只有在出现规定的特定事项时才能提取，银行存款则可以自由存款和提取。

综上，从公积金的本质上看，其不应属于银行存款。本案中，梁晓晓、张明明双方虽然在离婚协议中约定“各自名下所有一切银行账户存款归各自所有”，但根据前述认定，该约定并未包含公积金款项。故梁晓晓、张明明在婚姻关系存续期间内的公积金账户款项余额属于夫妻共同财产，依法予以分割。

关于梁晓晓主张的张明明在离婚前大额转出或提取的公积金款项，张明明表示上述款项部分用于家庭开支，其他具体用途张明明并未作出合理解释。原审法院认为，张明明公积金账户流水显示，张明明 2013 年 11 月 25 日转入 50,002.31 元，但余额并未相应增加，随即转出相同款项，余额的金额亦未减少；2017 年 4 月 27 日发生的转入、转出的 125,284.64 元与 2013 年 11 月 25 日的款项亦存在此情况。因上述款项的变动并未产生公积金金额的变动，故对梁晓晓主张分割上述款项的主张，原审法院不予支持。

关于张明明在 2017 年 8 月 8 日提取的 62,736 元，根据相关法律规定，夫妻双方对共有财产的支配有平等处理权，尤其是对于大额资金的支出，应当商议后决定并且相互具有知情权。张明明公积金账户流水显示，张明明在 2017 年 8 月之后，每月都固定提取4000～5000元不等的款项，加之张明明亦有工资收入，故张明明关于提取款项用于生活开支的主张，原审法院不予采信，原审法院认定张明明对其在2017年8月8日提取的人民币62,736元的资金去向未能作出合理解释，该款项属于夫妻共同财产依法予以分割。

结合梁晓晓、张明明双方在离婚时的公积金款项余额，法院认定，梁晓晓、张明明住房公积金账户内的款项归各自所有，梁晓晓应向张明明支付住房公积金补偿款44,608.57元（89,217.14元÷2），张明明应向梁晓晓支付住房公积金补偿款120,741.85元（178,747.7元÷2+62,736元÷2）。

经典案例（二）

1. 案情介绍

陈熙是自由职业者，自己经营一家小店，盛阳是某科技公司的重要骨干。二人通过相亲认识，觉得各方面条件都很合适，于2010年12月13日登记结婚。婚后感情融洽并生育了双胞胎女儿，女儿的到来打破了原有的平静。盛阳工作越来越忙，应酬越来越多，陈熙常常既要工作又要一个人照顾两个女儿，心里十分委屈。最后矛盾加剧，无法调和，2016年闹到法院。

盛阳所在单位为其缴纳了丰厚的公积金，在楼市紧俏的年代，二人购房时并未使用公积金贷款，日积月累也是不小的数目。陈熙认为盛阳在婚内缴纳的公积金均属于夫妻共同财产要求依法分割，且认为盛阳在离婚诉讼期间提取的公积金数额并未用于共同生活，要求一并分割，认为盛阳通过提取公积金恶意转移财产。①

2. 争议焦点

盛阳婚后缴纳的公积金属于夫妻共同财产吗？盛阳在没有用公积金购房的情况下，提取公积金属于恶意转移夫妻共同财产吗？

3. 法院观点

法院审理查明，盛阳从结婚至2016年12月，其名下个人公积金账户余额为15,480.37元。在离婚诉讼期间，盛阳提取了住房公积金75,240元。

法院认为，关于盛阳是否存在隐匿、转移夫妻共同财产的问题。盛阳确实在

---

① 参考案例：(2021)川01民终2253号。

夫妻关系存续期间连续提取公积金，而盛阳的收入总额和有证可查的支出之间也确实存在一定的差额，但现实生活不是简单的数学加减法，要求盛阳的每一笔支出均有证据佐证明显不符合生活常理，也是对当事人的苛责。盛阳作为一个社会人，其本人在社会交往中需产生一定费用。综合考虑盛阳的收入状况以及消费情况，这些开支与其提取使用的金额并非悬殊，因此现有的证据不足以认定为盛阳存在恶意转移夫妻共同财产的情形。

对于盛阳婚内现有的公积金余额，属于夫妻共同财产，应当平均分割。由盛阳对陈熙进行相应价值补偿。

律师分析

1. 关于夫妻双方在婚后缴纳的住房公积金是否是夫妻共同财产的认定

根据《民法典》及相关司法解释的规定，男女双方实际取得或者应当取得的住房补贴、住房公积金属于夫妻共同财产，在离婚时可以提出分割。因此，在婚姻关系存续期间，双方所在单位缴纳的公积金属于夫妻共同财产，离婚时任何一方均可主张分割对方的公积金个人账户余额。

2. 住房公积金的性质不属于银行存款，建议协议离婚时应当就如何分割作出明确约定

住房公积金与银行存款虽存在共同之处，但本质上并不相同。首先，根据《住房公积金管理条例》的相关规定，住房公积金是国家机关、相关企业为其在职职工缴存的长期住房储金，具有保障性、互助性、强制性等特点，与银行存款依据的相关规定不同；其次，住房公积金由住房公积金管理中心运作，而银行存款由银行专门负责管理；最后，公积金账户内的存款不能自由提取，账户所有人亦不能向该账户自行存款，只有在出现规定的特定事项时才能提取，银行存款则可以自由存款和提取。因此，从住房公积金的本质来看，不同于银行存款。

当事人在夫妻财产协议、离婚协议中进行约定时，若需要约定住房公积金的归属时一定要明确约定，不能含糊其词笼统地约定为银行存款，否则便会导致争议发生。例如，在梁晓晓、张明明的案例中，双方在离婚协议书中仅约定了“各自名下的银行存款归各自所有”，这里的“银行存款”并不包含双方名下的公积金账户存款，夫妻财产未约定清楚引发争议，产生离婚后财产纠纷。

3. 在没有购房、租房、装修等需求的情况下提取公积金是否属于恶意转移夫妻共同财产

婚内缴纳的公积金属于夫妻共同财产，从公积金账户提取的金额通常情况下是到交款人的个人账户。也就是说，公积金账户属于夫妻共同财产，到银行账户作为存款时也属于夫妻共同财产，并未因为提取公积金这个行为导致夫妻共同财产的性质发生变化。那么什么情况下，才能算作隐匿、恶意转移财产呢？通常情况下，与恶意转移银行存款类似，即发生大额的转移，且无法说明理由的情况下，会被认定为恶意转移夫妻共同财产。例如，在梁晓晓与张明明的案例中，张明明对其在 2017 年 8 月 8 日提取的公积金账户人民币 62, 736 元的资金去向无法作出合理解释，法院认为该款项仍然属于夫妻共同财产，应当依法予以分割。但是，在陈熙与盛阳的案件中，盛阳虽在婚姻关系存续期间提取公积金，但提取公积金的数额与平常的开支是能够相吻合的，这种情况下，不应当认定为恶意转移夫妻共同财产。因此，公积金的提取是否被认定为恶意转移，属于法院自由裁量权的范畴，作为当事人不管是公积金提取方还是非提取方都应当从举证层面去做准备，在准备充分的情况下，去影响法院对案件事实的认定。

法律依据

本文参考案例的法律依据为《中华人民共和国婚姻法》第三十九条、《最高人民法院关于适用〈中华人民共和国婚姻法〉若干问题的解释(三)》第十八条，现为《中华人民共和国民法典》第一千零八十七条、《最高人民法院关于适用〈中华人民共和国民法典〉婚姻家庭编的解释(三)》第八十三条。

55. 婚后一方继承的财产，是否属于夫妻共同财产？

在笔者的律师执业过程中，多次遇到独生子女父母想当然地认为自己只有一个子女，将来所有财产肯定都是子女的，哪用什么遗嘱安排，果真如此吗？现实显然不是这样理所当然。本篇我们主要分析，子女婚后继承的财产是个人财产，还是夫妻共同财产？希望下面的案例能够给大家带来思考。

经典案例

1. 案情介绍

高兴贤与陈玥榕于1990年登记结婚，婚后于1994年3月2日生育下女儿高雅，1997年双方协议离婚。1999年4月19日，高兴贤与赵绮琪登记结婚，二人于2002年10月16日生育一女高洁。

2016年6月19日，高兴贤的母亲去世。2017年2月9日，高兴贤的父亲去世。

2017年2月9日，高兴贤与其两位姐姐高大姐和高二姐在北京某律师事务所签订了《遗产分割协议书》，内容：登记在高兴贤母亲名下的东城区某小区902房产及其房屋内现有的家具、家电、装修等归长子高兴贤继承所有。

2017年3月22日，高兴贤曾以高大姐、高二姐为被告提起法定继承之诉，后撤诉。

2017年11月7日，高兴贤与赵绮琪在北京市东城区民政局协议离婚，双方签署了《离婚协议书》，对子女抚养、共同财产分割及婚后住房安排等事项进行了约定。对于夫妻共同财产分割，双方对登记在二人名下的三套房屋及车辆归属进行了约定，另约定“双方无共同存款，各自名下的其他私人财产归各自所有”“双方共同财产无遗漏”。该《离婚协议书》在婚姻登记机关存档备案。

2018年11月27日，高兴贤、高大姐和高二姐在北京市东城区人民调解协会诉前人民调解委员会达成人民调解协议书，内容：被继承人高母遗留的坐落于北京市东城区某小区902号房产由高兴贤继承。后三人共同向法院申请确认人民调解协议的效力，法院于当日作出民事裁定书，确认人民调解协议有效。

2018年12月3日，高兴贤取得涉案房屋产权证。

2018 年 12 月 30 日，高兴贤去世。

2019 年 5 月 8 日，赵绮琪作为高洁的法定代理人以高雅为被告提起法定继承之诉，后撤诉。

诉讼中，赵绮琪与高雅均认可高兴贤父母去世后，高兴贤应继承的遗产属于高兴贤与赵绮琪的夫妻共同财产，但对于该部分财产在高兴贤与赵绮琪协议离婚时双方是否进行了分割，赵绮琪与高雅存在不同意见。赵绮琪认为，首先，其与高兴贤协议离婚时，涉案房屋尚处于高兴贤与其姐姐争议阶段，尚未登记到高兴贤名下，高兴贤并非一定能取得所有权，所以离婚协议无法对其加以约定，故离婚协议中不涉及涉案房屋的分割；其次，其与高兴贤办理协议离婚系为了出售高兴贤名下一套房屋时符合“满五唯一”的税收优惠条件，双方系“假离婚”，《离婚协议书》中关于财产分割、子女抚养的约定不是双方的真实意思表示。

高雅认为，首先，赵绮琪与高兴贤签署《离婚协议书》时，双方对遗产情况均知晓。双方在《离婚协议书》中约定“各自名下的其他私人财产归各自所有”“双方共同财产无遗漏”，这些约定包含了对涉案房屋的分割；其次，赵绮琪与高兴贤之间的离婚行为是经民政部门审核通过的，赵绮琪所说的“假离婚”根本不成立。①

2. 争议焦点

高兴贤继承的房产部分未在离婚协议中约定，该部分夫妻共同财产在赵绮琪与高兴贤离婚时是否进行了分割？归属如何？

3. 法院观点

(1)一审法院认为，赵绮琪虽提起的系所有权确认之诉，但实质系认为涉案房屋是其与高兴贤婚姻关系存续期间的共同财产，要求分割，故本案实质仍为离婚后财产纠纷。

夫妻一方继承或赠与所得的财产，除遗嘱或赠与合同中确定只归夫妻一方的财产外，均属于夫妻共同财产。本案中，赵绮琪与高雅均认可高兴贤父母去世后，高兴贤可继承的遗产属于赵绮琪与高兴贤的夫妻共同财产，符合法律规定，法院予以确认。现双方就该部分夫妻共同财产在赵绮琪与高兴贤离婚时是否进行了分割产生争议，此亦本案的争议焦点。因赵绮琪与高兴贤系协议离婚，二人

---

① 参考案例：(2021)京 02 民终 2988 号。

在离婚协议中对夫妻共同财产作出了分割,故要解决本案争议焦点,必须先查明两个问题:(1)赵绮琪与高兴贤签署的《离婚协议书》是否有效;(2)赵绮琪与高兴贤在《离婚协议书》中是否对涉案房屋进行了分割。

关于第一个问题,赵绮琪主张其与高兴贤系为买房而“假离婚”,双方签署的《离婚协议书》并非双方的真实意思表示。法院认为,婚姻关系的解除均以婚姻登记机关登记为准,不论双方办理登记离婚是出于何种利益考量,赵绮琪与高兴贤的婚姻关系已于2017年11月7日解除,双方身份关系的解除并无虚假之说。双方离婚后,登记在双方名下的三套房屋及机动车的归属均按照协议内容执行,且双方办理离婚手续后至高兴贤去世时,在长达1年多的时间里,双方均未对《离婚协议书》的内容提出异议,现赵绮琪以其与高兴贤系“假离婚”为由而主张《离婚协议书》并非双方真实意思表示,缺乏依据,法院不予采信。赵绮琪亦未举证证明其与高兴贤签署的《离婚协议书》存在应当无效的情形,故法院认定赵绮琪与高兴贤签署的《离婚协议书》系合法有效的协议,对双方均具有法律约束力。

关于第二个问题,赵绮琪与高兴贤于2017年11月7日签署《离婚协议书》。2017年2月9日,高兴贤与其两位姐姐签订了《遗产分割协议书》,对涉案房屋的继承事宜进行了处理,但随后,三人就协议的履行问题产生了争议,并诉至法院,三人未能对涉案房屋的所有权进行实际分割,直至2018年11月27日,高兴贤与其姐姐达成人民调解协议并经法院司法确认,三人才实际完成涉案房屋的继承分割,至此,赵绮琪方能对高兴贤所继承的遗产主张权利。在赵绮琪与高兴贤签署《离婚协议书》时,高兴贤所继承的财产尚未明确,双方的约定并不能包含不确定的财产内容,故双方签署的《离婚协议书》中“各自名下的其他私人财产归各自所有”“双方共同财产无遗漏”的约定,应当针对的系签订协议时双方已取得所有权的夫妻共同财产,高雅主张该约定包含对涉案房屋的分割缺乏法律依据,法院不予采信。

离婚后,一方以尚有夫妻共同财产未处理为由向人民法院起诉请求分割的,经审查该财产确属离婚时未涉及的夫妻共同财产,人民法院应当依法予以分割。本案中,赵绮琪与高兴贤离婚时未对涉案房屋进行分割,现高兴贤已去世,赵绮琪起诉要求确认其对涉案房屋享有50%的产权份额,于法有据,法院予以支持。

最终法院判决:确认赵绮琪对北京市东城区某小区7单元902号房屋享有

50%的产权份额。

(2)二审法院认为,本案的争议焦点为涉案房屋是否在高兴贤与赵绮琪签订的《离婚协议书》中进行了分割。

首先,从涉案房屋的继承过程看,高兴贤于父亲去世当日,与其姐姐通过签订《遗产分割协议书》就涉案房屋归自己继承等内容进行了约定,后该协议书履行过程中出现纠纷,高兴贤一度向法院提起法定继承之诉,最终高兴贤与其二位姐姐在人民调解委员会的调解之下达成调解协议,确认涉案房屋由高兴贤继承,该协议书已经过人民法院确认有效。至此,就涉案房屋的继承分割问题才得以解决。而《离婚协议书》系形成于上述继承过程期间,涉案房屋产权并未转移登记至高兴贤名下,且高兴贤能否继承涉案房屋尚处于不确定状态,故彼时赵绮琪客观上无法就所有权尚不确定的房产主张权利。其次,从《离婚协议书》的约定内容看,虽约定"各自名下的其他私人财产归各自所有""双方共同财产无遗漏",但签署上述协议时,涉案房产并未登记在高兴贤名下,且涉案房屋是否属于夫妻共同财产尚不确定,故不能依据上述内容当然认定涉案房屋已经进行了分割。退一步讲,房产在实际生活中作为价值巨大的财产,即使对其进行分割亦应在《离婚协议书》中"房产"一栏予以单独体现,而非通过"各自名下的其他私人财产归各自所有""双方共同财产无遗漏"等方式进行约定。据此,高雅关于涉案房屋已经在《离婚协议书》中予以分割的主张依据不足,本院不予支持。

夫妻一方继承或赠与所得的财产,除遗嘱或赠与合同中确定只归夫妻一方的财产外,均属于夫妻共同财产。离婚后,一方以尚有夫妻共同财产未处理为由向人民法院起诉请求分割的,经审查该财产确属离婚时未涉及的夫妻共同财产,人民法院应当依法予以分割。具体到本案,赵绮琪与高兴贤离婚时未对涉案房屋进行分割,现高兴贤已去世,赵绮琪起诉要求确认其对涉案房屋享有50%的产权份额,于法有据,本院予以支持。

律师分析

1. 夫妻关系存续期间一方继承的遗产归属

首先,应当考虑是否有遗嘱或者遗赠扶养协议,遗嘱或者遗赠扶养协议中是否有明确遗产只由子女一方继承。《民法典》第1133条第2款、第3款规定,自然人可以通过遗嘱方式指定继承人。《民法典》第1062条、第1063条规定,遗嘱中确定只归一方的财产是一方的个人财产，否则为夫妻共同财产。

其次，应当考虑夫妻双方是否有夫妻财产约定，有约定，从约定，没有约定则按照法律规定。这里的夫妻财产约定，指的是作为继承人的夫妻，若两人曾就未来继承的财产提前进行约定归各自所有，则按照双方的约定继承。

2. 关于婚后继承遗产的建议

建议父母若希望自己的遗产只归自己子女一方所有，要有立遗嘱的意识，独生子女的父母尤其如此。在遗嘱中可写明："位于××处的房子只归自己子女一人所有，与其配偶无关。"

建议夫妻离婚时要特别注明关于遗产的分配事宜，否则继承遗产一方将处于不利地位。如本案中的情况，两人离婚时未就婚内继承的财产进行约定，因此法院最终支持了女方要求分割遗产的诉求。

法律依据

本文参考案例的法律依据为《中华人民共和国婚姻法》第十七条、《最高人民法院关于适用〈中华人民共和国婚姻法〉若干问题的解释（三）》第十五条，现为《中华人民共和国民法典》第一千零六十二条、《最高人民法院关于适用〈中华人民共和国民法典〉婚姻家庭编的解释（一）》第八十一条。

56. 父母的“资助”行为属于赠与还是借款？

父母之爱子，则为之计深远。父母对子女的爱不光在其结婚之前，大部分父母在子女结婚后仍在源源不断地资助子女，帮助子女买车、买房，抑或是赠送子女现金、贵重物品等，以此方式来帮助子女婚后更好地生活。然而，在小夫妻感情要好的时候，父母对自己子女资助的同时也顺带资助了配偶方；在小夫妻感情不好的时候，天下的父母谁又会去资助别人家的孩子。那我们该如何认识父母“资助”行为的性质呢？

经典案例（一）

1. 案情介绍

敖嘉莉嫁给董运继时，董运继还是一无所有的穷小子。有情饮水饱，敖嘉莉不顾家人的反对，裸婚嫁给了董运继。两人于2012年11月1日登记结婚，没有婚礼、没有婚房，甚至连婚纱照也没有拍。

然而这段婚姻，最终让敖嘉莉失望了。在裸婚这件事上，认对了人，就会被对方加倍珍惜；认错了人，就会遭到加倍的嫌弃和伤害。两人于2017年10月20日登记离婚，并于当日签署《离婚协议书》，约定：(1)双方自愿离婚；(2)无子女；(3)无财产；(4)无债务。

在两人婚姻存续期间，敖嘉莉母亲于2015年6月全款出资购13万元购买长安汽车一辆。看车、购车及办理各项手续都是董运继在办理，车辆的权利信息就顺势登记在董运继名下。由于董运继没有驾驶证，该车辆实际上一直由敖嘉莉使用，母亲也没有多在意。

离婚时，双方均默认该车辆为自己的财产，在离婚协议中也并未提起。敖嘉莉在车辆使用过程中由于一直登记在董运继的名下，多有不便，故找到董运继，希望配合办理过户手续。此时，董运继不答应了。敖嘉莉认为，该车辆是自己母亲出资全款购买，应当属于自己的个人财产，故该车辆应当归自己所有。董运继则认为，敖嘉莉母亲的出资是夫妻二人的共同赠与，该车辆应当属于夫妻共同财产，并认为车辆归自己所有，可以折价补偿给敖嘉莉。[①]

2. 争议焦点

在敖嘉莉与董运继婚姻关系存续期间，敖嘉莉母亲全款出资购买的长安汽车，登记在董运继名下的情况下，应当认定为母亲对夫妻二人的共同赠与还是对自己女儿敖嘉莉个人的赠与呢？或是认定为母亲对夫妻二人的借款？

3. 法院观点

在一审过程中，法院认为，对于董运继名下长安汽车，敖嘉莉主张系其母亲出资，但未证明出资性质是赠与还是借款，且该车辆于双方婚后购买，登记在董运继名下，该出资应当视为对敖嘉莉、董运继双方的赠与，故该车辆属于夫妻共同财产，应当依法予以平均分割。双方通过法庭确认该车辆现价值7.5万元。虽双方均主张车辆的所有权，但董运继无驾照，且车辆一直由敖嘉莉占有使用，故法院认为该车辆所有权归敖嘉莉为宜，由敖嘉莉向董运继支付相当于车辆现值一半的折价款3.75万元。判决生效后，董运继应当配合敖嘉莉办理车辆过户手续。

显然敖嘉莉不服一审法院的判决，自己母亲全款出资购买的车辆，为何成了夫妻共同财产。于是敖嘉莉提出上诉，并提交了敖嘉莉与其母亲敖母的借条，以证明车辆的出资系向母亲借款。

二审法院经审理认为，长安汽车系董运继与敖嘉莉婚姻关系存续期间购买，登记在董运继名下，故该车辆应认定为夫妻共同财产。现双方分歧在于，敖嘉莉主张购车款13万元系其母亲对董运继与敖嘉莉二人的借款，董运继则主张敖母的出资性质是赠与，因对敖母出资的性质认定涉及案外第三人利益，故在本案中不宜直接进行认定，但无论敖母出资的性质被认定为借款还是赠与，均不影响对车辆作为夫妻共同财产的性质认定。因此，二审法院维持原判。

经典案例（二）

1. 案情介绍

蒋杰与唐薇是来深圳奋斗的小年轻，二人经历了热恋期，也到了谈婚论嫁的稳定期，准备买房结婚。但深圳动辄几百万元的房子，普通年轻人只能望而却

---

① 参考案件：(2021)京01民终832号。

步。蒋爸爸非常认可这个儿媳,也希望他们夫妻能长长久久。2019 年 3 月,蒋爸爸为蒋杰与唐薇购买了深圳市宝安区的一处房产,并支付购房款 201 万元。该房产登记在蒋杰与唐薇两人名下。2019 年 5 月 20 日,蒋杰与唐薇登记结婚。婚后装修房屋期间,蒋爸爸又向蒋杰转款 30 万元。

结婚不久,蒋杰与唐薇都各自忙于工作。蒋杰因为工作原因长期加班,起初半年是一周回家一次,后来甚至一个月才回家一次。唐薇怀疑蒋杰出轨,便多次找人跟踪蒋杰,甚至在蒋杰的车上安装定位系统。蒋杰无法忍受唐薇的种种行为,夫妻感情逐渐淡漠,双方于 2021 年 5 月离婚。登记在蒋杰与唐薇名下的宝安房产也作为夫妻共同财产分割。

蒋爸爸非常无奈,自己用了毕生心血为子女结婚购买的房产,不到 2 年,人财两空。于是,蒋爸爸起诉至法院,要求蒋杰、唐薇二人偿还自己借款共计 231 万元。唐薇认为,蒋爸爸对于夫妻二人转款、资助的行为,属于对夫妻二人的赠与行为,且赠与行为已经完成,不存在可行使撤销权的情形。①

2. 争议焦点

蒋爸爸对蒋杰、唐薇购房的转款行为属于赠与还是借款?

3. 法院观点

法院认为,父母对未成年子女负有抚养、教育和保护的义务;成年子女对父母负有赡养、扶助和保护的义务。在蒋爸爸出资时未明确表示出资系赠与的情况下,基于父母应负养育义务的时限,宜认定该出资为临时性资金出借,其目的在于帮助这对年轻夫妻改善生活,作为子女的蒋杰、唐薇理应负担偿还义务。另外,关于唐薇所引用的《最高人民法院关于适用〈中华人民共和国婚姻法〉若干问题的解释(二)》第 22 条之规定,其适用的是父母购房出资已经明确是赠与性质的情形,解决的是父母购房出资是赠与夫妻一方还是双方的问题,故无法依据该规定推定父母的出资即为赠与。因此,蒋父诉请蒋杰、唐薇偿还其支出的购房款以及装修款共计 231 万元,法院予以支持。

唐薇不服一审法院的判决,起诉至中级人民法院后,二审法院驳回上诉并维持原判。

---

① 参考案例:深圳市南山区法院,《子女结婚购房,父母出资部分属于借款还是赠与?》,载"南山区人民法院"微信公众号:https://mp. weixin. qq. com/s/Dww3qrVzeXdyRKHTHoUSKQ,最后访问时间:2022 年 9 月 12 日。

律师分析

1. 父母对“资助”性质未明的情况下，司法如何认定

在父母对“资助”性质未明确的情况下，司法实践中对该款项存在以下两种不同的观点：

(1)第一种观点认为，将父母的资助行为认定为赠与。从中国现实国情及社会常理出发，父母出于让子女生活得更好的目的，为婚后夫妻双方购置房屋或在其他方面出资的，在没有明确约定的情况下，该出资应推定为对夫妻双方的赠与。此外，父母对于子女的爱本就是无条件的，父母对于子女的资助也从未想过子女能够偿还，从某种意义上说就是赠与。例如，在案例一中，一审法院将敖母对敖嘉莉与董运继的资助行为认定为对双方的赠与。虽敖嘉莉在二审时提出了其向母亲借款购车的情形，但由于涉及第三人的利益，借款行为可另案主张。

(2)第二种观点认为，将父母的资助行为认定为借款。婚后子女购房时父母出资，除明确表示赠与的以外，应视为以帮助为目的的临时性资金出借，子女负有偿还义务。这种观点在司法实践中也得到越来越多地运用。其背后的法律原理为，父母对未成年子女理应承担养育的义务，子女一旦成年，则应当独立生活，父母并无义务为其继续承担任何法律责任。作为子女，对于父母的资助行为应当感念于心，承担起偿还义务，以保障父母自身权益，避免父母陷于经济困窘的境地。例如，在案例二中，法院将蒋爸爸的资助行为定性为借款，蒋杰、唐薇为共同借款人，理应共同偿还蒋爸爸的借款。这应当是相对公平的裁判。

2. 对于父母赠与行为的理解与分析

根据《民法典》的规定，婚后一方接受赠与的财产，除赠与方明确表示赠与一方的财产以外，应当认定为夫妻共同财产，归夫妻共同共有。《最高人民法院关于适用〈中华人民共和国民法典〉婚姻家庭编的解释(一)》实施后，对于子女登记结婚后出资如何认定修改为“有约定的，按照约定，没有约定或者约定不明的，推定为对夫妻双方的赠与”，这与《最高人民法院关于适用〈中华人民共和国婚姻法〉若干问题的解释(三)》中“婚后由一方父母出资为子女购买的不动产，产权登记在出资人子女名下的，视为只对自己一方的赠与”存在明显差异。也就是说，《最高人民法院关于适用〈中华人民共和国民法典〉婚姻家庭编的解释(一)》实施后，子女婚后买房，父母出资的，没有约定或约定不明确的，无论是全

额出资还是部分出资，无论是登记在一方名下还是双方名下，都优先推定为夫妻共同财产，归夫妻共同共有。

3. 律师建议

无论是借款还是赠与，没有明确约定的情况都存在被推翻的风险。因此在实务中，笔者建议：第一，父母出资时，尽量转账，不要支付现金，以便有据可查；第二，父母出资时，建议明确告诉子女是借款还是赠与，或者是个人的赠与还是对夫妻的共同赠与，有条件的可以签署协议；第三，若是借款，转款时建议备注为借款，并载明借款用途，如购房、买车等。

法律依据

本文参考案例的法律依据为《中华人民共和国婚姻法》第三十九条，现为《中华人民共和国民法典》第一千零八十七条。

57. 离婚时保单价值如何分割?

随着社会的进步、经济的发展,越来越多的家庭会选择购买商业保险作为资产配置的工具之一。商业保险作为重要的金融工具,具有风险保障、保值增值、资产传承等多种功能。离婚时保单的哪些部分属于夫妻共同财产可以进行分割?应当如何分割?本书将结合案例进行分析。

经典案例

1. 案情介绍

张鑫与荣飞于2006年结婚,2008年生育女儿荣蓉。荣飞在婚后经常对张鑫拳打脚踢,实施家庭暴力。张鑫不堪忍受多年来的家暴,于2013年6月向法院提起离婚诉讼。双方在保单分割上产生了争议。具体表现:

第一,荣飞2008年4月23日通过招商银行账户转出给中国某人寿保险股份有限公司深圳分公司1000万元。张鑫认为,荣飞未经其同意转出巨额款项,构成转移夫妻共同财产,离婚财产分割时应当少分。荣飞认为该款项用于购买人寿保险,并未转走,不构成转移财产。

第二,张鑫2009年1月23日支付50万元购买某保险公司疾病保险,将于2015年1月23日到期还本。荣飞认为该50万元应作为夫妻共同财产分割。

第三,张鑫2010年10月12日支付20万元购买某人寿保险,该保险具有投资理财性质,根据保险公司的投保证明,该保单目前账户价值195,008.41元,荣飞认为应当作为夫妻共同财产分割。

第四,张鑫2011年6月1日向某生命人寿保险股份有限公司购买“生命红上红C款两全保险(分红型)”,投保时被保险人为张鑫,身故受益人于2012年10月26日变更为荣蓉,该保单目前基本保险金额与累积红利保险金额之和662,568.96元。荣飞认为该保险金额应当作为夫妻共同财产分割。

张鑫2012年7月12日支付20万元为女儿购买了子女教育险。荣飞认为该保险是使用夫妻共同财产购买,保险金额应当作为夫妻共同财产分割。①

2. 争议焦点

(1)荣飞2008年购买的人寿保险是否属于夫妻共同财产,能否分割?

(2)张鑫2009年购买的疾病保险是否属于夫妻共同财产,能否分割?

(3)张鑫2010年购买的人寿保险是否属于夫妻共同财产,能否分割?

(4)张鑫2011年购买的人寿保险更换身故受益人为女儿,该保险是否属于夫妻共同财产,能否分割?

(5)张鑫2012年购买的子女教育险是否属于夫妻共同财产,能否分割?

3. 法院观点

关于荣飞账户于2008年4月23日转出给中国某人寿保险股份有限公司深圳分公司的1000万元,荣飞称系给自己购买的保险,并未转移夫妻共同财产。本院认为因为该转出款项金额巨大,且亦存在分割价值,故荣飞应支付张鑫600万元。

关于张鑫2009年1月23日支付50万元购买某保险公司疾病保险,疾病险给付保险金的目的主要在于弥补被保险人的人身权益。疾病险理赔的保险金应当属于张鑫个人财产,不应作为夫妻共同财产予以分割。

关于张鑫于2010年10月12日支付20万元购买了某人寿保险,该保单目前账户价值195,008.41元,应当作为夫妻共同财产分割,张鑫应支付荣飞78,003.4元。

关于张鑫于2011年6月1日购买的人寿保险,该保险的受益人是双方的婚生女。因此该保险合同的受益权由婚生女荣蓉享有,故该保险单的现金价值不应作为夫妻共同财产予以分割。

关于张鑫2012年7月12日购买的子女教育险,子女教育险是针对少年儿童在不同生长阶段的教育需要提供相应的保险金。由于该保险的特殊性质,系专款专用于子女教育,因此不应作为夫妻共同财产予以分割。

律师分析

1. 离婚时分割保险单,分的是什么

如果从保险产品的角度考量,保险是极其复杂的,所以难以对其进行分类。

---

① 参考案例:(2014)深中法民终字第3206号、(2016)粤03民终9584号。

但是从法律的角度来讲,投保人一旦投保成功,投保人与保险公司之间形成的是一种保险合同关系。所以,笔者认为,离婚分割保险单本质上应当理解为系分割保单对应的权益。

《民法典》并未对保险权益如何分割进行规定,好在《最高人民法院第八次全国法院民事商事审判工作会议(民事部分)纪要》(以下简称《八民纪要》)第4条对保险分割问题进行了明确,是实务中解决离婚保险分割的最重要的法律依据。该条的内容:婚姻关系存在期间以夫妻共同财产投保,投保人和被保险人同为夫妻一方,离婚时处于保险期内,投保人不愿意继续投保的,保险人退还的保险单现金价值部分应按照夫妻共同财产处理;离婚时投保人选择继续投保的,投保人应当支付保险单现金价值的一半给另一方。这一条的逻辑是夫妻共同财产作为保费所投保的保险对应的现金价值是夫妻共同财产,分割的不是保费,而是现金价值。正是基于此,该条经常被所谓"财富机构"引用,用于蛊惑某些人购买保险,以最大限度地占用夫妻共同财产。但是笔者认为,如果有证据证明投保人有此恶意,可以认定投保人少分财产,也因此实务中,有的法官按照投保的保费作为分割的依据,以示公平。

2. 如果投保人与被保险人不是同一人,该如何处理

虽然《八民纪要》未明确规定,但是笔者在江苏省高级人民法院民一庭《家事纠纷审理指南》中找到了依据:如果夫妻一方为投保人,夫妻另一方为被保险人,离婚时夫妻双方可以协议退保或者继续履行保险合同。协商一致退保的,保险人退还的保险单现金价值应当作为夫妻共同财产分割;协议一致愿意继续履行的,获得保险合同利益一方应当支付保险现金价值的一半给另一方。如果投保人要求退保,而被保险人要求继续履行的,保险合同应当继续履行,获得保险合同利益一方应当支付保险单现金价值的一半给另一方。所以,我们看到,该条实际上跟《八民纪要》是一致的,都是分割保险的现金价值。

本案中,荣飞2008年购买的人寿保险、张鑫2010年购买的人寿保险,法院对两份保险单的现金价值均作为夫妻共同财产进行了分割。

很多家庭为子女投保了教育金保险。由于该保险的特殊性质,是专款专用,只用于子女的教育。那我们该如何理解教育险呢?笔者认为,为子女购买教育金保险本质上应当理解为父母对子女的赠与,所以原则上离婚时,为子女购买的教育金保险现金价值是不可分割的。本案中张鑫为女儿购买的子女教育险,法

院认为是不可以作为夫妻共同财产进行分割的。

当然,如果双方一致决定退保,退保后的现金价值应当依法分割。如果双方不愿意退保,原则上应当协商好未来保费的缴纳问题。建议当事人在处理离婚事宜时一并解决。

法律依据

本文参考案例的法律依据为《最高人民法院第八次全国法院民事商事审判工作会议(民事部分)纪要》第四条、第五条。江苏省高级人民法院《家事纠纷案件审理指南(婚姻家庭部分)》第四十三条。

58. 公司授予员工的股票期权，离婚时可以分割吗？

股票期权是企业为了激励和留住核心人才而推行的一种长期激励机制，也是目前较为常用的员工股权激励方法之一，主要是通过附条件给予员工部分股东权益，具有价值非确定性和人身性特点，能够促进企业与员工共同成长，帮助企业实现稳定发展的长期目标。那么公司授予员工的股票期权是否属于夫妻共同财产呢？在离婚纠纷中又应当如何分割？

经典案例（一）

1. 案情介绍

李紫岚与侯星河通过网络婚介所相识，两人都到了适婚的年龄，相识没多久就将结婚的事情提上日程。两人于2008年8月8日登记结婚。但是两人性格的巨大分歧在婚姻中暴露了出来，最终因感情不和，两人于2014年12月9日协议离婚。双方在离婚协议中约定，侯星河婚前个人房屋归其所有，汽车一辆归李紫岚所有。

婚姻期间，侯星河就职于一家创业公司，离婚时李紫岚并未在意与该公司相关的其他利益。在离婚之后多年，李紫岚从旁人处了解到侯星河在2009年12月获得其所在公司授予的股权共130,000股，截至2018年1月31日，侯星河共获得该股权收益款176,852.12元。

李紫岚认为，该股权及其相关收益均产生于夫妻关系存续期间，应当属于夫妻共同财产。在双方办理离婚手续时，侯星河并未如实告知李紫岚该财产，属于侯星河隐瞒的夫妻共同财产，因此李紫岚有理由按照其享有60%的份额予以分割。即侯星河应当分割给李紫岚78,000股（130,000股×60%）及其产生的相应收益106,111.27元（176,852.12元×60%）。

侯星河则辩称，该股权为激励性的股票期权，具有人身专属性，该财产分配时也要考虑员工是否在职及公司效益等，且该期权具有不确定性，有可能随时被终止，并不当然地属于夫妻共同财产。①

① 参考案例：(2018)冀0227民初617号。

2. 争议焦点

在婚姻关系存续期间,公司授予侯星河的股票期权是否属于夫妻共同财产?李紫岚可以要求直接分割公司股权吗?

3. 法院观点

法院认为,侯星河在与李紫岚婚姻关系存续期间即2009年12月获得的某集团公司授予的股权共130,000股,其性质为股票期权,属于夫妻共同财产。因股票期权具有人身性,由公司授予特定范围内员工,而李紫岚并不符合该公司授予股票期权的对象,对李紫岚要求分割侯星河获得股票期权130,000股中78,000股的诉讼请求不予支持。侯星河应按照取得股票期权的实际收益款,向李紫岚支付相应价款。

因股票期权具有不确定性,在2014年12月9日双方协议离婚时,侯星河尚未对该股票期权实际行权,股票期权的收益数额无法确定。李紫岚以侯星河故意隐藏财产为由,要求按60%的比例进行分割的主张,不予支持。综合考虑婚姻关系存续期间双方对于股票期权及权益取得的贡献程度、股票期权收益获得的不确定性的风险承担等因素,确认李紫岚可分得130,000股的股票期权收益款55,000元。

经典案例(二)

1. 案情介绍

高永安与刘芸于1998年7月2日登记结婚。刘芸工作能力很强,在公司中独当一面,受董事长器重。但是高永安认为刘芸忽视了家庭,孩子生病了刘芸也只打电话简单问问,然后继续出差、开会。

高永安提出离婚,但刘芸舍不得家庭和孩子,故不同意离婚。但两人的夫妻感情最终还是到了无法调和的地步,两人于2012年9月20日经北京市朝阳区人民法院依法判决离婚。

离婚后,高永安就刘芸所持有的天王公司的股票期权分割提起离婚后财产纠纷诉讼。高永安认为,离婚时刘芸故意隐瞒其在婚姻存续期间持有的天王传媒股份有限公司股票期权,因此在离婚时未对该股票期权进行分割,故高永安诉请要求依法分割该股票期权。刘芸则认为,天王传媒公司于2012年10月31日授予其股票期权,行权条件包括2012年到2014年三个会计年度中公司绩效考核达标和个人工作考核合格。其中2012年公司业绩未达标，所以相应期权被注销了。此后股票期权的行权不属于夫妻共同财产，故不同意高某的诉讼请求。[①]

2. 争议焦点

刘芸持有的天王公司股票期权是否属于夫妻共同财产？离婚之后高永安可以提出分割吗？

3. 法院观点

法院认为，首先，股票期权是刘芸公司作为激励机制而赋予员工有条件地购买本企业股票的资格，是一种期待权，并不具有确定价值的财产性权益。因此，股票期权因其期待权的特性，而不能确定将来是否获得财产权利及获得财产权利的多少。其次，刘芸持有的期权转化为可实际取得财产权益的股票，必须以员工在公司工作时间的积累为前提条件，具有一定的人身特性。刘芸持有的期权行权需要考核2012年、2013年、2014年的业绩，并支付一定的对价。最后，刘芸所持有的期权分别三次行权，其中2012年，即婚姻存续期间，因考核不合格而被注销。此后两次行权资格考核的是双方离婚后刘芸的业绩，且行权的出资亦由刘芸婚后个人财产予以支付。综上，刘芸现持有的天王传媒股票有限公司的股票不属于夫妻共同财产，高永安主张分割上述财产，于法无据，法院不予支持。

律师分析

1. 股票期权在离婚诉讼中的认定

笔者认为，股票期权兼具人身属性和财产属性。股票期权制度是一种针对企业员工的激励机制，公司为吸引留住人才并为公司创造价值，该制度将公司利益与员工利益紧密捆绑在一起。股票期权价值的实现主要分为两个阶段，即获得期权阶段和实际行权阶段，虽然在行权之前股票期权价值难以确定且能否产生收益也具有一定风险，但仍然具有可期待的财产利益。

股票期权在什么情况下属于夫妻共同财产呢？根据《民法典》第1062条第1条第1项的规定，夫妻在婚姻关系存续期间所得的工资、奖金、劳务报酬为夫妻的共同财产，归夫妻共同所有。从夫妻共同财产制蕴含的立法精神来看，判断和衡量某项财产是否属于夫妻共同财产的标准主要有两点，即取得该财产的

---

① 参考案例：(2016)京0108民初34393号。

“时间”与为取得该财产作出的“贡献”。在认定股票期权是否为夫妻共同财产时,也同样需要结合股票期权的取得时间、行权时间、贡献程度等因素进行综合考量,取得时间在婚内或者主要贡献在婚内的股票期权都有可能被认定为夫妻共同财产。

2. 股票期权在离婚诉讼中仅分割可得收益,不分割股权本身

因股票期权与持股人的身份关系密不可分,对于婚姻关系存续期间所取得的股票期权,实务中也倾向于分割行权后对应的财产价值而非股权本身,通常由持股方对配偶方进行补偿。

例如,在案例一中,李紫岚的最初诉讼请求是分得侯星河持有股票期权的60%份额,但是法院基于股票期权具有人身性,且系公司授予特定范围内员工所有,而李紫岚并不符合该公司授予股票期权的对象,便对李紫岚的诉求未予以支持,而是综合考虑婚姻关系存续期间双方对于股票期权及权益取得的贡献程度、股票期权收益获得的不确定性的风险承担等因素,确认公司股票期权归侯星河所有,由侯星河支付李紫岚相应的补偿款。

3. 股票期权存在不能行权的风险也应当由夫妻共担

股票期权是一种对未来的期待权,具有不确定性。权利被授予时,对购买未来股票的价格、数量及行权时间、条件、期限等都预先作了约定。一方面,股票期权授予方,可能因为各种原因不履行约定或者员工未达到行权条件,无法获得股票及相应的收益;另一方面,公司的估值随市场而波动,股票价值具有不确定性,员工也有是否行权的选择权。此外,员工能否完成公司的考核目标也是能否顺利完成行权的条件之一,若员工仅部分完成或未完成公司考核,最终也只能部分行权或不行权。只有该股票期权实际行权时,股票期权的财产收益价值才可以确定。

例如,在案例二中,刘芸所持有的期权分别三次行权,其中2012年,即婚姻存续期间,因考核不合格而被注销。后次行权资格考核的是双方离婚后刘芸的业绩,且行权的出资亦由刘芸婚后个人财产予以支付。因此,法院认定刘芸持有的天王传媒股票有限公司的股票不属于夫妻共同财产。

法律依据

本文参考案例的法律依据为《中华人民共和国婚姻法》第十七条、第四十七条,现为《中华人民共和国民法典》第一千零六十二条、第一千零九十二条。

四、子女抚养、监护、赡养

59. 如何为争取孩子抚养权做准备?

社会在不断进步,表现之一就是我们的物质不再匮乏,而子女的数量比较有限。此时,我们越来越重视子女的教育、培养,如不得已离婚,孩子便成为离婚双方争夺的对象,离婚纠纷实际上也是抚养权的争夺大战。根据笔者代理的案件,60%左右的案件都存在争夺孩子抚养权的情况。不光是在离婚诉讼当中争取孩子的抚养权,在民政局协议离婚之后,再来争取孩子抚养权的案件数量也在不断上升。那么,婚姻危机出现或离婚后,我们应该如何为争取孩子抚养权做准备呢?

经典案例(一)

1. 案情介绍

王韵珊、聂承福经过恋爱长跑后,于2010年登记结婚,结婚后不久生下了一个可爱的男孩聂小南。然而,王韵珊婚后抑郁症复发,称自己婚后从未有过开心,铁了心要离婚。2016年,二人分居,聂小南随母亲王韵珊生活。

分居后,王韵珊的母亲带三个人闯入聂承福家中,把孩子强行丢给了聂承福,将年仅2岁的聂小南无情抛弃。之后,聂承福多次打电话给王韵珊,想质问王韵珊为何这样对待孩子,王韵珊均拒绝将孩子接回,且王韵珊从未打电话询问孩子的情况。

后聂承福的父母将孩子带到北京聂承福哥哥住处,聂承福给王韵珊发短信打电话,告知孩子地址并表示欢迎其探望,但王韵珊依然拒绝探望。后聂承福又将聂小南送回其山西老家,由聂承福的父母照管。

2016年王韵珊起诉离婚，经调解，双方自愿离婚，婚生子聂小南归聂承福抚养，王韵珊按月给付子女抚养费并享有每周一次的探望权。然而，王韵珊几次探望下来，便不愿意按照约定将聂小南送还给聂承福，而是想自己抚养。

无奈之下，聂承福向法院申请执行，但至今王韵珊未将聂小南送回去。同时，王韵珊以聂承福将孩子送到其老家，导致王韵珊无法及时探视孩子且孩子所居住的农村生活条件极端恶劣，而天津市的生活环境和教育水平对孩子的生活和教育更加有利为由，请求变更孩子由王韵珊抚养。[①]

2. 争议焦点

王韵珊、聂承福在离婚时约定将聂小南给聂承福直接抚养，王韵珊可以要求变更抚养权吗？

3. 法院观点

在离婚诉讼中，王韵珊提出自己患有精神疾病、抑郁症，不能抚养孩子，主动放弃对孩子的抚养权，但对财产分割毫不放弃，未曾对孩子的抚养作出任何财产上的考虑和安排。在分居期间，婚生子由聂承福抚养，在双方离婚协议中也明确约定婚生子由聂承福抚养。此后，聂承福一直履行抚养义务。虽然聂小南由聂承福抚养，但王韵珊可以通过行使探望权等其他方式将自己的关心、呵护、教育倾注在聂小南身上。为了孩子的身心健康，法院判决孩子继续由聂承福抚养，驳回王韵珊诉讼请求。

父母与子女的关系，不会因为父母离婚而消除。虽然双方感情破裂不在一起生活了，但子女既需要父爱也离不开母爱，因此，父母双方均要从子女的角度考虑如何做才能对子女最有利，从而使其健康成长。在本案中，原告因与被告有矛盾，在分居中将2岁孩子扔至被告处，在离婚调解中同意孩子由被告抚养，所以原告根本没有抚养孩子的意愿。在探视孩子过程中原告又不按约定将孩子交给被告，为达到取得孩子抚养权的目的，将孩子藏匿起来，该做法不应得到法律支持。再者原告在处理与被告矛盾的做法上也过于偏激，很难给孩子正面的影响，如果将孩子交由原告抚养，不但会改变孩子现有的稳定生活环境，还可能带来不可逆的负面影响。

---

① 参考案例：2020年6月1日，天津市高级人民法院发布“涉争夺抚养权典型案例”《案例二：离婚不要娃，探视期间隐匿孩子，请求抚养权被驳回》。

经典案例(二)

1. 案情介绍

柳舒丽和杨辰炜两人因工作关系认识,因工作上的合作两人对彼此了解逐渐深入,日久生情,于1999年2月确立恋人关系,2年后,两人在老家登记结婚步入婚姻殿堂。

婚后,柳舒丽来到深圳与杨辰炜共同生活。临近分娩时,原告回到老家。2005年4月18日,双方的婚生女儿杨小依在荆门市出生。杨小依4个月大时,柳舒丽带杨小依回到深圳,与杨辰炜及杨辰炜的母亲一起生活。

后来,由于两人育儿观念存在分歧,双方父母较多地参与双方的家庭生活,两人因生活琐事关系破裂,为了争取小孩抚养权产生纠纷。

杨辰炜认为自己更适合抚养孩子。杨辰炜表示自己在证券公司有稳定的工作,有稳定的收入来源;有周末、节假日可以充分陪伴孩子;具有硕士研究生学历,能为孩子提供更好的教育引导。另外,杨辰炜的大姐和四姐在深圳生活,有时可以帮忙接送杨小依上下学,其出庭表示愿意协助杨辰炜照顾杨小依,并在经济上提供一定的资助。

柳舒丽认为自己抚养杨小依更有利于其成长。柳舒丽在货运代理公司工作,工作稳定,具有稳定的收入来源;而且杨小依从小到大一直随杨舒丽生活和学习,杨辰炜对女儿日常生活照顾较少。并且,杨小依作为女孩即将进入青春期,跟随母亲生活更有利于特殊时期的交流和沟通。此外,两人发生纠纷分居之后,在女儿生病时均由其带女儿前往医院治疗。事实证明,杨辰炜或者杨小依的奶奶根本不能照顾好杨小依的日常生活。并且奶奶年事已高,没有能力辅导杨小依的学习,杨辰炜工作时间周一到周五又不在深圳,客观上无法照顾女儿的日常生活和学习。因此,由柳舒丽抚养女儿更加有利于女儿的成长。柳舒丽的兄长和嫂子,现在湖北荆门市生活,其出庭表示退休后来深圳长住,愿意协助柳舒丽照顾杨小依。①

2. 争议焦点

柳舒丽和杨辰炜均为工薪阶层,在教育背景、收入情况等相当的情况下,杨

① 参考案例:(2015)深中法民终字第1261号。

小依由谁直接抚养更加有利于其健康成长呢?

3. 法院观点

法院认为,本案为离婚纠纷,争议在于小孩的抚养和财产的分割。确定未成年子女的抚养权是以子女最佳利益为衡量标准。年满8周岁的子女的意愿,与哪方共同生活可以减少离婚对子女生活的改变,子女的年龄与性别,父母双方职业、经济能力等案件具体的各个因素均属考虑的范围。本案中,杨小依在法院二审期间已年满8周岁,愿意随父亲生活,杨小依一直居住于新洲花园大厦,在附近上学,杨辰炜收入也较好和较稳定。至于双方其他因素的对比,原审判决作了详细的分析,本院予以认同,杨小依随杨辰炜生活更为有利。

律师分析

1. 法律对子女抚养的规定

《民法典》第1084条第2款规定"离婚后,不满两周岁的子女,以由母亲直接抚养为原则。已满两周岁的子女,父母双方对抚养问题协议不成的,由人民法院根据双方的具体情况,按照最有利于未成年子女的原则判决。子女已满八周岁的,应当尊重其真实意愿"。在实务中,出现争议的也多发生在2~8周岁这个年龄阶段子女的抚养权。法院在审理2~8周岁子女的抚养权时,对"最有利于未成年子女的原则"存在较大的自由裁量权。

2. 对于2~8周岁的小孩,争取抚养权需要从哪些方面去准备

第一,要考虑夫妻一方对子女的实际陪伴和抚养。也就是说,孩子实际上跟哪一方一起生活非常重要。实务中,子女随父或母一方生活时间较长,改变生活环境对子女的健康成长明显不利的情况下,会由这一方获得孩子的抚养权,例如,母亲陪伴在孩子身边,父亲经常出差外地或者是分居的状态等。

实际抚养孩子一方,需要提前做好证据的收集。一方面是举证证明抚养子女的证据,例如,与子女的照片、视频等;与孩子相关的医疗费、教育费、生活费、补习费;参与孩子的活动,与老师的沟通等。另一方面是证明自己有能力抚养子女的证据,如学历证明、收入证明等,证明自己有能力支付子女的日常生活所需,也有能力教育好小孩。

第二,要考虑夫妻一方或者双方有无再生育的能力,若不具备再生育子女的能力,可去医院开具相关证明。例如,女性达到一定年龄可以去开具这个证明,

如果无法开具,可以通过医院作一个无法生育的说明,或用其他能够证明已经丧失了生育能力的证据。

第三,考虑对方是否有不适宜抚养子女的情况。例如,对方在国外、经常出差,不具备抚养子女的时间;或对方患有久治不愈的传染性疾病或其他严重疾病,或者有其他不利于子女身心健康的情形,不宜与子女共同生活的;或对方有家暴行为、违法犯罪行为、赌博、吸毒行为等不太适合直接抚养孩子的证据。

第四,考虑外祖父母、祖父母、其他近亲属是否直接或者协助抚养过小孩,是否愿意继续协助抚养小孩。这个层面,可以提供外祖父母、祖父母、其他近亲属与孩子共同生活的照片、视频来证明,也可以由外祖父母、祖父母、其他近亲属亲笔书写对孩子的抚养情况的证人证言来证明。另外,条件允许的情况下,也建议孩子写一个书面的声明,孩子愿意跟谁一起生活,同时申请法官合议庭或者是合议庭派的工作人员去征求该孩子的意见。

第五,建议主张直接抚养孩子的一方准备一份完善的子女抚养规划。我们都知道,大部分的父母内心都是希望孩子好,所以如果主张直接抚养一方能够准备一份完善的子女抚养规划,在很大程度上能够获得另一方的信任和认可;就算在对方不认可的情况下,对于法官判断由哪一方直接抚养孩子对孩子成长更有利也是非常好的证明。

3. 对于8周岁以上的未成年人,争取抚养权应该如何准备

当下信息量爆炸的时代,父母对于子女的教育都倾尽全力。8岁左右的孩子,在思考愿意和父亲生活还是愿意同母亲生活的这个层面上具备一定的独立思考能力,孩子也会站在自己的角度去考虑,将来父母离婚了,自己应该怎么生活的问题。这种情况法院在判决抚养权的时候,会尊重孩子的想法。例如,在案例二中,虽然在一审期间,子女还没有满8周岁,但是在二审期间满了8周岁,在法院询问过程中,孩子表示愿意随父亲生活,那么在父亲同样愿意直接抚养且没有对孩子成长不利因素的情况下,法院一般会尊重孩子的意愿。毕竟,在父母选择孩子的时候,孩子也有选择跟谁生活的权利,孩子更希望跟父亲或者母亲一起生活。

在孩子具备选择权的情况下,通常建议父或母能够多站在孩子的立场与孩子沟通,明白孩子的需求,理解孩子在父母离婚后可能面临的伤害,尽可能地去弥补。就算不能够与孩子生活在一起,也享有探望孩子的权利。作为父母,也应

当真正地围绕对孩子成长有利的原则进行决定,不要将孩子作为谈判的筹码,真正地为孩子的成长考虑。因为孩子的成长只有一次,是不可逆的。

法律依据

本文参考案例的法律依据为《中华人民共和国婚姻法》第十七条、第三十二条、第三十七条、第三十八条、第三十九条第一款、第四十八条,最高人民法院《关于人民法院审理离婚案件处理子女抚养问题的若干具体意见》第一条、第七条、第八条、第十一条;现为《中华人民共共和国民法典》第一千零六十二条、第一千零七十九条、第一千零八十五条、第一千零八十六条、第一千零八十七条,《最高人民法院关于适用〈中华人民共和国民法典〉婚姻家庭编的解释(一)》第四十四条、第四十九条、第五十条、第五十三条。

60. 多子女家庭离婚，抚养权如何确定？

随着二胎、三胎政策的放开，许多家庭有了两个或多个子女。实务中，法院处理两个孩子家庭的抚养权纠纷时，为了照顾夫妻双方，通常会判决一人一个，大家普遍认为这是不失公平的好办法。但是，笔者在实际办案过程中，遇见了太多小孩分开抚养使得孩子脱离了之前有兄弟有父母的温馨家庭环境，忽略了原本的血缘亲情，对亲情日益淡漠、疏远。现如今及未来，多子女家庭会越来越多，法院对于抚养权的归属通常会如何确定呢？

经典案例

1. 案情介绍

韩原与黄冰冰于2008年结婚，2010年生育大女儿韩大，2018年生育二儿子韩二。夫妻二人一直从事着一些小生意，多年经营下来有了不少积蓄。2014年在深圳买了一套商品房，登记在韩原一人名下，生活倒也过得滋润。后来随着公司的发展壮大，2018年深圳房价也在飙升，夫妻两人就商量着再买一套，别等到以后房价再高就买不起了。为了节省昂贵的税费，两人决定先离婚，买了新房登记到黄冰冰名下，到时候再复婚。

2020年12月，两人兴高采烈地到民政局签署了离婚协议，协议约定"1. 两人无共同财产，各自名下财产归各自所有。2. 两个子女抚养权归韩原所有，黄冰冰无须支付抚养费"。谁知两人这一离婚，韩原就翻脸不认人，不仅将婚内房产据为己有，也没有给韩冰冰买房和复婚的打算，还和小三住在两人的房子中，也不管女儿和儿子。黄冰冰就一人带着一双儿女生活、开店、辅导学习。韩原也从来不给两个孩子抚养费，甚至还大言不惭说孩子抚养权本来就是自己的，为什么还要给抚养费？黄冰冰为了给两个孩子营造良好的家庭氛围，即便与韩原闹得不可开交，也愿意常常带两个孩子与爷爷、奶奶、姑姑见面，寒暑假也愿意让爷爷奶奶带回老家。

2021年，由于新冠肺炎疫情黄冰冰的生意每况愈下，两个孩子的生活花销、教育费用、医疗费用压得她喘不过气来。黄冰冰向法院提起诉讼，一是要求分割婚内的房产，二是要求变更两个孩子的抚养权交给自己。韩原称，两个小孩的抚养权都是自己的,这是当时双方签订离婚协议的真实意思表示。而且自己抚养小孩没有不利于小孩成长的情形,不应当随意变更小孩的抚养权归属,这对小孩的成长不利。[1]

2. 争议焦点

韩大与韩二的抚养权应当归谁?

3. 法院观点

关于法律适用问题。根据《最高人民法院关于适用〈中华人民共和国民法典〉时间效力的若干规定》第 2 条的规定,《民法典》施行前的法律事实引起的民事纠纷案件,当时的法律、司法解释有规定,适用当时的法律、司法解释的规定,但是适用《民法典》的规定更有利于保护民事主体合法权益,更有利于维护社会和经济秩序,更有利于弘扬社会主义核心价值观的除外。引起本案争议的事实自 2020 年开始发生,但是适用《民法典》的规定更有利于保护民事主体合法权益,故本案适用《民法典》的相关规定进行裁判。

法院认为,本案属抚养纠纷。《民法典》第 1084 条规定,离婚后,子女无论由父或母直接抚养,仍是父母双方的子女。离婚后,父母对子女仍有抚养和教育的权利和义务。父母双方对抚养问题协议不成的,由人民法院根据双方的具体情况,按照最有利于未成年子女的原则判决。子女已满 8 周岁的,应当尊重其真实意愿。第 1085 条第 1 款规定,离婚后,子女由一方直接抚养的,另一方应当负担部分或者全部抚养费。负担费用的多少和期限的长短,由双方协商;协议不成的,由人民法院判决。具体到本案,关于韩大的抚养权,因其早已年满 8 周岁,法院询问了韩大本人意愿,其称父母离婚之后愿意随母亲即黄冰冰共同生活。同时考虑到韩原与黄冰冰离婚后,黄冰冰对其学习和生活更为关注,法院确认韩大由黄冰冰直接抚养。

关于韩二的抚养权,结合韩原与黄冰冰提交的证据及庭审情况,黄冰冰能够决定韩二就读哪所幼儿园、为韩二缴纳学费、报名课外辅导班、为韩二购置了较多的学习生活用品、玩具,与韩原的家人也积极沟通,保障了陪伴的时间。可以认定在照顾和陪伴韩二的方面,黄冰冰扮演了更为主要的角色。考虑到韩二年龄尚不足 5 周岁,母亲的陪伴更为细致、温柔,能够带给其更多关注,且黄冰冰在

---

① 参考案例:(2021)粤 0303 民初第 22604 号。

与韩原离婚之后，尚能与其家人保持密切来往，确保韩二能够获得爷爷奶奶、姑姑的照顾和帮助，尽力减少了因家庭关系变化给孩子带来的影响。并且黄冰冰名下亦有房产，拥有抚养两名子女的收入来源，两名子女共同成长亦可享受手足之情，故法院确认韩二亦由黄冰冰直接抚养。

关于抚养费，黄冰冰主张两名孩子的学费和其他开支，韩原答辩不清楚学费金额但并未提交相反的证据。结合韩原的收入水平、黄冰冰关于两名子女的费用主张、本地生活水平，法院对黄冰冰主张被告支付每名子女5000元/月抚养费至其年满18周岁的诉讼请求予以支持。

根据韩原、黄冰冰的离婚协议，约定抚养费均由男方负责，女方无须支付抚养费。但黄冰冰实际承担了较多的抚养义务，故对黄冰冰要求被告支付自离婚之日起抚养费的诉讼请求予以支持。

关于探视权，结合韩原、黄冰冰的意见，法院确认在不影响韩大、韩二学习和生活的前提下，韩原可随时探视，在暑假和节假日可将韩大、韩二接至身边同住，黄冰冰应给予必要协助。

律师分析

1. 多子女抚养权争议裁判原则仍然遵循最有利于未成年子女成长原则

根据《民法典》第1084条第3款的规定，离婚后不满2周岁的子女，以母亲抚养为原则。已满2周岁的子女，父母双方对抚养问题协议不成的，由人民法院根据双方的具体情况，按照最有利于未成年子女的原则判决。子女已满8周岁的，应当尊重其真实意愿。即不满2周岁，原则随母亲；2～8周岁，按照最有利于未成年子女的原则判决；已满8周岁，尊重其真实意愿。

结合本案中韩大、韩二的抚养权归属：韩大已满8岁，法官征求了其意见，韩大表示愿意与母亲一起生活，最终判决尊重了其真实意愿，确定韩大由黄冰冰直接抚养；韩二5周岁，处于2～8周岁的区间。法官通过双方提交的证据及女方提供的抚养规划，了解到两名子女在离婚后一直跟随母亲生活，已经形成了稳定的生活、教育环境。韩二虽然已经超过2周岁，但年纪尚幼，实际与母亲生活更多，母亲对其生活、学习教育关心更多。同时母亲也能很好地确保韩二能够获得爷爷奶奶、姑姑的照顾和帮助，尽力减少了因家庭关系变化给孩子带来的影响。法官判决中也引用了“最有利于未成年子女的原则”，韩二与母亲、同胞兄弟姐妹共同生活更有利于其健康成长，与母亲生活也不影响与父亲及亲人们的关系。最终判决韩二也由黄冰冰直接抚养。

2. 审判实践不断深化最有利于未成年子女成长原则到具体的案件中

我国《民法典》《未成年人保护法》均确定了最有利于未成年子女的原则。子女的抚养权归属直接影响了其成长质量，从未成年人利益的角度判决抚养权归属是“未成年子女利益最大化”原则的核心。

在《民法典》出台前，审判实践中有些父母出于公平分配等观念，提出把孩子分开抚养，即“一人养一个”的想法。但是，孩子并不是财产，对于抚养权归属的判定不能类同于对财产分割的处理。“一人养一个”也并不是有利于孩子，而是有利于父母，让父母不至于一个孩子也没有。随着“最有利于未成年子女原则”的推出及深入，法院在处理抚养权时会综合各方面因素，如生活环境、教育环境、精神健康、情感联系、健全人格形成、兄弟姐妹陪伴等。因此，以最有利于未成年子女利益来处理抚养权，而非简单以父母双方诉求作为确定抚养权的主要因素。

2019 年起，北京市第一中级人民法院、上海市第一中级人民法院、深圳市中级人民法院陆续发布了维护妇女儿童合法权益、未成年人保护典型案例，均对“最有利于未成年子女原则”“手足不分离原则”进行了阐述与强调。在双方经济条件、教育条件相差不大的情况下，法院往往会作出夫妻双方各自抚养一个孩子的判决，如此处理并无明显不当，但是两个孩子长期共同生活在一起，有深厚的兄弟姐妹情，强硬地将孩子分开并不利于孩子的健康成长。此外，父母的关爱照顾，对未成年人身心健康尤为关键，离婚后父母都不应该在孩子的生活、教育中缺席。法院也越来越把“最有利于未成年子女成长的原则”作为抚养权案件裁判的考虑基础与重点。手足不分离的抚养方式不仅满足了兄弟姐妹之间的情感需要，同时也降低了父母离婚给子女带来的伤害，最大限度地给孩子一个完整、美满、幸福的童年。

相信未来在子女抚养权的归属上，法院会更多地考虑未成年人的利益，让未成年子女可以有健康、良好的成长环境。

法律依据

本文参考案例的法律依据为《中华人民共和国民法典》第一千零八十四条，《中华人民共和国未成年人保护法》(2020 年修订版) 第二十四条、第一百零七条。

61. 子女抚养费的支付标准是什么?

离婚纠纷往往伴随着孩子抚养问题,那么不直接抚养一方应当以什么标准作为参考依据支付抚养费呢?抚养子女的成本越来越大,生活费、医疗费相对还算轻松,但是教育费,特别是教育费中的校外培训费用,为孩子投保的保险费也日益成为抚养子女的重要支出。夫妻双方离婚时如何确定抚养费往往是将要离婚的双方关心的问题。本书将通过实务案例详细讲解抚养费的支付标准。

经典案例

1. 案情介绍

廖淑筠、姜元佰曾系夫妻关系,两人在1997年4月27日生下了儿子姜小白。

2002年,两人感情破裂,双方签署离婚协议书,去民政局办理了离婚手续。在离婚协议中约定,儿子姜小白则由廖淑筠抚养,姜元佰每月支付抚养费800元。2003年5月19日,两人签订补充协议,协商决定变更小孩抚养权即日起归姜元佰所有。双方同日到深圳市公证处对上述补充协议办理了公证。实际上2004年11月底以后,小孩一直随廖淑筠生活至今。目前姜元佰系中来顺公司股东及董事,利来公司法定代表人及总经理,利来公司盐田分公司负责人,具有较好的经济实力。

廖淑筠认为2002年双方在离婚协议书中关于抚养费800元的约定过低,但姜元佰并不愿意提高抚养费。双方协商不成,廖淑筠一纸诉状将姜元佰告上法庭。

廖淑筠认为2002年约定的每月800元的抚养费明显过低,不足以维持在深圳的基本生活水平。姜元佰担任中来顺公司股东及董事等身份和职务,可见其经济状况良好。每月800元的抚养费明显违反《最高人民法院关于人民法院审理离婚案件处理子女抚养问题的若干具体意见》第7条的规定。孩子成年后姜元佰也应当给孩子支付必要的大学学费等,不能仅限于孩子未成年期间。根据《最高人民法院关于人民法院审理离婚案件处理子女抚养问题的若干具体意见》第12条的规定,孩子虽成年,但尚在校就读或无独立生活的能力和条件,父母有给付能力的,应当负担必要的抚育费。

另外,廖淑筠已经失业,将来再就业也很困难。根据廖淑筠目前的经济状况,2年后独自负担孩子上大学的费用几乎是不可能的事。而姜元佰收入颇丰,生活条件优越,应当负担孩子至其大学毕业有能力独立生活为止。同时,姜元佰还应支付孩子的课外培训费用166,272元。

姜元佰则认为,在2004年11月之后,其每逢周末及过年过节会常约小孩见面吃饭,不时给小孩钱物,并专门为小孩开立了一个以其名字命名的账户,其中金额为23,000多元,且将存折直接交给小孩,已经尽到充分的支付抚养费义务。姜元佰的经济情况并非优渥,仅是普通的工薪阶层,每月仅能支撑不多的抚养费。在双方婚姻关系存续期间,姜元佰就已是中来顺公司的股东及董事,且廖淑筠清楚姜元佰在中来顺公司工作及无偿代持股份的情况,正是如此,双方才协商抚养费为每月800元。

姜元佰之后担任利来公司法定代表人及总经理、利来公司盐田分公司负责人都是中来顺公司参股利来公司后的委派行为,姜元佰的收入并未因此增加,其只是普通工薪阶层,收入状况不佳。[①]

2. 争议焦点

(1)姜小白的抚养费如何确定金额?确定抚养费的依据和标准是什么?

(2)廖淑筠、姜元佰约定了抚养费金额,后续是否可以变更?变更依据是什么?

3. 法院观点

(1)一审法院认为,本案系变更抚养关系纠纷。根据法律规定,离婚后,父母双方协议变更子女抚养关系的,应予准许。本案中,虽然廖淑筠、姜元佰离婚后,曾协商将小孩姜小白抚养权由廖淑筠变更为姜元佰,但小孩自2004年11月底随廖淑筠生活至今,且廖淑筠、姜元佰在庭审中对小孩变更由廖淑筠抚养均无异议,故法院予以照准。

小孩自2004年11月底随廖淑筠生活后,双方未对小孩抚养费数额进行重新约定,廖淑筠此前也未提出增加抚养费的请求,故法院参照双方在离婚协议书关于姜元佰每月支付抚养费800元的约定,认定2004年12月至2013年9月姜元佰应当支付抚养费的标准,姜元佰在本案诉讼之前共拖欠106个月的抚养费,

---

① 参考案例:(2014)深中法民终字第598号。

按照每月800元的标准,共拖欠84,800元抚养费。鉴于姜元佰目前的就职情况及资产(房产)情况,法院认定其今后每月应当支付抚养费2000元,至小孩年满18周岁止。廖淑筠关于2004年12月至2013年9月的抚养费,以及起诉后至小孩年满18周岁抚养费过高主张部分,依据不足,法院不予支持。廖淑筠关于课外培训费、保险费、律师费及小孩年满18周岁后的抚养费等诉讼请求,缺乏事实和法律依据,法院不予支持。

一审法院判决:(1)婚生子姜小白由廖淑筠抚养;(2)姜元佰自判决生效之日起10日内一次性向廖淑筠支付自2004年12月至2013年9月拖欠的抚养费84,800元;(3)姜元佰自2013年10月起每月支付抚养费2000元,至小孩年满18周岁止。

(2)二审法院认为,关于抚养费支付期限的问题,《婚姻法》第37条第1款规定,离婚后,一方抚养的子女,另一方应负担必要的生活费和教育费的部分或全部,负担费用的多少和期限的长短,由双方协议;协议不成时,由人民法院判决。《最高人民法院关于人民法院审理离婚案件处理子女抚养问题的若干具体意见》第11条规定,抚育费的给付期限,一般至子女18周岁为止。两人在协议离婚时约定姜小白的抚养费应支付至其年满18周岁时止,该约定符合法律规定,原审认定抚养费支付至姜小白年满18周岁时止,处理正确,二审法院予以确认。廖淑筠主张抚养费应支付至姜小白大学毕业时止,因姜小白现就读高中,其是否考入大学以及学费多少属待定事项,姜小白可待相关事实发生后再行主张,故二审法院对廖淑筠该项主张不予支持。关于抚养费支付标准的问题,姜元佰主张应按照每月860元的标准支付抚养费。

对此,二审法院认为,子女抚育费的数额,可根据子女的实际需要、父母双方的负担能力和当地的实际生活水平确定。本案中,姜小白系在读高中学生,理应存在较多学习费用开支,且廖淑筠目前失业没有稳定收入来源,深圳本地的生活消费水准亦高于一般城市,姜元佰作为姜小白的父亲,多年来未亲自抚养姜小白,在姜小白就读高中学业即将迈入成年的特殊时期,理应更多承担父亲应尽的抚养义务,原审认定每月2000元的抚养费合情合理,二审法院予以确认。

律师分析

1. 关于抚养费数额确定标准的法律规定

《民法典》第 1085 条第 1 款规定，离婚后，子女由一方直接抚养的，另一方应当负担部分或者全部抚养费。负担费用多少和期限的长短，由双方协议；协议不成的，由人民法院判决。

《最高人民法院关于适用〈中华人民共和国民法典〉婚姻家庭编的解释（一）》第 49 条规定，抚养费的数额，可以根据子女的实际需要、父母双方的负担能力和当地的实际生活水平确定。

有固定收入的，抚养费一般可以按其月总收入 20% ~30% 的比例给付。负担两个以上子女抚养费的，比例可以适当提高，但一般不得超过月总收入的 50%。

无固定收入的，抚养费的数额可以依据当年总收入或者同行业平均收入，参照上述比例确定。

有特殊情况的，可以适当提高或者降低上述比例。

根据上述的法律规定，这里抚养费具体来说应当包括生活费、教育费、医疗费等必要费用。

2. 如何理解孩子的实际需要

子女的实际需要作为首要考察因素，是最有利于未成年子女原则的体现。子女的实际需要是指根据子女实际情况，应能维持其衣、食、住、行、学、医等的正常需求。从实务的角度考虑，一般从离婚前一段时间，通常是一年的时间该子女的实际支出作为参考依据。

当然笔者代理案件的过程中，有当事人说我的每个孩子都有一个保姆，各个科目都有私教老师，我家孩子每年都要参加多个国际夏令营，所以我要求每个孩子每月 10 万元的抚养费。笔者认为，在这种情况下，也并非法律规定的孩子的正常需求，也就是说，孩子的正常需求，比如一个 8 周岁的孩子，并不需要一个专用保姆，也无须每个科目都安排私教老师，更加不需要参加多个国际夏令营。当然，在这种情况下，离婚的双方协商一致自愿履行是没有问题，但法院判决应当是难以支持的。

3. 如何理解父母双方的负担能力

子女抚养费的确定，还要考虑父母双方的经济收入及经济条件，经济收入稳定、经济条件较好的父母可多支付；经济收入较低、经济条件不好的父母可以少支付。

中国疆域之大，各个地方的收入水平差别很大，所以到底如何判断父母的负担能力，司法解释也给出了明确的规定。有固定收入的，抚养费一般可以按其月总收入20%～30%的比例给付。负担两个以上子女抚养费的，比例可以适当提高，但一般不得超过月总收入的50%。无固定收入的，抚养费的数额可以依据当年总收入或者同行业平均收入，参照上述比例确定。这里的固定收入，指一个人一个月获得的劳动报酬总额，包括基本工资、工龄工资、各种奖金和津贴、补贴。

4. 如何理解当地的实际生活水平

当地实际生活水平一般是指子女实际生活居住地的生活水平。实践中，主要通过收入、支出和社会福利等多项指标反映。现实中会有些子女户口在农村，但实际生活在城市的，也是以子女实际生活居住地的生活水平确定，非以户籍地的生活水平确定。

另外，实务中会出现不直接抚养子女一方的收入特别高，如年收入超过百万的企业主、公司高管，这时候，子女的抚养费也需要根据子女实际生活地的生活水平来调整；当然也会出现不直接抚养子女一方不工作，暂时没有收入，又或者其家庭条件非常优越，但是当事人本人收入极低的情况，这时候也根据当地的实际生活水平以及孩子的实际需要进行调高或调低。

法律依据

本文参考案例的法律依据为《中华人民共和国婚姻法》第三十七条、《最高人民法院关于人民法院审理离婚案件处理子女抚养问题的若干具体意见》第十一条，现为《民法典》第一千零八十五条、《最高人民法院关于适用〈中华人民共和国民法典〉婚姻家庭编的解释(一)》第四十九条。

62. 父母意外去世，未成年人的被监护权如何保障？

监护制度是我国基本的民事法律制度之一，在整个《民法典》中占有重要地位，《民法典》构建了以家庭监护为基础、社会监护为补充、国家监护为兜底的监护制度。法律规定，父母对未成年子女有抚养、教育和保护义务，主要包括对未成年子女进行生活上的照料，保障未成年人接受义务教育，以适当的方式进行管理和教育，保护未成年人的人身、财产不受到侵害，促进未成年人的身心健康发展等。若父母不幸意外去世或者丧失监护能力，未成年子女尚不能独立生存，其被抚养、教育和保护的义务又应如何保障呢？

经典案例（一）

1. 案情介绍

2011 年 5 月，陈蔓呱呱坠地，这本来是一个美满的三口之家，父亲陈东却染上毒瘾。2012 年 2 月 24 日，尚在襁褓中的陈蔓遭遇人生不幸，生父陈东因欠赌债与妻子、岳母发生矛盾，并将二人残忍杀害，于次日将房子私下出售。同年 2 月 28 日，陈东收到 55 万元的房款后，带着 9 个月大的陈蔓逃往老家长沙。

2012 年，陈东被抓后，陈蔓来到爷爷奶奶家。奶奶是一名退休教师，爷爷也是当地的公务员。儿子的糟心事，使他们更加心疼这个年幼的孙女，想加倍照顾好孙女。

但身在郑州的外公王维治也一心想要回陈蔓的抚养权。因自己妻子和独生女已经遇害，外公王维治希望留下这根血脉，想把孩子从爷爷奶奶那里争回来。奶奶自然不同意，她担心王维治一人照顾不好孙女，而自己和丈夫都有稳定的退休金，经济基础比外公好。①

2. 争议焦点

陈蔓母亲去世，父亲因为故意杀人获刑，爷爷奶奶与外公都想要监护权，监

① 参考案例：左燕燕：《9 岁女童被限制消费背后：多人接力守护孤儿身世秘密》，载新京报：https://baijiahao.baidu.com/s?id=1687414881618837783&wfr=spider&for=pc，最后访问时间：2022 年 9 月 12 日。

护权应如何确定?

3. 法院观点

根据法律规定,陈蔓的“祖父母、外祖父母”作为第二顺位的法定监护人在父母去世或者无法履行监护职责的情况下均可以担任陈蔓的监护人。爷爷奶奶和外公作为法律上具有监护资格的人,可以进行协商,通过协议确定最终由谁担任监护人。

经法院调解,陈蔓的祖父母与外祖父之间达成一致,祖父母认为自己的儿子已经伤害了外祖父的妻子与女儿,为了减少以及弥补对外祖父的创伤,最终决定由外祖父直接抚养陈蔓,也相信外祖父能够尽最大的能力照顾好陈蔓。

经典案例(二)

1. 案情介绍

2016 年,魏珠花未婚生育一子,取名魏兰。魏珠花于 2018 年意外去世,未留下任何遗嘱,也未给尚未成年的魏兰指定监护人。因魏珠花未婚生子,魏珠花家人对魏兰的生父的信息一无所知。

魏珠花原生家庭较为复杂,其父母在魏珠花年幼时离异,魏珠花由其母亲魏老太与继父聂先生抚养长大,魏珠花生父柯先生在离异后未曾抚养过魏珠花。小魏兰出生后,也一直随外婆魏老太一起生活。

魏珠花生下魏兰之后不久便意外去世了。魏老太因为没有通过法律方式取得魏兰的监护权,在魏兰成长过程中上学、医疗、购买保险等都处处碰壁。魏老太曾向当地居委会申请指定监护,但是魏珠花生父柯先生拒绝联系、拒绝出面,申请监护无果。最后,在律师的建议下,魏老太通过向法院起诉的方式要求指定其为魏兰的监护人。①

2. 争议焦点

魏老太作为魏兰的外婆,在魏兰的其他监护人不履行监护职责,且魏兰一直跟随魏老太生活的情况下,是否能够申请法院指定其为魏兰的监护人呢?

3. 法院观点

法院认为,魏老太是魏兰的外祖母,根据《民法总则》第 27 条“父母是未成

---

① 参考案例:(2019)粤 1322 民特 23 号。

年子女的监护人。未成年人的父母已经死亡或者没有监护能力的,由下列有监护能力的人按顺序担任监护人:(一)祖父母、外祖父母……”的规定,魏兰的母亲魏珠花已经去世,其生父及祖父母不详,魏兰也一直随着外祖母生活,再加上魏老太每月有固定的退休金,也有固定的居所,现阶段魏兰随其外祖母魏老太共同生活更加有利于其健康成长。

柯先生作为魏兰的外祖父,并未尽到抚养未成年人的义务。法院考虑本案实际情况和未成年人最大利益原则,魏老太作为魏兰的外婆申请作为魏兰的监护人,法院予以支持。

律师分析

根据《民法典》的规定,父母意外去世或者丧失监护能力,未成年人的被监护权益应当如何保障呢?笔者认为,可以从以下三个方面着手。

1. 遗嘱指定监护

《民法典》第 27 条规定,“被监护人的父母担任监护人的,可以通过遗嘱指定监护人”。这表明,未成年人的父母可以通过立遗嘱的形式为其指定监护人。需要说明的是,遗嘱指定监护还应当具备以下条件:一是指定主体为被监护人的父母,其他人担任监护人的无权通过遗嘱指定监护人;二是父母必须正在担任子女的监护人,如因丧失监护能力而没有担任监护人或因侵害子女权益而被撤销监护资格的,就不能通过遗嘱指定监护人;三是指定监护应以遗嘱方式进行,而不能通过协议或者其他方式;四是遗嘱指定监护不仅包括未成年子女,也包括无民事行为能力或者限制民事行为能力的成年子女;五是指定的遗嘱监护人应当具备监护能力,经指定后无法履行监护义务的,应尽快更换。

父母都希望能够给孩子最好的保护,遗嘱指定监护除上述法律规定以外,最好能够尊重孩子的真实意愿,满足孩子的需求。在父或母遗嘱指定监护存在冲突的情况下,虽没有明确的法律规定,但最终会围绕“最有利于被监护人原则”和“尊重被监护人真实意愿原则”进行综合考量。

2. 协议监护

根据《民法典》第 30 条的规定,“依法具有监护资格的人之间可以协议确定监护人。协议确定监护人应当尊重被监护人的真实意愿”。协议监护具有以下特点:第一,协议主体必须是《民法典》第 27 条规定的具有监护资格的人,即祖父母、外祖父母,兄、姐,经未成年人住所地的居民委员会、村民委员会或者民政部门同意的其他愿意担任监护人的个人或者组织;第二,协议确定的监护人必须从具有监护资格的人之间产生,不得在法律规定的具有监护资格的人之外确定监护人;第三,协议监护是具有监护资格的人合意的结果,合意产生后,由协议确定的监护人担任监护人,履行监护职责。此外,协议监护对被监护人的利益影响重大,应当充分尊重被监护人的真实意愿。

协议监护需要所有监护人一致认可,这在实务中很难达成一致。就算所有监护人能够达成一致,协议内容的真实性也容易被第三方质疑。因此,建议在协议监护的基础上仍然需要通过法院指定,或者被继承人所在地的村民委员会、居民委员会认可,或者由公证处进行公证形成具有公信力的监护权。

3. 指定监护

根据《民法典》第 31 条第 1 款的规定,对监护人确定有争议的,可以由被监护人住所地的村民委员会、居民委员会或者民政部门指定监护,也可以直接向人民法院申请指定监护人。

该条规定在很大程度上为指定监护提供便利。按照《民法典》的规定,对担任监护人有争议的案件,在向人民法院提起诉讼之前,必须先经有关单位或者居民委员会、村民委员会进行指定。在实践中,因为程序的增加,使当事人在申请指定监护人的过程中受到更大的阻力,容易导致监护人不确定时间延长,不利于保护被监护人的权益。鉴于此,《民法总则》对此作出调整,对监护人确定有争议的,有关当事人可以不经过指定,直接向人民法院提出申请,由人民法院指定。《民法典》也沿用了该规定。

例如,在前面提到的两个案例中,王维治与魏老太均是通过法院指定监护的方式获得了外孙女的监护权。法院在指定监护权的过程中,一方面会结合监护人自身的监护能力、收入情况、居住环境等进行考虑,另一方面也会从被监护人以往的生活环境、学习环境等综合考虑,在充分尊重被监护人真实意愿的情况下,基于最有利于被监护人的原则尽可能在符合被监护人要求的情况下选任监护人。

法律依据

本文参考案例的法律依据为《中华人民共和国民法总则》第二十七条,现为《中华人民共和国民法典》第二十七条。

63. 父或母还在世，祖父母或外祖父母如何获得孩子的监护权？

慈母手中线，游子身上衣，世界上几乎没有不爱孩子的父母。但也有一小部分父母，或因为重男轻女，或因为再婚生子，或因为暴力倾向，或因为违法犯罪等，不仅不对孩子加以关爱，甚至遗弃、虐待孩子。如果出现这些情况，且孩子从小跟着爷爷奶奶或者外公外婆一起生活、成长，祖父母或外祖父母能否申请撤销生父母原有的监护权，并将孩子的监护权变更为自己所有呢？

经典案例（一）

1. 案情介绍

马庆与王梅曾为夫妻关系，婚后双方共同生育女儿马小妹。后王梅因病去世。马小妹自出生后，一直由外祖母向母照顾。向母承担了抚养马小妹的所有责任，马小妹随向母生活，马庆未实际照顾孩子。

2016 年 7 月，马庆突然将马小妹接走，自此以后不再让马小妹来向母家中。虽然马庆将马小妹接走，却并未承担起作为父亲的责任，在生活上不能照顾孩子，在学习上不能辅导孩子，经常性地殴打、体罚孩子，曾当众将孩子打伤，旁人出面制止并报警为证，且出现阻止孩子上学的情况。

2017 年年初，马庆无故不让马小妹上课，并将房屋门窗封住，剥夺其上学的权利，向母通过向教育局、公安局求助，才将马小妹解救出来重新回到学校。

为了马小妹能够正常生活和健康成长，向母来到法院请求依法将马小妹的抚养权变更给自己。马庆表示可以同意变更监护权，但前提是监护权变更之后，无论出现何种情况，马庆均不再尽任何监护义务。[1]

2. 争议焦点

向母作为马小妹的外祖母，在马小妹父亲马庆不履行监护职责，且恶意损害

---

① 参考案例：2020 年 6 月 1 日，天津市高级人民法院发布“涉争夺抚养权典型案例”《案例七：外祖母申请撤销生父监护资格获支持》。

未成年子女的身体健康权、受教育权的情况下,是否能够主张变更马小妹的监护权?

3. 法院观点

本案中,马庆虽然作为马小妹的亲生父亲,但并未尽到抚养未成年人的义务。马庆不仅剥夺马小妹的受教育权,甚至虐待殴打孩子。法院考虑本案实际情况和未成年人最大利益原则,对向母作为马小妹的外祖母申请撤销马庆监护资格的请求予以支持。

因马小妹母亲已死亡,马小妹自幼与外祖母向母共同生活,双方关系亲密,感情较深,马小妹与外祖母向母共同生活对其成长较为有利,且外祖母向母愿意履行监护职责,故外祖母向母申请作为马小妹监护人的请求,予以支持。

经典案例(二)

1. 案情介绍

2003 年,康健和贺美未婚生育一名孩子贺小乐。贺小乐自出生后,就和母亲、外祖母李母一直居住在深圳市,从未与康健一起生活。

2011 年,贺小乐的母亲贺美因病去世。2012 年元旦,康健谎称将孩子带出去玩,实则将孩子带到香港与自己一同生活,并改名为康小乐,之后再也没有将孩子送回深圳家中。此外,康健向香港高等法院申请指定其为孩子康小乐的唯一监护人。同年 8 月,香港高等法院出具 2012 年第 1274 号《裁定书》,裁定被告为康小乐的生父,并指定其为康小乐在未成年期的唯一监护人。

女儿病逝后,外孙康小乐成了李母的精神支柱。为了争取孩子的抚养权,李母向法院提起诉讼。

李母认为,康健是香港居民,目前是已婚状态,其从未与贺小乐共同生活,而贺小乐从小与李母有深厚的感情基础,其与李母一起生活更为适宜。综上,为维护李母的合法权益,李母特向深圳人民法院提起诉讼,请求判令:(1)康小乐的抚养权归李母所有;(2)康健一次性支付抚养费 50 万元。

康健辩称:(1)贺小乐已经改名为康小乐,康健与小孩自 2012 年 1 月 2 日起在香港共同生活至今,原告所称不实;(2)康健与小孩均为香港居民,并长期居住在香港,康健与小孩的抚养关系应由香港法院依据香港法律进行认定;(3)香港高等法院已经裁决认定康健为小孩的亲生父亲及唯一监护人;(4)从抚养能力来看,康健更适合成为小孩的监护人。①

2. 争议焦点

在康健已再婚且没有与康小乐长期共同生活的条件下,李母是否能够变更监护权呢?

3. 法院观点

法院认为,《最高人民法院关于人民法院审理离婚案件处理子女抚养问题的若干具体意见》规定,对子女的抚养问题应当从有利于子女身心健康、保障子女的合法权益出发,结合父母双方的抚养能力和抚养条件等具体情况妥善解决。

原告作为外祖母,起诉要求变更康小乐的抚养权,其理应举证证明康小乐由康健抚养不利于其健康成长。但根据法院查明的事实,原告所提交的证据不足以证明其主张。对此,原告作为负有举证责任的一方,理应承担举证不能所产生的不利法律后果。

另外,根据上述查明的事实,香港高等法院已经裁定康健作为康小乐的生父,为康小乐在未成年期的唯一监护人。综上,原告要求变更康小乐的抚养权,事实和法律依据不足,法院不予支持。最终法院驳回原告的全部诉讼请求。

律师分析

笔者认为,监护权是一种权利,但更多的是义务。作为未成年子女的监护人,需要保障被监护所有的人身利益及财产利益。一般而言,父母是未成年子女的法定监护人,但是父母若不愿意履行监护职责或没有能力履行好监护职责,那么未成年人的监护权又应当如何保障呢?

1. 什么情况下可以撤销父母的监护权

根据《民法典》第 36 条第 1 款的规定,监护人有下列情形之一的,人民法院根据有关个人或者组织的申请,撤销其监护人资格,安排必要的临时监护措施,并按照最有利于被监护人的原则依法指定监护人:(1)实施严重损害被监护人身心健康的行为;(2)怠于履行监护职责,或者无法履行监护职责且拒绝将监护职责部分或者全部委托给他人,导致被监护人处于危困状态;(3)实施严重侵害

① 参考案例:(2013)深南法民一初字第 554 号。

被监护人合法权益的其他行为。

另外，在《关于依法处理监护人侵害未成年人权益行为若干问题的意见》中也详细规定了申请撤销监护人资格的主体及撤销后的安置问题。该文件第五部分为“撤销监护人资格案件审理和判后安置”，详细规定了受侵害的未成年人在撤销监护权案件中的法院审理程序、审理期限、可以判决撤销监护人资格的具体情形、另行指定监护人的要求以及申请恢复监护人资格的条件等。

撤销父母监护权是国家保护未成年人合法权益的一项重要制度。依据《民法典》的相关规定，父母作为未成年子女的法定监护人，若不能履行监护职责，甚至对子女有虐待、伤害等严重危害子女的身心健康的行为时，有关个人或者组织可以向人民法院申请撤销父母的监护人资格。法院可以依申请撤销父母的监护权，并按照最有利于子女成长发展原则，给未成年人指定适合的监护人。

2. 祖父母、外祖父母什么情况下可以获得孙子女、外孙子女的监护权

在未成年人的父母均在世且具有监护能力的情况下，祖父母、外祖父母争取抚养权存在较大难度。祖父母、外祖父母想要获得监护权存在较为严格的举证责任，既要证明父母不履行监护责任、恶意损害未成年人的利益，还要证明祖父母、外祖父母履行了监护职责且最有利于未成年子女的成长。

例如，在案例一中，马庆作为马小妹的亲生父亲，理应履行监护义务，但其不仅剥夺马小妹的受教育权，甚至虐待殴打她。马庆的行为严重损害未成年人马小妹的身心健康，符合法院依法撤销其监护权的法定条件。同时，马小妹一直与外祖母向母生活，向母有能力与条件担任马小妹的监护人，故法院依法将马小妹的监护权人变更为向母。

在案例二中，虽然生父康健已再婚且没有与康小乐长期共同生活，但康健在生母贺美去世后，将康小乐带往香港共同生活，其并无作出不履行监护义务、不利于未成年人健康成长的行为。

通过公开的案例查询，祖父母、外祖父母能争取到抚养权的，基本是父母其中一方去世，取得抚养权的一方不履行抚养义务、对孩子有家暴等监护侵害行为。如果祖父母、外祖父母能够提供相应的证据佐证以上事实，取得监护权的可能性是相对比较大的。

3. 通过与父母签署委托监护协议，可实现祖父母或外祖父母的监护权

根据《民法典》第30条的规定，依法具有监护资格的人之间可以协议确定

监护人。协议确定监护人应当尊重被监护人的真实意愿;以及《未成年人保护法》第 22 条第 1 款的规定,未成年人的父母或者其他监护人因外出务工等原因在一定期限内不能完全履行监护职责的,应当委托具有照护能力的完全民事行为能力人代为照护的规定,通过与父母签订委托监护协议,可实现祖父母或外祖父母的监护权。

委托监护是指监护人因外出务工等其他原因不能完全履行监护职责的,委托具有照护能力的完全民事行为能力人代为照护。委托监护作为监护制度的补充,实际上是保障未成年人应享有的受监护权利,该制度设置的初衷在于保护未成年人身心健康发展。办理委托监护最好是采取书面方式,签署委托监护协议。委托监护协议应明确双方的权利与义务,在发生纠纷时可以依据协议处理。在委托监护协议中一般需要载明受委托人的权利及义务:未成年人信息、受托方信息、委托事项、报酬与费用的义务、监护的权利与义务、撤销委托的情形等。签署委托监护协议尽量采取公证的方式签署。

法律依据

本文参考案例的法律依据为《中华人民共和国民法典》第三十六条。

64. 监护人侵害被监护人的利益时，如何追究监护人的责任？

笔者经常会被朋友咨询，未成年人与限制或无民事行为能力人的人身与财产很多时候被其监护人控制，监护人在行使法定监护人权利时，可能侵害被监护人权益。如果监护人侵害被监护人权益，应当如何救济呢？特别是在意定监护制度出台不久的当下，大家开始关注定监护人能否维护好被监护人的利益，让被监护人的财产权益和人身权益得到合理且充分的保护。笔者将结合一些实务案例及办案经历，对监护权纠纷进行实务操作分析。

经典案例(一)

1. 案情介绍

吴勇与唐甜甜年轻时甜蜜恩爱，相敬如宾，婚后生育二子，长子吴大宝、次子吴小宝，风风雨雨走过了大半辈子。

自2016年1月起至今，妻子唐甜甜因患老年痴呆症、精神分裂症、高血压等多种疾病相继在各大医院长期住院治疗。同年4月，经丈夫吴勇申请，一审法院宣告唐甜甜为无民事行为能力人，并指定吴勇为唐甜甜的监护人。

在指定监护人时，妻子唐甜甜名下有存款约130万余元，每月有退休金6000余元，而丈夫吴勇每月退休金5000余元。夫妻共同财产有A房产一套，B门面一个。

2018年年初，吴勇以50万元的价格出售了A房屋。2018年5月，吴勇通知吴大宝将出售B门面，并告知其可参与竞价。吴勇承认夫妻共同存款至今尚有130余万元，在其处保管。

吴大宝对父亲的做法愤懑不平，他认为父亲趁母亲卧病在床、行动不便，假借“监护人”的名义偷偷把母亲辛苦积攒下来的房子卖了出去。两人协商不成，吴大宝一纸诉状将父亲吴勇告上法庭。[1]

---

① 参考案例：(2020)皖02民终372号。

2. 争议焦点

(1)吴大宝是否具备提起诉讼主体资格?

(2)如何界定吴大宝在本案中"诉讼请求"性质?

(3)监护人吴勇是否存在侵害被监护人唐甜甜的财产权?

3. 法院观点

(1)吴大宝的诉讼主体资格问题。

法院认为,吴大宝系唐甜甜与吴勇婚生子,对于吴勇处理夫妻共同财产中属于唐甜甜的财产,特别是在唐甜甜丧失民事行为能力的情形下,直接影响其将来对唐甜甜的财产继承权,故吴大宝作为继承人系本案的利害关系人。

根据《民法总则》第35条第1款(现《民法典》第35条)的规定,监护人应当按照最有利于被监护人的原则履行监护职责,除为被监护人利益外,不得处分被监护人的财产,监护人不履行监护职责或者侵害被监护人合法权益的,应当承担法律责任。谁有权利来行使对监护人行为的监督,根据《民法通则》的规定,利害关系人有权利行使,吴大宝系吴勇和唐甜甜之子,系利害关系人,故吴大宝具备诉讼主体资格。

(2)吴大宝在本案中"诉讼请求"性质的界定问题。

法院认为,吴大宝诉讼请求归结为确认之诉和给付之诉,属于复合之诉。确认之诉必须首先确认吴勇存在侵权行为,只有实施了侵权行为,吴大宝才有权利要求吴勇停止侵害。而本案吴勇仅通知吴大宝,表示其要处置夫妻共同财产B门面,但尚未实施处置行为,因此对吴大宝的权利尚未形成侵害,故吴大宝要求吴勇停止侵害、不得出卖吴勇与唐甜甜的共同财产B门面的诉讼请求不能成立。

(3)关于监护人吴勇是否存在侵害被监护人唐甜甜的财产权的问题。

法院认为,依照法律规定,监护人侵害了被监护人的合法权益,其他有监护资格的人或单位可以要求监护人承担民事责任。法律设置该类诉讼案件的前提是监护人实施了侵害被监护人合法权益的行为。吴勇虽表示要出卖属于夫妻双方共有的房产,但尚未实施出售行为,对唐甜甜的财产权益损害尚未发生,吴大宝依据尚未发生之事实要求吴勇承担侵权行为导致的民事责任,于法无据。因此最终法院判决驳回吴大宝的诉讼请求。

经典案例(二)

1. 案情介绍

张母早年丧偶,丈夫去逝后,一直由她拉扯着吴花花、吴朵朵两姐妹长大。2005年9月,张母还没有等到享清福,她便在接受医疗检查过程中发生意外,多年来一直住院治疗。

2006年,吴花花、吴朵朵两姐妹共同作为张母的法定代理人向法院起诉医院要求赔偿。2012年双方达成调解协议,协议由医院一次性赔偿张母各项损失共计125万元及保证其他福利待遇。

张母名下账号流水显示妹妹吴朵朵多次取款几万元至几十万元不等。吴花花主张上述款项被吴朵朵挪为己用。吴朵朵认可款项由自己支取,但均用于张母的治疗、生活以及诉讼支出。

2018年12月7日,法院宣告张母为无民事行为能力人。2019年1月9日,法院确定吴花花为张母的监护人。

吴花花请求吴朵朵停止对张母财产的侵害并公开账目,专款专用;并返还侵占的财产150万元。①

2. 争议焦点

吴花花的证据是否可以充分证明吴朵朵支取张母财产?吴朵朵的行为是否侵犯了张母的财产权益?

3. 法院观点

法院认为,当事人对自己提出的诉讼请求所依据的事实或者反驳对方诉讼请求所依据的事实有责任提供证据加以证明。没有证据或者证据不足以证明当事人的事实主张的,由负有举证责任的当事人承担不利后果。

本案中,吴花花主张吴朵朵在2006年至2008年多次对张母的银行账户进行大额支取且没有说明合理用途,但上述支取钱款的时间均发生在张母进行医疗纠纷诉讼期间。法院的调解书显示,吴花花在一审中主张的已实际发生费用高达70余万元,远高于吴朵朵支取金额,且吴花花作为张母的法定代理人参加了诉讼,应对吴朵朵的花销有所了解,故吴花花主张吴朵朵为自己利益支取张母

---

① 参考案例:(2020)京02民终9171号。

存款,依据不足,法院不予采信。

本案系监护权纠纷,监护权系针对被监护人的人身权益与财产权益所享有的监督、保护的身份权。现经过诉讼,生效文书已确定吴花花为张母的法定监护人,且该监护关系一直处于持续状态,故吴花花对张母所享有的财产之相应支配权受法律保护。如吴花花今后有充分证据证明吴朵朵在担任法定代理人期间滥用监护权,为己之私非法侵占张母财产,并要求公开张母账目,妥善保管张母财产并专款专用,其可通过变更监护关系等方式另行主张权利。

法院判决驳回吴花花的诉讼请求。

律师分析

监护制度的本质是保护被监护人的利益不受侵犯,但是现实中不乏监护人基于各种因素侵犯了被监护人的利益。正是因为被监护人往往是无民事行为能力人或者限制民事行为能力人,所以当发生监护人侵犯被监护人利益时,笔者认为可以以下三个方面着手:

1. 以监护权纠纷为案由,同时申请变更监护人以及追究监护人的侵权责任

根据《最高人民法院民事案由适用要点与请求权规范指引》2020 年 8 月第二版中监护权纠纷一节,监护权纠纷指监护人不履行监护职责,或者侵害了被监护人的合法权益,《民法典》第 27 条、第 28 条、第 31 条、第 32 条规定的其他有监护资格的人或者单位向人民法院起诉,要求监护人承担民事责任的,由此形成纠纷。监护权纠纷包括监护权被侵害以及监护人怠于行使监护权引发的纠纷。

因此,结合上述两个案例,监护人侵害被监护人的财产,怠于行使监护权等引发的纠纷案由通常为“监护权纠纷”。例如,案例二中,当监护权纠纷中诉讼请求经过两审未获支持,后续再发现侵害被监护人的情形的,可以通过变更监护关系等方式另行主张权利,以此来保障被监护人的权益。所以,笔者认为,案例二中原告在起诉时即可以选择请求变更监护人,同时追究侵害被监护人的侵权责任。

2. 被监护人的利害关系人可以作为起诉的主体

《民法典》第 34 条、第 35 条规定了监护人的职责,监护人未履行职责应当承担法律责任等。但目前法律暂未对诉讼主体有明确规定,那么实务中,该如何选择起诉的主体呢?

参考案例一,根据现行法律的规定推断,笔者认为利害关系人可以作为诉讼主体,也可以作为监督主体监督监护人的行为。案例一中,儿子作为母亲未来的继承人,母亲财产的减少会直接影响其未来继承财产的金额,因此儿子是本案的利害关系人,是合格的诉讼主体。实务中的利害关系人通常包括民法上的近亲属,需有较为密切的关系和申请事由。

3. 如何取证以及举证责任的分配非常重要

本案是由利害关系人追究监护人怠于行使监护权的诉讼。利害关系人应当证明监护人侵害了被监护人的人身、财产或其他权益。但是实务中由于被监护人均由监护人照料、看管,与被监护人相关的证据、记录等,监护人以外的人较难获取,很多情况下利害关系人无法获取证据来证明监护人的侵害事实。所以笔者认为,在利害关系人有初步证据证明监护人侵害了被监护人的利益的情况下,法院应当合理分配举证责任,以最终实现保护被监护人利益的目的。

4. 建议通过设立监护监督人制度,进一步保护被监护人的利益

笔者认为,无论是在法定监护中还是在意定监护中,都应考虑设定监护监督人,来限制监护人的权利,避免被监护人的权益受到侵害。法定监护中,在指定监护人特殊程序中申请法院确定监督人,享有监督权利,要求监护人定期公开财务报告、信息等。意定监护缺少了"血缘"关系的纽带,监督人的设定更加必要,所以在签署意定监护协议时,建议设立监督监护人来监督监护人的履行职责的情况。

当法定监护、意定监护未设立监督人的角色时,如果被监护人发生侵害,只能由利害关系人来保护被监护人的权益。因此利害关系人在日常生活、探望中要注意资料的获取及保存。

虽然目前监护监督人的制度匮乏,但我们可以看到司法各界已经在积极探究设立监督人,采取有效监督措施的可行性,可以早日让被监护人的权益得到全面、妥当的保障。

法律依据

本文参考案例的法律依据为《中华人民共和国民法总则》第三十五条,现为《中华人民共和国民法典》第二十七条、第二十八条、第三十一条、第三十二条、第三十四条、第三十五条。

65. 意定监护的适用及需要注意什么问题?

随着社会的发展,每个人对掌控与规划自己的人生有了更多需求,意定监护制度的出台,可以更好地解决这一问题。意定监护制度,满足了多样的监护需求,同时尊重每个人的选择,解决了很多特殊人群后顾之忧。那么实务中,意定监护制度如何被适用及在适用时应当注意什么问题呢?我们一起通过案例来分析一二。

经典案例(一)

1. 案情介绍

孙大爷现年已 84 岁高龄,曾患小儿麻痹症,曾因肢体残疾留下后遗症,父母、妻子均已过世。孙晓晓是孙大爷的侄女,孙大爷从小看着孙晓晓长大,也一直将孙晓晓当作自己的女儿对待。孙晓晓待孙大爷也如同自己父母一样,时常探望、陪伴孙大爷,行为胜于子女。在早些年孙大爷身体健康且精神状态较好的时候,孙大爷与孙晓晓在上海市普陀区公证处办理了《意定监护协议》的公证书,约定孙大爷委任孙晓晓为其意定监护人。

2019 年,孙大爷名下的房屋因旧房改造被征收。孙大爷的女儿孙美美在孙大爷不知情的情况下,申请对孙大爷行为能力鉴定并指定自己为监护人,后经司法鉴定科学研究院鉴定,法院判决宣告孙大爷为限制民事行为能力人,并指定女儿孙美美为其监护人。房屋拆迁后,女儿孙美美就不愿意与孙大爷共同生活了。孙大爷的钱款和证件等均由孙晓晓保存与管理,孙大爷也由孙晓晓进行照料。

由于孙大爷坚持由孙晓晓担任其监护人,在发现孙美美为指定监护人后,孙晓晓向法院申请变更监护人。①

2. 争议焦点

孙美美作为女儿被法院指定为孙大爷的监护人之后,孙晓晓能够以意定监

---

① 参考案例:2022 年 4 月 8 日,最高人民法院发布“老年人权益保护第二批典型案例”《案例二:孙某乙申请变更监护人纠纷案》。

护的方式申请变更吗？当法定监护与意定监护产生冲突时，哪一个优先呢？

3. 法院观点

在案件审理过程中，法院在庭审及居住地调查中多次征求孙大爷的意见，其均表示希望由侄女孙晓晓作为其监护人。

法院认为，孙大爷虽为限制民事行为能力人，但有一定的理解表达能力，其多次表示不愿意让女儿孙美美担任监护人，同意侄女孙晓晓担任监护人，态度十分坚决。考虑被监护人孙大爷的实际状况，孙美美在客观上无法再继续履行监护职责，亦未将监护责任部分或全部委托给他人。

从有利于被监护人孙大爷的角度出发，判决变更监护人为孙晓晓，希望孙晓晓能从维护被监护人利益的角度出发，依法行使监护的权利，认真履行监护职责，切实保护孙大爷的人身、财产及其他合法权益，除为维护孙大爷的利益外，不得擅自处理孙大爷的财产。若孙晓晓存在侵害被监护人利益的情况，孙美美等其他愿意担任孙大爷监护人的个人或组织亦可申请法院变更监护人。

经典案例(二)

1. 案情介绍

李老太与张光婚后未生育子女，但张光与前妻有一养女张鑫。李老太的侄女高美见其无依无靠，愿意承担监护责任，李老太的外甥高升表示愿意履行监护人监督职责。2019 年，李老太与高美、高升在北京市公证处办理了《意定监护协议》的公证。由于李老太年老独居，工资收入低，需要人照顾，高美在签订意定监护协议之后，便开始照顾李老太的生活。其间，高美为李老太支出挂号费、聘请保姆费、车费、生活费、医疗费、水电费、手机话费、护工费等共计 98,611 元。

然而照顾老人的过程并非一朝一夕，父母子女之间都难免磕磕绊绊，李老太与高美之间也常因观念不同发生争执。李老太无儿无女，只能依赖高美，凡事都事无巨细地电话询问高美。甚至在没有任何紧急情况下，仅因一时联系不上就报警。此事非常困扰高美，已经严重影响高美正常生活。2020 年 12 月，高美和李老太再次发生不愉快，高美便以微信的方式告诉李老太：今后有任何情况请联系养女张鑫！

2021 年 1 月 8 日，高美以公证的方式发表《声明书》。该声明书由高美所写，称："《意定监护协议》签订后，我对李老太进行了生活上的照顾和精神上的关怀。在物质方面,我每个月支付李老太的保姆费、医疗费、生活费近6000元;在精神方面,我也时常关怀老人、看望老人,陪老人说话。但担任李老太的监护人严重影响了我的身体健康以及工作与生活状态。故我郑重声明:在未来李老太丧失或部分丧失民事行为能力时,我无力承担相应监护人职责,届时也不再愿意担任其意定监护人。”

此后,高美向北京的人民法院提出诉讼,请求法院判令解除其与李老太的意定监护协议,取消其的意定监护人身份,高美不承担任何监护人义务;同时,要求李老太返还高美97,966.75元。①

2. 争议焦点

《意定监护协议》签订后,意定监护人可以解除协议吗?

3. 法院观点

法院认为,意定监护,即指被监护人处于拥有完全民事行为能力状态下,自主决定监护之设立与内容等与监护事务相关之监护形式。

本案中,李老太、高美、高升签订的《意定监护协议》系当事人真实意思表示,内容不违反法律、法规的强制性规定,应为有效。关于高美提出,判令解除原告与被告签订的意定监护协议的诉讼请求。根据《意定监护协议》的约定,甲方具有完全民事行为能力时,甲方有权解除监护协议。

在本院两次开庭中,李老太思维清楚、表达流畅。经询问,李老太口头同意与高美解除意定监护协议,高升也同意解除该协议。对此,法院不持异议。关于高美主张,判令被告返还原告97,966.75元。在《意定监护协议》签订后,高美积极履行照顾李老太的职责,为李老太看病、生活、出行等实际支出98,611元。鉴于高美认可已经收到李老太的5327元,该费用可以在其支出的费用中抵扣。故法院认定,李老太还应当退还高美93,284元。最终法院判决解除《意定监护协议》及返还高美垫付的钱款。

律师分析

1. 什么是意定监护

意定监护的出现使我们每个人的监护意愿都得以被尊重,并且使我们的监

① 参考案例:(2021)京0107民初2933号。

护意愿得到最终的落实。

意定监护也叫委托监护,特指有完全民事行为能力的成年人,以书面形式确定自己的监护人。根据《民法典》第33条的规定,监护人在该意定监护的被监护人丧失或者部分丧失民事行为能力时,履行监护职责。简单来说,意定监护就是在自己意识清楚的时候,通过书面的方式指定特定的人作为自己失能后的监护人,照顾自己的生活,处置自己的财产、权利等。

2. 意定监护应当以书面的形式形成

意定监护的被监护人以书面形式确定自己的监护人,以解决被监护人失去或部分失去民事行为能力后,监护以及财产处分等问题,并且,被监护人可以在意定监护声明书中事前严格设定意定监护人的监护权取得条件、监护权权限、监护权终止条件等,以达到保护自己合法权益的目的。

目前,法律仅规定通过"书面"的方式确定监护人,没有规定意定监护协议是否必须经过公证程序。但由于意定监护的安排、落实、履行、解除等都是意定监护中重要的内容,因此,在目前的法律规定下,建议通过意定监护协议公证的方式确定意定监护的委托,以防止其他人对意定监护协议提出异议并最终导致意定监护协议无法顺利实施的情形。例如,在上述两个案例中,孙大爷与孙晓晓、李老太与高美之间的《意定监护协议》均是在公证处办理。

3. 意定监护与法定监护、遗嘱

(1)意定监护与法定监护。

法定监护,是最常见的监护方式,而法定监护的范围、顺序都已经由法律明确规定了。依据法律规定,被监护人的监护人范围以及顺序以是否为成年人作为区分。对于无民事行为能力或者限制民事行为能力的成年人的法定监护人是配偶、父母或子女、其他近亲属等。

意定监护与法定监护最大的区别就是意定监护优先于法定监护,如果被监护人事先确定了自己的意定监护人,那么其他的法定监护人在没有特殊情况下无法成为被监护人的监护人。另外,意定监护是以意思自治为原则,被监护人可以自行确定监护人,而法定监护的监护人范围、顺序都是确定的,无法依据人的意志进行更改。

例如,在案例一中,可以看出意定监护优先于法定监护。孙美美作为孙大爷的女儿,在孙大爷老伴去世的情况下,是第一顺位的法定监护人,孙美美也按照法律程序向法院指定其作为孙大爷的监护人。但是,在这之前孙晓晓与孙大爷有公证的意定监护协议,在结合意定监护协议及尊重孙大爷本人意愿的情况下,法院最后撤销了女儿孙美美的监护权,且变更孙晓晓享有孙大爷的监护权。

(2)意定监护与遗嘱。

遗嘱的主要内容并非在于确定监护人,而在于确定自己的财产在自己死亡后的继承问题。此外,遗嘱的内容在立遗嘱人去世后才发生法律效力;而意定监护是在被监护人丧失民事行为能力后发生法律效力,被监护人去世后意定监护协议便终止。

4. 什么情况下需要订立意定监护

(1)对配偶缺乏信任的人。

我们知道,依据《民法典》第 28 条的规定,配偶是第一顺位的监护人,一旦出现意外,配偶将理所当然地成为法定监护人,对处分当事人的人身权利和财产权利有着决定性的权利。这时候,如果父母、子女与配偶的意见不一致,将以配偶的意见为准。所以,不管是基于感情不好,还是基于配偶能力欠缺,笔者建议,若不信任配偶,那么建议与信任的人签署意定监护协议,在必要的时候保护自己的权利。

(2)长期同居的伴侣。

笔者认为此处的"伴侣"包含长期同居的异性伴侣以及同性伴侣。因同居关系之间的身份关系没有法律的保障,所以,在现实中最亲密的人却无法成为关键时刻能够签字的人。所以笔者建议这部分人可以与最信任的人订立意定监护协议,用法律保障彼此的权益。

(3)丁克家庭或者失独家庭。

丁克家庭或失独家庭,在法定监护上本就少了子女一栏,到了一定年龄,父母可能会先于我们离开,配偶也可能会先于自己离开。这时候意定监护协议就显得尤为重要,在指望不上法定监护人的时候,我们需要提前考虑自己的晚年生活应当由谁来安排。

5. 什么情况下可以撤销意定监护协议

意定监护协议本质上是委托与被委托关系,属于委托合同,但与普通的委托合同不同,意定监护协议带有人身属性。根据《最高人民法院关于适用〈中华人民共和国民法典〉总则编若干问题的解释》第 11 条的规定,具有完全民事行为能力的成年人与他人订立书面协议事先确定自己的监护人后，协议的任何一方在该成年人丧失或者部分丧失民事行为能力前请求解除协议的，人民法院依法予以支持。但是该成年人已丧失或者部分丧失民事行为能力后，协议确定的监护人无正当理由请求解除协议的，人民法院不予支持。

也就是说，为了保障被监护人的合法权益，意定监护的任意解除权仅存在于双方都具有完全民事行为能力时。例如，在案例二中，李老太与高美订立意定监护协议后，在李老太丧失或者部分丧失民事行为能力之前，法院准予其解除监护关系。

解除意定监护的途径，双方可以就解除事宜签署解除协议，若是通过公证方式办理的意定监护协议，解除时最好也办理公证；若双方无法就解除协议达成一致，可以通过法院诉讼的方式解除。

法律依据

本文参考案例的法律依据为《中华人民共和国民法典》第三十三条、第四百六十四条。

66. 子女有义务在精神层面赡养老人吗?

随着中国步入老龄化社会,越来越多的老人需要被赡养、被照顾,空巢老人也越来越多。我们通常理解的赡养老人大多是物质层面的,子女为老人提供必要的物质生活条件,解决老人家的衣食住行问题。但是随着生活水平的提高,与物质需求相比,老人们对精神层面的陪伴需求日益增加。《常回家看看》是大家耳熟能详的歌曲,也是天下父母对子女的共同寄托。那么,子女有义务在精神层面赡养老人吗?本书将通过实务案例进行分析。

经典案例(一)

1. 案情介绍

董小莉是董建国和刘翠华所生的独生女儿,董建国和刘翠华于2000年离婚,董小莉跟着母亲刘翠华一起生活。董建国对女儿董小莉疼爱有加,并尽自己最大努力供其读完大学。

但是在董小莉长大后其从未看望、照顾董建国,董建国住院后也无人护理,董小莉拒绝前往医院签署手术单,导致董建国耽误了治疗。而且因为董建国膝下有子女,所以当董建国向民政部门申请经济补助时,民政部门并未批准。

董建国多次要求女儿董小莉尽赡养义务、支付赡养费,董小莉均拒绝了。董小莉认为当年董建国和刘翠华离婚时,双方签署离婚协议,约定将一套房子和两辆运营汽车给董建国,债务则由刘翠华承担,董建国是具有一定经济基础的。

现董建国年事已高,身体疾病缠身失去劳动能力,女儿董小莉对父亲多年来不闻不问,不尽赡养义务,违背了中华民族传统的孝道美德,也触犯了国家赡养老人的法定规定。董建国现无经济收入,即使其在将来可以领取养老保险,但考虑到石家庄市的实际消费水平,以及董建国的年龄及身体状况,董建国起诉要求女儿董小莉支付其每月1000元赡养费。

董小莉认为自身经济条件较差,无法支付每月1000元的赡养费。另外,董小莉和丈夫在2014年2月领取了失业证,现阶段家庭经济条件十分窘迫,而董建国能够生活自理,不符合需要护理的条件,若再由董小莉去护理,董小莉不仅没有经济能力去赡养，其自身生存也没有着落。[1]

2. 争议焦点

董小莉是否有义务经济赡养、精神赡养董建国？

3. 法院观点

尊重和孝敬老人，并不完全体现在经济上的支持，看望老人，照顾老人，使老人能够感受到子女的关心，亦是赡养父母的具体表现。董建国要求董小莉每月看望其两次，并为其做饭及处理家务，符合公序良俗的标准，对于董建国要求董小莉每月支付1000元赡养费、每月探望两次，每次不得少于6小时，并在探望过程中，为董建国做饭并处理家务的诉讼请求予以支持。

经典案例(二)

1. 案情介绍

孙老太的丈夫早年去世，两人共同生育了于光、于宗、于耀、于祖四个子女。子女长大后渐渐成家立业，留孙老太一人独居，只有三儿子于耀长年照顾孙老太，其余孩子只是偶尔来看一下就离开。

孙老太一直重男轻女，大女儿结婚的时候，孙老太没有给过一分钱的陪嫁，因此大女儿怀恨在心，扬言以后不再抚养孙老太，由剩下的三个弟弟照顾。然而三个弟弟成家立业后，嘴上说得好听，实际的事却没干多少。

孙老太在农村的平房里过着独居的生活，虽然生下了四个子女，但是生活非常孤独，平时也没有人前来探望孙老太。村里的其他人背地里说孙老太的四个子女都不孝顺，自己在城市里享福，却把母亲留在农村。

孙老太年事已高且身体多病，行动不便，孙老太将四个子女起诉到法院要求四个子女轮流赡养。

大女儿于光说孙老太当年将房产全部归儿子，女儿只身出嫁，因此，应当由于耀、于祖为孙老太养老送终，自己可以尽孝心。孙老太自住院时起，四个子女就平均承担赡养义务，后来为赡养问题多次协商未果。且自己身体有病，无力照顾孙老太，请求将孙老太送敬老院终老。

二女儿于宗称，自己一直赡养孙老太。自己身体有病，同意孙老太到养老

① 参考案例：(2014)新民初字第696号。

院,入院费用除孙老太自己的收入以外,其余部分被告每年分担1000元。

三儿子于耀称,自己一直赡养孙老太。自今年7月8日起开始自己照顾孙老太已经有3个月,请求由其余三被告开始轮流照顾孙老太每人3个月。

小儿子于祖称,同意赡养孙老太,同意轮流照顾,请求轮流照顾的顺序是由大及小。[①]

2. 争议焦点

(1)四个子女是否都有义务赡养孙老太?

(2)大女儿称因孙老太将财产全部给儿子,自己无赡养义务,说法是否成立?

3. 法院观点

法院认为,《婚姻法》第21条规定,"父母对子女有抚养教育的义务;子女对父母有赡养扶助的义务。……子女不履行赡养义务时,无劳动能力的或生活困难的父母,有要求子女给付赡养费的权利"。

孙老太年过八旬,已经丧失劳动能力,且行动不便,要求四个子女轮流赡养,于法有据,应予支持。二女儿于宗上诉称身体有病、没有能力亲自照顾,要求孙老太到敬老院生活,但老人是否到敬老院生活应尊重老人自己的意愿,不能强行将被赡养的老人送到敬老院。而且子女对老人的赡养既包括物质上的赡养,也包括精神层面的赡养,不仅要让被赡养的老人吃得饱、穿得暖,还要让老人精神愉快、心情舒畅,尽可能地让老人安度晚年,享受天伦之乐。至于孙老太在法院审理中明确表示愿意到敬老院生活,但要求子女经常探望,系双方在轮流赡养期间对赡养方式及方法协商作出的调整,法院不宜直接判令孙老太到敬老院养老。

律师分析

1. 物质赡养与精神赡养的法律规定

《民法典》第26条第2款规定,成年子女对父母负有赡养、扶助和保护的义务。

《老年人权益保障法》第14条第1款规定,赡养人应当履行对老年人经济上供养、生活上照料和精神上慰藉的义务,照顾老年人的特殊需要。第18条规定,

① 参考案例:(2014)烟民四终第300号。

家庭成员应当关心老年人的精神需求，不得忽视、冷落老年人。与老年人分开居住的家庭成员，应当经常看望或者问候老年人。

虽然目前我国法律没有直接在法条中规定精神赡养，但通过上述法律规定可以看出已明确赡养义务包括物质赡养和精神赡养两个层面。精神赡养包括对老人生活上的照料、精神上的慰藉、照顾老人的特殊需要。

以上两个案例都认为无须给予老人精神赡养，或者是有人认为进行了物质赡养，就可以不用精神赡养了。但实际上，物质赡养、精神赡养并非二选一的关系，大多数时候，两者是并存的。老人既需要子女进行物质赡养，也需要精神赡养，并非履行了物质赡养义务，就可以免除精神赡养义务。此外，精神赡养也不是以物质赡养能力为前提，即使子女没有经济能力，也不能免除精神赡养的义务，精神的抚慰、情感的关心是有孝心的子女都能够提供的。

2. 精神赡养的实务处理

实践中存在众多的空巢老人，缺乏关爱的老人，这些老人由于缺乏子女的精神赡养，常常感觉到孤独，容易被保健品销售、诈骗团伙欺骗，损失大量钱财。近年来，老人起诉要求子女们对自己进行探望、陪伴、关怀的案件也越来越多。

如上文中法院观点所显示的，老人希望子女能够经常回家探望的诉求完全符合法律规定，也完全符合中华民族传统美德和社会主义核心价值观，子女应当尊重老人的决定和选择，维护老人的尊严，子女对父母的精神赡养于情于理于法都应当得到支持。

尊老敬老是中华民族的传统美德，在日常生活中，我们不仅应当在物质上、生活上给予老人全方位的关心和照顾，妥善安排老人的衣、食、住、行，更要在精神层面上照顾老人的需求，使他们在感情上得到慰藉，鼓励老人健康生活、快乐生活，愉快地安度晚年。

法律依据

本文参考案例的法律依据为《中华人民共和国婚姻法》第二十一条，现为《中华人民共和国民法典》第二十六条、《老年人权益保障法》第十四条。

第二部分

继承编

五、法 定 继 承

67. 法定继承人的范围是什么？

由于中国的传统文化影响，大部分的人都不习惯订立遗嘱，在顺其自然的情况下法定继承成为大多数人的选择。按照法律的规定对被继承人的财产进行继承时，法定继承人的范围包括哪些？所有法定继承人都可以继承财产吗？本书将根据法律条文、实务案例进行详细解析。

经典案例

1. 案情介绍

李花花与范胜利1998年登记结婚，婚后以范胜利的名义购买了南京市秦淮区的一套房产。因为身体原因，小两口一直没有要上孩子。后来，经过两人协商，李花花和范胜利共同与南京某医院签订了人工授精协议书。通过人工授精，李花花于2004年10月产下一子，取名范洋洋。

2004年4月，范胜利患癌症住院。5月20日，范胜利在医院立下自书遗嘱，5月23日病故。范胜利去世后，妻子李花花与范胜利的父母范父、范母因秦淮区的房产发生了争执。双方僵持不下，李花花与儿子范洋洋一纸诉状将两人诉至法院。

李花花认为，位于秦淮区的房产是婚内购买，属于夫妻共同财产。范胜利因病死亡后，儿子范洋洋才出生。范胜利的遗产，应当由妻子李花花、儿子范洋洋与范胜利的父母等法定继承人共同继承。她多次与公公婆婆协商分割遗产，均未达成一致意见，请求法院解决这一析产继承纠纷。另外，李花花提出还应当考虑到范父、范母有自己房产并有退休金，而其无固定收入还要抚养幼子的现实情况,对李花花和范洋洋给予一定照顾。

范父、范母则认为,首先,秦淮区的房产是范家被拆迁后,政府安置给范家的公房,这套房屋虽以范胜利的名义购买,但购买时范父、范母还出资 1 万元,占总购房款的 2/3,故此房不是范胜利、李花花的夫妻共同财产,而是范家家产。其次,范胜利生前留下遗嘱,明确将房产赠予范父、范母,故对该房产不适用法定继承。再次,这个孩子虽然是范胜利签字同意通过人工授精的方式怀孕的,但范胜利在得知自己患了癌症后,已经向李花花表示过不要这个孩子,因此不能将这个孩子列为继承人。最后,范胜利死亡时,留下大笔存款被李花花占有,应当用范胜利遗留的存款清偿范胜利遗留的债务,其余按法定继承处理。①

2. 争议焦点

(1)李花花与范胜利人工授精所生的孩子范洋洋是否为合法继承人?范洋洋是否具有继承权?

(2)范胜利的遗产应按照法定继承,还是按照遗嘱继承?

(3)针对范胜利的《遗嘱》中未提及的银行存款,是否为其遗产呢?应如何分配?

3. 法院观点

关于争议焦点一。最高人民法院在 1991 年 7 月 8 日《关于夫妻离婚后人工授精所生子女的法律地位如何确定的复函》中规定:“在夫妻关系存续期间,双方一致同意进行人工授精,所生子女应视为夫妻双方的婚生子女,父母子女之间权利义务关系适用《婚姻法》的有关规定。”范胜利因无生育能力,签字同意医院为其妻子即原告李花花施行人工授精手术,表明了想通过人工授精方法获得其与李花花共同的子女的意思表示。只要夫妻双方同意通过人工授精生育子女,所生子女无论是与夫妻双方还是与其中一方没有血缘关系,均应视为夫妻双方的婚生子女。《民法通则》第 57 条规定:“民事法律行为从成立时起具有法律约束力。行为人非依法律规定或者取得对方同意,不得擅自变更或者解除。”范胜利因病,对签字同意施行人工授精手术一事表示反悔,但此时妻子李花花已经受孕。范胜利要反悔此事,依法必须取得李花花的同意;在未取得李花花同意的情形下,范胜利的签字就具有法律约束力,不得以其单方意志擅自变更或者解除。

① 参考案例:《李雪花、范洋诉范祖业、滕颖继承纠纷案》,载《最高人民法院公报》2006 年第 7 期。

因此，范胜利在遗嘱中否认其与李花花所怀胎儿的父子关系，是无效民事行为。李花花生育的原告范洋洋，是范胜利的合法继承人。

关于争议焦点二。《继承法》第5条规定："继承开始后，按照法定继承办理；有遗嘱的，按照遗嘱继承或者遗赠办理；有遗赠扶养协议的，按照协议办理。"被继承人范胜利死亡后，继承开始。鉴于范胜利留有遗嘱，本案应当按照遗嘱继承办理。

关于争议焦点三。范胜利死亡后，夫妻关系存续期间的存款余下18,705.4元，由原告李花花持有。从这笔存款中向被告范母偿还范胜利、李花花的夫妻共同债务8500元，再扣除李花花应得的一半夫妻共同财产，余款5102.7元是范胜利的遗产。对这部分遗产，范胜利在自书遗嘱中未提及，应当按法定继承办理，由范胜利的法定第一顺序继承人李花花和原告范洋洋、被告范父、范母四人均分，每人得1275.7元。

律师分析

法定继承人，又称为"无遗嘱继承人"，所指向的对象为没有订立遗嘱的被继承人的继承人。法定继承人的范围、顺序、份额都在法律上有明确的规定，在法定继承的情况下，任何人不得逾越法律对法定继承人范围、顺序、份额的规定。

《民法典》第1127条规定，遗产按照下列顺序继承：(1)第一顺序：配偶、子女、父母；(2)第二顺序：兄弟姐妹、祖父母、外祖父母。本编所称子女，包括婚生子女、非婚生子女、养子女和有抚养关系的继子女。本编所称父母，包括生父母、养父母和有抚养关系的继父母。本编所称的兄弟姐妹，包括同父母的兄弟姐妹、同父异母或者同母异父的兄弟姐妹、养兄弟姐妹、有抚养关系的继兄弟姐妹。《民法典》第1129条规定，丧偶儿媳对公婆、丧偶女婿对岳父母，尽了主要赡养义务作为第一顺序继承人。这是《民法典》关于法定继承人的范围的规定。继承人的范围决定了遗产在哪些人中间分配，认定继承人的范围非常重要。

1. 配偶

配偶必须是合法有效的婚姻关系以及合法有效的婚姻关系存续期间的配偶。无效的婚姻、曾经有合法的婚姻关系但是已经解除的，都不属于具有继承关系的配偶的范畴。另外，在实践中还经常遇见的情况，就是并未进行结婚登记的同居男女双方，一方死亡，另一方是否有继承权的问题。这取决于其同居开始的时间以及是否以夫妻名义进行同居。按照《最高人民法院关于适用〈中华人民共和国民法典〉婚姻家庭编的解释(一)》第8条的规定,未依据《民法典》第1049条规定办理结婚登记而以夫妻名义共同生活的男女,一方死亡,另一方以配偶身份主张享有继承权的,依据本解释第7条的原则处理。《最高人民法院关于适用〈中华人民共和国民法典〉婚姻家庭编的解释(一)》第7条的规定,未依据《民法典》第1049条规定办理结婚登记而以夫妻名义共同生活的男女,提起诉讼要求离婚的,应当区别对待:(1)1994年2月1日民政部《婚姻登记管理条例》公布实施以前,男女双方已经符合结婚实质要件的,按事实婚姻处理。(2)1994年2月1日民政部《婚姻登记管理条例》公布实施以后,男女双方符合结婚实质要件的,人民法院应当告知其补办结婚登记。未补办结婚登记的,依据本解释第3条规定处理。也就是说如果主张以配偶身份主张继承的情况,主张一方应当证明1994年2月1日之前就已经以夫妻名义共同生活并且符合结婚的实质要件。

2. 子女

根据《民法典》的规定,子女包括婚生子女、非婚生子女、养子女和有扶养关系的继子女。子女对父母的继承权不受父母婚姻关系变化的影响。另外,对于养父母子女,在收养关系成立后,原来没有父母子女关系的,可以形成法律上的父母子女关系,也因此,养子女与生父母之间不再存在父母子女关系,被收养的子女对其生父母的遗产也不再享有继承权。与此不同的是,和被继承人有扶养关系的继子女,是可以继承其生父母以及继父母的遗产的。

另外,需要强调:一方在婚姻关系存续期间,与配偶以外的其他人生育的非婚生子女,对其生父或母而言,仍具有继承权。虽然这种行为与道德相违背,但非婚生子女继承权仍是受法律保护的,若将非婚生子女排除在外私下对遗产进行处理,非婚生子女仍有权利主张分割遗产。

关于本案中的人工授精出生的子女是否能被列为法定继承人,《最高人民法院关于适用〈中华人民共和国民法典〉婚姻家庭编的解释(一)》第40条规定,婚姻关系存续期间,夫妻双方一致同意进行人工授精,所生子女应视为婚生子女,父母子女间的权利义务关系适用《民法典》的有关规定。案例中人工授精是夫妻双方的意思表示,因此范洋洋是范胜利的合法继承人。

3. 父母

《民法典》规定，父母，包括生父母、养父母和有扶养关系的继父母。笔者在执业过程中遇到争议较多的是形成抚养或扶养关系的继父母子女，举个例子：一方再婚时已有未成年子女，那么再婚时直接抚养子女一方与再婚配偶就构成了继父母子女的关系。如果此时直接抚养的子女年龄幼小，并且与再婚后的夫妻共同生活，直接抚养的子女的生活照料、教育等都由再婚夫妻来承担，此时继父母与继子女形成了事实上的抚养与教育关系，在这种情形下，可以认定继父母与继子女之间形成了抚养关系，也因此继子女与继父母之间的关系才能视同为生子女与生父母之间的权利义务关系。也就是说，并非所有的继父母子女之间都存在继承关系，只有"形成抚养关系"的继父母子女，才互相存在继承关系。

4. 兄弟姐妹

《民法典》规定的兄弟姐妹，包括同父母的兄弟姐妹、同父异母或者同母异父的兄弟姐妹、养兄弟姐妹、有扶养关系的继兄弟姐妹。笔者认为，这里需要大家特别关注的是同父母的兄弟姐妹、同父异母或者同母异父的兄弟姐妹、养兄弟姐妹之间的继承权是无须考量是否有抚养关系以及是否共同生活的；而继兄弟姐妹需要考量继兄弟姐妹是否形成扶养关系。

5. 尽了主要赡养义务的丧偶儿媳或尽了主要赡养义务的丧偶女婿

判断丧偶儿媳以及丧偶女婿是否具有继承权是不以丧偶儿媳或丧偶女婿是否再婚为考虑因素的，即使丧偶儿媳或丧偶女婿再婚，又生育子女等，只要丧偶儿媳或丧偶女婿尽了主要赡养义务，那么丧偶儿媳、丧偶女婿还是具有继承权的。判断丧偶儿媳或丧偶女婿尽了主要赡养义务，可以参考对被继承人生前的生活提供了主要经济来源或者提供了主要的照顾等因素。

6. 孙子女、外孙子女不在法定继承人范围内

需要我们特别关注的是，孙子女、外孙子女并非在法定继承人范围内。如果被继承人将来有一天希望遗产由孙子女继承，需要提前订立有效的遗嘱。继承发生后，孙子女、外孙子女需要在知道遗嘱的内容后的 60 日内表示接受继承或者放弃继承，到期没有表示的，视为放弃继承。而实务中，有部分受遗赠人，并不清楚接受遗赠需要明确表示接受遗赠，并保留证据，导致与法定继承人或者其他受遗赠人发生矛盾，产生纠纷。

法律依据

本文参考案例的法律依据为《中华人民共和国民法典》第一千一百二十七条、第一千一百二十九条,《最高人民法院关于适用〈中华人民共和国民法典〉婚姻家庭编的解释(一)》第七条、第八条、第四十一条。《关于夫妻离婚后人工授精所生子女的法律地位如何确定的复函》于1991年7月8日实施,2021年1月1日被废止,现为《最高人民法院关于适用〈中华人民共和国民法典〉婚姻家庭编的解释(一)》第四十条。

68. 法定继承人的顺序是什么?

遗产的法定继承,指被继承人生前没有留下遗嘱的情况下,被继承人身故以后,继承人依法继承被继承人遗产的继承方式。法定继承的情况下,继承人的范围、继承顺序等均按照法律规定进行。法定继承人的顺序非常重要,按照《民法典》第 1127 条第 2 款的规定,继承开始后,由第一顺序继承人继承,第二顺序继承人不继承;没有第一顺序继承人继承的,由第二顺序继承人继承。那么法定继承的顺序是什么呢? 又该如何继承呢? 本书将结合案例一一探讨。

经典案例(一)

1. 案情介绍

邢周全与张秀珍二人系夫妻关系,已是花甲之年,夫妻二人年轻的时候在北京市通州区共同建造了一个小四合院,共有北房四间,土地使用权登记在邢周全名下,夫妻二人在该院共同生活 40 余年。在这个四合院中,承载了两人太多美好时光,夫妻二人在这里生育了五个子女并将他们养育长大。长子邢伯、次子邢仲、三子邢季,长女邢大华、次女邢小花。

2013 年 12 月 11 日,邢周全因病去世,邢周全父母均先于其死亡,留下老伴张秀珍、五个子女和一个四合院,没有任何遗言。

在邢周全去世之后,子女们提出分割四合院,并与母亲张秀珍起了争执,一家人最终对簿公堂。

张秀珍想要四合院归其所有。她认为,邢周全与自己夫妻多年,并共同建造了该房屋,自己有选择居住的权利;此外,五个子女都有属于自己的房屋院落,为了自己居住使用的方便,特向法院提起诉讼,要求属于邢周全房产份额均归张秀珍继承。

经过法庭的调解,长子邢伯同意由张秀珍继承相应的房产份额,但要求张秀珍按照房产总价值 35 万元的标准支付其应继承份额的折价款。长女邢大华、次女邢小花二人表示同意由张秀珍继承相应的房产份额,但也要求张秀珍按照两间房价值 35 万元的标准支付其应继承份额的折价款。次子邢仲则坚持要求依法继承其应得的份额,并拒绝在相应笔录上签字。张秀珍也不同意按照35万元的支付标准,而是同意按照房产价值30万元的标准给付其他继承人折价款。[①]

2. 争议焦点

本案中,邢周全的遗产应当如何继承?

3. 法院观点

涉及夫妻共同所有的财产,除有约定的外,遗产分割时,应当先将共同所有的财产的一半分出为配偶所有,其余的为被继承人的遗产。涉案院落由邢周全生前与张秀珍共同建造,属于邢周全和张秀珍的夫妻共同财产,考虑到居住使用的方便,法院依法确认涉案院落中北房四间中的西数第一间、第二间房屋为邢周全的遗产,涉案院落中北房四间中的东数第一间、第二间房屋为张秀珍的个人财产。

遗产按照下列顺序继承:第一顺序:配偶、子女、父母。第二顺序:兄弟姐妹、祖父母、外祖父母。继承开始后,由第一顺序继承人继承,第二顺序继承人不继承。没有第一顺序继承人继承的,由第二顺序继承人继承。邢周全于2013年12月11日因病去世注销户口,去世时,其第一顺位继承人为张秀珍、邢伯、邢仲、邢季、邢大华、邢小花,六人均有平等的继承权,每人均有权利继承两间房屋的1/6。关于属于邢周全的两间房屋的继承方式,邢伯、邢大华、邢小花均同意由母亲张秀珍继承相应的房产份额,由张秀珍给付每人相应份额的折价款,法院对此不持异议。关于折价款的具体金额,法院依据双方当事人的意愿确定为两间房屋价值35万元,由张秀珍按此标准给付邢伯、邢大华、邢小花应继承房产份额相应的折价款,按照每人1/6的标准,邢伯、邢大华、邢小花每人应得的折价款金额为58,333.33元。

因邢季在庭审过程中同意母亲继承房产,并不要求母亲给付折价款,法院对此不持异议。邢仲坚持要求继承应得的房产份额,法院对其应继承份额予以确认。

法院最终判决:(1)坐落于北京市通州区四合院内北房四间中的西数第一间由张秀珍和邢仲共同继承所有,其中张秀珍继承该间房屋2/3的份额,被告邢仲继承该间房屋1/3的份额;(2)坐落于北京市通州区四合院内北房四间中的

---

① 参考案例:(2021)京0112民初40192号。

西数二间由张秀珍继承所有;(3)张秀珍给付邢伯、邢大华、邢小花应继承房产份额的折价款每人58,333.33元。

经典案例(二)

1. 案情介绍

刘大与刘二、刘三、刘四、刘五、刘六系兄弟姐妹关系。刘大与前妻余渝共同生育一个儿子刘辉,并且在婚姻关系存续期间共同在雅安雨城区购买了一处住宅,登记在刘大的名下。余渝因病于2013年去世。刘辉成年后也在雅安购置一处房产,且登记在自己的名下。

2014年,刘大经人介绍与孔莉认识,并结婚登记。孔莉在与刘大结婚之前,曾有过一段婚姻,并生育了一个女儿周舟,孔莉与前夫离婚时,女儿周舟已成年。

2018年一天的下午,对于刘大一家是灾难性的存在,谁也不能预料他们会以这样的方式与这个世界告别。刘大与孔莉因无法联系刘辉遂前往刘辉住处寻找,到达小区后,刘大先上楼查看,而孔莉见刘大迟迟不肯下楼又联系不上,便亲自上楼查看,见刘辉与刘大均煤气中毒之后便给女儿周舟打电话。但孔莉为了救助刘大、刘辉并未及时离开现场。120到达现场后,确认刘辉已死亡,刘大与孔莉尚有生命体征便送往医院对二人进行抢救,但最终抢救无效,刘大与孔莉二人相继死亡。

了解到,刘大的父母均先于其去世,孔莉的父亲已先于其去世,其母亲孔母还健在。

刘二、刘三、刘四、刘五、刘六,因对刘辉、刘大的遗产分配不能达成协议,便将周舟与孔母起诉至法院,要求分割刘辉与刘大名下的两处房产。[①]

2. 争议焦点

本案的遗产范围有哪些?刘辉、刘大、孔莉在同一事件中去世,继承顺序应当如何确认?刘二、刘三、刘四、刘五、刘六作为刘大的第二顺位继承人,在本案中享有继承权吗?

---

① 参考案例:(2020)川18民终432号。

3. 法院观点

(1)关于如何确定本案遗产范围的问题。

首先,刘大名下的一处房产属于刘大与余渝的夫妻共同财产,在余渝去世后,属于其50%的份额应当由刘大、刘辉共同继承。因此该房产最终的所有权份额为刘大持有75%、刘辉持有25%。其次,关于刘辉名下的一处房产,在刘辉死亡后,由于其未婚且无子女,该房产应当由刘大继承。由于刘大与孔莉为夫妻关系,刘大通过法定继承的财产,应当属于二人的夫妻共同财产。最后,刘辉名下房产的继承情况为刘大50%、孔莉50%。

(2)关于刘大、孔莉死亡时间的认定问题。

依据本案查明的案件事实,2018年,刘大、孔莉来到刘辉居住的房屋内,发现刘辉煤气中毒,刘大、孔莉先后入室中毒,分别于当日16时43分和47分宣布临床死亡。

依照《最高人民法院关于贯彻执行〈中华人民共和国继承法〉若干问题的意见》第2条"相互有继承关系的几个人在同一事件中死亡,如不能确定死亡先后时间的,推定没有继承人的人先死亡。死亡人各自有继承人的,如几个死亡人辈分不同,推定长辈先死亡;几个死亡人辈分相同,推定同时死亡。彼此不发生继承,由他们各自的继承人分别继承"的规定,法院推定在本次事件中,刘辉先于刘大、孔莉死亡,刘大、孔莉同时死亡。

(3)关于本案遗产的继承问题。

本案中,刘大的第一顺位继承人父母、子女、配偶均已死亡,根据法律规定,第一顺位继承人不发生继承时,由第二顺位继承人即刘大的兄弟姐妹继承其遗产,故刘二、刘三、刘四、刘五、刘六依法均等继承刘大遗产份额。对于孔莉的遗产,根据法律规定,由其第一顺位继承人周舟、孔母均等继承,其第二顺位继承人不发生继承。

律师分析

1. 法定继承人的继承顺序是什么

法定继承人的继承顺序,是指在继承开始后,各个法定继承人继承遗产的先后次序。由于法定继承是以一定的人身关系为前提的,依据继承人和被继承人之间的血缘、姻亲关系的亲疏及生活关系的依赖程度,《民法典》继承编将六类法定继承人划分为两种继承顺序，第一顺序为配偶、子女和父母，第二顺序为兄弟姐妹、祖父母、外祖父母。

法律规定了两种继承顺序，在没有遗嘱的情况下就要求继承人严格按照继承顺序继承。同一顺序内，各继承人的继承权平等。不同顺序的继承人不能同时继承，当被继承人有第一顺序继承人时，先由第一顺序继承人继承，只有在没有第一顺序继承人或者第一顺序继承人全部放弃或者丧失继承权时，第二顺序继承人方能继承。

例如，在案例一中，邢周全去世后，其第一顺序法定继承人为配偶张秀珍，子女邢伯、邢仲、邢季、邢大华、邢小花，父母（已故）。本案中，存在第一顺序继承人且第一顺序继承人没有放弃或丧失继承权时，应当由第一顺序的继承人依法继承。同样的道理，在案例二中，刘大去世后，其第一顺序法定继承人父母、配偶、子女均已去世，无第一顺序的法定继承人，因此其兄弟姐妹作为第二顺序继承人发生继承；而孔莉的第一顺序继承人母亲孔母、女儿周舟均在，所以第二顺序继承人不发生继承。

2. 同一事件中多个人死亡，法定继承顺序如何处理

依据《最高人民法院关于贯彻执行〈中华人民共和国继承法〉若干问题的意见》第 2 条的规定，相互有继承关系的几个人在同一事件中死亡，如不能确定死亡先后时间的，推定没有继承人的人先死亡。死亡人各自都有继承人的，如几个死亡人辈分不同，推定长辈先死亡；几个死亡人辈分相同，推定同时死亡，彼此不发生继承，由他们各自的继承人分别继承。

虽然该法条在《民法典》生效之后，因继承法的废止而同时失效。最新的司法解释未对该条文作出规定，在没有其他不一致的意见出台时，本条为探讨性观点。笔者认为，在出现同一事件中多个继承人死亡的情况，法院在审理时也参考以往的裁判观点进行审理。

例如，在案例二中，刘辉、刘大、孔莉在同一事件中死亡，虽有医学推定的先后死亡顺序，但在法律上为了保障身份关系、财产关系的确认，依旧将其推定为，没有继承人的刘辉先死亡，辈分相同的刘大与孔莉同时死亡且互不发生继承。

法律依据

本文参考案例的法律依据为《中华人民共和国民法典》第一千一百二十二条、第一千一百二十七条、第一千一百三十二条、第一千一百五十三条。《中华人民共和国继承法》第二条、第十条、第二十六条,《中华人民共和国婚姻法》第十七条;现为《中华人民共和国民法典》第一千零六十二条、第一千一百二十一条、第一千一百二十七条、第一千一百五十三条。

69. 如何保障非婚生子女继承权的实现?

按照《民法典》的规定,非婚生子女享有与婚生子女享有同等的继承权,这是毋庸置疑的,大部分人都知道这个知识。可是法律条文本身与非婚生子女依法实现继承权中间还有很长的路要走。本书通过案例来跟大家分享如何最大限度地保证非婚生子女继承权的实现。

经典案例(一)

1. 案情介绍

刘东骏与张蝶夫妻二人共同生育了一个女儿刘惗。但刘东骏长期与李梅生活在一起,并共同生育了一个儿子刘浩。

2015 年 10 月 20 日,刘东骏因脑血管病死亡,其生前未立遗嘱,未与他人签订遗赠扶养协议。刘东骏父母已经先于刘东骏去世。刘东骏生前留下三套房产,张蝶、刘惗、刘浩就继承事宜产生争执。

刘浩为证明自己的身份,提供了香港生死登记处签发的生死登记簿,显示刘浩于 2011 年 11 月 15 日在香港浸会医院出生,其父亲为刘东骏,母亲为李梅,且由其二人签字确认。但张蝶、刘惗对刘浩与刘东骏之间的亲子关系并不予认可,刘浩便申请就其与刘惗之间的亲属关系进行司法鉴定。

在案件审理过程中,法院依法委托司法鉴定所对刘浩与刘惗是否来自同一男性父系家族进行 DNA 鉴定,该所致函法院称父系鉴定仅限于男性之间,无法鉴定刘浩与刘惗是否存在同一父系关系。①

2. 争议焦点

在法院无法通过 DNA 鉴定得出亲子关系的结论,凭借出生证明的父母子女姓名,能够认定刘浩为刘东骏的合法继承人?

3. 法院观点

(1)一审法院认为,关于刘浩是否为刘东骏非婚生子的问题。刘浩提交了

---

① 参考案例:(2019)粤 03 民终 10564 号。

香港生死登记处的资料,根据香港法律规定,非婚生子女要登记父亲姓名的,均需要父亲提出申请或者出具法定的声明书。在本案中因客观原因,无法通过亲属关系司法鉴定间接证明刘东骏与刘浩之间的亲子关系,从证据优势角度,刘浩所举证据证明力明显大于张蝶、刘惗举证,故法院依法采信刘浩主张,认可刘浩系刘东骏非婚生子,具有刘东骏继承人资格。

由于无证据表明刘东骏生前订立遗嘱或与他人签订遗赠扶养协议,其遗产继承应按照法定继承办理;基于本案现有在案证据,其第一顺序继承人包括张蝶、刘惗、刘浩。

关于本案争议的三套房产均系刘东骏、张蝶婚姻关系存续期间购买,在无其他证据直接证明张蝶、刘东骏对夫妻共同财产进行了明确约定的情况下,不能将涉案房产不动产登记显示的权利份额直接视为夫妻财产约定,故三套房产均为二人共同所有,刘浩主张其中50%属于刘东骏死亡时遗留的合法财产,具有事实和法律依据,法院予以采纳。

刘东骏第一顺序继承人共有三人,每人依法可继承遗产份额为遗产总额的1/3。在法院审理过程中,刘浩明确要求取得其应继承份额对应价值而非房产份额,故法院酌情确定刘东骏名下涉案三套房产的份额由张蝶、刘惗共同继承,各自继承刘东骏50%房产份额的一半;张蝶、刘惗应补偿刘浩各自应继承份额所对应财产价值。

张蝶与刘惗认为DNA鉴定无法证明刘浩属于刘东骏的合法继承人,刘浩不应当继承刘东骏的遗产,便提出上诉。

(2)二审法院认为,香港生死登记处签发的出生登记记录是具有法律效力的文书,其相关联的《出生登记/重新办理所需的资料》备存于香港入境事务处,且该资料附有刘东骏和李梅的港澳通行证复印件。据原审法院查证的刘东骏往来香港记录可知,在刘浩出生前后几日和办理《出生登记/重新办理所需的资料》之时,刘东骏均有数次往来香港的出入境记录,以上事实均与刘浩的出生登记记录相互印证,现并无证据可以证明出生登记记录或《出生登记/重新办理所需的资料》登记有误或存在伪造,刘浩的父亲并非刘东骏的意见,法院不予采信。

刘东骏名下的三套房产均购买于张蝶和刘东骏的婚姻关系存续期间,属于该夫妻二人共同财产。虽然涉案学林雅院房产的产权登记中显示张蝶所占份额为70%、刘东骏所占份额为30%,但该二人并未就该房产进行夫妻分别财产制的约定，该房产为夫妻共同所有而非按份共有，故张蝶称涉案学林雅院房产仅30%为刘东骏遗产的意见，无法律依据，本院不予支持。原审法院认定涉案三套房产的各50%属于刘东骏遗产有事实和法律依据，法院予以确认。

经典案例(二)

1. 案情介绍

袁辉与妻子温馨登记结婚后，生下了女儿袁茜。然而袁辉与妻子的感情并不好，在外还有一个红颜知己任雅，袁辉与任雅生下了儿子袁东。

袁辉于2018年2月26日因病去世。此前，袁辉的父母已经去世多年。袁辉去世后，留下两套房产和部分现金存款，由温馨、袁茜实际占有控制。袁东与温馨就继承事宜多次交涉无果，双方僵持不下，袁东将温馨与袁茜告上法庭。

在法庭审理过程中，袁东称自己是被继承人袁辉的非婚生子，与袁辉的配偶温馨、婚生女袁茜同为被继承人袁辉的第一顺位继承人，依法对袁辉的遗产具有同等的继承权。此外，袁东还表示父亲袁辉生前立有录音遗嘱，内容为袁辉同意将涉案某1房产过户给袁东，录音内容为通话记录。

任雅还称，袁东的户籍地址已落户到该套房产，与温馨、袁茜的户籍地址相同，从侧面佐证了温馨也同意将该套房产给袁东并将来过户到袁东名下。为了证明袁辉生前将某1房产留给袁东，任雅还让其与袁辉的共同好友出庭证明。

温馨、袁茜对袁东提交的录音证据和证人证言均不认可，表示当时温馨之所以同意将袁东的户籍落在袁辉、温馨的名下即某1房产名下，是为了解决袁东上学的问题，而不是同意将该套房产给袁东。①

2. 争议焦点

(1)任雅提供的与袁辉生前的“电话录音”遗嘱有效吗？

(2)袁辉遗留的财产应当如何继承？

3. 法院观点

法院认为，首先，因袁东提交的录音不具备录音遗嘱的形式要件，不具备遗嘱效力，本案应当按照法定继承处理。袁东系被继承人袁辉的非婚生子，与袁辉的配偶温馨、婚生女袁茜同为被继承人袁辉的第一顺位继承人，依法对袁辉的遗

---

① 参考案例：(2018)粤03民终23182号。

产具有同等的继承权。

其次,在对被继承人的遗产进行分割前,首先应当明确被继承人的遗产范围。被继承人袁辉与温馨结婚多年,直至袁辉去世双方仍为夫妻关系,财产共同共有。本案诉争的两套房产系拆迁补偿所得,取得房屋产权的时间为2017年。虽然该房产登记在袁辉一人名下,但属于袁辉与温馨的夫妻共同财产,仅有50%的份额属于袁辉的遗产范围,另外50%属于温馨的个人财产。

同理,2018年2月27日袁辉名下银行余额148,734元、袁辉名下股票余额16,060.20元的50%属于遗产范围。

袁东依据法定继承,享有遗产1/3的继承权。考虑到袁东为未成年人,依据《继承法》第13条第2款的规定,"分配遗产时,应当予以照顾"。但温馨作为被继承人袁辉的合法妻子,长期共同生活,尽到了更多的照顾义务,且其对家庭共同财产的积累有所贡献,依据《继承法》第13条第3款的规定,"分配遗产时,可以多分",温馨与其女儿袁茜的合法继承权应当得到法律的保护。综合本案情况,法院酌定涉案两套房产归温馨、袁茜共同继承所有,袁东分得遗产现金100万元,由温馨、袁茜共同支付。

律师分析

1. 非婚生子女依法享有继承权

非婚生子女,是相对于婚生子女的称谓,俗称私生子、私生女,是指没有合法婚姻关系的男女所生育的子女。有些国家的法律规定,非婚生子女不能享有与婚生子女同等的权利,其地位远低于婚生子女,其人身权利和财产权利也得不到保障。但是在我国法律规定中,非婚生子女与婚生子女的法律地位是一致的,不因父母缺乏合法的婚姻基础而否定非婚生子女的权利。

《民法典》继承编中也明确规定,非婚生子女为法定继承中第一顺序的继承人。我国法律之所以规定非婚生子女同婚生子女一样享有平等的继承权是因为非婚生子女和婚生子女一样,与生父母有直接的血缘关系,是直系血亲。是否婚生并非子女的过错,而且非婚生子女和婚生子女一样,都是社会成员。

2. 继承时非婚生子女身份无法确认的现实问题

虽然非婚生子女与婚生子女在法律上享有平等的继承权,但是在实践中,可能会因为无法证明非婚生子女与生父母的亲属关系而丧失继承遗产的资格。例如,在案例一中,非婚生子刘浩与婚生女刘惗之间的 DNA 鉴定,无法证明其二人具有亲属关系,若不是因为刘浩出具明确的出生证明,该案中,刘浩是否能实现继承权是不可知的。毕竟国内的情况,很多非婚生子女的出生证明、户籍材料中并未明确亲生父亲的信息。

在现实生活中,被继承人死亡后,由于情感、利益等原因,非婚生子女的异父异母兄弟姐妹是不愿意进行亲子鉴定或者是血缘关系鉴定的,这会直接导致非婚生子女继承人身份无法确定。如果非婚生子女既无法提供其与生父母的亲子鉴定,又无法提供有力的医学证明或者相关证据来证实其与生父母的亲子关系,基本上就很难再参与继承了,严重影响了其继承权的实现。

生父母与非婚生子女之间亲子关系的确定是保障非婚生子女享有继承权的基本前提。从我国当前法律政策和司法实践来看,确定非婚生子女与生父母的亲子关系主要有两种途径:其一,非婚生子女的生父母主动承认两者之间的亲子关系,同时愿意承担抚养责任并通过公证程序进行亲子认领。其二,非婚生子女生父母不承认其与非婚生子女的亲子关系,非婚生子女或者其生母可以请求法院进行亲子关系确认。

3. 如何保障非婚生子女的继承权

法律规定非婚生子女享有继承权是一回事,能不能继承到财产却是另一回事。法律规定遗产继承方式分为遗嘱继承和法定继承。在被继承人没有立遗嘱的情况下,遗产按照法定方式进行继承,此时非婚生子女属于第一顺序的继承人,可以继承财产。如果被继承人立了遗嘱,那么财产的继承就要按照遗嘱的内容进行。如果被继承人在遗嘱中没有把非婚生子女列为继承人或者在继承时不能确定被继承人是否有非婚生子女,那么非婚生子女就无法继承财产。所以,非婚生子女想要保障继承权得以实现可以通过以下两种方式:

(1)通过生父母订立遗嘱来获得继承权。由于非婚生子女大多是由其生母直接抚养,所以其当然享有对其生母财产的继承权。但是对生父的遗产只有在被承认或者认领时才享有继承权。因此,非婚生子女可以通过遗嘱(遗赠)的形式获得继承权。生父即使没有通过公证认领或者亲子鉴定,但只要其订立了合法有效的遗嘱就可以让非婚生子女享有继承权。

(2)通过确认非婚生子女继承权的诉讼方式获得继承权。《民法典》中明确了非婚生子女也是法定的第一顺序继承人。因此,即使在非婚生子女未被承认或者认领时，其依然可以通过确认其继承权的诉讼保护自己的合法权益。

法律依据

本文参考案例的法律依据为《中华人民共和国婚姻法》第十七条、第十九条、第二十五条，《中华人民共和国继承法》第二条、第三条、第五条、第九条、第十条、第十三条、第二十六条；现为《中华人民共和国民法典》第一千零六十二条、第一千零六十五条、第一千零七十一条、第一千一百二十一条、第一千一百二十二条、第一千一百二十三条、第一千一百二十六条、第一千一百二十七条、第一千一百三十条、第一千一百五十三条。

70. 如何判断继父母子女之间是否形成法律意义上的扶养关系?

随着社会婚姻缔结与解除的自由发展,具有扶养关系的继父母子女关系,成为继承案例中争议的主要内容之一。法律规定,与继父母有扶养关系的继子女和婚生子女一样是第一顺位继承人。实务中,判断是否形成了扶养关系是难点。我们尝试以案例的形式分析如何判断形成了抚养关系。

经典案例

1. 案情介绍

高汉与陈英夫妻二人共同生育了五个女儿,分别为高一、高二、高三、高四、高五。1982 年 4 月,陈英不幸去世。1984 年,经人介绍,高汉与马芳认识并登记结婚。高汉与马芳结婚时,高一已出嫁,高二虽已届成年,但仍在中学就读,高三、高四、高五均为未成年,除高一外的四个女儿随高汉与马芳共同生活。高汉与马芳结婚后,共同生育了三个子女,分别为高六、高七、高八。

2011 年 5 月,高汉因病去世;2020 年 12 月,马芳去世。高汉与马芳生前购置了两处房产,分别为住宅和商业用房,两处房产均登记在高汉名下,系二人的夫妻共同财产。高汉与马芳的父母均先于二人去世,二人去世时也未留下任何遗嘱。

现在高家同父异母的八位兄弟姐妹就高汉与马芳的遗产分割产生争议,遂诉至法院要求分割。[①]

2. 争议焦点

高汉与陈英生育的五个女儿对继母马芳的遗产是否享有继承权?本案的遗产应当如何分割?

3. 法院观点

(1)一审法院认为,高汉与陈英生育的五个女儿对继母马芳的遗产无继承

① 参考案例:(2021)甘 08 民终 1480 号。

权。理由:本案被继承人高汉、马芳生前未立有遗嘱,故对其可供继承的合法财产应当按照法定继承由继承人均等继承。对于被继承人马芳的财产继承,因高汉去世后,其与前妻陈英所生子女高一、高二、高三、高四、高五五人对马芳并未尽过赡养义务,故对被继承人马芳的财产高一、高二、高三、高四、高五无权继承。

因此,一审法院认为,由于高汉先于马芳死亡,高汉的遗产继承情况:本案涉及两处房产均为高汉与马芳的夫妻共同财产,高汉可供继承的遗产为两处房屋的50%,该50%产权份额由马芳与高汉的八个子女共同等额继承。马芳的遗产继承情况为马芳原本享有的两处房产的50%份额及继承高汉的遗产份额,由马芳的三个子女等额继承。

高汉与陈英的五个子女认为,其与继母马芳形成了抚养关系,应当互相享有法定继承权,遂提起了上诉,请求法院公正判决。

(2)在二审审理过程中,高一、高二、高三、高四、高五提供了多份证人证言并由证人出庭作证,证明其与继母马芳常有往来,并在生活上照顾马芳,在马芳生病时也时常探望,并参加了马芳的葬礼。

二审法院查明,高汉与马芳再婚时,高二、高三、高四、高五随高汉与马芳共同生活,居住在平凉市公租房中。高三、高四、高五均未成年,高二为中学在读学生,高一已出嫁。高汉去世后,高一、高二与继母马芳仍有往来,在其日常生活期间及生病时均有过看望。

围绕本案的争议焦点,高汉与前妻陈英共同生育的五个子女与继母马芳是否形成扶养关系,有无权利继承其遗产以及继承的份额问题。根据《民法典》第1127条的规定,第一顺序继承人中的子女、父母包括有扶养关系的继子女与继父母。所以,是否形成扶养关系是认定继父母与继子女之间有无继承权的关键。

而扶养关系的判断应包括以下几个方面:(1)继父母对未成年继子女履行了抚养义务,或对已成年但系限制行为能力或无行为能力的继子女履行了扶养义务;(2)继子女对继父母履行了赡养义务。高汉与马芳结婚时,高三、高四、高五尚未成年,依靠高汉与马芳的供养生活;与继母马芳形成了抚养关系;高二虽已届成年,但仍在中学就读,系《最高人民法院关于适用〈中华人民共和国民法典〉婚姻家庭编的解释(一)》第41条规定的“不能独立生活的成年子女”。其依靠高汉与马芳的供养生活是客观事实,也有合法依据,与继母马芳也形成了扶养关系。

高一已成年，未依赖高汉与马芳的供养生活。是否与继母马芳形成扶养关系，应以其是否履行了赡养义务进行认定。高汉去世后，所留遗产未予以分割，应为马芳与高汉的八个子女共有。但是，住宅由马芳居住，商铺由马芳使用并获取收益。所以，高一等五人以其应得的遗产及其收益为马芳履行了赡养义务。另外，证人证言能够证明，高一在高汉去世后，与其继母马芳仍有往来，并在其日常生活期间及生病时均有过看望，而生活扶助与精神陪伴也是履行赡养义务的行为。

因此，高一等五位继子女均与继母马芳形成了扶养关系，与高六等三位亲生子女应作为同一顺序继承人对待。考虑高六、高七、高八尽了主要赡养义务，在继承时，对马芳的遗产应当多分，高一等五人应当少分。所以，马芳遗产的40%由高一、高二、高三、高四、高五继承；剩余的60%由高六、高七、高八继承。

一审法院对高汉的遗产分割正确，但对高一等五人与继母马芳之间是否形成扶养关系，以及马芳的遗产分割问题适用法律错误，处理结果不当，二审法院予以纠正。

律师分析

1. 未与继父母形成扶养关系的继子女对继父母不享有法定继承权，仅对生父母享有法定继承权

在现实生活中，若继子女生父或生母再婚时，继子女已经长大成人，分居另过；或其生父、生母再婚后，继子女未与继父或继母共同生活，而由祖父母或外祖父母抚养教育成人，继子女对继父或继母也未尽过赡养扶助义务的，则不能视为继子女与继父母之间形成了扶养关系，继子女也就不能继承继父母的遗产。

2. 与继父母形成扶养关系的继子女，享有对继父母遗产的法定继承权，同时法律也规定了继子女对生父母仍然享有法定继承权，包括未共同生活一方生父或者生母

此处的扶养关系，不仅包括继父母对继子女的抚养关系，也包括继子女对继父母的赡养关系。因为有扶养关系的继子女与继父母之间形成了法律上的拟制血亲关系，继子女也就能像婚生子女一样继承被继承人的遗产，成为被继承人的法定继承人。

3. 继父母对未成年的继子女履行了抚养义务可以认定双方形成法律上的扶养关系的具体表现

(1)继子女受继父母经济上的供养。

继子女在未成年时期在经济上得到继父母所支付的必要生活费用,将此作为判定抚养关系建立标准的原因在于,年幼时期的继子女在经济上主要依靠父母的资助,以保证其成长与生活的基本需求,也是进一步开展扶养关系的基础。

(2)继子女受继父母生活上的抚养、教育。

继父母对继子女在生活上给予照料、帮助,在思想上、学业上予以关怀、培养,包括对继子女在知识传授、技能训练、思想品德培养、身体和智力发展等方面的帮助、教育、保护和支持,均应视为继父母对继子女抚养的重要标志。

(3)继子女与继父母持续共同生活。

共同生活的标准是继父母与年幼继子女生活居所的同一性、生活内容的一致性。只有与年幼的继子女生活在一起,才能切实照顾他们的衣食起居,给予情感上的呵护和成长过程中的帮助。此外,共同生活还需要满足时间上的持续性。因为经济供养与共同居住也可能是短暂的、临时的或者断断续续的,而继父母子女之间的扶养关系须具有持续性的特征和永久性的意图。

由此可知,单纯在经济上的资助不足以使原本并无血缘关系的"陌生人"产生如同家人一般的情感,还应该给予继子女精神上的关怀以及在持续性的共同生活中真正意义上实现对继子女的抚养与教育。

例如,在以上案例中提到,高三、高四、高五在与继母马芳共同生活时均未成年,高二虽成年,但仍然没有独立生活的能力,也依靠父母的经济来源生活和学习。且在继母马芳年老之后,高二与其他子女均对继母尽到赡养义务,因此对继母马芳的遗产享有继承权。

4. 继父母对已成年但系限制行为能力或无行为能力的继子女履行了抚养义务可以认定双方形成法律上的扶养关系

在这一点上与未成年继子女与继父母形成的扶养关系类似,包括继父母对继子女经济上资助,生活上给予帮助和照料,以及长期一起共同生活。

5. 继子女对继父母履行了赡养义务可以认定双方形成法律上的扶养关系

继子女对继父母履行了赡养义务具体表现:继子女在经济上供养继父母;继子女在生活上扶助继父母。

现实生活中生父母与继父母结婚时,继子女已经成年,该成年继子女对继父母尽了赡养照顾义务的,包括在经济上给予供养、在生活上给予照料和在情感上给予关怀,以满足老年丧失经济来源的继父母必要生活和就医需要即可予以认定形成了扶养关系。

例如,文章的案例中,高一在父亲与继母再婚时,已结婚,因此继母对高一并未履行过抚养义务。但在继母马芳年老的时候,高一无论是在经济上还是在精神上都对马芳尽到赡养义务,因此法院认定其与继母马芳形成了抚养关系。笔者认为,二审法院的认定相对较为公平,也能够定分止争。法院虽然认定了高一等五个子女的继承权,但因另外三个子女尽到主要赡养义务而多分,合情合理。

法律依据

本文参考案例的法律依据为《中华人民共和国民法典》第一千一百二十二条、第一千一百二十三条、第一千一百二十六条、第一千一百二十七条、第一千一百三十条、第一千一百五十三条、第一千一百五十六条,《最高人民法院关于适用〈中华人民共和国民法典〉继承编的解释(一)》第四十二条、第四十四条。

71. 曾经的继父母子女关系之间互相享有继承权吗?

无论是已废止的《继承法》还是现行的《民法典》，在继承人的范围及顺序中都明确规定，具有扶养关系的继父母子女之间与生父母子女之间具有同等的遗产继承顺位，可以成为合法第一顺位继承人。上一篇我们就继父母之间是否形成了继父母关系进行了分析和论述。但是，随着社会婚姻缔结与解除的自由发展，具有扶养关系的继父母子女关系，也可能会因为生父母与继父母之间婚姻关系的解除而面临尴尬的处境。2020 年第 6 期《最高人民法院公报》的一则法定继承纠纷案，给这种尴尬的处境带来一定的现实指引。

经典案例

1. 案情介绍

被继承人孙孝贤与邹娟于 1974 年 3 月登记结婚，1974 年 12 月 22 日生育一女名孙琳，后更名邹小美。结婚后没几年，孙孝贤与邹娟因为夫妻感情破裂于 1981 年 9 月 28 日经法院调解离婚。

第一次离婚后，孙孝贤与陈萍结识，并于 1984 年 12 月 8 日结婚，两人都属于再婚。陈萍在与孙孝贤再婚后，未生育共同子女，陈萍与前夫所生之子陈实随陈萍、孙孝贤共同生活在上海市。孙孝贤在与陈实生活的这几年，陈实还未成年。但婚姻并非有经验就能过得圆满，经过几年的磨合孙孝贤与陈萍最终于 1991 年 10 月 17 日协议离婚，协议中就陈实的抚养问题双方约定“女方同前夫所生男孩，陈实仍由女方抚养直至工作，男方不承担其他费用……”。

第二次离婚后，孙孝贤经过几年的单身生活之后又经朋友介绍与刘芬结婚，婚后未生育子女。但好景不长，孙孝贤在婚姻中只顾自己，很少考虑家庭，双方本就是凑合的婚姻，最终没能长久，于 2000 年 11 月 16 日再次协议离婚。

第三次离婚后，孙孝贤觉得自己人到中年一事无成，痛下决心安稳地过日子。就在这个时候他遇到了善解人意的高梨花，二人再次坠入爱河，于 2002 年 5 月 16 日登记结婚，婚后生育一女孙琳。

2016 年 5 月 3 日孙孝贤因病去世，孙孝贤父母均先于其死亡。孙孝贤去世后,留下了上海的一套房产,但没有留下任何遗嘱。因其曾经历过的几个家庭之间的身份纠葛,导致了继承纠纷。

经查明,孙孝贤生前于2000年全款购买上海一处房产,登记产权人为孙孝贤一人。

孙孝贤去世后,妻子高梨花与女儿孙琳于2016年5月9日向上海市某公证处申请办理孙孝贤的继承公证,后以2016年8月22日出具的(2016)沪闸证字第2171号公证书确定案涉房屋由高梨花、孙琳共同继承。

2016年8月23日高梨花、孙琳申请变更房屋的产权登记,2016年9月5日,该房屋经核准变更登记权利人为高梨花、孙琳各享有1/2产权份额。

陈实认为其与孙孝贤曾经形成过抚养关系,对孙孝贤的财产享有合法的继承权,便诉至法院要求分割自己应得的份额。

2. 争议焦点

陈实与孙孝贤虽曾经形成过抚养关系,但孙孝贤与陈萍离婚后并未继续抚养陈实,在孙孝贤生病期间,陈实也并未赡养过孙孝贤,在这种情况下,陈实能够继承孙孝贤的遗产吗?

3. 法院观点

(1)一审法院认为,遗产是公民死亡后遗留的个人合法财产,公民依法享有财产继承权。继承开始后,没有遗嘱的,按照法定继承办理。上海房产原登记在被继承人孙孝贤个人名下的房屋,被继承人孙孝贤生前并未立有遗嘱,其遗产应由孙孝贤的法定继承人共同继承。

邹小美作为孙孝贤与前妻邹娟所生女儿,陈实作为与孙孝贤有抚养关系的继子女,高梨花作为孙孝贤的配偶,孙琳作为孙孝贤的婚生女儿,均可作为孙孝贤的第一顺位法定继承人继承案涉房屋的产权。

高梨花、孙琳与邹小美均不服一审法院的判决,认为陈实与孙孝贤并无血缘关系,就算其曾经形成了抚养关系,但也是基于陈实母亲与孙孝贤的夫妻关系。现孙孝贤与其母亲陈萍早已离婚,且没有继续抚养陈实,陈实也没有赡养过孙孝贤,不应当继承孙孝贤的财产。于是三人一起提出上诉。

(2)二审法院审理后认为,对陈实是否符合《继承法》规定的与被继承人形成扶养关系的继子女的争议焦点评判如下:

根据《继承法》第10条的规定,判断继父母子女之间是否享有继承权,以是否形成扶养关系为标准。《继承法》上的扶养，是一定范围的亲属间相互供养和扶助的法定权利和义务，包括抚养、扶养、赡养，即长辈对晚辈的抚养、晚辈对长辈的赡养和平辈亲属间的扶养。

继父母子女在事实上形成了扶养关系，由直系姻亲转化为拟制血亲，从而产生法律拟制的父母子女间的权利义务。确定是否形成扶养关系应以继承实际发生时为节点。

本案中，陈实2岁时，因生母陈萍与被继承人孙孝贤结婚，确实与孙孝贤共同生活，形成事实上的继父子关系，孙孝贤与陈萍共同抚养教育过陈实，后陈萍与孙孝贤协议离婚。

根据1993年11月3日《最高人民法院关于人民法院审理离婚案件处理子女抚养问题的若干具体意见》第13条的规定，“生父与继母或生母与继父离婚后，对曾受其抚养教育的继子女，继父或继母不同意继续抚养的，仍应由生父母抚养”。

对于上述规定，法院认为，继父母与继子女是基于姻亲而发生的一种事实上的抚养关系，这种关系是法律拟制的，离婚后，在继父母不愿意继续抚养的情况下，应视为继父母子女关系的解除，他们之间父母子女的权利义务不复存在。

本案中，陈实曾经由孙孝贤抚养过，但是在其生母陈萍与孙孝贤离婚时，陈实9岁尚未成年，且孙孝贤、陈萍在离婚协议中明确约定陈实由陈萍继续抚养，孙孝贤不再承担抚养费用，在此情形下，应当认定孙孝贤不再继续抚养是对原已形成的抚养事实的终止，孙孝贤与陈实之间的继父子关系视为解除，而且，陈实与孙孝贤的继父子关系解除之后至孙孝贤病故时，期间长达20余年，双方再无来往。陈实于1998年出国至今仅回国三次，短时间停留，其成年后也不存在赡养孙孝贤的事实。

因此，法院认为，陈实与被继承人孙孝贤之间虽存在过抚养事实，但因孙孝贤与陈实生母陈萍离婚后不再抚养陈实，以及陈实成年后未履行赡养义务，本案继承发生时，陈实与被继承人孙孝贤之间继父子关系已解除，双方的权利义务不复存在，陈实不符合《继承法》规定的有扶养关系的继子女。

律师分析

1. 具有“扶养关系”的继父母子女之间才能发生继承

扶养关系的认定涉及诸多法律问题，尤其是在继承权的确定上，继父母子女之间如果不具备扶养关系成立条件，那么一般情况下继子女就不具备遗产继承权。所以扶养关系的明确认定有其必要性，更有助于维护当事人的合法权益。

一般来说，继父母子女之间共同生活是形成扶养关系的必要条件，即生父与继母或生母与继父结婚时，继子女尚未成年，其与继父母共同生活，继父母尽了扶养教育义务达到一定年限，视为有扶养关系的继父母子女。或者在继父母年老时，继子女尽到了赡养义务，也视为形成了具有扶养关系的继父母子女关系，继父母子女之间互相享有继承权。

关于是否形成扶养关系的认定，在上一篇文章中已经详述，此处不再赘述。

2. 曾经具有“扶养关系”的继父母子女之间不一定能发生继承

继父母子女在事实上形成了扶养关系，由姻亲转化为拟制血亲，从而产生法律拟制的父母子女间的权利义务，确定是否形成扶养关系应以继承实际发生时为节点。

例如，在前述案例中提到，陈实系尚未成年时便因母亲陈萍被继承人之间婚姻关系而与被继承人形成具有扶养关系的继父子关系。但在陈萍与被继承人解除婚姻关系后，陈实由其母亲陈萍继续抚养，且被继承人不愿意继续承担抚养费。

参考最高人民法院的观点，由于继父母与生父母婚姻关系解除后，且在继父母不愿再继续抚养继子女的情况下，应当视为继父母子女关系的解除，其继父母子女之间的权利义务也不复存在，继父母子女之间也不再享有法定继承权。本案中，在继承发生时，陈实与被继承人之间的继父子关系已解除，陈实不符合《继承法》规定的有扶养关系的继子女，故不再对被继承人孙孝贤的遗产享有继承权。

曾经具有“扶养关系”的继父母子女之间也不是完全不能发生继承，若在继父与生母或者继母与生父之间的婚姻关系解除后，继父母仍然愿意继续抚养继子女，且在继父母年老之后继子女也愿意继续承担赡养继父母责任的情况下，也能够认定为“扶养关系”不因姻亲关系的解除而解除，而是继续存在。

曾经的继子女可否继承曾经的继父母遗产，文章所列最高人民法院公报案例具有典型示范意义。关键的一点就是继承实际发生时，继父母子女关系是否存在。曾经是继父母子女关系不等于永远是继父母子女关系，继父母与继子女是基于姻亲而发生的一种事实上的扶养关系，也可能随着离婚而解除，他们之间父母子女的权利义务不复存在，当然也没有了继承遗产的权利。

法律依据

本文参考案例的法律依据为《中华人民共和国继承法》第十条，现为《中华人民共和国民法典》第一千一百二十七条。

72. 未婚同居的“配偶”享有继承权吗？

现实中，同居关系长期而大量地存在。有不少“不婚族”，双方只同居，甚至共同抚养子女，但是没有结婚的打算。正因为未婚同居是一个普遍存在的社会现象，由此引发的各种法律问题日益增多。倘若同居期间一方突然死亡，另一方是否能够如夫妻那样继承对方的遗产呢？本书将结合实务案例进行详细解析。

经典案例

1. 案情介绍

王涛在大学土木学院担任大学老师，在外还会承接一些工程检测工作。王涛与前妻生育有一子王小东。王芳菲在邮政部门工作，2009 年离异，其与前夫生育一个女儿。

2010 年前后，王芳菲与王涛通过网络平台相识，二人于 2012 年前后开始以男女朋友身份进行交往，其间，王涛曾带王芳菲回老家，王涛的母亲很高兴，给王芳菲送了见面礼。2015 年王芳菲退休后来到长沙与王涛共同居住、共同生活。2017 年，王涛意外身亡。王芳菲在协助王涛家人处理完王涛的安葬事宜后，于 2018 年回江苏老家居住至今。

王芳菲认为，其一直与王涛以夫妻名义共同生活，王涛将银行卡、存折等钱财交与王芳菲保管和使用，同居期间购置房产、车辆等大额支出均是双方共同商量共同购买，王芳菲与王涛的财产已经混同。对于双方同居期间的房产，至少应认定为共同共有，对于其他财产，也应当进行分割。王芳菲与王涛对外以夫妻名义同居生活多年直至王涛死亡，王涛的讣告上也写明配偶为王芳菲，王芳菲与王涛的儿子王小东之间形成了照顾抚养的关系，王芳菲与王涛生前也形成相互扶养的关系。

王小东认为王芳菲与王涛没有登记结婚，两人仅是同居关系，两人之间不存在共同财产。并且向法院提出反诉请求，请求法院判决王芳菲退还侵占被继承人王涛银行存款435,200元给王小东。①

2. 争议焦点

(1)王芳菲与王涛之间未登记结婚,两人间的财产是否为共同财产?

(2)王涛去世后,王芳菲能否继承王涛的遗产?

3. 法院观点

(1)一审法院认为,本案主要有以下两个争议焦点:

第一,王涛生前与王芳菲是否存在共同财产。根据共有财产的形成,财产共有主要包括因婚姻关系形成的夫妻共同共有、因继承取得共有,以及共有人约定共有、共有人共同出资取得共有等。《最高人民法院关于人民法院审理未办结婚登记而以夫妻名义同居生活案件的若干意见》规定,解除非法同居关系时,同居生活期间双方共同所得的收入和购置的财产,按一般共有财产处理。故同居期间取得的财产并不必然共有,是否形成共有需要从共同居住共同生活的同居关系是否形成、是否共同出资、是否共同从事经营活动并获得共同收入等几个方面予以综合认定。

本案中,王芳菲与王涛在建立恋爱关系以后于2015年4月开始共同生活,直至王涛意外离世,双方同居生活状态比较稳定,可以认定王涛生前与王芳菲已经形成同居关系。但双方同居期间,各有收入来源,各自财产各自保管和使用,虽然王芳菲在与王涛开始交往以后以及同居期间有为王涛父子购买礼物或为其本人在长沙居住的住所添置一些装饰用品,但在此期间王涛承担了主要生活开支且对王芳菲女儿亦有帮助和付出,上述付出均系恋人之间为增进彼此感情的相互赠与,并未形成财产混同;同时,王涛在2015年4月与王芳菲同居期间虽有购置房产、偿还贷款、购置车辆等行为,但对应款项均由王涛本人支付,无共同出资行为,相关财产亦均登记在王涛本人名下,也没有约定共有,故王芳菲主张同居期间取得的财产共有并分割,缺乏事实和法律依据,一审法院不予支持。

第二,王芳菲对王涛的遗产是否享有继承分配的权利。根据《继承法》第10条的规定,"遗产按照下列顺序继承:第一顺序:配偶、父母、子女。第二顺序:兄弟姐妹、祖父母、外祖父母。继承开始后,由第一顺序继承人继承,第二顺序继承人不继承……"。王涛生前未留遗嘱,其遗产应由其法定继承人继承,而王涛生

---

① 参考案例:(2019)湘01民终10875号。

前并未与王芳菲办理结婚登记，王芳菲并非王涛的法定继承人，故王芳菲对王涛的遗产不享有继承权。根据《继承法》第14条的规定，“对继承人以外的依靠被继承人扶养的缺乏劳动能力又没有生活来源的人，或者继承人以外的对被继承人扶养较多的人，可以分给他们适当的遗产”。本案中，王芳菲与王涛未婚同居，系两个成年人自主自愿选择的生活方式。同居生活期间，王芳菲、王涛二人均有固定收入来源，生活均能自理，双方基于男女朋友之间的感情，在生活中互有赠与和相互关心与帮助，均属于双方为维系情感所做付出，并不足以认定已经形成了王芳菲对王涛的被扶养依赖，或者王芳菲对王涛尽到了主要扶养义务，王芳菲对王涛日常生活的照顾并不属于可以酌情分得遗产的情形。王芳菲主张继承王涛的遗产，缺乏法律依据，一审法院不予支持。

王芳菲不服一审法院审理的结果，上诉至二审法院。

(2)二审法院认为，王芳菲对于两人财产混同、要求分割共有财产的上诉主张与事实不符且没有法律依据，上诉请求二审法院不予支持。此外，王芳菲上诉称“王芳菲与王涛对外以夫妻名义同居生活多年直至王涛死亡，王涛的讣告上也写明配偶为王芳菲，王芳菲与王涛的儿子王小东之间也形成了照顾抚养的事实，王芳菲与王涛生前形成相互扶养的关系。王芳菲作为王涛继承人以外对王涛扶养较多的人，有权酌情分得适当的遗产”，经查，王芳菲与王涛仅系同居关系，不符合抚养关系的要求。最终，二审法院判决驳回上诉，维持原判。

律师分析

1. 未婚同居的界定

我国并未对未婚同居的行为进行明确的定义，仅规定禁止有配偶者与他人同居。所以对于同居双方都没有配偶的同居行为，男女双方只要没有损害社会利益和他人利益，并不违法。

在过去中国的传统文化中，往往以有无举办结婚仪式、是否得到家族的认可作为是否结婚的依据。1994年2月1日民政部《婚姻登记管理条例》公布实施以前，男女双方已经符合结婚实质要件的，按事实婚姻处理。1994年2月1日以后，我国不再承认事实婚姻，男女双方共同生活且均无配偶又未办理婚姻登记的，无论多久，都不会转变成夫妻关系。

结合以上案例，王芳菲、王涛二人虽共同居住，王芳菲也认为双方是以夫妻名义同居,并在王涛的讣告上也写明配偶为王芳菲。但由于两人同居时间在2015年,是1994年后,法律上已经不再认可事实婚姻。只要双方没有进行婚姻登记,即一直是同居状态,而非婚姻状态,双方的关系也不是夫妻关系,仅是同居关系。

2. 未婚同居的双方相互之间是否享有继承权

根据我国《民法典》的规定,在没有遗嘱的情况下,按照法定继承进行。法定继承人包括第一顺位继承人和第二顺位继承人。第一顺位继承人指配偶、子女、父母。本案中,王芳菲、王涛自2015年开始同居,双方没有登记结婚,同居时间发生在1994年2月1日之后,也不构成事实婚姻关系,所以王芳菲不是王涛的配偶,没有权利继承王涛的遗产。但是实务中有以下两种情况可以分割两人的财产:

首先,在同居期间情侣间往往有共同支出及共同收入,若双方共同生活已经持续很长一段时间,同居期间双方财产存放在一起,则法律上会认为财产混同,两人财产属于共有的状态。本案中,如王芳菲能够证明财产是和王涛共有的,在王涛去世时,王芳菲可以先要求将属于她的那部分析产,而不作为王涛的遗产进行分割。但本案中,由于王芳菲与王涛财产并没有混同,两人各自财产较为明晰,法院并未支持王芳菲的诉求。

其次,如果同居两人长期生活在一起,一方对另一方履行了照顾扶养义务的,一方也可以要求分得部分遗产。这是基于双方的扶养关系而分得,并非基于继承关系。本案中,法院认为双方各自独立,并未对另一方形成主要扶养关系,王芳菲无权要求分得遗产。

3. 对于未婚同居者的建议

从以上分析可以看出,如果男女双方长期同居不去办理结婚登记,双方之间的关系仅是"松散的合伙关系"。当一方意外去世时,另一方是没有法定的权利的,其利益是无法得到合法保护的。

如果双方不想结婚,又想维持长期的同居关系,同时需要在一定程度上保护另一方的利益,可以尝试采用以下方法:

第一,通过赠与的方式赠与对方一定金额的财产。双方同居期间赠与财产的情况非常普遍,赠与的可以是礼物、现金,也可以是车辆、房产等大额资产。

第二,可以通过共同投资、共同经营、共同收益的方式实现对于另一方利益的保护。

第三,双方可以通过订立遗嘱/遗赠的方式在意外发生时给另一方一个保障。

法律依据

本文参考案例的法律依据为《中华人民共和国继承法》第三条、第五条、第十条、第十三条、第十四条、第十五条,《最高人民法院关于人民法院审理未办结婚登记而以夫妻名义同居生活案件的若干意见》第三条、第十三条,《最高人民法院关于适用〈中华人民共和国婚姻法〉若干问题的解释(一)》第五条、第六条,《中华人民共和国民法通则》第五十六条、第五十七条;现为《中华人民共和国民法典》第一千一百二十二条、第一千一百二十三条、第一千一百二十七条、第一千一百三十条、第一千一百三十一条、第一千一百三十二条、第一千零四十二条、《最高人民法院关于适用〈中华人民共和国民法典〉婚姻家庭编的解释(一)》第七条。

73. 什么是转继承？什么情况下能够发生转继承？

子继老，孙继子，这是中国的传统。但是当继承人开始继承遗产后、实际继承遗产前死亡了，该怎么办呢？这就涉及转继承的问题。那么什么是转继承？有什么特征？实现转继承需要满足什么条件等，以下将通过两个典型案例逐一进行分析。

经典案例（一）

1. 案情介绍

齐建国与杨秀梅夫妻二人共生育了三个女儿，分别是长女齐春、次女齐夏、三女齐秋，三个女儿均已成年且各自组建了家庭。三女齐秋与女婿周进宝结婚后生育了一个儿子周全。齐建国在2010年送别老伴杨秀梅之后，又白发人送黑发人，在2016年送别三女齐秋离世。齐建国因生病也于2018年去世。

齐建国、杨秀梅夫妻二人相继去世后留下北京市昌平区1号院的房产。1号院是齐建国和杨秀梅夫妇于20世纪七八十年代所建。父亲齐建国去世后，各继承人对齐建国、杨秀梅留下的遗产分配产生纠纷。后诉至法院。[①]

2. 争议焦点

（1）本案的遗产范围有哪些？

（2）三女齐秋在母亲杨秀梅去世之后遗产分割之前去世，在父亲去世之前去世，齐秋继承父母的遗产份额，如何处理？

3. 法院观点

关于本案的遗产范围。法院查明，诉争的1号院系齐建国和杨秀梅婚后共同所建，属于二人的夫妻共同财产；在二人去世后，1号院属于二人的遗产。在没有特别约定的情况下，杨秀梅与齐建国各享有1号院一半的所有权。杨秀梅2010年8月去世后，其享有的份额应由齐建国、齐春、齐夏、齐秋四人等额继承。

对于杨秀梅持有1号院50%产权份额的继承情况：继承开始后，继承人没

① 参考案例：（2020）京01民终6207号。

有表示放弃继承，并于遗产分割前死亡的，其继承遗产的权利转移给他的合法继承人。因齐秋去世晚于杨秀梅，故其应继承上述杨秀梅的份额，转由周全、周进宝、齐建国继承，但因齐秋应继承份额属于跟周进宝的夫妻共同财产，法院认定二人各享有一半份额，在对齐秋继承份额转继承时，还应先析出周进宝的一半份额，剩余一半份额再由上述三位继承人继承。

对于齐建国持有1号院50%产权份额的继承情况：被继承人的子女先于被继承人死亡的，由被继承人的子女的晚辈直系血亲代位继承。鉴于齐秋先于齐建国死亡，齐秋应继承齐建国享有的份额由其子周全代位继承。故齐建国去世后，齐建国对1号院享有的财产权益由齐春、齐夏、周全继承。

经典案例（二）

1. 案情介绍

周翠华与陈荣升夫妻二人共同生育了两个子女，分别为陈美、陈好。陈美长大后与李彦宏结为夫妻并生育了一个可爱的女儿，取名李乐乐。2009年，陈美与李彦宏因为夫妻感情破裂协议离婚，约定深圳龙岗的一处房产归陈美所有，但继承权归女儿李乐乐一人所有，此外各自名下的财产归各自所有。

2012年，四十岁的陈美，正处于事业发展的高峰期，但意外无情地击垮了这个勇敢的单亲妈妈，陈美在这一年不幸去世了。留下一部车与现金若干；留下女儿随外公外婆一起生活。2015年，陪伴李乐乐生活的外婆周翠华也因病救治无效离开这个世界。

陈美去世之前并未留下任何遗嘱。在外婆周翠华离世之后，李乐乐与陈好就陈美与周翠华的遗产分割事宜产生争议。①

2. 争议焦点

陈美的母亲周翠华在陈美去世之后遗产分割之前去世，其是否享有继承陈美遗产的权利？陈美的遗产应当如何分割？

3. 法院观点

法院认为，本案法律事实均发生于《民法典》施行前，根据《最高人民法院关于适用〈中华人民共和国民法典〉时间效力的若干规定》第1条第2款的规定，

① 参考案例：(2020)粤03民终11717号。

《民法典》施行前的法律事实引起的民事纠纷案件，适用当时的法律、司法解释的规定。

依据《继承法》的规定，有遗嘱的按照遗嘱继承，没有遗嘱的按照法定继承。被继承人的配偶、子女、父母是其第一顺序继承人。本案陈荣升、周翠华及李乐乐均为第一顺序继承人。同一顺序继承人继承遗产的份额，一般应当均等。

首先，关于深圳市龙岗区房屋。陈美与李彦宏的《离婚协议书》合法有效，双方约定在陈美去世后该房产继承权归于李乐乐，也即在离婚协议中包含了遗嘱的意思表示，通过共同遗嘱的形式对涉案房产继承权作了确定。被继承人陈美与李彦宏已在《离婚协议书》中约定该房屋归陈美居住及所有，但继承权归李乐乐所有，该《离婚协议书》系被继承人陈美与李彦宏的真实意思表示，子女抚养、房产继承等与协议解除婚姻关系是一个整体问题，在双方离婚已成事实的情况下，双方均应按照《离婚协议书》的约定履行自己的义务，因此，陈荣升、陈好主张继承该房屋缺乏事实和法律依据，一审法院不予支持。

其次，关于陈美的其他遗产应当按照法定继承。本案中，被继承人陈美死亡后，其遗产应由父亲陈荣升、女儿李乐乐及母亲周翠华各继承 1/3 的份额。《最高人民法院关于贯彻执行〈中华人民共和国继承法〉若干问题的意见》第 52 条规定，继承开始后，继承人没有表示放弃继承，并于遗产分割前死亡的，其继承遗产的权利转移给他的合法继承人。周翠华于被继承人陈美遗产分割前死亡，其继承遗产的权利转移给本案陈荣升、陈好，由陈荣升继承 1/2 的份额，由陈好继承 1/6 的份额，由李乐乐继承 1/3 的份额。

律师分析

1. 转继承的法律依据

转继承，是指继承人在被继承人死亡之后，遗产分割之前，因为某种缘故尚未实际取得遗产而死亡或被宣告死亡，其应继承份额转由他的法定继承人继承。已死亡的继承人称为被转继承人，其法定继承人称为转继承人。例如，在案例一中，母亲杨秀梅去世后，女儿齐秋于杨秀梅遗产分割之前也去世了，本应当由齐秋继承的遗产就转由其父亲齐建国、丈夫周进宝、儿子周全继承，该三人就被称为转继承人。

2. 转继承的特征

(1) 只有在被继承人死亡之后,遗产分割之前,继承人也死亡,才发生转继承;

(2) 只有继承人在前述的时间内死亡而未实际取得遗产,而不是放弃继承权时发生转继承;

(3) 只能由继承人的法定继承人直接分割被继承人的遗产;

(4) 转继承人一般只能继承被转继承人应得的遗产份额;

(5) 转继承人可以是被继承人的直系血亲,也可以是被继承人的其他合法继承人。

此外,转继承既可以发生在法定继承中,也可以发生在遗嘱或遗赠继承中。例如,遗嘱中指定的遗嘱继承人于继承开始后未表示放弃继承权或遗赠中明确表示接受遗赠的,但是未实际分割遗产前死亡,此时该遗嘱或遗赠继承人依照遗嘱或遗赠应得到的遗产份额由其法定继承人继承。

3. 转继承人需要承担的义务

转继承人可以享受的权利及需要承担的义务与继承人继承遗产享受的权利及承担的义务基本相同,简单来说就是管理遗产的权利与偿还债务的义务。

继承遗产应当清偿被继承人依法应当缴纳的税款和债务,缴纳税款和债务以他的遗产的实际价值为限。超过遗产实际价值部分,继承人或者转继承人自愿偿还的不在此限。

另外,附义务遗嘱继承或遗赠,如义务能够履行,而继承人、受遗赠人无正当理由不履行,经受益人或其他继承人请求,人民法院可以取消其接受附义务那部分遗产的权利。

4. 转继承中财产是否为被转继承人与其配偶的夫妻共同财产

在转继承纠纷的司法实践中常见的问题之一是转继承案件中应由被转继承人继承的遗产份额是否为被转继承人与其配偶的夫妻共同财产。

在这个问题上,法律并没有作出明确的规定,学界及司法实践中存在争议。一部分观点认为是夫妻共同财产,虽然遗产并未分割完毕,但已经发生继承,根据继承相关法律的规定,在没有明确是夫妻一方个人财产的情况下,就应当属于夫妻共同财产。例如,在案例一中,齐秋去世后,其应当继承其母亲的财产就被法院认定为夫妻共同财产,在发生转继承的时候,优先析出了属于配偶周进宝的一半,另一半作为转继承的遗产由齐秋的继承人进行继承。

另一部分观点认为,转继承的遗产不作为夫妻共同财产。其依据是,转继承发生时,被继承人的财产还没有分割,转继承人享有分割被继承人遗产的权利,因此转继承中应由被转继承人继承的遗产份额不应当作为其夫妻共同财产。如被转继承人死亡,其配偶只能作为被转继承人的继承人继承该财产,该财产按照均等分割的方式分割给被转继承人的配偶及其他转继承人。

在现实生活中,很多人在被继承人死亡时,就其留下的遗产愿意维持现状、不愿积极主张分割。比如,因人们碍于家庭关系、希望维护家庭和睦,不愿亲人之间因财产发生纠纷;再如,长辈去世,晚辈想要通过保留遗产的完整性来寄托对长辈的怀念之情。故很多继承人在遗产分割之前就不幸去世,从而导致转继承案件的发生。

笔者期望大家可以从以上谈论到的与转继承相关的法律知识,去合理规避将来可能发生的不利影响,在悼念已故长辈的同时,也要维护自己的合法权益。

法律依据

本文参考案例的法律依据为《中华人民共和国继承法》第二条、第三条、第五条、第十条、第十一条、第十三条、第二十五条、第二十六条,《最高人民法院关于贯彻执行〈中华人民共和国继承法〉若干问题的意见》第五十二条;现为《中华人民共和国民法典》第一千一百二十一条、第一千一百二十二条、第一千一百二十三条、第一千一百二十四条、第一千一百二十七条、第一千一百二十八条、第一千一百三十条、第一千一百五十三条。

74. 什么叫代位继承？如何代位继承？

在原《继承法》中，法律规定了被继承人子女的晚辈直系血亲依法享有代位继承权。在《民法典》中，法律依然保留该条规定，并且我们根据基本国情增加了被继承人兄弟姐妹的子女也依法享有代位继承权。那么，代位继承是什么？发生代位继承又应当满足什么条件呢？

经典案例(一)

1. 案情介绍

王自强与李秀春夫妻共同生育了王前、王进、王冲三个子女。王自强于1983年去世，李秀春于1984年去世。长子王前于1980年意外去世，生前与妻子生育了一个儿子王鹏鹏，在王前去世不久之后，妻子就带着儿子王鹏鹏改嫁了。王前之妻虽然改嫁，但也时常带着儿子回来探望老人，在家里老人去世之后还回来与其他兄弟姐妹共同料理丧事。

被继承人王自强与李秀春去世之前，在哈尔滨道外区共同修建了一个200平方米的小院，是二人的夫妻共同财产，在王自强去世之后，由李秀春与子女继续居住，子女也未提出分割。在李秀春去世之后由其两个儿子王进、王冲共同居住。

多年以后，已故王前的儿子王鹏鹏长大之后，找到两位叔伯，表示想要与叔伯共同继承爷爷奶奶留下的这个小院。叔伯王进、王冲自然不同意，认为王鹏鹏的父亲已经去世，且母亲带着其改嫁多年，并未尽到赡养义务，王鹏鹏作为晚辈血亲，无权继承爷爷奶奶的遗产。①

2. 争议焦点

王鹏鹏是否属于爷爷王自强与奶奶李秀春的法定继承人？王鹏鹏在什么情况下可以继承爷爷王自强与奶奶李秀春的遗产？

3. 法院观点

依据法律规定，王鹏鹏作为王自强与李秀春的孙子不享有法定继承权；但王

① 参见《王贵学等三人与王远德继承案》，载《最高人民法院公报》2015年第4期。

鹏鹏的父亲王前作为王自强与李秀春的子女,依法对王自强、李秀春的遗产享有继承的权利。虽然王前先于王自强、李秀珍死亡,但是王前作为亲生子女,享有继承权利。

本案中,王前在其父母去世前就已去世,根据我国法律规定,其应当继承王自强、李秀春的遗产份额由其法定继承人王鹏鹏代位继承,即王鹏鹏享有对王自强、李秀春遗产的代位继承权。因此,王鹏鹏与叔伯王进、王冲共同平均继承王自强与李秀春的遗产。

经典案例(二)

1. 案情介绍

凡孝清(1962 年病故)与陈书秀(1980 年病故)系夫妻关系,夫妻二人生育长子凡甲(故于 1998 年)与次子凡乙。大约在 1954 年,村集体分给凡孝清、陈书秀位于铜鼓镇铜西村 7 组小地名“白杨树湾”一栋面积约 80 平方米的农村木瓦房两大间(四小间)。在凡孝清与陈书秀去世之后,两个儿子分别继承了一半的房屋,分别两间房。

长子凡甲与其妻共同生育了两个儿子,分别叫凡朋和凡友。

次子凡乙与王小姐在铜鼓镇铜西村 7 组一起居住了十几年至凡乙病故,虽未办理结婚登记手续,但二人对外均以夫妻相称。凡乙生前也没有其他婚姻,未生育子女。凡乙于 2019 年 8 月 17 日去世,在铜鼓镇铜西村 7 组小地名“白杨树湾”遗留有约 40 平方米的木瓦房两间,未留下遗嘱。

王小姐认为其作为凡乙的“妻子”,且尽了照顾他的责任,应当分得这间房屋。但是凡朋和凡友认为,王女士与凡乙不是夫妻关系,凡甲作为凡乙的哥哥,应当继承该间房屋,因父亲去世得早,所以由凡朋代位继承凡乙的房屋。①

2. 争议焦点

(1)凡甲的儿子凡朋能否代位继承凡乙的两间房屋?

(2)王小姐作为与凡乙同居多年的“妻子”能否继承该间房屋?

3. 法院观点

关于凡甲的儿子凡朋能否代位继承凡乙的两间房屋。《民法典》第 1127

① 参考案例:(2021)渝 04 民终 1361 号。

条第 1 款、第 2 款规定："遗产按照下列顺序继承：(一)第一顺序：配偶、子女、父母；(二)第二顺序：兄弟姐妹、祖父母、外祖父母。继承开始后，由第一顺序继承人继承，第二顺序继承人不继承；没有第一顺序继承人继承的，由第二顺序继承人继承。"本案中，因被继承人凡乙生前父母双亡，未婚未生育子女，故凡乙无第一顺序继承人，应由其第二顺序继承人凡甲继承其遗产。《民法典》第 1128 条规定："被继承人的兄弟姐妹先于被继承人死亡的，由被继承人的兄弟姐妹的子女代位继承。代位继承人一般只能继承被代位继承人有权继承的遗产份额。"本案中，凡甲先于凡乙死亡，依法由凡甲的子女凡朋代位继承。

关于王小姐作为与凡乙同居多年的"妻子"能否继承该间房屋的问题。《民法典》第 1131 条规定："对继承人以外的依靠被继承人扶养的人，或者继承人以外的对被继承人扶养较多的人，可以分给适当的遗产。"本案中，王小姐与凡乙系同居关系，无继承权，但王小姐与凡乙以夫妻名义同居生活多年，相互扶持，相互照顾，对凡乙生前的生活扶养较多，可以适当分得凡乙的遗产，法院根据本案的实际情况，确定凡朋与王小姐各分得凡乙 50% 的遗产份额。

律师分析

1. 什么是代位继承

根据《民法典》第 1128 条的规定，代位继承是指被继承人的子女先于被继承人死亡时，由被继承人子女的晚辈血亲代替先死亡的长辈血亲继承被继承人遗产；在被继承人无配偶、子女、父母继承其财产，被继承人的兄弟姐妹又先于被继承人死亡时，由被继承人兄弟姐妹的子女代替先死亡的父母继承被继承人的遗产的法定继承制度。

《民法典》在原《继承法》的基础上增加了侄子女、外甥子女的代位继承权，这是基于我国特有的计划生育制度，在长达 30 余年里，我国大量家庭都只有一个子女。相对被继承人而言，兄弟姐妹与被继承人是最近的旁系血亲，兄弟姐妹的子女也与被继承人较为亲近。将兄弟姐妹纳入代位继承的范畴，可以保障私有财产在血亲家族内部的流转，同时促进亲属关系的发展，引导人们重视亲情。

例如，在案例一中，王前作为王自强与李秀春的子女，属于第一顺位的法定继承人，但其不幸先于其父母死亡，则应当由王前继承的遗产份额不会因为其先死亡而丧失继承权，而是由其儿子王鹏鹏代位继承祖父母的遗产，代位继承的份额应当以继承人王前继承的份额为限。又如，在案例二中，被继承人凡乙无父母、子女、配偶，无第一顺序继承人，因此其哥哥凡甲作为其第二顺序的继承人。但由于哥哥凡甲先于凡乙死亡，因此哥哥凡甲的子女凡朋依法代位继承凡乙的遗产。两个案例中，孙子、侄子分别作为第一顺序和第二顺序的代位继承人。

2. 代位继承的条件

代位继承是法定继承中的一项重要制度，必须符合以下条件：

(1)享有继承权的被代位继承人必须先于被继承人死亡。死亡顺序是发生代位继承的前提条件。如果被代位继承人于继承开始后死亡，则因继承已经开始，遗产已经名义上被代位继承人取得，只是尚未来得及实际获得。此时，只发生转继承而无代位继承。例如，在案例一中，由于父母王自强、李秀春死亡时，儿子王前已经先死亡了，王前作为继承人主体已经不存在了。此时，法律便规定王鹏鹏作为王前的直系晚辈血亲依法发生代位继承，代替王前继承父母的遗产。但是，若王前死亡的时间在父母去世之后、遗产分割之前，这就是我们前文说到的转继承了。

(2)先死亡的被代位继承人必须是被继承人的子女或者兄弟姐妹，其他继承人如配偶、父母、祖父母、外祖父母等先于被继承人死亡不发生代位继承。

(3)代位继承必须是被继承人的子女的直系血亲或被继承人兄弟姐妹的子女。被继承人的子女的直系晚辈血亲，如子女、孙子女、外孙子女等都可以发生代位继承，不受辈数的限制，但被继承人的兄弟姐妹被列为被代位人后，代位继承人限于被代位人的子女而非其晚辈直系血亲。

(4)被代位人生前必须享有继承权，如果被代位继承人基于法定事由丧失了继承权，则连带引起代位继承权的灭失。道理很简单，作为父母已经没有权益，作为子女又从何处继承呢？

(5)代位继承人无论人数多少，被代位人无论是否全部死亡，原则上代位继承只能继承被代位人有权继承的份额。这是因为代位继承人是代替被代位继承人的地位而继承遗产的，其只能取得被代位人应有的份额。

(6)代位继承人只适用于法定继承，在遗嘱继承中不发生代位继承，在遗赠中也不发生代位遗赠。也就是说，如果遗嘱人通过遗嘱指定了子女以外的人作为继承人，该继承人先于遗嘱人死亡的，在遗嘱人死亡后，该继承人的晚辈直系血亲不能通过代位继承遗产。这是因为遗嘱中指定的继承人或受遗赠人先于立遗嘱人死亡,将会导致遗嘱失效。

法律依据

本文参考案例的法律依据为《中华人民共和国民法典》第一千一百二十条、第一千一百二十七条、第一千一百二十八条、第一千一百三十一条。

六、遗 嘱 遗 赠

75. 如何订立合法有效的遗嘱?

一直以来,因遗产纠纷导致的父子反目、夫妻婚变、亲人断交等情况屡见不鲜。其中,财产利益是核心,遗嘱往往是纠纷的导火索。及时订立完整、合法、有效的遗嘱,可以很好地保护被继承人的财产处分权,避免产生遗产纠纷,保障财产被合理合法地继承,有利于维护家庭的和谐稳定。那么,订立合法有效的遗嘱需要注意哪些方面呢? 本书将从实务案例分析如何订立合法有效的遗嘱。

经典案例

1. 案情介绍

被继承人陈田与前妻刘玲玲于 1983 年 6 月 22 日离婚,陈田与刘玲玲婚生四名子女,长子陈万一、次子陈万二、三子陈万三、长女陈姿。

被继承人陈田于 1996 年 9 月 24 日死亡。

据四名子女称,父亲陈田生前无遗嘱,亦未与他人签订遗赠扶养协议。长子陈万一、次子陈万二表示要求继承父亲陈田的遗产,三子陈万三和长女陈姿则表示放弃继承。经家族会议商议,四名子女一致决定父亲陈田的遗产由大哥陈万一、二哥陈万二继承。

2012 年 9 月 13 日,陈万一及陈万二作为公证申请人,为继承被继承人陈田的遗产向丹东市公证处申请办理继承权公证,公证处为两人出具《公证书》。

此前,大哥陈万一订立遗嘱并交予孙莉莉 1 份,该打印件内容:"2012 年 8 月 26 日今天是个非常好的日子,陈万一立下遗嘱如下:如果有意外发生,现有住房 2 处,车 1 台,字画 4 幅,我愿如下分配:车赠与弟弟陈万二,A 房屋赠与孙莉莉,字画孙莉莉和陈万二各2幅,B房屋是筒房一处,卖掉用于看病和生活所用,以上是我个人自愿,别人不得参(于)与意见,特立此字据。立遗嘱人:见证人:受益人签字:2012年8月27日。"陈万一在尾部"立遗嘱人"处签名捺印。孙莉莉、二哥陈万二分别在"受益人签字"处签名捺印。案外人李云、田琴、田刚分别在两名见证人签字后方签名捺印。二哥陈万二陈述该遗嘱中错字位置系其在打印时手改的。但根据遗嘱中陈万一签名处的捺印,"陈万一立下遗嘱"以及"2012年8月27日"处的捺印应当同为大哥陈万一所捺。2012年10月22日,大哥陈万一因原发性肝癌等疾病去世。

陈万一在订立遗嘱时没有征求家族内其他人的意愿,把父亲留下的遗产分给了二哥陈万二和外人孙莉莉,他的做法让其他人非常不满。2016年,陈氏兄妹的母亲刘玲玲曾向法院提起诉讼,要求确认陈万一的遗嘱为无效遗嘱,但后来撤回起诉。2016年9月26日,母亲刘玲玲去世。然而,四名子女对于陈万一的遗嘱安排依然没有达成一致,他们的矛盾反而因为母亲刘玲玲的去世变得更加尖锐。

大姐陈姿、三弟陈万三认为遗嘱中把全部财产分给了二哥陈万二和外人孙莉莉两人,遗嘱极有可能是两人伪造的。同时,A房产是父亲陈田留下的祖宅,大哥陈万一无权处分。陈万二和孙莉莉则认为遗嘱表达了大哥的遗志,其他人只因为没分到财产而眼红。

双方争执不下,大姐陈姿、三弟陈万三把陈万二和孙莉莉告上法庭。[①]

2. 争议焦点

(1)陈万一的遗嘱是否是有效遗嘱?

(2)陈万一是否有权在遗嘱中处理祖屋A房屋?

3. 法院观点

法院认为,当事人对自己提出的诉讼请求所依据的事实或者反驳对方诉讼请求所依据的事实,应当提供证据加以证明。在作出判决前,当事人未能提供证据或证据不足以证明其事实主张的,由负有举证证明责任的当事人承担不利的后果。本案中,大姐陈姿、三弟陈万三提出遗嘱无效的三点理由以及被告孙莉莉提出原告起诉超过诉讼时效的抗辩,法院将作为四个争议问题分别予以审查。

---

① 参考案例:(2018)辽06民终1076号。

关于遗嘱中陈万一签名真实性的问题。大姐陈姿、三弟陈万三对陈万一签名真实性有异议,经法院释明举证责任后大姐陈姿、三弟陈万三仍不就该签名是否是陈万一本人所写申请司法鉴定,现无证据否定该签名的真实性,对大姐陈姿、三弟陈万三以否认签名真实性要求认定遗嘱无效的主张,法院不予支持。

关于陈万一对遗嘱中体现的房产是否有处分权的问题。关于B房屋,陈万一在遗嘱中的意见是卖掉用于看病和生活所用。实际上该房屋并未出售,陈万一亦未交待留予何人,因陈万一未实际处分该房产,故无须判断其对该房屋是否有处分权来认定其效力。关于A房屋,陈万一在遗嘱中将该房屋赠与被告孙莉莉。根据继承法规定,遗产是公民死亡时遗留的个人合法财产。公民可以依照法律规定立遗嘱处分个人财产。本案中,A房屋系陈田拆迁安置所得。根据《公证书》记载,陈田于1983年和刘玲玲离婚,离婚后未再婚,于1996年死亡,其父母名字均不详且均早年先于陈田死亡,坐落在元宝区新民街26组302号房屋系陈田生前的个人独有财产,建筑面积25平方米。陈田的所有继承人长子陈万一、次子陈万二、三子陈万三、长女陈姿称,被继承人陈田生前无遗嘱,亦未与他人签订遗赠抚养协议,陈万一、陈万二表示要求继承被继承人陈田的遗产,陈万三、陈姿均表示放弃对被继承人陈田的遗产继承权,经当事人协商,被继承人陈田的遗产由陈万一、陈万二继承,各继承12.5平方米。

2010年8月14日,案外人某房地产开发有限公司以"陈田(陈万二)"作为乙方被拆迁人订立房屋拆迁补偿安置协议1份。同日,案外人某房地产开发有限公司以"陈田(陈万一)"作为被拆迁人订立房屋拆迁补偿安置协议1份,按"建筑面积25分12.5+12.5平方米",约定为被拆迁人安置45平方米期房1处,该合同尾部乙方及委托代理人处分别签署了陈田和陈万一的名字。鉴于被继承人陈田死亡后,遗产处理前,大姐陈姿、三弟陈万三已经在公证处作出放弃继承A房屋的表示,则针对该房屋产权置换所得两处房产,大姐陈姿、三弟陈万三不再基于陈田的法定继承人身份享有继承权,放弃继承的效力,追溯到继承开始的时间。陈万二在帮陈万一制作打印遗嘱时对陈万一就×室的处分没有提出异议,应当视为陈万一与陈万二已经就房屋归属达成了一致意见。现陈万二已经入住数年,孙莉莉已经入住该房屋,根据《继承法》第29条第1款"遗产分割应当有利于生产和生活需要,不损害遗产的效用"的规定,法院认为陈万一将A房屋赠与孙莉莉的遗赠内容不存在因无权处分而致遗嘱无效的情形。

关于原告主张涉案遗嘱不符合法律对遗嘱形式的要求应认定为无效的问题。遗嘱是立遗嘱人对其财产的终意处分，且在其死后才能得以执行，为了确保其真实性和严肃性，法律对遗嘱设以要式性要求，来最大限度地防止他人伪造、篡改遗嘱内容。因此，关于遗嘱要件形式的立法目的在于“遗嘱必须表示遗嘱人的真实意思”，确保遗嘱体现立遗嘱人的真实意愿。继承开始后，有遗嘱的，按照遗嘱继承或者遗赠办理，没有遗嘱的，按照法定继承办理。本案中，虽然遗嘱并非遗嘱人陈万一亲笔书写，但其亲笔签名并在年月日等打印位置捺印。结合陈万一父母早年离异(1983 年)，大姐陈姿、三弟陈万三作为幼子随母亲刘玲玲共同生活，陈万一与陈万二均已成年与其父陈田走动频繁，以及陈万一病重期间始终由两名被告照料等情况，法院认为该遗嘱是陈万一真实意愿的体现，不宜仅因其法律意识淡薄，就以绝对形式法定主义否定其真实意思表示。原告仅以不符合遗嘱要件形式要求认定遗嘱无效，法院不予支持。

律师分析

《民法典》第 1143 条规定，无民事行为能力人或者限制民事行为人所立的遗嘱无效。遗嘱必须表示遗嘱人的真实意思，受欺诈、胁迫所立的遗嘱无效。伪造的遗嘱无效。遗嘱被篡改的，篡改的内容无效。

所以一份遗嘱的效力，我们至少要从以下三个层面进行考虑。

1. 订立遗嘱时订立人具有完全民事行为能力

《最高人民法院关于适用〈中华人民共和国民法典〉继承编的解释(一)》第 28 条规定，遗嘱人立遗嘱时必须具有完全民事行为能力。无民事行为能力人或者限制民事行为能力人所立的遗嘱，即使本人后开具有完全民事行为能力，仍属无效遗嘱。遗嘱人立遗嘱时具有完全民事行为能力，后来成为无民事行为能力人或者限制民事行为能力人的，不影响遗嘱的效力。

所以订立遗嘱人须为完全民事行为能力人，限制民事行为能力人与无民事行为能力人订立的遗嘱，不能产生相应的法律效果，系无效的遗嘱。

判断遗嘱人是否具有民事行为能力，以遗嘱设立时为准。在设立遗嘱时，遗嘱人有行为能力的，其后虽丧失行为能力，遗嘱也不会因此失去效力。

若遗嘱人订立遗嘱时为无民事行为能力或限制民事行为能力人，抑或神志不清，不能正确表达自己，这种情形往往容易导致遗嘱被认定为无效，故订立遗嘱应在身体健康、思维清楚时及时订立。

2. 遗嘱形式符合法律规定

根据我国《民法典》的规定，遗嘱有六种形式：自书遗嘱、代书遗嘱、打印遗嘱、录音录像遗嘱、口头遗嘱、公证遗嘱。与《继承法》不同之处在于，新增了打印遗嘱，以及在录音遗嘱的基础上增加了录像遗嘱。

每种遗嘱方式的要求和特点不同，没有按照法律规定的形式要件去订立，导致遗嘱无效。随着时代的发展，大家越来越不习惯亲自书写，完成符合法律规定的自书遗嘱，所以实务中出现了较多打印的“自书遗嘱”，而法律规定的自书遗嘱是要求立遗嘱人自行书写（手写），并在遗嘱上签字、注明时间的，若是将遗嘱打印出来签名，注明时间，可能会导致遗嘱无效。关于自书遗嘱、打印遗嘱的订立注意事项，笔者后续篇章将进行详解。

本案中，陈万一订立的遗嘱为打印遗嘱，有三名见证人，符合订立遗嘱的形式要件。法院认为被告无法证明遗嘱无效，因此遗嘱应当有效。

3. 遗嘱内容要符合法律规定

第一，遗嘱的内容要完整、具体、明确，措辞要简练准确，书写或打印要清晰。

遗嘱需有明确的继承人（最好注明继承人的身份证号码），并列明继承份额，遗嘱确定的遗产分割方式或处置方式须具有可操作性。

在遗嘱中，遗嘱人应当指明各继承人可以继承的具体财产的名称、份额或数量。如果指定由数个继承人共同继承某项财产的，应当写明各继承人所得的具体数目或份额。如未写明继承份额，法律一般推定为平均分配该项遗产，遗嘱中尚有未被处分的财产的，按法定继承处理。

第二，厘清遗产范围，列出遗产清单，尽量不要遗漏，但也不能处分他人的财产。

遗嘱中所处分的财产只能是遗嘱人的个人合法财产，不论动产、不动产、有价证券、债权，还是知识产权中的财产权，均可作为遗产进行分配，若遗嘱人以遗嘱的方式处分了属于国家、集体或他人所有的财产，遗嘱的这部分，应认定无效；遗嘱的其他部分若符合遗嘱的生效要件，仍然有效。

第三，遗嘱内容不能违背公序良俗，不能违反法律规定。

如果遗嘱中设置了一些前提条件，涉及人身自由、宗教、性别、性取向、婚姻（再婚）、生育等，文字表达必须非常谨慎，或者做巧妙的技术性处理，避免因涉嫌歧视、违背公序良俗或限制人身自由而无效。另外,受胁迫、欺骗所立的遗嘱无效;伪造的遗嘱无效;遗嘱被篡改的,篡改的内容无效,而非整个遗嘱都无效。

第四,遗嘱应当对缺乏劳动能力又没有生活来源的继承人(及胎儿)保留必要的遗产份额。如果遗嘱生效时,没有对缺乏劳动能力又没有生活来源的继承人(及胎儿)保留必要的份额,对应当保留的必要份额的处分无效。

第五,订立遗嘱后,遗嘱内容要注意保密,遗嘱文书要妥善保存,防止丢失或被别人篡改。

遗嘱人既要让继承人了解遗嘱的存在,又不宜过早向继承人披露遗嘱的内容,避免在遗嘱生效之前,发生继承人因对遗嘱当中的遗产处分不满,而与其他继承人甚至与遗嘱人发生争执的情况出现。

为了对遗嘱进行妥善保管,可以制订一式数份完全相同的遗嘱,除了自行妥善保管,还可将遗嘱交由律师事务所、公证机构或遗嘱中心保管,或者交由信任的亲人朋友保管。

法律依据

本文参考案例的法律依据为《中华人民共和国继承法》第十七条、第二十九条,现为《中华人民共和国民法典》第一千一百三十四条、第一千一百五十六条,《最高人民法院关于适用〈中华人民共和国民法典〉继承编的解释(一)》第二十八条。

76. 如何订立自书遗嘱?

司法实践中,有很多自书遗嘱因为形式或者内容不符合法律规定而被认定无效,导致最终处理结果违背了被继承人订立遗嘱的本意,剥夺了遗嘱人属意的继承人的部分或者全部继承权利。某法院的一份统计报告显示,在该院审结的遗嘱继承纠纷案件中,自书遗嘱纠纷占60%,其中约20%的自书遗嘱最终被认定为无效或者部分无效。因此,如何订立一份合法有效的自书遗嘱至关重要。本书将通过实务案例详细解析自书遗嘱的关键点。

经典案例(一)

1. 案情介绍

王国梁是地道的北京人,和妻子生育了两个女儿,大女儿叫王花花,小女儿叫王朵朵。后来,王国梁与妻子因感情不和离婚,大女儿王花花由妻子抚养,二女儿王朵朵由王国梁抚养。离婚后不久,王花花改名为林花花。

2016年11月9日,王国梁立下《赠与协议书》,内容为王国梁自愿将北京昌平区的房屋赠与女儿王朵朵。《赠与协议书》上有赠与人王国梁与见证人的签字。

2019年7月7日,王国梁患有疾病,为防不测立下《自书遗嘱》,内容:“我叫王国梁,立此遗嘱时头脑清醒,是本人真实意思表示。我百年之后,位于北京昌平区的房屋归女儿王朵朵单独继承。将来如涉及腾退拆迁,基于我的财产权益及财产利益全部归女儿王朵朵单独继承。”遗嘱有王国梁签字及捺印。

王国梁去世后,林花花与王朵朵因北京昌平区的房屋发生争执。林花花认为《自书遗嘱》是王朵朵伪造,将王朵朵告上法庭。①

2. 争议焦点

(1)王国梁生前所签订的《赠与协议书》效力如何?

(2)王国梁生前签订的《自书遗嘱》效力如何?

---

① 参考案例:(2022)京01民终5166号。

3. 法院观点

争议焦点一。原《合同法》第 185 条规定“赠与合同是赠与人将自己的财产无偿给予受赠人,受赠人表示接受赠与的合同”。本案中,王国梁在《赠与协议书》中表示将自己的房产份额赠与王朵朵所有,但赠与协议中王朵朵并未签字确认,且庭审中王朵朵明确表示其在收拾母亲遗物时才发现《赠与协议书》,故法院认定赠与协议并未成立生效。

争议焦点二。自书遗嘱由遗嘱人亲笔书写,签名,注明年、月、日。本案中,涉案遗嘱上有立遗嘱人王国梁的签字及捺印,并注明日期为 2019 年 7 月 7 日,该遗嘱符合自书遗嘱的法定形式要件。现林花花上诉提出该份遗嘱并非王国梁本人书写且非王国梁真实意思表示,法院认为,根据《最高人民法院关于民事诉讼证据的若干规定》第 92 条第 2 款之规定,私文书证由制作者或者其代理人签名、盖章或捺印的,推定为真实。本案中,涉案遗嘱符合法定形式要件应推定为真实,遗嘱持有人已完成初步举证责任。林花花虽对遗嘱的真实性不予认可并申请了笔迹鉴定,但又因比对样本问题自愿撤回鉴定,故应由林花花自行承担不利的法律后果,且林花花亦未就遗嘱并非被继承人真实意思表示提供充分证据,故法院对林花花的上诉主张均不予采信,举证责任分配适当,认定王国梁于 2019 年 7 月 7 日所立《自书遗嘱》合法、有效、正确。法院依据前述认定对涉案房屋所作分割,于法有据,法院予以确认。

经典案例(二)

1. 案情介绍

尹建民与高萍两人于 20 世纪 50 年代结婚,婚后二人共生育两名子女,分别为尹临渊、尹羡鱼。高萍于 2015 年 10 月 7 日死亡,尹建民于 2018 年 1 月 19 日死亡。

尹临渊主张尹建民生前留有遗嘱,为此提交《我的遗书》,主要内容:“我病故后,一切从简,不设家庭灵堂,不烧纸香,不开追悼会,尽速火化成灰,送万佛园公墓安葬,入土为安。等到后事办完,再告诉亲友我的死讯,免得亲友各有意见,造成困扰。与老伴相濡以沫 50 载,相互关爱,勤俭持家,生前两人商量,所有积蓄财产给小儿子尹羡鱼壹佰万元。其余除安葬费外,其他财产全部赠与尹临渊,用于尹临渊上学与创业发展之费用。尹建民 2017 年。”

尹美鱼对尹临渊提交的遗嘱不予认可,认为《我的遗书》不符合法律规定的遗嘱形式,不应认定为遗嘱,且该遗书中仅有尹建民的签字,并无高萍的签字,签署日期不全,应属无效,本案应按法定继承处理。

尹临渊认为其一直与父母共同居住生活直至二人死亡,其负担了父母大额支出,对父母尽到了主要赡养义务,应当多分遗产。

尹临渊、尹美鱼就父母留下的遗产发生了纠纷。[①]

2. 争议焦点

尹建民生前所签订的《我的遗书》效力如何?

3. 法院观点

继承从被继承人死亡时开始。遗产是公民死亡时遗留的个人合法财产。继承开始后,按照法定继承办理;有遗嘱的,按照遗嘱继承或者遗赠办理。公民可以立遗嘱将个人财产指定由法定继承人的一人或者数人继承。自书遗嘱由遗嘱人亲笔书写,签名,注明年、月、日。未严格按照法律规定的形式要件作出的遗嘱,人民法院应认定无效。签署日期不全的自书遗嘱应为无效。以遗书形式处分遗产的,如该遗书具备法律规定的自书遗嘱形式要件的,应认定有效。本案中,尹临渊主张尹建民留有自书遗嘱,其提交的《我的遗书》虽为手书,但落款处仅注明"2017年",未注明月、日,不符合自书遗嘱的形式要件,应为无效。尹临渊要求按照上述遗嘱继承尹建民的遗产,法院不予支持。尹建民、高萍的遗产应由尹临渊、尹美鱼按照法定继承分割。

对被继承人尽了主要抚养义务或者与被继承人共同生活的继承人,分配遗产时,可以多分。尹临渊主张其对被继承人尽了主要赡养义务,要求多分遗产,尹美鱼对此不予认可,认为父母的收入足以负担二人开销。法院认为,履行赡养义务除了经济上的帮助,还需要生活上的陪伴与照顾、精神上的慰藉等多方面,根据双方陈述及查明事实,尹临渊与尹建民、高萍长期共同生活,尽到了更多的生活上的陪伴照顾义务,故对其要求多分遗产的请求,该院予以支持,结合本案具体情形判定尹美鱼继承遗产40%的份额,尹临渊继承遗产60%的份额。

---

① 参考案例:(2022)京01民终3695号。

律师分析

1. 自书遗嘱的法律规定

《民法典》第1134条自书遗嘱由遗嘱人亲笔书写,签名,注明年、月、日。

法律条文对自书遗嘱的规定极其精简、明了。但从频繁发生的自书遗嘱诉讼中可以看出,有效的自书遗嘱并不如想象中那么简单、容易。实务中多发的问题:并非亲自书写、未正确签署名字或者未写明时间或者写的时间不完整,写的时间是错误的等。

案例一中,《自书遗嘱》是王国梁亲笔书写,签字,注明年、月、日,是其真实意思表述,应当是一份合法有效的遗嘱。而案例二中,尹建民的自书遗嘱由于未写完整时间,不符合法定形式,最终被法院认定为无效,其子女最终按照法定继承对其财产进行继承。

2. 如何订立有效自书遗嘱

(1)立遗嘱人需具备完全民事行为能力。

具备完全民事行为能力是行使民事权利的基本要素,也是该民事行为发生法律效力的基本要素。关于立遗嘱人的民事行为能力,在上一篇《如何订立合法有效的遗嘱?》一文中,笔者已经详述,在此就不赘述了。

(2)需立遗嘱人亲笔书写遗嘱全文。

自书遗嘱全文都应由遗嘱人亲笔书写,不能让他人代写,且要亲笔签名,并注明书写遗嘱的年、月、日(尽量使用公历),这几点缺一不可。

遗嘱人亲自书写遗嘱全文,既可以表达遗嘱人的真实意志,又可防止他人伪造、篡改、添加遗嘱内容。订立遗嘱时,形式上的瑕疵将最终导致遗嘱无效,如果一份自书遗嘱上没有遗嘱人的亲笔签名或者遗嘱人注明的日期,即使能够证明是死者生前亲笔所写,也依然是无效的。

(3)遗嘱内容应当字迹清晰、内容明确、措辞准确。

遗嘱要求字迹清楚易认、内容明确具体、措辞简练准确。字迹不清楚、表达不规范可能会导致自书遗嘱无效或部分无效,自书遗嘱的字迹应尽量端正、清晰,易于辨认。遗嘱应当使用通用规范的语言,不得使用速记符号、拼音符号等代替。不规范的用词用语不仅不符合法律措辞,甚至容易有歧义。比如,我们看到有遗嘱注明遗产由某某处置,而不是表述为由某某继承,最后被法院认定为处置并非继承的意思。

遗嘱的内容必须有明确的继承人并列明继承份额，遗嘱确定的遗产分割方式或处置方式须具有可操作性。虽然审判中，法院以尊重遗嘱人真实意思表示为原则，但如果遗嘱内容表达得过于含混不清，被继承人的真实意思也是难以认定的。

(4)遗嘱只能处分立遗嘱人的个人合法财产。

遗嘱中所处分的财产只能是遗嘱人的个人合法财产，无论是动产、不动产、有价证券、债权，还是知识产权中的财产权等个人合法财产，均可作为遗产进行分配。若遗嘱人以遗嘱的方式处分了属于国家、集体或他人所有的财产，遗嘱的这部分，应认定无效。

实务中多发的是处分配偶一方的财产，这种情况通常出现在“一家之长”身上，该家长往往认为这些财产都是他创造的，是属于他一个人的，在处分财产时把本属于配偶的部分一并处分。

(5)立遗嘱人修改遗嘱需符合要求。

如果发现遗嘱有不妥之处，确需涂改、增删，应当在涂改、增删内容的旁边注明涂改、增删的字数，且应在涂改、增删处另行亲笔签名。通常情况下，不建议在遗嘱上直接修改，建议另行书写。

(6)遗嘱内容不可违法或违反公序良俗。

遗嘱内容不能违反法律规定及公序良俗。立遗嘱人不能以干涉继承人的人身自由、宗教、性别、性取向、婚姻(再婚)、生育等，来作为继承遗产的条件；同时，遗嘱必须为法定继承人中无生活来源又缺乏劳动能力的人或胎儿留有必要的遗产份额。

(7)订立遗嘱人需注意妥善保管遗嘱。

遗嘱书写完毕之后，应当妥善保存。遗嘱人可以制订一式数份完全相同的遗嘱，除了自行妥善保管，亦可将遗嘱交由律师事务所、公证机构或遗嘱中心保管，或者交由信任的亲人朋友保管。但不建议将遗嘱交由继承人保管。这样备份可以防止去世后，法定继承人不知道遗嘱的存在或者找不到遗嘱。

遗嘱起草非常重要，对专业依赖程度也非常高，所以笔者原则上建议订立遗嘱时应当向专业人士进行咨询，并委托专业人士进行起草，避免不必要的矛盾和纷争。

法律依据

本文参考案例的法律依据为《中华人民共和国继承法》第十七条、《最高人民法院关于贯彻执行〈中华人民共和国继承法〉若干问题的意见》第四十条，现为《中华人民共和国民法典》第一千一百三十四条、《最高人民法院关于适用〈中华人民共和国民法典〉继承编的解释（一）》第二十七条。

77. 如何订立打印遗嘱？

打印遗嘱在《民法典》颁布前属于争议较大的一种遗嘱类型。作为《民法典》规定的遗嘱新形式，《民法典》生效前打印遗嘱在实务中经常被归为自书遗嘱、代书遗嘱或者不属于遗嘱的范畴。随着计算机现代化的普及其被《民法典》认可为一种新遗嘱形式。法律为打印遗嘱“正名”虽然产生了很多便利，但实践中仍碰到了很多问题亟待解决。本书将结合典型案例从打印遗嘱的效力、形成打印遗嘱的主体等方面谈一谈打印遗嘱在实务中的处理。

经典案例（一）

1. 案情介绍

黄启明和方贞为夫妻，婚后生育有黄晓智、黄晓杰、黄晓婷三名子女。

黄启明与方贞夫妻二人携手走过风风雨雨，含辛茹苦地把三个孩子拉扯大，自觉日渐年迈，于是在2003年8月26日，共同订立一份遗嘱。在《遗嘱》中两人约定在黄启明去世后，方贞由二儿子黄晓杰养老送终；在两遗嘱人均去世后，涉案房产归黄晓杰夫妇所有。该遗嘱还约定两遗嘱人中任何一人去世后均生效，但只能生效属于去世者遗产的部分。

该遗嘱是打印件，在两位律师的见证下作出，遗嘱人和见证人均在该遗嘱上签名、确认时间。

黄启明于2003年9月去世。方贞于2016年3月10日订立一份公证遗嘱，称其去世后将涉案房产其名下的份额归黄晓杰夫妇所有，但又于2016年3月25日以公证声明的方式撤销了该遗嘱。

不久，方贞也因病去世。黄晓杰与黄晓智两兄弟则因父母留下的房产归属问题发生争议，黄晓杰夫妇诉至法院，要求将涉案房产黄启明名下的1/2份额确认归其所有。①

---

① 参考案例：2021年11月25日，广东省高级人民法院发布“广东省高级人民法院贯彻实施民法典典型案例”《案例六：保障未成年人受监护权益——吴某娟申请指定监护人案》。

2. 争议焦点

(1)该案中,打印遗嘱的效力如何?

(2)本案中所涉房产依法应由谁继承?

3. 法院观点

法院认为,根据《最高人民法院关于适用〈中华人民共和国民法典〉时间效力的若干规定》第15条的规定,民法典施行前,遗嘱人以打印方式立的遗嘱,当事人对该遗嘱效力发生争议的,适用《民法典》第1136条的规定,但是遗产已经在《民法典》施行前处理完毕的除外。

2003年8月26日订立的遗嘱,从形式上看,符合《民法典》第1136条规定的打印遗嘱的形式要件;从内容上看,系遗嘱人对其个人合法财产死后的处分,且黄晓杰夫妇已履行了遗嘱所附的赡养义务,尽管方贞撤销了其在2016年3月10日所作的遗嘱,但本案所涉及的遗产系黄启明的遗产,两遗嘱人对共有的涉案房产所做的处分并无相互制约、互为条件的意思,方贞的撤回行为不影响黄启明遗嘱效力。

2021年1月29日,判决涉案房产中的1/2产权归黄晓杰夫妇所有,黄晓智等配合办理房屋产权变更登记手续。

经典案例(二)

1. 案情介绍

李佰星与谢琮婚后生育李良卫、李良琪两名子女。老伴去世后,李佰星晚年生活不能自理期间,由子女李良卫、李良琪分别照顾,其间,李佰星随谁生活,退休金就由谁管理。

1993年8月20日,李佰星订立一份自书遗嘱,在遗嘱中约定:1993年我所购的房屋,因全部房价款是我女儿李良琪支付的,同时由她承担我晚年的生活照料,故我百年去世后,该房屋及家具由女儿李良琪一人继承。

2010年2月21日,哥哥李良卫用轮椅推父亲李佰星到某打印部找打印员打印,后李良卫先将父亲送回家,之后李良卫请律师在家中见证,由李佰星亲自对该遗嘱签字确认。该份遗嘱中约定:我林业局住房卖出前的租金拿给李良卫治病,卖出后拿出5万元给他,其余房款存入我个人账户。我去世后的账户余额由两个子女共同继承,谁无理取闹破坏团结就取消其继承权。

2012年,李佰星去世。哥哥李良卫多次催妹妹李良琪将父母遗产拿出来分,李良琪却以各种理由予以拒绝。妹妹李良琪认为应依据1993年的自书遗嘱继承父亲的遗产,但哥哥李良卫认为2010年的遗嘱才是父亲真正的意愿。

双方无法达成一致,最终李良卫将李良琪告上公堂。①

2. 争议焦点

(1)李佰星于1993年8月20日所立自书遗嘱效力如何?

(2)李佰星于2010年2月21日所立打印遗嘱效力如何?

(3)李佰星的遗产应根据哪一份遗嘱进行继承?

3. 法院观点

现代社会发展至今,电脑及电子打印系统已进入普通家庭,其作为书面文书的形成工具和形成方式来说,与传统书写工具“笔”和书写方式“手写”之于遗嘱的形成从法律本质上并无不同。根据《继承法》第17条第2款的规定,“自书遗嘱由遗嘱人亲笔书写,签名,注明年、月、日”。打印遗嘱在法律层面究竟应解读为何种遗嘱,应重点审核遗嘱人是否对该打印遗嘱的形成与固化具有主导力或完全的控制力。本案中,按李良卫述称,李佰星并未亲自操作电脑和电子打印系统将其主观意思转化为文字记载保存即固化于书面文件上,李佰星只是口述,制作该打印遗嘱的行为却由打印店他人实施,从遗嘱的形成方式看,此遗嘱不符合自书遗嘱的法律要件,故其不应认定为自书遗嘱。李良卫以《最高人民法院关于贯彻执行〈中华人民共和国继承法〉若干问题的意见》第40条规定辩称,打印遗嘱不需要遗嘱人自己亲笔书写或亲自操作电子打印系统制作遗嘱,只要签名是亲笔签名并注明了年、月、日的,可按自书遗嘱对待。《最高人民法院关于贯彻执行〈中华人民共和国继承法〉若干问题的意见》第40条规定的全文是“公民在遗书中涉及死后个人财产处分内容,确为死者真实意思的表示,有本人签名并注明了年、月、日,又无相反证据的,可按自书遗嘱对待”。该条规定的前提是书面遗嘱记载于遗书中,而遗书的界定也理应是该书面文书系死者生前亲笔书写或亲自操作电子打印系统制作而形成,所以,本案情形根本无法适用《最高人民法院关于贯彻执行〈中华人民共和国继承法〉若干问题的意见》第40条规定。

从该遗嘱的形成方式看(李佰星口述,而由他人实施制作该打印遗嘱),该

① 参考案例:(2015)渝高法民抗字第00004号。

遗嘱与代书遗嘱相似。而根据《继承法》第17条第3款的规定,“代书遗嘱应当有两个以上见证人在场见证,由其中一人代书,注明年、月、日,并由代书人、其他见证人在场见证”。此遗嘱由打印店打印员实施了制作该打印遗嘱的行为,打印人应为代书人,在场人员除李良卫、李佰星外只有打印人夫妻俩,之后在该遗嘱上签字的两律师并未见证该遗嘱的形成制作过程,两律师既不是遗嘱的代书人,也不能称为法律意义上的遗嘱见证人,两律师只能作为证人证明李佰星在该遗嘱上的签名为真实的。由此,该遗嘱无代书人签名,也无两个见证人见证,故李佰星2010年2月21日打印遗嘱因缺乏代书遗嘱的法定必备要件,属无效遗嘱。

双方当事人对李佰星1993年8月20日遗嘱属亲笔书写并签名的自书遗嘱并无异议,该遗嘱理应为有效遗嘱。但该遗嘱的内容显示,遗产继承人李良琪须承担李佰星“晚年的生活照料”,然后才有遗产“由李良琪一人继承”的表述,因此,该遗嘱为附义务的遗嘱。根据《继承法》第21条的规定,“遗嘱继承或者遗赠附有义务的,继承人或者受遗赠人应当履行义务。没有正当理由不履行义务的,经有关单位或者个人请求,人民法院可以取消他接受遗产的权利”。《最高人民法院关于贯彻执行〈中华人民共和国继承法〉若干问题的意见》第42条的规定,“附义务的遗嘱继承或者遗赠,如义务能够履行,继承人或者受遗赠人无正当理由不履行,经受益人或其他继承人请求,人民法院可以取消他接受附义务那部分遗产的权利,由提出请求的继承人或受益人负责按遗嘱人的意愿履行义务,接受遗产”。从法院查明的事实看,李佰星的晚年生活由李良卫、李良琪照料,李良琪只履行了遗嘱所附的部分义务,其未能履行虽有其客观原因,但未能全部履行遗嘱所附义务却是不争的事实,原一审法院既尊重遗嘱人的真实意愿,同时秉承公平合理、家庭和睦的原则,将遗嘱所涉遗产平均分给履行遗嘱所附义务的李良卫、李良琪两人继承,既符合法律规定,又兼顾情理。

律师分析

1. 关于打印遗嘱的法律规定

《民法典》第1136条规定,打印遗嘱应当有两个以上见证人在场见证。遗嘱人和见证人应当在遗嘱每一页签名,注明年、月、日。

《民法典》第一次明确规定了打印遗嘱的行为,是对遗嘱形式非常重要的补充,这是非常值得庆祝的。2000 年以后,因为计算机的普及以及书写文字对于一些人而言是有一定挑战的,所以导致实务中有大量的“打印遗嘱”的存在。但是,因为《民法典》生效前,法定的遗嘱形式只有自书遗嘱、代书遗嘱、口头遗嘱、录音遗嘱以及公证遗嘱,不管是自书遗嘱还是代书遗嘱,法定形式均要求手写,所以对于“打印遗嘱”的效力的认定,通常需要根据案件的情况由法庭认定。《民法典》生效以后,《最高人民法院关于适用〈中华人民共和国民法典〉时间效力的若干规定》已经在第 15 条规定,《民法典》施行前,遗嘱人以打印方式订立的遗嘱,当事人对该遗嘱效力发生争议的,适用《民法典》第 1136 条的规定,但是遗产已经在《民法典》施行前处理完毕的除外。

2. 订立合法有效的打印遗嘱

在笔者执业的深圳市,大众对订立遗嘱的接受度较高。其中不乏很多年轻人,特别是身体健康或是婚姻出现危机的年轻人。对于身体健康的年轻人,笔者也经常建议他们采取打印遗嘱的形式订立遗嘱,并建议他们当家庭发生重大事件以及经过一段时间后(如 5 年),需要重新考虑是否要修订遗嘱。那么在订立打印遗嘱的过程中,需要注意什么呢?笔者简单总结如下,供大家参考。

第一,选择合法的见证人。

《民法典》第 1140 条规定,下列人员不能作为遗嘱见证人:(1)无民事行为能力人、限制民事行为能力人以及其他不具有见证能力的人;(2)继承人、受遗赠人;(3)与继承人、受遗赠人有利害关系的人。无民事行为能力人、限制民事行为能力人、继承人、受遗赠人本人不能做见证人非常容易理解,所以选择见证人的核心要求是与见证人跟继承人、受遗赠人没有利害关系的人。

那么,如何理解利害关系人呢?《最高人民法院关于适用〈中华人民共和国民法典〉继承编的解释(一)》第 24 条有明确的规定,继承人、受遗赠人的债权人、债务人,共同经营的合伙人,也应当视为与继承人、受遗赠人有利害关系,不能作为遗嘱的见证人。所以综合上述规定以及实践,对于见证人的选择可以从社区工作站、股份公司、村委的工作人员等中选择,也可以从立遗嘱人的远房亲戚、朋友、同学等中进行选择。

第二,见证人需要参与完整的订立遗嘱的过程,立遗嘱人、见证人在同一空间、同一时间签署遗嘱,而不能在不同的空间、不同的时间签署遗嘱。如果出现这样的行为,会导致遗嘱无效。实务中我们看到有部分案例,立遗嘱人或因“嫌麻烦”或因不理解,而导致立遗嘱人签署完成之后,再分别找见证人“签字”的情况发生,这样的情况,遗嘱是无效的。

第三,立遗嘱人、见证人需要在打印遗嘱的每页上签名,注明年、月、日,未签名、错误签名,未注明时间或者注明时间错误等都会导致遗嘱的效力瑕疵。这需要立遗嘱人和见证人特别注意。

法律依据

本文参考案例的法律依据为《中华人民共和国继承法》第十七条、《最高人民法院关于贯彻执行〈中华人民共和国继承法〉若干问题的意见》第四十条,现为《中华人民共和国民法典》第一千一百三十六条、第一千一百四十条;《最高人民法院关于适用〈中华人民共和国民法典〉继承编的解释(一)》第二十四条;《最高人民法院关于适用〈中华人民共和国民法典〉时间效力的若干规定》第十五条。

78. 有多份遗嘱的情况下，遗嘱的效力如何认定？

随着《民法典》的颁布，遗嘱的种类多样，自书遗嘱、代书遗嘱、打印遗嘱、录音录像遗嘱、公证遗嘱，每种遗嘱的订立形式、要求各有不同。在一个人漫长而又短暂的一生当中，可能订立了形式各异的遗嘱。本书将从实务案例进行分析，多份遗嘱的情况下，应当如何认定遗嘱的效力。

经典案例(一)

1. 案情介绍

李跃进与刘秀英两人是包办婚姻，婚后生育了一儿一女，分别是儿子李小武、女儿李小文。两人虽是包办婚姻，但夫妻感情一直不错，风风雨雨携手走过几十年。丈夫李跃进于2019年去世，丈夫去世后，妻子刘秀英无法接受，终日以泪洗面，身体变得很虚弱，难以入眠，甚至开始服用精神类药物治疗抑郁症症状。

为保障刘秀英的生活，儿子李小武与刘秀英于2019年12月11日签署《代管委托书》，委托儿子代为管理其所居住的房屋。刘秀英患抑郁症后，情绪反复无常，经常想跟随丈夫离开，多次订立遗嘱。2020年年底，刘秀英去世。哥哥李小武、妹妹李小文为母亲留下的房产发生争执。

哥哥李小武提供了六份遗嘱，遗嘱日期分别为2019年12月25日、2020年8月29日、2020年9月3日、2020年9月29日、2020年、2020年3月8日、2020年3月16日。李小武称母亲房子是留给自己的，除了这些遗嘱，2019年母亲签署的《代管委托书》也足以证明母亲同意将房产留给自己。

女儿李小文提交了三份遗嘱，遗嘱日期分别为2014年6月11日、2020年1月9日、2020年3月17日。李小文称刘秀英在2020年1月9日遗嘱中写明房产归自己所有。并且，刘秀英2020年3月17日所立遗嘱为最后遗嘱，其中也明确了以2020年1月9日遗嘱内容为准。[①]

---

① 参考案例：(2021)闽01民终6547号。

2. 争议焦点

(1)哥哥李小武提供了六份遗嘱,女儿李小文提交了三份遗嘱,如何认定遗嘱的效力?

(2)涉案房屋应当由谁继承?

3. 法院观点

(1)一审法院认为,被继承人死亡后,继承人的合法继承权受法律保护。本案中,刘秀英为李跃进生前配偶,李小武、李小文为李跃进的子女,均为李跃进的第一顺位继承人。刘秀英死后,李小武与李小文系刘秀英的第一顺位继承人,依法对其遗产享有继承权。根据《继承法》第5条的规定,"继承开始后,按照法定继承办理;有遗嘱的,按照遗嘱继承或者遗赠办理;有遗赠扶养协议的,按照协议办理"。

本案存在多份遗嘱,一审对其效力作出如下分析认定:

李小武提交的日期为2020年8月29日、2020年9月3日、2020年9月29日、2020年的四份遗嘱。李小武称日期为2020年8月29日、2020年9月3日、2020年9月29日的三份遗嘱正文部分为代写,2020年的遗嘱为刘秀英自书。一审法院认为,上述四份遗嘱正文笔迹与刘秀英签字笔迹明显不一致,均为代书遗嘱。根据《继承法》第17条第3款"代书遗嘱应当有两个以上见证人在场见证,由其中一人代书,注明年、月、日,并由代书人、其他见证人和遗嘱人签名"及第18条"下列人员不能作为遗嘱见证人:(一)无行为能力人、限制行为能力人;(二)继承人、受遗赠人;(三)与继承人、受遗赠人有利害关系的人"的规定,上述四份代书遗嘱不符合上述法定要件,故均为无效。

李小文提交的日期为2014年6月11日的遗嘱。该遗嘱为代书遗嘱,同样不符合代书遗嘱要求两个以上无利害关系的见证人在场见证的要件,属于无效遗嘱。

李小武提交的日期为2019年12月25日、2020年3月8日、2020年3月16日、李小文提交的日期为2020年1月9日、2020年3月17日的五份遗嘱。上述遗嘱内容存在变更,根据《继承法》第20条的规定,"遗嘱人可以撤销、变更自己所立的遗嘱。立有数份遗嘱,内容相抵触的,以最后的遗嘱为准"。

刘秀英2020年3月17日所立遗嘱为最后遗嘱,载明以2020年1月9日遗嘱内容为准。2020年1月9日遗嘱所载的房屋信息完整、准确,刘秀英签字与

《代管委托书》、2020 年 3 月 17 日遗嘱中的笔迹一致,法院予以认可。因此,李小文提供的刘秀英 2020 年 1 月 9 日的遗嘱为最终生效的遗嘱。

(2)二审法院认为,关于李小武提出刘秀英 3 月 17 日所立并非“遗嘱”未产生任何法律效力,本案无有效遗嘱应按法定继承处理的上诉主张,根据《继承法》第 20 条的规定,“遗嘱人可以撤销、变更自己所立的遗嘱。立有数份遗嘱,内容相抵触的,以最后的遗嘱为准”。本案中,刘秀英 2020 年 3 月 17 日所立遗嘱为最后遗嘱,该遗嘱明确载明以 2020 年 1 月 9 日遗嘱内容为准。李小武称李小文提交的所有遗嘱都因外力原因发生了虚假的意思表示,并非立遗嘱人本意,又申请对刘秀英 2020 年 3 月 17 日、2020 年 1 月 9 日遗嘱进行笔迹鉴定,相互矛盾,不予支持。

最终二审法院驳回李小武上诉,维持原判。

律师分析

在被继承人订立多份遗嘱并且多份遗嘱有冲突的情况下,如何认定遗嘱的效力?

1. 先确认遗嘱的形式的合法性

比如,自书遗嘱是否是本人所书写,是否签名、注明年月日;如果是代书遗嘱,遗嘱内容是否代书人所写,代书人是否在遗嘱上签名注明时间等;打印遗嘱、录音录像遗嘱是否有见证人,见证人的资格是否符合法律的规定;比如,上述案例中,李小武、李小文提供的代书遗嘱因没有合法的代书人和见证人导致遗嘱无效。

2. 遗嘱人是否具有完全民事行为能力,且其所立的遗嘱是其真实意思表示

如果遗嘱的形式是符合法律规定的,需要考量立遗嘱人在订立遗嘱时是否是完全民事行为能力人,以及订立遗嘱时是否受到了欺诈、胁迫,导致所订立遗嘱并非是遗嘱人本人的意思表示。若立遗嘱人是无民事行为能力人,那么所订立遗嘱是无效的遗嘱。

结合本案,显然刘秀英在生命的最后生活并不幸福,所以才会订立多份遗嘱,所订立的遗嘱是否是其真实意思表示也未可知。否则为什么会出现前后两日订立内容完全不同的遗嘱的情况。

3. 如有多份遗嘱,效力如何认定

若遗嘱的形式合法,遗嘱也是立遗嘱人的真实意思表示,我们需要分析多份

遗嘱在内容上相互冲突的地方。对于遗嘱内容有冲突的,以订立在后的遗嘱为准。比如,上述案例中立遗嘱人刘秀英订立的多份遗嘱中,对于遗产由谁继承进行了不同的安排,甚至 2020 年 3 月 16 日订立的遗嘱与 2020 年 3 月 17 日,中间仅仅间隔一天的遗嘱内容完全不同,这个时候,按照法律的规定,只能以订立在后的遗嘱为准。

4.《民法典》生效后,公证遗嘱不再有优先效力

《最高人民法院关于贯彻执行〈中华人民共和国继承法〉若干问题的意见》第 42 条规定,公证遗嘱效力优先于其他遗嘱效力。但《民法典》生效后,已经取消了公证遗嘱的优先效力,公证遗嘱与其他遗嘱效力等同,最终以订立在后的遗嘱为准。这是需要大家特别关注的。

但是笔者认为,以笔者多年的实务经验,遗嘱的保管的重要性一点不次于遗嘱的效力本身,所以有条件的情况下,笔者还是建议采用公证遗嘱的方式,同时最大限度地解决了遗嘱的效力、遗嘱的保密性以及遗嘱的保管问题。

法律依据

本文参考案例的法律依据为《中华人民共和国继承法》第五条、第十七条、第二十条;《最高人民法院关于贯彻执行〈中华人民共和国继承法〉若干问题的意见》第四十二条,现为《中华人民共和国民法典》第一千一百二十三条、第一千一百三十四条、第一千一百四十二条。

79. 受遗赠人如何进行意思表示才能认定为法律意义的“接受遗赠”?

在司法实践中存在大量认定受遗赠人没有在法定期限内作出有效的接受遗赠意思表示案件。主要是因为,有的当事人缺乏法律意识,不知道接受遗赠需要作出明确的意思表示,或者没有作出法律意义上的“接受遗赠”表示,或者作出了接受遗赠的意思表示却没有保留有效的证据等,最终导致无法继承遗赠人的遗产。那么何为遗赠?如何在法定期限内作出有效的“接受遗赠”表示呢?本书将一一探讨。

经典案例(一)

1. 案情介绍

黄浪涛自小和爷爷奶奶生活,参加工作后仍然常常与爷爷奶奶住在一起。2010年3月两位老人在黄浪涛父母的陪同下前往公证处立下遗嘱,将二人共同所有的位于北京市西城区南菜园街的房屋留给黄浪涛继承。两位老人分别于2010年年底和2014年去世,黄浪涛在二老都去世后从父亲手中得到老人遗留的公证遗嘱,但未作出任何表示。

直到2016年9月,黄浪涛临近结婚时想换一套大点的房屋需要办理过户手续,房管局告知需要其他法定继承人到场签字确认,黄浪涛才找到姑姑、叔叔商议,姑姑叔叔都认为黄浪涛未在2个月内明确表示接受遗赠,遗嘱已经失效,应当按照法定继承处理遗产。①

2. 争议焦点

爷爷奶奶订立公证《遗嘱》将房屋遗赠给黄浪涛,黄浪涛一直未表示作出接受遗赠的意思表示,是否属于放弃继承呢?

---

① 参考案例:2017年,北京市西城区人民法院发布“遗嘱继承纠纷典型案例”《案例十:受遗赠人要注意,两月时效不能误》。

3. 法院观点

遗嘱人可以立遗嘱将遗产分配给法定继承人以外的人,属于遗赠。孙子女并不属于法定顺序继承人,祖父母留下遗嘱将遗产留给孙子女应当属于遗赠。遗赠人应当自知道或应当知道受遗赠后60日内明确表示接受遗赠,否则遗赠无效。本案中,黄浪涛自己也认可在爷爷奶奶去世后不久就从其父亲处看到公证遗嘱,但直至本次起诉时已近2年,在此期间,黄浪涛既未向其父母作出过任何接受的表示,也没有向叔叔、姑姑作出相应表示,更没有向有关部门主张权利或起诉。法院无法认定黄浪涛在法定期限内作出了明确接受遗赠的意思表示,遗赠自动失效,房屋按照法定继承处理。

实际生活中经常有像黄浪涛这样延误接受遗赠导致无效的例子,为了提醒受遗赠人,遗嘱人可以在遗嘱中写明必须2个月内明确表示接受,受遗赠人为了证明自己已经作出明确接受表示可以采取多种途径,最妥善的途径就是以公证的形式作出明确接受的表示,直接向房管部门申请过户登记或者起诉。

经典案例(二)

1. 案情介绍

母亲蔡梅与女儿卢兰的感情一直不和,双方经常发生争吵。蔡梅在年迈后,卢兰曾经尝试过照顾母亲蔡梅,因两人性格、生活习惯差异过大而结束。在此之后卢兰搬出了母亲蔡梅的家中,卢兰的女儿陈竹表示愿意与外祖母同住,经过三方协商,蔡梅与外孙女陈竹共同居住,由陈竹照顾其生活起居。

1999年,蔡梅签订了一份《遗赠协议》约定在其百年之后将一栋位于深圳市罗湖区的房屋遗赠与外孙女陈竹。同日,蔡梅与陈竹前往深圳市公证处,申请对上述遗赠协议书予以公证。

蔡梅去世后,陈竹提出要依据《遗赠协议》取得房屋的所有权,但是卢兰不同意,她认为母亲蔡梅在生前并没有订立遗嘱,该栋房屋应依据法定继承分割。①

2. 争议焦点

被继承人蔡梅签订《遗赠协议》后,外孙女陈竹能够依法继承遗赠房产吗?

---

① 参考案例:(2014)深中法民终字第607号。

3. 法院观点

根据我国《继承法》的规定，公民可以立遗嘱将个人财产赠与法定继承人以外的人；自书、代书、录音、口头遗嘱，不得撤销、变更公证遗嘱。陈竹与被继承人蔡梅曾签署《遗赠协议》，并经公证，其性质系被继承人蔡梅在公证机关立下公证遗嘱，蔡梅在遗嘱中将个人财产赠与法定继承人以外的人，即其外孙女陈竹，符合法律规定，法院依法予以确认。因此，涉案遗产应由陈竹继承，陈竹要求确认涉案遗产归其所有，并要求卢兰协助陈竹办理过户手续，事实清楚，理由充分，法院予以支持。并通过判决确认，位于深圳市罗湖区的房屋归陈竹所有。此外，该《遗赠协议》并无附条件的意思表示，亦非我国《继承法》规定的遗赠扶养协议，卢兰以陈竹未尽到赡养义务为由请求确认遗赠协议无效，并无法律依据。

陈竹在公证遗嘱时即表达了同意接受遗赠的意见。被继承人蔡梅过世后，涉案房产由陈竹管理，房产证亦在其手中，应视为陈竹以实际行为作出接受遗赠的表示，卢兰认为陈竹作出接受遗赠表示超出了60日的法定期限，其理由不能成立。

律师分析

1. 受遗赠人应当在知道受遗赠后60日内完成接受的意思表示，否则视为放弃遗赠

当自然人以遗嘱的形式将其个人的财产赠与国家、集体或者法定继承人以外的人，一旦该自然人死亡，受遗赠人知道被继承人遗赠的行为，即存在接受遗赠或者放弃遗赠的问题。接受遗赠或者放弃遗赠均属于单方民事行为。需要注意的是，遗赠的受赠主体须是法定继承人以外的人。我国《民法典》第1124条第2款规定："受遗赠人应当在知道受遗赠后六十日内，作出接受或者放弃受遗赠的表示；到期没有表示的，视为放弃受遗赠。"

接受遗赠的意思表示必须在法定期限内作出，即在受遗赠人"知道受遗赠"的"60日"内作出，该"60日"是除斥期间，不得中断、中止或者延长。到期没作任何表示的，推定受遗赠人放弃受遗赠，受遗赠权消灭，即使此后再提出要求，也属于无效。该60日的起算时间点是受遗赠人知道存在遗赠且知道遗赠人死亡时开始计算。

例如，在案例一中，黄浪涛作为孙子，并非爷爷奶奶的法定继承人，爷爷奶奶

愿意将遗产留给黄浪涛继承,属于法律上的遗赠。此时,黄浪涛在知道爷爷奶奶留有遗嘱的情况下,并没有在 60 日内完成接受遗赠的意思表示,导致继承被放弃。

2. 如何有效作出接受遗赠的意思表示

例如,在案例一中,黄浪涛自小与爷爷奶奶生活在一起,爷爷奶奶留下遗嘱,均表示将生前共同居住的房产留给小黄继承。在爷爷奶奶去世之后,黄浪涛未做过任何表示,导致无法继承。又如,在案例二中,陈竹通过实际的占有使用房屋,保管房产证等行为形成了接受遗赠的表示,最终完成继承外祖母的遗产。

那么,在实务中如何有效作出接受遗赠的意思表示?

(1)向法院提起诉讼。

这种方式具有可行性,但是成本比较高。受遗赠人可在知道受遗赠后 2 个月提起诉讼,或者有证据证明受遗赠人在法定期限内就遗赠事宜准备起诉状、证据等材料,或者有证据证明受遗赠人就遗赠事宜咨询起诉等。

(2)向公证处申请办理继承公证。

当事人向公证处申请接受遗赠意思表示的公证书,这是最为稳妥的方式,无论是直接办理财产更名还是在法院诉讼中,公证书都是最有利的证据之一。法院认定有效的、以办理公证作出接受遗赠意思表示的形式具有多样性,且不以当事人完成办理公证为必要条件,如受遗赠人在被继承人公证遗嘱上签字表示接受遗赠;向公证处申请办理愿意接受遗赠的公证;在公证处办理公证发函给被继承人的法定继承人表示接受遗赠等。多种方式中选择一种或者多种都可以。

(3)向法定继承人作出接受遗赠的意思表示。

法律并没有明确规定是否需要向全部继承人作出接受遗赠的意思表示,但是从司法实践中可以看出,向部分继承人作出即可。现实中可能存在部分继承人避而不见,或者对口头意思表示装作不知情等,很难实现向全部继承人作出接受遗赠的意思表示。此外,向法定继承人作出意思表示,可以是书面的,也可以是口头表示。书面的可以是接受遗赠的确认书、接受书等,可以当面交给继承人,最好有见证人或录音录像等,也可以邮寄,封面上应注明有关接受遗赠的字样,即使继承人拒签也不妨碍证明力。口头作出接受的意思表示更需要留存证据,如果没有证据,一旦继承人否认则无法证明。

(4)向相关特定人作出接受遗赠的意思表示。

这里的特定人主要指遗嘱见证人、执行人及遗产管理人等利害关系人。这些人员与遗赠事实都有关联,在没有明确法律规定的情况下向这些人员作出意思表示是可以认可的,当然作出接受的意思表示还是要留存证据。实践中可能会有一些特殊情况,比如,这些人员如果与受遗赠人有利害关系,或者亲属或者上下级等,则这种意思表示的可信度必然下降,从而可能会对受遗赠人产生不利的影响。因此,这种方式应该慎用,或者穷尽其他方式后再用。

(5)通过实际占有、遗产管理作出接受遗赠的意思表示。

受遗赠人实际占有遗产并接受与遗产相关的权利凭证。实践中,比较常见的是实际占有或者管理房屋,一般情况下受遗赠人实际占有或管理房屋的行为可以视为作出了接受遗赠的表示,如缴纳水电费的收据、收取租金等。但是这一点存在举证难的问题,也存在一定的风险,建议与其他方式相结合作出接受遗赠的意思表示,以保证最终完成遗产的继承。

法律依据

本文参考案例法律依据为《中华人民共和国继承法》第二条、第三条、第十六条、第二十条,现为《中华人民共和国民法典》第一千一百二十一条、第一千一百二十二条、第一千一百三十三条、第一千一百四十二条。

80. 共同遗嘱是否有效？能否单方撤回、变更共同遗嘱？

在分析共同遗嘱能否认定为有效之前，我们需要了解“共同遗嘱”是什么。本书讨论的共同遗嘱的订立主体限于夫妻之间，共同遗嘱的效力以婚姻关系实质存续为前提。在这个前提下，我们通过案例去分析共同遗嘱的订立及效力问题。

经典案例(一)

1. 案情介绍

戴建功与耿翠萍夫妻在婚后共同生育三个孩子，分别是大哥戴金平、二姐戴金安、小弟戴金宝。

1998 年，戴建功以标准价向其所在单位首钢公司购买了位于北京石景山区的一套商品房，登记在戴建功名下，属于戴建功夫妇的共同财产。2000 年，戴建功与妻子耿翠萍在公证处共同订立一份《遗嘱》，内容：(1)我们夫妻如有一方先辞世，则将上述房屋遗留给在世的一方。(2)待我们双方都辞世后，将上述房屋遗留给我们的小儿子戴金宝。

2006 年，戴建功因病去世。耿翠萍通过办理公证继承了石景山区的房产，并将房子过户到了自己一人名下。2008 年，耿翠萍先后订立了两份公证遗嘱，其中后一份是前一份的更新，内容：我于 2008 年 6 月 9 日订立遗嘱公证，将 102 号房屋遗留给我的女儿戴金安一人继承，现我想对此遗嘱的内容进行变更，重新订立遗嘱如下：石景山区房产的产权在我死亡后留给我的三个子女戴金平、戴金安、戴金宝共同继承。

耿翠萍签订一份《遗嘱》并办理公证，公证号为 11410 号，该份《遗嘱》中约定：房屋按照大哥戴金平得 30%、二姐戴金安得 30%、小弟戴金宝得 40% 划分。

2018 年母亲耿翠萍去世后，大哥戴金平与二姐戴金安提出要按照母亲最后一份《遗嘱》处理房屋继承事宜。小弟戴金宝则提出不同意见，他认为父母二人在 2000 年订立的共同遗嘱才是二人的真实意思表示，应当按照共同遗嘱进行继承。[1]

2. 争议焦点

(1)戴建功与耿翠萍夫妻所订立的共同遗嘱,在一方去世后另一方能否单方面作出变更或者撤销?

(2)戴金宝能否按照2000年订立的共同遗嘱继承遗产?

3. 法院观点

法院认为,继承开始后,按照法定继承办理;有遗嘱的,按照遗嘱继承或者遗赠办理;有遗赠扶养协议的,按照协议办理。戴建功与耿翠萍于2000年订立的公证遗嘱,符合公证遗嘱的法定要件,系二人的真实意思表示,应属合法有效。关于夫妻一方能否撤销自己在共同遗嘱的意思表示,应当区分遗嘱内容是否不可分割、相互具有牵连性而定。

本案中,戴建功夫妇通过2000年公证遗嘱共同作出了以下意思表示:先死亡的一方将其房屋份额指定由在世一方继承,在世一方接受继承同时将房屋继承人指定由戴金宝继承。

法院认为,戴建功夫妇在订立该遗嘱时均可以预见通过该遗嘱石景山区房屋由在世一方继承后最终继承人为戴金宝,故在世一方继承房屋与指定房屋最终由戴金宝继承之间相互牵连、不可分割。而2000年的共同遗嘱对在世一方即耿翠萍产生的限制或约束力,法院认为共同遗嘱属于死因处分行为,遗嘱自由是《继承法》的一个基本原则,在共同遗嘱制度中,赋予夫妻双方在生存期间的同等的撤回遗嘱权利,贯彻了遗嘱自由的立法精神,而且符合夫妻双方可推知的真实意思表示。但是,当配偶一方死亡后,同等撤回遗嘱的权利状况消灭,若再赋予生存配偶一方的撤回权,不仅有违夫妻双方关于遗产安排的真实意思表示,也不符合等价、公平的民法原则。

本案中,戴建功死亡后,2000年遗嘱已实际执行且房屋已经过户至耿翠萍名下,耿翠萍撤回相互性的权利也随之消灭,耿翠萍后立公证遗嘱不产生撤销2000年公证遗嘱的效力,故戴金宝主张依据2000年遗嘱继承房屋中属于戴建功的50%的所有权份额,法院予以支持。但就耿翠萍所享有的50%的所有权份额,法院根据其2008年所订立的公证遗嘱指定的继承人及继承份额办理。

---

① 参考案例:(2022)京0107民初2321号。

经典案例(二)

1. 案情介绍

周全庆和周玫夫妻二人婚后生育了四名子女,分别是大姐周唐、二哥周宋、三妹周元、四弟周明。周玫于2006年去世,周玫去世后,周全庆没有再婚,并于2018年去世,周全庆与周玫除上述四名子女以外,无其他子女,其双方父母均先于其去世。

1993年,大姐周唐为父母购买了北京市的一处房产供父母居住,为表孝心,房屋登记在父母周全庆和周玫名下。

2004年,周全庆和周玫共同签订一份《遗嘱》,两人在《遗嘱》中约定:(1)北京某房屋购房当时我们没有钱,而是以我们的名义购买的,钱是大女儿周唐出的,当时协议是生前我们二老居住,身故后此房归大女儿周唐所有。现在此房由周唐给其妹妹周元了,我们二老同意。(2)将上述房屋在我们二老故后,遗留给我们的三女儿周元继承。尾部有立遗嘱人周全庆、周玫、同意人周唐签名;其中尾部周全庆签有日期2004年2月22日,但周玫没有签署日期。

在母亲周玫2006年去世后,该房屋一直归父亲周全庆养老居住,四名子女对此没有异议。在父亲周全庆2018年去世后,三妹周元拿着父母订立的《遗嘱》要求继承房屋,但是二哥周宋和四弟周明不同意,他们均认为父母不可能将房屋只留给三妹,并怀疑遗嘱是三妹自己伪造的。[①]

2. 争议焦点

周全庆与周玫订立的共同遗嘱有效吗?三妹能否按照该份遗嘱继承父母的遗产?

3. 法院观点

继承从被继承人死亡时开始。继承开始后,按照法定继承办理;有遗嘱的,按照遗嘱继承或者遗赠办理;有遗赠扶养协议的,按照协议办理。《最高人民法院关于适用〈中华人民共和国民法典〉时间效力的若干规定》第1条第2款规定,《民法典》施行前的法律事实引起的民事纠纷案件,适用当时的法律、司法解释的规定,但是法律、司法解释另有规定的除外。本案中,两位被继承人分别于

---

① 参考案例:(2021)京02民终17171号。

2006年、2018年死亡,故应适用《继承法》。

关于遗嘱的效力问题。夫妻共同遗嘱相对于夫妻一方单独遗嘱而言,是指夫妻二人达成合意、共同订立一份遗嘱,并在遗嘱中对各自或共同的财产作出处分安排。以夫妻双方名义共同订立的处理夫妻共同财产的遗嘱,符合遗嘱形式要件的应为有效。夫妻一方亲笔书写的共同遗嘱符合《继承法》关于自书遗嘱的形式要求,另一方在共同遗嘱上签名的,并标注签名日期的,可以认为共同遗嘱的形式要件已经成就。案涉遗嘱,从遗嘱内容和形式看为共同遗嘱,该遗嘱有周全庆的签名并签写日期,但周玫只有签名没有标注签名日期,不符合共同遗嘱的形式要件。

夫妻在婚姻关系存续期间所得的共同所有的财产,除有约定的以外,如果分割遗产,应当先将共同所有的财产的一半分出为配偶所有,其余的为被继承人的遗产。房屋为周全庆和周玫的共同财产,周全庆无权处分周玫的遗产份额,周玫的遗产应按照法定继承处理。同一顺序继承人继承遗产的份额,一般应当均等。周玫于2006年死亡,其生前未签订有效的遗嘱,故房屋的1/2份额属于周玫的遗产,应由周全庆、周明、周元、周唐、周宋共同继承,继承后每人分得房屋产权份额的1/10。鉴于周全庆享有房屋1/2的份额,故继承后周全庆占该房屋产权份额的6/10。

周全庆于2018年死亡,因其在案涉两份遗嘱中均同意将房屋给周元,周全庆在遗嘱中处分其本人所持有的产权份额部分有效,故周全庆占该房屋产权份额的6/10应由周元继承。继承后周元共享有房屋产权份额的7/10,周明、周唐、周宋各享有房屋产权份额的1/10。

周元主张由其本人继承房屋的所有权,并同意给其他继承人相应的折价款,对此法院予以准许。鉴于周元、周明、周唐、周宋均认可503号房屋的市场价值为650万元,故房屋由周元继承,继承后周元享有该房屋的所有权;周元应向周明、周唐、周宋每人各支付一次性补偿款65万元。

律师分析

1. 常见的共同遗嘱类型

本文所讨论的共同遗嘱均以夫妻关系存续为前提,夫妻分别针对自己财产所作的处分,并通过设定特定的条件而使得夫妻二人的死因处分具有关联性。

死因处分具有关联性的意思是，一方因另一方设立特定内容的遗嘱，才相应地作出最终的处分意见，常见的有几种类型：(1)互相指定对方为自己身故后的遗嘱继承人；(2)共同指定第三人为双方身故后的唯一继承人；(3)相互指定对方为自己身故后的遗嘱继承人，并约定双方均身故后，一方将遗产留给共同指定的继承人等。例如，在案例一中，戴建功与耿翠萍互相指定对方为身故后的继承人，并约定双方身故后，财产由儿子戴金宝一人继承。

设立共同遗嘱的目的主要分为两种：一种是为了保护配偶的利益，以避免在夫妻一方先去世后，失去对财产的控制；另一种则是为了保护子女的利益，以确保夫妻财产均归属于共同指定的子女所有。

2. 共同遗嘱的形式

我国《民法典》规定了自书遗嘱、代书遗嘱、打印遗嘱、录音录像遗嘱、口头遗嘱、公证遗嘱的遗嘱形式，但仍然没有对共同遗嘱这样的遗嘱形式进行规定。但基于“法无禁止即可为”的原则性规定，虽共同遗嘱在立法上处于空白的状态，但法律并未禁止共同遗嘱的存在，且在实务中越来越得到认可。

对于共同遗嘱的形式，我们也可参照法律对自书遗嘱、代书遗嘱、打印遗嘱、录音录像遗嘱、口头遗嘱、公证遗嘱的形式确定其是否合法有效。唯一应区别的是，自书共同遗嘱容易与代书遗嘱存在分歧，即自书共同遗嘱的时候夫妻中一方执笔，对于非执笔一方则符合代书遗嘱的形式。对于这种情况，实务中也考虑到可操作性，认可共同自书遗嘱的由一方执笔另一方签字的有效性。其他共同遗嘱形式符合法律规定的有效，不符合法律规定则无效。

但共同遗嘱是否存在部分有效部分无效的情况呢？例如，在案例二中，该份遗嘱显然是一份自书共同遗嘱，系周全庆执笔书写，但是在落款处，周全庆的书写符合自书遗嘱的效力，周玫的落款却遗漏了关键的日期，法院的认定是周全庆的部分有效，而周玫的部分无效，即周全庆的遗产按照遗嘱继承，周玫的遗产按照法定继承。

3. 关于共同遗嘱的撤销与变更

关于共同遗嘱的撤销与变更同样可以参考法律对遗嘱的规定，共同遗嘱人均在世，且二人协商一致可以对之前订立的遗嘱作出变更或者撤销，这无可厚非。但实务中，往往存在一方去世了，另一方重新订立新的遗嘱，将夫妻的共同遗嘱作出变更，此种情况下，变更或撤销的效力应当如何认定呢？

实务中对此存在争议。一部分观点认为，既然夫妻共同作出了遗嘱，则只有共同作出撤销或变更的意思表示，单方撤销或者变更是无效的，这是高度尊重夫妻在订立共同遗嘱的契约精神。另一部分观点则认为，人们对私有财产享有自由的处分权，个人可以对自己享有的份额进行撤销或变更。

例如，在案例一中，戴建功与耿翠萍订立了共同遗嘱，但是在戴建功去世之后，耿翠萍通过共同遗嘱将遗产过户到自己名下之后，便又订立一份新的遗嘱去变更了之前的共同遗嘱。此时，法院认为，戴建功与耿翠萍的共同遗嘱对双方具有牵连性，且耿翠萍已经按照共同遗嘱完成了前半部分的继承，其不能单方面撤销整个遗嘱的效力，只能撤销属于自己的处分权。

共同遗嘱虽越来越多地被人们接受及运用，但其仍然不能违背法律对遗嘱的规定，即共同遗嘱不得限制个人财产的处分。

法律依据

本文参考案例的法律依据为《中华人民共和国继承法》第三条、第十六条、第十七条、第二十条、第二十六条，现为《中华人民共和国民法典》第一千一百二十二条、第一千一百三十三条、第一千一百三十四条、第一千一百四十二条、第一千一百五十三条。

81. 生前预嘱和遗嘱的联系与区别是什么?

2022年6月23日,深圳市第七届人大常委会第十次会议表决通过了《深圳经济特区医疗条例》修订稿。该条例在“临终决定权”上作出了大胆突破,在全国首次立法尊重患者“生前预嘱”的治疗意愿。生前预嘱立法一经公布,即引起了全社会的关注。由于生前预嘱是舶来品,在国内的推广时间不长,大家对于什么是生前预嘱,生前预嘱与遗嘱关系如何并不熟悉,本书将尝试让大家了解关于生前预嘱的部分问题。

经典案例(一)

1. 案情介绍

于雅联退休前从事医药行业,出于职业原因,对待生死病痛比较淡然。2016年,于雅联在朋友的介绍下得知有“生前预嘱”,可以自己决定在临终时刻的医疗措施,于是她为自己亲手书写了一份《生前预嘱》。

在《生前预嘱》中,她这样约定:(1)房屋A归女儿胡小蝶所有,房屋B归儿子胡小力所有。(2)针对临终医疗措施。我希望能够有尊严地死去,万一病倒一旦出现结束生命信号,我拒绝“残忍的抢救”,我目前年龄已经超过北京市平均年龄好几岁,又何苦再受这么大的痛苦,最后还是落得人财两空。

2019年,于雅联因病入院。她叫来自己的妹妹和其他的护工,口头吩咐将家中的房子归儿子胡小力所有,现金归女儿胡小蝶所有。2019年4月,于雅联去世。

在于雅联去世后,胡小蝶与胡小力因遗产继承问题产生了纠纷。弟弟认为应当按照2019年的口头遗嘱处理母亲的遗产,姐姐则认为应当按照2016年的自书遗嘱《生前预嘱》处理。①

---

① 参考案例:(2021)京02民终3687号。

2. 争议焦点

(1)于雅联于2019年订立的口头遗嘱是否有效?

(2)于雅联2016年亲手书写的《生前预嘱》是否有效?效力是否等同于自书遗嘱?

(3)2016年的《生前预嘱》、2019年的口头遗嘱内容有冲突的情况,应当以哪份为准?

3. 法院观点

关于口头遗嘱是否有效的问题。法院认为病程记录并未显示于雅联自3月18日起陷入持续的危急状态、无法以其他形式订立遗嘱,至少2019年4月7日的病程记录仍显示于雅联神志清楚、查体合作,表明在向弟妹陈述意见时不属于需要订立口头遗嘱的危急情况;此外,胡小蝶提交了证人与于雅联在病房的合影,证人当庭表示是其当时用手机拍摄并发给胡小蝶的,证明当时在场人携带了手机,具备了以录音录像方式记录订立遗嘱过程或者记录遗嘱内容的条件,且当时于雅联亦神志清楚,在能够以其他形式订立遗嘱时,口头遗嘱无效。遗嘱人在危急情况下,可以立口头遗嘱。口头遗嘱应当有两个以上见证人在场见证。危急情况解除后,遗嘱人能够用书面或者录音形式立遗嘱的,所立的口头遗嘱无效。

关于自书遗嘱《生前预嘱》是否有效的问题。依据法律规定,公民可以立遗嘱处分个人财产,并可以指定遗嘱执行人。公民可以立遗嘱将个人财产指定由法定继承人的一人或者数人继承。公证遗嘱由遗嘱人经公证机关办理。自书遗嘱由遗嘱人亲笔书写,签名,注明年、月、日。

本案中,关于胡小蝶提交的自书遗嘱,从形式上看是遗嘱人亲笔书写,有签名、年、月、日,符合法定的形式要件;从内容上看是于雅联对财产的处置,并完整表达了遗嘱人对于财产的态度。

但遗嘱中提到的诉争房屋原系于雅联与丈夫胡志灵的夫妻共同财产,于雅联于2016年立遗嘱时尚未取得全部房屋的所有权,在当时于雅联并无权处分房屋的全部产权,故该份遗嘱的效力不能当然的及于全部房屋所有权。

2018年于雅联将遗嘱上A房屋过户给胡小蝶,与其2016年所留的遗嘱上载明的将该房给胡小力的意见亦不一致,无法证明于雅联在2017年11月之后通过行为或者其他方式对之后取得房产份额进行了追认,故认为于雅联在2016

年订立遗嘱时只能处分其有权处分的房产份额。

综上，于雅联在2016年9月15日所立遗嘱只能处分其名下的房产份额，其《生前预嘱》处理财产内容部分有效。

经典案例(二)

1. 案情介绍

林孝忠与程淑惠有两名子女，分别是女儿林小启、儿子林小发。林孝忠2007年在单位集资房的政策下分到了一套房子。林孝忠与儿子林小发、儿媳王美丽共同支付集资款9万元，其中儿子和儿媳共同支付8万元。2008年5月，林孝忠立下《预嘱书》，载明："我位于柳长路的房子(属柳钢集资房)，面积为八十平方米……预嘱后房产继承权归于林小发、儿媳妇王美丽和孙子所有。"

林孝忠及两名旁证人均在《预嘱书》上签字捺印。程淑惠2014年5月去世，林孝忠2018年12月去世后，林小启质疑《预嘱书》的效力，遂以林小发和王美丽作为被告诉至法院，要求确认上述房屋的归属。[1]

2. 争议焦点

林孝忠所立的《预嘱书》是否属于遗嘱？其中关于财产的分配是否有效？

3. 法院观点

虽然林孝忠于2008年5月所立的《预嘱书》名称为"预嘱"，但其内容实际符合遗嘱的形式要件和实质要件，故林孝忠的遗产应当按照遗嘱继承办理，判决由林小发、儿媳妇和孙子共同继承财产。

律师分析

1. 生前预嘱的概念

生前预嘱(living will)是指自然人通过生前指示，当其被专业医师判定为不存在从严重的身体或精神疾病中恢复过来的可能时，是否要用特别的医疗措施来人工延长自己的生命。学术界认为生前预嘱等同于预先医疗指示，即提前安排自己可能采取的医疗措施。

---

① 参考案例：(2021)桂0205民初7730号。

生前预嘱的对象主要是一些患有不可治愈的伤病或临终前的患者，如患有渐冻症、神经退行性疾病或严重脑损伤等。这些病情严重的情况下，患者只能依靠人工设施维持身体机能运作，通常也不具备恢复的可能性。生前预嘱可以最大限度地尊重个人尊严，实现患者医疗自主权、知情同意权，避免不符合患者意志的过度医疗。

在深圳市生前预嘱首次立法之前，民间也有各种生前预嘱版本，立生前预嘱人往往将对生前的医疗安排和去世后遗产的安排一并在一份文件中完成。我们目前的实务案例中因当时生前预嘱未立法，所以法院仅对生前预嘱中关于遗嘱的部分进行了论述，当“生前预嘱”的内容符合遗嘱的法律要件时，法院也认可预嘱的效力。

2. 生前预嘱的法律规定

《深圳经济特区医疗条例》第 78 条规定，收到患者或者其近亲属提供具备下列条件的患者生前预嘱的，医疗机构在患者不可治愈的伤病末期或者临终时实施医疗措施，应当尊重患者生前预嘱的意思表示：

(1)有采取或者不采取插管、心肺复苏等创伤性抢救措施，使用或者不使用生命支持系统，进行或者不进行原发疾病的延续性治疗等的明确意思表示；

(2)经公证或者有两名以上见证人在场见证，且见证人不得为参与救治患者的医疗卫生人员；

(3)采用书面或者录音录像的方式，除经公证的外，采用书面方式的，应当由立预嘱人和见证人签名并注明时间；采用录音录像方式的，应当记录立预嘱人和见证人的姓名或者肖像以及时间。

通过以上概念及法律规定可以看出，生前预嘱主要是安排患者在患重病时的医疗措施。与上述实务案例中大众理解不同的是，法律明确规定生前预嘱仅限于医疗措施安排，其性质并非完全等同于遗嘱，也不是生前提前进行的财产安排。

3. 生前预嘱、遗嘱的区别与联系

遗嘱是指人生前在法律允许的范围内，按照法律规定的方式对其遗产或其他事务所作的个人处理，并于创立遗嘱人死亡时发生效力的法律行为。

生前预嘱与遗嘱，在立法没有给出明确的定义前，大多数人容易将两者混淆，但是两者本质上是不同的。生前预嘱解决的是一个完全民事行为能力人在意识清醒时就其本人在不可治愈的伤病末期或者临终时是否实施某种医疗措施的意思表示，而遗嘱解决的是一个完全民事行为能力人在意识清醒时就其去世以后个人的合法财产如何分配的意思表示。因此，生前预嘱是对自己生命健康、医疗措施的安排，遗嘱是对自己财富的安排。

如上述案例，在生前预嘱立法前，大家常常把生前预嘱当作遗嘱使用，会在生前预嘱条款中加入自己对财产事宜的安排。案例一中，于雅联作为医疗行业人员对生前预嘱有一定的了解，既安排了自己的医疗措施，也同时安排了财产事宜，但并不会因此影响其真实的意思表示，与遗嘱相符的部分仍参照遗嘱的相关法律规定执行。

当然，法院通常判定法律文件的性质是根据文件内容的本质，案例二中林孝忠所立的《生前预嘱书》名称虽然为“预嘱”，但其内容实际符合遗嘱的形式要件和实质要件，因此其内容本质是遗嘱。

因此，生前预嘱与遗嘱之间既有区别，也有密切联系。生前预嘱立法出台以后，引起了全国人民的关注，未来生前预嘱将会极大地改变大家对于医疗措施的了解模式及选择方式，真正地能够做到“我的生死我做主”！

法律依据

本文参考案例的法律依据为《中华人民共和国民法典》第一千一百三十四条、《深圳经济特区医疗条例》第七十八条。

82. 保姆、护工等特殊身份的人能否作为受遗赠人?

在这个快节奏的社会,越来越多的年轻人因忙于工作而无暇照顾家人,因此会聘请保姆、护工等专业人士照顾行动不便或生病的老人。缺少子女的陪伴,与之朝夕相伴的是保姆、护工,老人更愿意将财产给予那些让他们在年老时期能够感受到温暖的人。那么保姆、护工等特殊身份的人能作为受遗赠人吗? 有些人认为遗赠不分身份,任何人都可以作为受遗赠人;但有些人认为这些人是带有一定目的去获取遗赠,这种行为不能被承认、提倡。本书将通过典型案例来阐述这一问题。

经典案例

1. 案情介绍

刘大发与陈翠翠于20世纪70年代登记结婚,婚后生育五个孩子,分别是刘大、刘二、刘三、刘四、刘五。刘大发2015年7月向法院起诉离婚,主张已与陈翠翠分居十几年,第一次诉讼法院判决不予离婚。刘大发2016年8月第二次诉讼离婚,法院判决准予离婚。陈翠翠提起上诉,刘大发在2017年8月二审审理期间去世。刘大发自2010年与杨春花同居,去世前一直和杨春花一同生活。

杨春花向法院提交两份遗嘱,要求继承刘大发的遗产。

第一份:《广东某律师事务所见证书》显示,2016年8月4日,刘大发自书《刘大发遗嘱》一份,内容:刘大发自愿在其死后将其旧房改造回迁的300平方米房屋(三套房屋)、股份公司股权全部份额归杨春花所有。本遗嘱由杨欣监督执行。

第二份:2017年6月19日,刘大发再次立下遗嘱,《房产继承遗嘱书》,遗嘱中称与陈翠翠分居后聘请杨春花为保姆对其进行照顾,随着岁月的流逝,彼此间产生了感情,因而发展到同床共枕,共同生活至今已有17年之久,彼此间感情浓厚,不是妻子胜似妻子,两者已成为不离不弃、形影不离的老伙伴。刘大发同意将300平方米房屋所有权、股份公司股份归杨春花所有。上述遗嘱内容为打印字体,立遗嘱人处有刘大发的签名及捺印,杨春花在受遗赠人处签名,负责监督执行人为杨勇，在场见证人为张玉、黄林。杨春花称张玉、黄林是杨春花与刘大发的共同朋友，杨欣是刘大发的朋友，而杨勇是杨欣的儿子。

经法院鉴定，以上两份遗嘱的签名字迹均是刘大发所写。陈翠翠对该份遗嘱的真实性不予认可，其称刘大发的住院病历显示2017年6月17日刘大发突患多发性脑梗死，该遗嘱系刘大发患脑梗死后形成的，刘大发已无正常人思维和意识，杨勇是杨春花的亲戚，张玉和黄林均是杨春花的朋友，刘大发不认识两人。①

2. 争议焦点

(1)刘大发的遗嘱是否为真实有效遗嘱？

(2)刘大发遗嘱中将其房产、股权赠与杨春花的行为，是否因为违背公序良俗而无效？

3. 法院观点

(1)一审法院认为，本案为遗赠纠纷。

根据《继承法》的规定，继承从被继承人死亡时开始，继承开始后，按照法定继承办理，有遗嘱的，按照遗嘱继承或者遗赠办理。本案中，被继承人刘大发生前于2017年6月19日所立《房产继承遗嘱书》经司法鉴定机构鉴定系刘大发签名确认，且该遗嘱与广东某律师事务所见证的《刘大发遗嘱》中对于刘大发遗产的处理意思表示一致，故一审法院确认2017年6月19日《房产继承遗嘱书》系刘大发的真实意思表示，关于刘大发遗产的处理部分合法有效，刘大发的遗产应当按照其所立的遗嘱办理。

关于陈翠翠主张涉案遗嘱违反公序良俗应为无效，一审法院认为，杨春花和刘大发两人的同居行为违背公序良俗，为法律所禁止，但该行为并不必然导致刘大发的遗赠行为无效。遗赠是权利人对自己财产的单方意思表示，亦受法律保护。《继承法》第3条规定“遗产是公民死亡时遗留的个人合法财产”，第16条第3款规定“公民可以立遗嘱将个人财产赠给国家、集体或者法定继承人以外的人”，据此，《继承法》对受赠人的身份和主体资格没有限制性规定，赋予了公民遗嘱自由的权利，任何公民生前均有权依法处分其个人所有的合法财产。被继承人死亡时，继承开始，被继承人所有的个人合法财产应当与他人财产进行

① 参考案例：(2019)粤03民终21725号。

区分。

本案中,刘大发死亡时,继承即开始,此时刘大发的个人合法财产即应当与夫妻共同财产进行区分,刘大发作为遗赠人遗赠个人财产以及杨春花作为接受遗赠人接受遗赠并不违反法律规定,因此,杨春花主张刘大发的遗产由其继承,一审法院予以支持。

上述三套房产应属于刘大发和陈翠翠的夫妻共同财产,归陈翠翠和刘大发共同所有。杨春花主张上述三套房产系刘大发的个人财产,没有事实和法律依据,一审法院不予支持。刘大发在婚姻关系存续期间和杨春花非婚同居多年,存在过错,另从照顾女方原则考虑,一审法院酌定夫妻共同财产中的两套房产归陈翠翠,一套房产为刘大发财产,属于遗产,由杨春花继承。刘大发的遗嘱中超出其遗产部分的处分无效。

(2)二审法院认为,即便事出有因,刘大发与杨春花长期同居的行为也违反了《婚姻法》第 3 条第 2 款"禁止有配偶者与他人同居"、第 4 条第 1 款"夫妻应当相互忠实,互相尊重"的规定,同时,刘大发超出日常生活需要对夫妻共同财产进行处分,单独将大额夫妻共同财产赠与他人,杨春花明知刘大发有配偶而与其长期同居并接受大额财产的赠与,显然也不能视为善意第三人,因此,刘大发自书的《刘大发遗嘱》《房产继承遗嘱书》,既违反了《婚姻法》第 17 条"夫妻在婚姻关系存续期间所得的下列财产,归夫妻共同所有:……夫妻对共同所有的财产,有平等的处理权"、第 24 条第 1 款"夫妻有相互继承遗产的权利"、《最高人民法院关于适用〈中华人民共和国婚姻法〉若干问题的解释(一)》第 17 条"婚姻法第十七条关于'夫或妻对夫妻共同所有的财产,有平等的处理权'的规定,应当理解为:(一)夫或妻在处理夫妻共同财产上的权利是平等的。因日常生活需要而处理夫妻共同财产的,任何一方均有权决定。(二)夫或妻非因日常生活需要对夫妻共同财产做重要处理决定,夫妻双方应当平等协商,取得一致意见。他人有理由相信其为夫妻双方共同意思表示的,另一方不得以不同意或不知道为由对抗善意第三人"之规定,剥夺了陈翠翠对夫妻共同财产平等处理权和陈翠翠对刘大发的合法财产继承权,也违反了《民法总则》第 8 条关于公序良俗的规定。

综上,依照《民法总则》第 153 条第 2 款"违背公序良俗的民事法律行为无效"、第 155 条"无效的或者被撤销的民事法律行为自始没有法律约束力"之规定,刘大发以自书的《刘大发遗嘱》《房产继承遗嘱书》的方式作出的遗赠行为应属无效民事法律行为,因此,杨春花关于确认《刘大发遗嘱》《房产继承遗嘱书》合法有效及继承涉案三套房产的诉讼请求,没有法律依据,法院不予支持。

律师分析

1. 遗赠与遗嘱的区别

遗嘱与遗赠既有联系又有区别,其区别主要表现在:

(1)接收遗产的主体不同。受遗赠人不在立遗嘱人的法定继承人范围,可以是自然人、法人、其他社会组织。而遗嘱继承人只能是法定继承人,且是自然人。

(2)权力行使的方式不同。遗赠不同于遗嘱、法定继承,对受遗赠人的接受行为有较为严格的要求,受遗赠人只有在知道受遗赠的60日内明确作出接受的意思表示时才视为接受,否则视为放弃遗赠。而遗嘱继承人在继承开始后,遗产分割处理前,没有明确表示放弃的视为接受继承。此部分在前面已经详细分析,在此不再赘述。

(3)获得遗产的方式不同。遗赠受领人不直接参与遗产分割,只能从遗嘱执行人或法定继承人处获得遗产。而遗嘱继承人要直接参与遗产分配。

2. 遗赠不能违反法律规定

《民法典》第1133条第3款规定,自然人可以立遗嘱将个人财产赠与国家、集体或者法定继承人以外的组织、个人。

按照该条的规定,立遗嘱人有权将个人合法财产遗赠给保姆、护工。但是实务中,如果受遗赠人仅是保姆、护工等的雇用与被雇用的关系,那么遗赠有效。但是如果保姆、护工与立遗嘱人有超越工作关系的非法同居关系,那么遗赠无效,原因是违背了公序良俗原则。

同时,我们应当关注到,立遗嘱人将个人合法财产遗赠给法定继承人以外的组织、个人,应当保留胎儿的继承份额,也应当为缺乏劳动能力又没有生活来源的继承人保留必要的遗产份额。

结合本案,一审法院与二审法院对于案件给出了截然不同的结果。一审法院认为对受赠人的身份和主体资格没有限制性规定,因此被继承人可以遗赠给任何人。即便违背公序良俗,但刘大发处理自己的财产部分的遗嘱内容仍是有效的。但二审法院认为,因为刘大发违背公序良俗、违背夫妻忠实义务,且杨春花在明知刘大发家庭状况的情况下的举动并非善意,刘大发作出的遗赠行为应属无效民事法律行为,杨春花不得因此获得房产的遗赠。

本案的核心在于,遗赠是应当更尊重被继承人的意思表示,还是应当更尊重社会的公序良俗。这与法官的价值判断息息相关,也与法官的自由裁量权有关。但二审中,法院考虑到对此种违背公序良俗的遗嘱不应予以鼓励,否则会导致社会上出现更多的非正确价值导向的行为。

法律依据

本文参考案例的法律依据为《中华人民共和国婚姻法》第三条、第四条;《最高人民法院关于适用〈中华人民共和国婚姻法〉若干问题的解释(一)》第十七条;《中华人民共和国民法总则》第八条;《中华人民共和国民法总则》第一百五十三条、第一百五十五条,现为《中华人民共和国民法典》第一千零四十二条、第一千零四十三条、第一千一百三十三条。

七、遗产认定及股权继承

83. 遗嘱房屋拆迁，回迁房是遗嘱继承还是法定继承？

随着人们法律意识的增强，越来越多的人选择立遗嘱来安排其名下的房产、车辆等财产。实务中，若在遗嘱生效前，遗嘱房产已拆迁并签订拆迁协议，该遗嘱对拆迁后的回迁房还有效吗？回迁房是应当按照遗嘱继承，还是法定继承？签订拆迁协议是否视为对遗嘱内容的撤销？本书通过实务案例进行一一解读。

经典案例

1. 案情介绍

黄国庆与前妻李梅于2003年离婚，两人育有黄小天、黄小地。离婚协议约定甲房产由黄国庆与李梅各享有50%的份额。2005年，黄国庆与张蝶结婚，张蝶带有一个儿子，后改名黄平。

黄国庆于2010年6月17日订立公证遗嘱，遗嘱内容："为防止发生意外和遗产继承纠纷，特立本遗嘱，真实表示我对自己的财产的处理意愿。根据本人与前妻李梅于2003年12月18日所签订的离婚协议，现位于甲房产的50%份额为我的财产。现本人决定，在我去世之后，上述房产份额由张蝶、黄平继承。"

2010年10月14日，黄国庆及李梅作为被拆迁人与拆迁公司签订《拆迁补偿安置协议书》，黄国庆及李梅选择的回迁户型组合为：黄国庆(1栋F户型)、李梅(1栋G户型)。2018年9月23日，黄国庆去世。各继承人就房产继承事宜发生争议。[1]

---

① 参考案例：(2020)粤0304民终20486号。

2. 争议焦点

黄国庆所有的房产拆迁后的回迁房F房产是适用法定继承还是遗嘱继承?黄国庆签订拆迁协议,是否视为对公证遗嘱的撤销?

3. 法院观点

(1)一审法院认为,黄国庆在遗嘱中将标的物处分给他人后,又以补偿协议形式同意将标的物拆迁,这应被视为其在订立遗嘱后又以行为作出了与订立遗嘱时相反的意思表示并导致了标的物的灭失。遗嘱中所涉标的物被拆迁后置换获得的F房屋与原标的物为不同的物,对于黄国庆而言,该房产系其订立公证遗嘱后新获得的财产,由于黄国庆事后并未明确表示标的物被拆迁后置换的房产作为遗嘱的组成部分,或重新订立新遗嘱予以分配,故不能将F房屋作为遗嘱中标的物的变更,本案应视为黄国庆以自己的行为撤销了之前签订的公证遗嘱。一审法院不支持按照公证遗嘱进行继承。

(2)二审法院认为,本案争议焦点是被继承人黄国庆的遗嘱是否被其本人其后签订拆迁补偿协议的行为所撤销。在已有遗嘱情况下,需要再立一份遗嘱或者以同于遗嘱效力的其他有效方式才能撤销、变更之前所立遗嘱。从涉案房屋拆迁到被继承人黄国庆去世,黄国庆有充分的时间对其财产进行重新处分,但其没有修改或者重新订立遗嘱就房屋拆迁所得房产作出新的意思表示,足以认定其并未用明确的意思表示变更将涉案房产指定由张蝶及黄平继承的意愿。

《最高人民法院关于贯彻执行〈中华人民共和国继承法〉若干问题的意见》第39条规定,遗嘱人生前的行为与遗嘱的意思表示相反,而使遗嘱处分的财产在继承开始前灭失,部分灭失或所有权转移、部分转移的,遗嘱视为被撤销或部分被撤销。上述规定解决了司法实践中立遗嘱人并未作出明确意思表示的情况应当如何认定的法律适用问题,需要满足生前行为与遗嘱意思表示相反并造成遗嘱处分的财产灭失,部分灭失或所有权转移、部分转移的条件,适用时应当严格遵循《继承法》的立法原意以及民事法律行为意思表示的解释原则,并符合日常生活经验与一般社会认同。

本案发生争议的原因是拆迁行为改变了房产的形式,而黄国庆未能再立一个新的遗嘱明确F房屋的继承人,在考察拆迁行为是否足以撤销所立遗嘱时,其实就是要考量黄国庆订立遗嘱时的意愿是否能够延续到拆迁后得到的F房屋上。黄国庆同时立有公证遗嘱和公证委托书,其委托张蝶办理拆迁房产所有事宜，表示其明知拆迁所得房产将发生变化，依然将房产以遗嘱方式留给张蝶与黄平继承。据此，将其同意拆迁补偿的行为推定为与其遗嘱意思表示一致，延续其将遗产留给张蝶与黄平继承的本意，更符合其行为的真实意思。二审法院支持按照公证遗嘱进行继承。

律师分析

1. 遗嘱中标的房产拆迁，实务中通常的观点为遗嘱仍然有效

比如，广州市中级人民法院审理的"吴某、陈某继承纠纷"①一案中，也是一审法院认为由于被继承人生前又同意将标的拆迁，导致了标的物灭失，因此遗嘱应视为被撤销，故案涉遗产应适用法定继承处理。但是二审改判，认为遗嘱中房屋虽被拆迁，但相应的权益已经转化为新的回迁房屋，相应的合同权益应当由指定继承人继承，即按照遗嘱继承。

下面几个案例不管是一审法院还是二审法院皆被认定为遗嘱继承的案例。青岛市中级人民法院审理的"赵某1、赵某2继承纠纷"②再审案中，一审法院、二审法院、再审法院均认为，涉案房屋虽被拆迁，但仅是物理意义的灭失，其在法律上的权利义务并未消灭，而是由房屋所有权转化为包括新安置房屋、拆迁补助等在内的一系列拆迁权益而继续存在。虽然公证遗嘱处分的是拆迁前的房屋，代书遗嘱处分的是拆迁后的新安置房屋，但后者系前者的转化，系同一财产在不同时段的不同表现形式，因此，两份遗嘱处分的是同一项财产。

笔者认为，此类案件在实务中"被继承人非因主观意愿发生的拆迁，通常不认定为对遗嘱的撤销。拆迁前后的房屋为形式上的转化，不影响原遗嘱的效力，应当按遗嘱发生继承"为当前的主流观点。

2. 被继承人行为性质的判断

实践中会出现一审与二审是截然不同的判决，主要取决于法院对被继承人行为性质的判断，笔者建议关注以下两点内容：

(1) 被继承人签订拆迁协议后，原遗嘱中标的物是否灭失？

如何定义"灭失"？遗嘱中房产是否已灭失？在上述案例中，一审法院认为

---

① 参考案例：(2020)粤01民终17388号。

② 参考案例：(2020)鲁02民再86号。

原房产被拆迁,即原房产形态已经灭失,因此无法按照原公证遗嘱进行继承。根据2012年《最高人民法院关于“遗嘱中的标的物在拆迁安置后是否算标的物的变更,若是公证遗嘱,是否因标的物的变更而需要办理相关公证遗嘱的变更”问题的答复》的观点,遗嘱人遗嘱中所涉标的物被拆迁后所获得的补偿金或产权调换房屋与原标的物为不同的物。对于遗嘱人而言,该补偿金或产权调换房屋属于立遗嘱后新获得的财产。由于遗嘱人并未明确表示标的物被拆迁后的对价——补偿金或产权调换房屋的处分方式作为遗嘱的组成部分,故不能将补偿金或产权调换房屋作为遗嘱中标的物的变更。

因此,有的法院认为,原公证遗嘱中的标的物发生了灭失,遗嘱人未对新的财产进行新的处分,则该新财产不得作为公证遗嘱中的原财产进行分割。

有的法院则认为,从物权登记角度,拆迁安置后新获得的房产与遗嘱中房产的确属于不同的物,但是新房产的物权来源于遗嘱中确定的房产,权利具有承继性,仅是财产权利在形式上发生转换,即遗嘱所处分房产的财产权利与利益在法律上并未消灭,财产并未灭失,亦未发生所有权的转移或者部分转移。

笔者支持第二种法院的观点,不应当简单地从外观上判断房产是否灭失,而应当严谨地从形式上综合考量,该房产已经转换为另一种形式,且并未发生所有权的转移,不构成法律上的灭失。因此遗嘱中的房产依然可以依照遗嘱发生继承。

(2)个人实施与公证遗嘱中的相反行为能否视为撤销公证遗嘱?

如何定义“相反行为”?黄国庆签订拆迁协议是否构成“相反行为”?《民法典》第1142条规定,遗嘱人可以撤回、变更自己所立的遗嘱。立遗嘱后,遗嘱人实施与遗嘱内容相反的民事法律行为的,视为对遗嘱相关内容的撤回。该法条中所指的是遗嘱人自身的一种主动行为,行为人积极追求的是与遗嘱相反的结果,该行为将导致继承人权利落空,无法按照遗嘱继承财产。

在上述案例中,笔者认为黄国庆的签订拆迁协议并非积极主动追求与公证遗嘱相悖的结果,房屋拆迁过程中签订拆迁协议是一种通行的做法,仅是达成拆迁的合意,而不涉及遗嘱人处分遗产的意思表示,也不视为撤销公证遗嘱,原公证遗嘱依然有效。在此类案件中应当从证据及细节中探寻遗嘱人的真实意愿,使得遗嘱最后的表示能够符合其内心的真实意思。

3. 立遗嘱人可以通过主动的行为规避继承争议的发生

由于同类的案件在实务中仍存在争议，一些案件的细微差别也可能影响法官对行为性质、法律适用的判断。因此此类案件想要避免事后法律纠纷，建议做好以下两个方面：

(1)及时更新遗嘱内容。

在我国立遗嘱的年龄越来越趋于年轻化，但是大家的财产种类及数额都是在不断地发生变化。首先，应当根据财产的实际情况定期更新遗嘱内容。其次，在财产灭失或财产、家庭发生重大变化、继承人状况发生变化等情况时，应当及时更新相关内容。

(2)注意遗嘱内容设计与表述。

在遗嘱文本上进行相应的预先防范设计，如本案中涉及可能拆迁的房屋的内容，可以增加“如遗嘱中所涉房屋遇拆迁，拆迁后取得的安置房或房屋拆除后的相关财产性权益归×××所有”的相关表述。

遗嘱内容的设计不仅需要考虑财产的现状，还要考虑未来的一些安排，进行一些个性化的符合家庭结构的设计。这样既能满足遗嘱人的真实意愿，也能尽可能地避免家人纷争。

法律依据

本文参考案例的法律依据为《最高人民法院关于贯彻执行〈中华人民共和国继承法〉若干问题的意见》第三十九条，现为《中华人民共和国民法典》第一千一百四十二条。

84. 抚恤金能否继承?

抚恤金是由国家或有关单位依照相关规定发给伤残人员或死者家属的费用。这里的抚恤金既包含伤残抚恤金也包括死亡抚恤金,伤残抚恤金主要发放给伤残人员,用于其今后的生活、医疗等支出,这部分抚恤金无疑属于伤残人员的个人财产;另外一种是死亡抚恤金,主要发放给死者家属,一方面用于对近亲属的精神抚慰,另一方面作为对近亲属的经济补偿。但是,在生活中人们对死亡抚恤金存在诸多误区,如其性质如何、又当如何分配等,本书通过两个案例来说明。

经典案例(一)

1. 案情介绍

1980 年,王建国与王铁花结婚后生下一女王小蝶。婚后,双方产生了矛盾,但是为了女儿能够健康成长,婚姻关系勉强维系。2005 年,王建国与王铁花经法院调解离婚,离婚时女儿王小蝶已经 24 岁。女儿王小蝶认为王建国不顾及自己及母亲的感受决意离婚,是对家庭的背叛。在王建国离婚之后,王小蝶一直跟着母亲,与父亲来往甚少。

2013 年,王建国遇到了现在的妻子余翠萍,二人并未生育子女,两人互相依靠、相依为命,在余翠萍的陪伴下,王建国度过了安稳的后半生。

2018 年,89 岁高龄的王建国自书遗嘱一份,遗嘱内容:"我自愿将我所有财产,全部留给我的妻子余翠萍继承。我名下有一套住房,坐落在北京市西城区。这套房子是我和王铁花婚姻存续期间共同的房产。我们于 2005 年离婚。离婚后尚未办理分割手续。王铁花于 2008 年去世了。她所得的份额,应当由女儿王小蝶继承。我应得的份额,全部由我现在妻子余翠萍继承。因为女儿王小蝶不孝,没有尽到对父亲应尽的赡养义务。所以我的所有财产她不得予以继承。特此声明"!

2020 年,王建国去世时,余翠萍为此支付了丧葬费、购买墓地等费用;王建国去世后,余翠萍也领取了一笔 15 万余元的抚恤金。余翠萍与王小蝶因为遗产继承、抚恤金、丧葬费等分割问题产生了争执。[①]

2. 争议焦点

(1)王建国订立的遗嘱是否真实有效?

(2)因王建国死亡所获得的抚恤金是否属于王建国的遗产,应当如何分割?因王建国去世所花费的丧葬费等应当如何承担?

3. 法院观点

法院认为,继承开始后,按照法定继承办理;有遗嘱的,按照遗嘱继承或者遗赠办理。公民可以立遗嘱将个人财产指定由法定继承人的一人或者数人继承。被继承人王建国留有自书遗嘱一份,经鉴定由王建国亲笔书写,签名、注明年、月、日,该遗嘱符合自书遗嘱的形式要求,法院予以认可。王小蝶表示被继承人王建国在订立遗嘱时年龄已高,不认可其行为能力,法院认为王小蝶对王建国订立遗嘱时行为能力提出异议,应当由其对此进行举证,现其无证据予以证明,对王小蝶称王建国行为能力有问题之主张,法院不予认可。故法院认定王建国书写的自书遗嘱有效,属于王建国遗产由余翠萍继承。

遗产是自然人死亡时遗留的个人合法财产。丧葬费是指用于职工死亡时丧葬费事宜的一次性费用,其性质是对被继承人死亡后的丧葬费等支出的一种经济帮助。抚恤金是国家或有关单位依照规定发放给死者家属的费用,是优抚和救济死者家属、是对死者家属精神痛苦的一种抚慰,享受抚恤金的人系死者的直系亲属及这些亲属主要依靠死者生前扶养。王建国死亡后的丧葬费及抚恤金虽不属于其遗产范围,但双方均同意在本案中予以处理,法院对此不持异议。

关于丧葬费,双方同意各自承担一半,法院予以确认。关于墓地费用,王小蝶不同意支付。法院认为,首先,墓地费虽系在被继承人王建国死亡后产生的,但属于安葬王建国产生的合理费用;其次,子女安葬父母是善良风俗,因此王小蝶应当予以承担。关于抚恤金,从性质和用途考虑,该款由余翠萍、王小蝶均分为宜。

① 参考案例:(2020)京0102民初28550号。

经典案例(二)

1. 案情介绍

苏武与周芸在婚后共同生育了两个儿子,分别是苏彦军、苏彦民。母亲周芸的身体不好,早年已去世。两个儿子忙于工作,不放心父亲苏武孤寡老人一个人在家,于是聘请了保姆赵凤照顾苏武的饮食起居。

2017 年,苏武突然宣布要与保姆赵凤结婚,两个儿子虽然反对,但是拗不过父亲,最终同意了。

2020 年,苏武因病去世,其单位发放了丧葬费 2 万元、一次性抚恤金 23 万元,合计 25 万元。苏彦军、苏彦民与赵凤因该笔抚恤金发生了纠纷。

赵凤认为自己照顾苏武多年,且自己体弱多病,更需要钱。苏彦军、苏彦民则认为,赵凤自身有退休金,享受国家的医保,并有子女对其进行赡养照顾,不存在依靠苏武生存的情况。①

2. 争议焦点

苏武去世后,其原单位发放的抚恤金是否属于苏武的遗产,继承人之间应当如何分割?

3. 法院观点

遗产是公民死亡时遗留的个人合法财产。丧葬费是职工所在单位给予的处理职工丧事的相关费用。抚恤金是职工因死亡后,所在单位给予死者家属或其生前被扶养人的精神抚慰和经济补偿,带有抚慰其家属的性质。上述费用均不是死者生前个人合法财产,不属于遗产范围,不能作为遗产继承,故赵凤提交的被继承人苏武关于处分丧葬费及抚恤金的遗嘱没有法律效力。本案被继承人苏武生前所在单位发给的丧葬费应用于其丧事花销,对此均无异议。对于抚恤金的处理,根据目前政策,死者的直系亲属或其生前被扶养人享有该待遇,因法律上对给付对象的分配方式没有明确具体规定,故可参照法定继承的原则,按遗产继承人顺序,在各继承人之间进行分配。被继承人苏武的子女、妻子均作为其骨肉至亲,在其去世后,心理上、精神上均受到很大打击,均应得到一定抚慰。双方对于抚恤金的分割,本应以互谅互让、和睦团结的精神协商处理,但产生了无法

① 参考案例:(2021)辽07民终3154号。

调解的矛盾。虽然赵凤与被继承人苏武登记结婚时间较短,但考虑赵凤在苏武晚年对其陪伴、扶助和照顾,且赵凤身体状况欠佳,故在分配时对其予以适当照顾。赵凤表示对于苏武的死亡抚恤金属于其与苏武的夫妻共同财产,应当优先析出属于自己的一半的意见,法院不予采信。

律师分析

1. 死亡抚恤金不是遗产

依据《民法典》的规定,遗产是自然人死亡时遗留的个人合法财产。而抚恤金产生于死者死亡之后,并且是基于特定的身份产生的财产权,不是死者生前的财产。此外,抚恤金是自然人生前所在单位在其死亡时才给付的,而不是基于自然人死亡前的民事行为而取得的。因此,抚恤金不是被继承人的遗产。

死亡抚恤金产生的本质是给予死者近亲属具有一定精神及物质抚慰意义的生活补助费,主要用于优抚依靠死者生前扶养的近亲属。故死亡抚恤金不能作为死者的遗产予以继承,若死者生前订立遗嘱处分抚恤金,那么遗嘱就该部分内容不发生法律效力。

2. 死亡抚恤金可不用于偿还死者生前债务

根据《民法典》第1161条第1款的规定,继承人以所得遗产实际价值为限清偿被继承人应当缴纳的税款和债务。超过遗产实际价值部分,继承人自愿偿还的不在此限。由于死亡抚恤金是针对死者近亲属的生活补偿及精神抚慰而形成的专属于死者近亲属的特定财产,而非死者的遗产。因此,继承人所获得的死亡抚恤金可不用于偿还死者生前的债务。

3. 死亡抚恤金不是夫妻共同财产

抚恤金作为发给伤残人员或死者家属的费用,既不是工资、奖金,也不是继承或赠与所得的财产,不属于夫妻共同财产的范畴,那么作为夫妻一方就不能依据《民法典》主张抚恤金其中一半的权利,在法律规定的支持下,排除了抚恤金作为夫妻共同财产的可能。

例如,在案例二中,赵凤向法院主张苏武死亡获得的抚恤金应当属于夫妻共同财产,要求析出属于自己的一半份额,再由苏武的继承人予以分割。但是法院认为,该笔款项本就是基于苏武近亲属的抚慰金,本就不属于苏武的遗产,更不属于苏武与赵凤的夫妻共同财产。

4. 抚恤金应当如何分配

根据我国目前的有关政策，享有抚恤金待遇的人必须同时具备两个条件：一是必须是死者的直系亲属、配偶；二是死者生前主要或者部分供养的人。由于我国现行法律规范对死亡抚恤金如何分配并没有明确的规定，司法实践中，大多数法院参照法定继承来处理，分割时参照《继承法》，参与分配的近亲属并不必然平均分配，需要酌情考虑各近亲属的客观情况，如近亲属对死者的经济依赖程度、生活紧密程度、扶养关系及生活困难、健康状况等因素进行综合考虑。

例如，在案例二中，对于抚恤金的处理，法院便参照了法定继承的处理方式，虽然赵风与被继承人苏武登记结婚时间较短，但考虑赵风在苏武晚年对其陪伴、扶助和照顾，且赵风身体状况欠佳，故在分配时对其予以适当照顾。对于被继承人生前由谁扶养较多，被继承人生前是否有需要照顾的人，继承人中是否存在多分、少分的情况，一方面需要当事人自己去主张，另一方面法院需要结合案件的实际情况自由裁量。

在司法实践中，涉及抚恤金分配纠纷的案件不胜枚举，很多人都分不清死亡抚恤金是否属于被继承人遗产的范畴，是否可以按照被继承人的遗产予以继承，被继承人生前是否可以通过遗嘱方式处分身后的抚恤金等，通过本书希望能够让大家对抚恤金应当如何分配有更加清晰的了解。

法律依据

本文参考案例的法律依据为《中华人民共和国继承法》第二条、第五条、第十条、第十三条，现为《中华人民共和国民法典》第一千一百二十一条、第一千一百二十二条、第一千一百二十三条、第一千一百二十七条、第一千一百三十条、第一千一百三十三条、第一千一百三十四条。

85. 被他人代持的资产如何完成继承?

现实生活中,资产代持的情况非常普遍,实际出资人由于法律法规限制、身份限制、规避关联交易、保护自身隐私等原因,自己不直接持有财产,而是通过约定、协议的方式,将自己的动产、不动产等登记在他人名下,实际自行管理资产或者以代持人的名义管理资产。虽然通过代持的方式可以解决被代持人财产配置上的一时之需,但从财富保护和传承的角度来看,其实隐藏了巨大的风险,特别是当被代持人或代持人发生意外或疾病身故时,被代持财产的继承往往会引发一系列矛盾,甚至最后以法律诉讼结束。代持资产的继承风险有哪些?如确需他人代持,有哪些方面需要注意呢?本书将进行详细阐述。

经典案例(一)

1. 案情介绍

黄会与杨观妹婚后生下一个儿子,名叫黄晓可。退休后,黄会与杨观妹拿出家中积蓄,在深圳市购买一套房屋作为"养老房"。因两人年龄太大无法通过银行贷款审批,夫妻两人决定将该套房屋登记在儿子黄晓可名下。经过几年的努力,黄会与杨观妹把房屋所欠的银行贷款也还清了。

2015 年,儿子黄晓可与妻子陈燕结婚,为了表达对妻子陈燕的感情,黄晓可将房产的 50% 产权份额转移登记至妻子陈燕的名下,其余 50% 产权份额依然登记在自己名下。

2019 年,杨观妹因病去世,黄会在其去世后悲痛欲绝。在家中讨论如何处理妻子杨观妹遗产时,他才得知儿子将房屋 50% 的产权过户到儿媳妇的名下。父亲黄会认为该房屋归属于黄会与杨观妹所有,儿子擅自处分代持的房屋,要求儿子、儿媳返还房屋。①

① 参考案例:(2018)粤 03 民终 25106 号。

2. 争议焦点

(1)本案中,黄会夫妻是否为涉案房屋的所有权人?

(2)黄会是否有权要求将涉案房屋登记至其名下?

3. 法院观点

黄会主张其夫妻与黄晓可之间存在代持即借名购房关系。法院认为,我国现行民事法律尚未将借名购房或借名登记关系类型化为有名合同而作出专门规定,按民法理论及审判实践经验,借名购房关系是指当事人约定,一方(借名人)经他方(出名人)同意,出资并借用他方名义购买房屋,在一方仍自行对该房屋进行占有、使用、收益或处分的情况下,将房屋所有权登记于他方名下。如当事人之间既无书面约定也无其他证据证明存在口头约定,仅出资行为并不足以证明存在借名购房关系,尤其是父母出资并将房屋登记在子女名下,在我国国情下属于赠与的情形较为普遍。

就本案而言,黄晓可在2005年签约购买涉案房屋时,并无限制黄会夫妻即自然人购买多套住房的房地产调控政策,黄会虽诉称借用黄晓可名义系因其夫妻年龄不符合贷款条件,然而在黄晓可于2005年12月办理了15年期的贷款后,黄会夫妻在2008年11月即出资提前清偿了剩余贷款,在此后不存在法律和事实上的过户障碍的情况下,也无证据显示黄会夫妻在本案纠纷前曾要求将涉案房屋登记至其名下,在购房资格、付款能力及登记条件等方面,难以索解其为何需借用黄晓可的名义购房及为何未在贷款清偿后办理登记转移手续。因此,本案仍应结合房屋占用、收益、处分等事实,对黄会主张的借名购房关系是否存在作出判断。

在黄会夫妻与黄晓可之间无书面约定的情况下,基于前述认证分析,因不能认定系由黄会夫妻实际行使对涉案房屋占有、使用、收益、处分等权能,法院认为黄会所主张的借名购房关系真伪不明,难以确信该关系的存在,应由黄会承担举证不能的不利后果,黄会夫妻非涉案房屋的所有权人,其关于协助将涉案房屋产权登记至其名下的诉讼请求,缺乏合同依据,不予支持。

经典案例(二)

1. 案情介绍

钟化与王雅结婚后共同生育了女儿王琪。王雅经商多年,是当地小有名气的企业家。2009 年 12 月，王雅因病去世，钟化、王琪是王雅第一顺序法定继承人。

王雅生前与庆领公司的老板是多年朋友，王雅与老板口头协商以庆领公司的名义购买烟台银行的股份。2008 年 12 月 30 日，庆领公司向王雅出具了证明一份，证明内容："沈阳王雅汇款二百万元委托庆领公司购买烟台银行股票一百万股。庆领公司在烟台银行的股权中有王雅一百万股。"

王雅去世后，钟化、王琪要求庆领公司将代持的股权返还，但庆领公司否认双方存在代持关系。钟化、王琪无奈将庆领公司起诉至法院。庆领公司出示一份《证明书》，内容："庆领公司于 2008 年 12 月 30 日出具的《证明》2 份，证明王雅委托庆领公司购买烟台银行股票，并由其支配。现查实，前述 300 万元购买的 150 万元股股票，系万资公司汇款购买的，而非高欣、王雅个人汇款购买。"①

2. 争议焦点

100 万烟台银行股份，是否在庆领公司与王雅间构成股权代持？

3. 法院观点

(1)一审法院认为，综合本案事实，可以认定王雅就 100 万股烟台银行股份与庆领公司达成了口头的代持协议，并已经实际履行，王雅是庆领公司名下 100 万烟台银行股份的实际出资人，并应当对该部分股份享有投资收益。庆领公司作为记载于烟台银行股东名册的股东，其名下 320 万股股份中包含王雅出资 200 万元委托其购买的 100 万股股份。钟化、王琪作为王雅的第一顺序法定继承人有权对王雅的上述财产提出主张。因此，依据钟化、王琪的请求，应当确认庆领公司名下的 320 万股烟台银行股份中的 100 万股系庆领公司代王雅持有。钟化、王琪超出上述 100 万股以外的请求部分，证据不足，该院依法不予支持。万资公司未能提交证据证明其与庆领公司达成过代持股协议，故其要求确认庆领公司名下的烟台银行的 150 万股股权归其所有，法院不予支持。庆领公司辩称其名下的 320 万股烟台银行股份全部系庆领公司所有，也与查明事实不符，依法不予支持。

(2)二审法院认为，关于本案是否应将属于王雅的实体权利直接判归上诉人钟化、王琪所有的问题，本案系因各方当事人对庆领公司代王雅持有烟台银行

---

① 参考案例：(2015)民申字第 497 号。

股份数额产生争议而引起的股权确认纠纷，上诉人钟化、王琪是否能作为王雅的继承人取得王雅的财产权益属于继承纠纷，与本案不是同一个法律关系，不能在本案中合并审理。故本案不能将属于王雅的实体权利直接判归上诉人钟化、王琪所有。上诉人关于本案应将属于王雅的实体权利直接判归其所有的上诉主张，没有法律依据，二审法院不予支持。一审法院确认庆领公司名下的320万股烟台银行股份中的100万股系庆领公司代王雅持有并未超出上诉人的诉求范围，二审法院予以维持。

(3)在再审审理阶段，最高人民法院支持了二审法院判决。

律师分析

1. 委托第三人代持财产有风险，委托人需谨慎

委托第三人代持财产的风险主要表现：

(1)名义持有人擅自处分代持资产。

如果资产的名义持有人将所代持的资产擅自转让给第三人，而第三人又不知道名义持有人并非实际所有人，则第三人在支付价款并实际取得代持资产的情况下，会构成善意取得，从而由该第三人取得代持资产，而实际所有人的继承人虽然可向名义持有人主张违约和赔偿责任，但将无法追回该代持资产。

(2)被代持的财产被强制执行。

实际所有人可能基于债务隔离的考虑而将资产交由他人代持，但如果名义持有人自身也负担债务，则名义持有人的债权人可能会请求法院强制执行名义持有人所代持的资产，从而导致实际所有人的继承人无法完成继承。

(3)代持人否认其代持的资产归被代持人所有，有意将代持资产据为己有。

由于代持人和被代持人往往是亲戚、朋友、同学等较为亲密的关系，所以往往比较随意，没有签署书面协议，没有注意保管出资证明、占有使用证明，甚至代持资产直接交由代持人使用，代持人在这个过程中，心态发生变化，不愿意返还资产，双方发生矛盾。

案例一中，父母无法证明房产系交予儿子代持(如签订代持协议等)，也无足够的证据证明代持关系成立。在中国社会，父母出资购房，将房产登记在子女名下，房产赠与子女的现象较为普遍。且案例一中父母亦未对房产进行占有、使用、收益，实际中较难认定代持成立。

(4)财产被代持人配偶方离婚分割的风险。

由于许多代持行为具有保密性甚至有些完全是口头约定,名义持有人的配偶和继承人并不知道代持的存在,若代持人发生婚姻变故或死亡,实际所有人的继承人若无确切的证据证明代持事实,该代持财产就会作为名义持有人的财产进行离婚财产分割,或者作为代持人的遗产被继承。

(5)代持人去世发生财产继承的风险。

被代持人死亡,继承人对代持财产毫不知情,遗漏继承;或者即使继承人知悉代持事宜,但缺乏证据材料,也难以要回代持财产,无法完成继承。

(6)委托人资格限制的风险。

代持的资产,虽然各方签署了明确的代持协议,但是基于法律的规定,代持的资产仍然无法过户到委托人(被代持人)名下,导致难以完成继承。比如,在深圳,A 为 B 代持房产,虽然 A 认可,但是基于 B 没有购房资格,B 要求 A 变更代持房产到 B 名下时,法院仍不会支持;再如,股权的代持,就算是有明确的代持协议,但是若代持协议破坏了有限责任公司的人和性,其他股东不同意被代持人成为公司股东的情况下,被代持人仍然无法成为公司股东。

案例二中,王雅的 100 万股份由庆领公司代持,幸而有《证明书》、转账记录证明代持关系存在。书面的代持协议、证明是十分必要的。但是仅有书面协议,对于代持股权的继承仍困难重重。确认股权是由庆领公司代持,也无法将公司的股东权益直接判归继承人所有,根据《公司法》第 75 条的规定,“自然人股东死亡后,其合法继承人可以继承股东资格;但是,公司章程另有规定的除外”。继承人能够继承股东资格的前提是,被继承人具备股东资格,本案中,庆领公司代王雅持有 100 万股烟台银行股份,王雅自己并不具备烟台银行的股东资格,所以其继承人自然不具备继承股东资格的前提。一审法院判决确认 100 万股系庆领公司代王雅持有,只是对股权代持事实的确认,并不是确认王雅的股东身份。

2. 对于代持财产的法律建议

虽然委托他人代持资产有诸多风险,但是现实中由于各种原因,委托他人代持资产的情况仍然经常发生。那么,委托他人代持资产时需要注意什么呢?

第一,签署资产代持协议并告知继承人,约定代持资产的详细情况,如什么情况下代持人应当配合变更登记,代持人是否有报酬等,以此来证明代持人所代持的资产属于被代持人所有。在众多代持纠纷中,股权代持作为资产代持的典型，在实践中最为普遍，因股权代持所引发的继承纠纷也是频繁发生。

第二，将代持事实告知代持人的配偶及法定继承人，签署资产代持知情函，或者通过录音、电子邮件、微信等方式记录对方知情的事实。

第三，选择自然人作为代持人时，优先选择信用好、不负债、身体健康、家庭和社会关系简单的人，并且在代持行为发生前聘请律师拟定“代持协议”，约定资产实际所有人和代持人各自的权利和义务，保存好详细的资产转账证明和相关文件，代持人及其配偶子女、实际资产所有人及其配偶子女作为当事人，均要签字认可，该代持协议可作为实际资产所有人的继承人主张权利的证明。

第四，若委托人（被代持人）生前不希望配偶子女知悉代持一事，又担心死后代持财产被遗忘，无法惠及子孙后代，建议最好未雨绸缪，请专业律师起草遗嘱并公证。

法律依据

本文参考案例的法律依据为《最高人民法院关于适用〈中华人民共和国公司法〉若干问题的规定（三）》第二十二条、第二十三条、第二十四条、第二十五条。

86. 商业保险的保险理赔金是否属于被继承人的遗产？

进入21世纪之后，随着保险行业的不断发展，社会经济水平的提升，人们越来越愿意为保险埋单。通过保险来对抗家庭成员人身风险引起的经济困境。对于所购买的保险产品，除了关注保险合同的约定、保费的缴纳，还要关注受益人，在受益人不是被保险人的情况下，保险产品的财产权益是否属于被保险人的遗产。

经典案例(一)

1. 案情介绍

张志强与杜玲经自由恋爱结识，并于1999年结婚，婚后夫妻二人共同生育了一个可爱的女儿张雪。

在杜玲与张志强婚姻关系存续期间，杜玲为包括张志强在内的所有家人都购买了人身保险，其中帮张志强通过中国人寿保险投保了康宁终身保险，每年缴纳保险费1500元，受益人系杜玲和张雪。

2021年年初，张志强因意外去世，并未留下遗嘱。同年2月4日，中国人寿保险公司向杜玲、张雪发放了保险金60,000元。张母认为自己儿子的保险理赔，自己作为母亲应该分得一部分，但杜玲认为受益人是自己和女儿，不愿意分给张母。后张志强的母亲张母与杜玲因如何分割张志强遗产发生纠纷，并诉至法院。①

2. 争议焦点

张志强作为被保险人，在有指定受益人的情况下，其他法定继承人还能够分配保险理赔款吗？

3. 法院观点

法院认为，继承开始后，按照法定继承办理；有遗嘱的，按照遗嘱继承或者遗赠办理；有遗赠扶养协议的，按照协议办理。被继承人张志强生前并未留下遗

---

① 参考案例：(2021)京0117民初4170号。

嘱，本案按照法定继承处理。

法院认为，对于张母要求继承张志强在中国人寿保险公司投保的康宁终身保险理赔款的诉讼请求，因杜玲、张雪系受益人，该保险理赔款应归杜玲、张雪所有，故张母的该项诉讼请求，无事实及法律依据，法院不予支持。

经典案例(二)

1. 案情介绍

张爽是一个非常优秀的“80后”，在北京念完书就留在北京发展。张爽凭借自身的才华与能力，事业顺风顺水，已经在北京站稳脚跟。张爽是家中独子，张父、张母非常疼爱这个孩子，虽然万般不舍，但是也尽自己最大的能力去支持张爽。

2018年，张爽与心爱的女孩戚意涵经过几年的恋爱步入婚姻的殿堂。对于张爽来说，学业有成，工作顺利，家庭幸福，美好的人生才刚刚开始。但是2019年一场意外的到来让两个家庭陷入了无尽的痛苦，张爽因意外去世了。对于年轻的张爽来说，人生还在走上坡路阶段，本能地以为死亡还很遥远，哪里会有安排后事的想法，自然没有留下任何遗嘱与遗言。这也导致两个家庭在其去世之后产生纷争。

经查明，张爽名下北京市基本养老保险个人账户本息合计131,339.1元，截至婚前余额为64,670.94元，婚后缴纳66,668.16元。另查明，张爽生前所在单位于2017年为张爽投保定期寿险50万元，被保险人为张爽，身故受益人为法定继承人。

妻子戚意涵认为张爽原工作单位投保的团体定期寿险50万元保险权益自己应当依法继承；对于张爽的北京市基本养老保险个人账户中本息合计131,339.1元系夫妻共同财产，其中65,669.55元归戚意涵所有，其余的依法继承。张父、张母则认为，张爽是自己唯一的孩子，在张爽去世后，二人对戚意涵也多有照顾，但戚意涵有隐匿、侵吞争夺张爽遗产的情况；同时戚意涵与张爽结婚时间较短，戚意涵本人的工资月月花光，所以张爽名下的存款均为其婚前积攒，应为张爽个人财产，应依法各继承1/3。此外张父、张母年老多病无人照顾，为失独老人，故要求在财产分割时予以照顾。①

① 参考案例：(2020)京0101民初13047号。

2. 争议焦点

被继承人张爽生前所在单位为其购买的寿险应当如何分配？被继承人生前所缴纳的养老保险是否属于夫妻共同财产，应当如何分配？

3. 法院观点

法院认为，法定继承是指依据法律直接规定的继承人范围、顺序和遗产分配原则，将遗产分配给合法的继承人予以继承。被继承人张爽生前未留有遗嘱，本案戚意涵作为被继承人张爽的妻子，张父、张母作为被继承人的父母，均为张爽的第一顺位继承人，故对张爽的财产享有法定的继承权。被继承人张爽的遗产范围包括张爽婚前个人财产及与戚意涵婚后夫妻共同财产中属于张爽的份额。本案中，双方就戚意涵与张爽婚后共同财产的分割各占1/2份额的处分原则一致，法院予以认可。

对于平安一年期团体定期寿险的理赔金额，由于该险种并未指定受益人，应当按照法定继承由第一顺位继承人即张爽的妻子、父母均等继承。

对于张爽名下北京市基本养老保险个人账户余额，其婚前缴纳及获得部分系张爽个人财产、婚后缴纳及获得部分系戚意涵与张爽夫妻共同财产，最终按照法律规定进行了分配。

律师分析

1. 什么是投保人、被保险人、受益人

(1)根据《保险法》第10条第2款的规定，投保人是指与保险人订立保险合同，并按照合同约定负有支付保险费义务的人。投保人是保险合同的当事人，具备保险合同关系一方的形式要件，同时也具备承担支付保险费义务的实质要件。

(2)根据《保险法》第12条第5款的规定，被保险人是指其财产或者人身受保险合同保障，享有保险金请求权的人。投保人可以为被保险人。在保险事故发生时或保险期限届满时有权按照保险合同向保险人请求损失赔偿或者领取保险给付金的人。

(3)根据《保险法》第18条第3款的规定，受益人是指人身保险合同中由被保险人或者投保人指定的享有保险金请求权的人。投保人、被保险人可以为受益人。通常受益人为被保险人，仅在人身保险的死亡保险合同中，受益人为投保人或者被保险人外的第三人。受益人一般由被保险人或投保人在合同中明确约定,未指明的则以被保险人的法定继承人为受益人。

2. 指定受益人时,应当如何继承

在指定身故受益人的保险产品中,被保险人身故后,受益人可直接向保险公司领取保险金。此时被保险人的身故保险金应当作为受益人的财产,而非被保险人的遗产,在继承案件中可不予处理。

例如,在案例一中,投保人杜玲为丈夫张志强购买了人身保险,受益人系杜玲和张雪。在该份商业保单中,妻子杜玲作为投保人享有缴纳保费的义务,丈夫张志强是被保险人。后来张志强意外去世,保险公司应当按照保险合同的约定支付张志强的身故保险金。由于该保单指定了妻子杜玲和女儿张雪作为受益人,那么在张志强去世后,妻子和女儿可直接凭借该保单向保险公司申请领取保险金,所获保险金应当作为妻子杜玲和女儿张雪的财产,不属于张志强的遗产。法院最终驳回了张母要求分割保险金的诉讼请求。

3. 什么情况下,保险金可以作为被保险人遗产继承

根据《保险法》第42条的规定,被保险人死亡后,有下列情形之一的,保险金作为被保险人的遗产,由保险人依据继承相关法律规定履行保险金的给付义务:

(1)没有指定受益人,或者受益人指定不明确的。

例如,在案例二中,张爽生前所在单位于2017年为张爽投保定期寿险50万元,被保险人为张爽,身故受益人为法定继承人。张爽意外去世后,父母与配偶均为第一顺位法定继承人,也为此产生争议。法院认为,由于该险种并未指定受益人,应当按照法定继承由第一顺位继承人即张爽的妻子、父母均等继承。

(2)受益人先于被保险人死亡的,没有其他受益人的。受益人与被保险人在同一事件中死亡,且不能确定死亡先后顺序的,推定受益人死亡在先。

(3)受益人依法丧失收益权或者放弃收益权,没有其他受益人的。受益人故意造成被保险人死亡、伤残、疾病的,或者故意杀害被保险人未遂的,该受益人丧失收益权。

4. 养老保险可以继承吗

根据《社会保险法》第14条的规定,投保人个人账户不得提前支取,投保人(被保险人)死亡的,个人账户余额可以继承。

养老金又称为退休金,是劳动者在工作的时候按一定比例缴纳的,到了劳动

者退休后依法领取的一种保险待遇。养老保险金主要分为两个部分,即社会统筹的基础养老金以及个人账户的养老金。养老金也可以根据当事人自己的意思对养老金进行合法的分配,一种方式是指定受益人,由受益人取得养老保险金;另一种方式就是没有指定受益人,养老金就作为被保险人的遗产,由继承人取得。

例如,在案例二中,对于张爽的北京市基本养老保险个人账户中本息合计131,339.1元是可以发生继承的,但是养老保险与其他商业保险不同,若是在婚姻关系存续期间个人账户的现金存款则属于夫妻共同财产,配偶一方则有权先析产再继承。

法律依据

本文参考案例的法律依据为《中华人民共和国继承法》第二条、第三条、第五条、第十条、第十三条、第二十五条、第二十六条、第二十九条,现为《中华人民共和国民法典》第一千零六十二条、第一千一百二十一条、第一千一百二十二条、第一千一百二十三条、第一千一百二十四条、第一千一百二十七条、第一千一百三十条、第一千一百三十二条、第一千一百五十三条、第一千一百五十六条。

87. 夫妻一方放弃继承遗产，是否需要征得配偶一方的同意?

在继承关系中，被继承人没有明确表示遗产由子女个人继承以外，夫妻一方因继承所取得的财产均属于夫妻共同财产。但是，继承人在被继承人死亡之后、遗产分割之前，可以选择是否放弃遗产的继承。那么夫妻一方放弃遗产，是否需要征得配偶一方的同意呢？夫妻一方单独放弃继承遗产，是否损害了配偶的利益呢？

经典案例（一）

1. 案情介绍

隋堂与陈美丽于1984年结婚，两人是“丁克”一族，婚后一直没有要孩子。婚后陈美丽与隋堂的生活过得很甜蜜，但是随着时间的推移，看着身边的朋友陪伴孩子成长时的喜悦与幸福，隋堂心中十分羡慕。然而陈美丽已经错过了最佳生育年龄，双方对生育的问题产生了分歧，两人矛盾越来越深。陈美丽无法忍受隋堂，2013年通过法院判决双方解除婚姻关系。

陈美丽的母亲陈母在北京海淀区有一套房产，陈母生前并没有订立遗嘱。2011年，陈母去世；2012年，陈美丽便放弃继承陈母的遗产，决定将房产的所有产权留给父亲，并前往公证处办理了《放弃继承遗产声明》。

隋堂本想在离婚后分割该套房产，却没想到陈美丽擅自办理了放弃继承遗产的公证手续。隋堂认为在婚姻存续期间，陈美丽作为自己的配偶，在放弃继承遗产前应当先征求其同意。因此，隋堂将陈美丽告上法庭，要求法庭判决陈美丽《放弃继承遗产声明》无效。①

2. 争议焦点

在婚姻关系存续期间，陈美丽放弃继承母亲的遗产需要经过当时的丈夫隋堂的同意吗？陈美丽经公证作出的《放弃继承遗产声明》是否有效？

---

① 参考案例：(2015)一中民终字第00189号。

3. 法院观点

法院认为，根据我国《继承法》的规定，继承开始后，继承人放弃继承的，应当在遗产处理前，作出放弃继承的表示。没有表示的，视为接受继承。继承人放弃继承的意思表示，应当在继承开始后、遗产分割前作出。遗产分割后表示放弃的不再是继承权，而是所有权。

本案中，陈母去世后，其法定继承人陈美丽、陈父未对陈母之遗产进行分割。隋堂以《物权法》第29条之规定为依据认为陈母去世后陈美丽即取得了遗产所有权，该财产属于夫妻共同财产，陈美丽无权单方放弃。法院认为，该法条之内容并不排斥继承人依据《继承法》的相关规定享有放弃继承的权利。陈美丽作为陈母的法定继承人在实际取得相应份额的遗产前有权作出对陈母遗产放弃继承的意思表示，且该行为系陈美丽依法对自己权利的处分无须征得配偶的同意，陈美丽放弃遗产的行为未导致其不能履行法定义务，该放弃行为应属合法有效。

经典案例(二)

1. 案情介绍

高小天与谢芳芳经朋友介绍认识。谢芳芳是外地人，因此不受高小天母亲高母的待见，高母十分反对他们在一起。在高小天的执意坚持下，两人还是结婚了。

2012年，高父去世之后，高小天签订了《放弃继承遗产声明》，约定：高小天自愿放弃继承父亲高父留下的商品房，该房归高母所有。同日，高小天与高母在该公证处办理了赠与公证。两人经协商一致订立《赠与合同》，高母自愿将房屋产权份额全部赠与高小天一人，且属于高小天的个人财产，高小天愿意接受赠与并承担赠与房屋的相关权利义务。

2014年，高小天与谢芳芳因感情不和离婚。谢芳芳认为这套房产应该是夫妻共同财产，在高父去世前说过这房屋实际是给两人共同所有的。而且高小天在放弃继承的同一天，其母亲又指定赠与给高小天一人所有，这个行为涉嫌转移夫妻共同财产，违背了公序良俗。①

① 参考案例：(2016)粤01民终23号。

2. 争议焦点

在婚姻关系存续期间，高小天放弃继承高父的遗产需要经妻子谢芳芳的同意吗？高小天经公证作出的《放弃继承遗产声明》是否有效？高母同日将高小天放弃的财产赠与给高小天个人所有，是否属于恶意转移夫妻共同财产？

3. 法院观点

法院认为，放弃继承作为民法上的处分行为，是一个民事主体行使法律赋予的自主权利，理应受到法律保护。根据《继承法》第25条的规定，公民既有权继承遗产，也有权放弃继承。同时，放弃继承的行为，无论是法律法规还是司法实践中，均无要求须取得配偶一方的同意。对于放弃继承是否有效的问题，《最高人民法院关于贯彻执行〈中华人民共和国继承法〉若干问题的意见》第46条规定，继承人因放弃继承权，致其不能履行法定义务的，放弃继承权的行为无效。

本案中，没有证据显示高小天放弃继承高父的遗产将导致其不能履行法定义务。因此，高小天于公证处办理放弃继承公证手续，是合法有效的。在高小天放弃继承之后，高母获得了房产的全部产权，继而将房屋赠与给高小天，是高母作为合法产权人行使自由处分权，也是合法有效的。高小天从高母处受赠而来的财产权利，受法律保护。因此，谢芳芳请求撤销《放弃继承权声明书》及《赠与合同》，按照法定继承方式确定高小天对房屋的继承权利，与法律规定相悖，法院不予支持。

谢芳芳上诉提出，高小天、高母在同一天作出放弃继承与赠与公证，旨在规避法律的规定，损害谢芳芳的利益，是用合法的形式掩盖非法目的。对此法院认为，高小天、高母之上述行为，确实存在有意识地不让谢芳芳享有涉案房屋产权之嫌，但是尚不足以构成“用合法形式掩盖非法目的”。而且，根据前述分析论证，高小天、高母所作出的放弃继承与指定赠与行为，均是符合我国现行法律规范的，本案也正是因为有相应法律法规的明确规范，因此不直接适用“公序良俗”“诚实信用”等普遍性原则。

律师分析

1. 继承人放弃继承权的法律依据是什么

依据《民法典》第1124条第1款的规定，继承开始后，继承人放弃继承的，应当在遗产处理前，以书面形式作出放弃继承的表示；没有表示的，视为接受继承。

由此可知,法律原则上是允许继承人自由处分自己的继承权的,但是对继承权的放弃需要明确表示,以书面的形式向其他继承人表示,而且该表示的作出有明确的时间限制,即需要在继承开始之后、遗产分割前作出放弃的意思表示。

2. 夫妻一方放弃继承权是否侵犯配偶一方的财产权益、是否需要征得配偶一方同意

完成遗产的继承需要同时满足两个条件,一是被继承人死亡的发生,二是继承人没有放弃继承权且顺利完成遗产的分割。因为在继承开始时,继承人并不是马上取得继承财产的物权,此时能继承的遗产份额还处于未分配状态,既不是继承人的个人财产,也不是继承人的夫妻共同财产。只有继承人未作出放弃继承的意思表示后,此部分遗产份额才能转化成为继承人的财产,继而配偶才对该财产享有共同所有权。因此,在继承人作出是否放弃继承权时,遗产份额根本就还没有转化为夫妻的共同财产,所以也不可能会损害到配偶的利益。

继承权是一种特殊的财产权,它与一般财产权不同:继承权与继承人的身份有密不可分的联系,具有明显的人身属性。放弃继承权是继承人对继承权的处分,而非财产本身的处分。配偶一方没有继承对方父母遗产的权利,因此也不享有继承遗产的请求权。继承人有权决定是否接受遗产,无须征得配偶一方同意。因此,根据法律规定,在继承开始时,夫妻一方放弃继承权,是不需要配偶同意的,即一方对继承权的放弃,并不意味着对配偶财产权的侵害。

例如,在案例一中,陈美丽作为陈母的法定继承人在实际取得相应份额的遗产前有权作出对陈母遗产放弃继承的意思表示,且该行为系陈美丽依法对自己权利的处分无须征得配偶的同意,陈美丽放弃遗产的行为未导致其不能履行法定义务,该放弃行为应属合法有效。隋堂以陈美丽损害了其物权主张放弃行为无效,法院无法支持。

又如,在案例二中,高小天是对继承权的放弃,而高母是对所有权的处分,均系合法有效的民事行为。高小天、高母在同一天作出放弃继承与赠与公证,确实存在有意识地不让谢芳芳享有涉案房屋产权之嫌,但是尚不足以构成“用合法形式掩盖非法目的”。因此,高小天的放弃继承行为合法有效且不需要经过其配偶的同意。

3. 什么情形下放弃继承权的行为无效

《最高人民法院关于适用〈中华人民共和国民法典〉继承编的解释(一)》第

32 条规定:“继承人因放弃继承权,致其不能履行法定义务的,放弃继承权的行为无效。”也就是说,继承人放弃继承权的行为还要受其承担的法定义务的限制,如果其放弃继承必然导致无法履行法定义务,那么继承人的放弃行为还是会归于无效。继承人的法定义务,包括配偶一方身患重疾,亟须医治,但是夫妻俩名下没有财产可供支付医疗费;或者双方有未成年孩子,但是两人无力承担孩子的生活、教育等费用时,继承人放弃继承权的行为,导致其无法履行原本该承担的抚养、扶养等法定义务,有可能被认定是无效的。

4. 在遗产分割之后放弃所有权是否需要征得配偶一方的同意

继承人可以在继承开始后财产分割前独自接受或者放弃的是继承权,遗产分割后表示放弃的不再是继承权,而是所有权。而对于财产所有权的放弃,是否需要征得配偶同意则需要视情况而定。

我国《民法典》规定,在夫妻婚姻关系存续期间继承所得的财产属于夫妻共同财产。又规定了,如果遗嘱中确定只归夫或妻一方的财产,则该财产属于夫或妻的个人财产。

也就是说,如果是法定继承或者遗嘱继承中没有明确财产只归夫或妻一方继承的,则该财产属于夫妻共有,继承人在取得所有权之后要放弃的,需要征得夫妻另一方的同意;而如果是遗嘱继承且遗嘱中明确说明只归夫或妻一方继承的财产,则该财产属于夫或妻个人财产,放弃这部分财产不必征得夫妻另一方的同意。

法律依据

本文参考案例的法律依据为《中华人民共和国物权法》第二十九条,《中华人民共和国婚姻法》第十七条、第十八条,《中华人民共和国继承法》第五条、第二十五条;现为《中华人民共和国民法典》第二百三十条、第一千零六十二条、第一千零六十三条、第一千一百二十三条、第一千一百二十四条。

88. 有限公司股东权益及身份如何继承?

有限责任公司自成立开始,股东通常已做好共同经营、共担风险、共享收益的准备。但常言道“人有旦夕祸福”,一旦股东特别是实际控制人,实际参与经营的股东不幸染上重疾或者发生意外,就会给有限责任公司的未来发展带来巨大的风险。如果股东之一不幸离世,其股权应当如何处理?继承人是否可以继承股东权益及身份?在存在多名继承人的情况下,股东身份如何被继承?公司是否可以决议方式拒绝继承人获得股东资格?本书将进行详细解析。

经典案例

1. 案情介绍

王建国与妻子单花花结婚后生育一个女儿,名叫王兰兰。王建国是一名企业家,出资1650万元成立顶峰投资公司,并在顶峰投资公司中担任执行董事及总经理职务。

2006年6月4日,王建国因病去世。母亲黄秀娟、妻子单花花和女儿王兰兰,三人经过讨论后,黄秀娟和单花花认为自己没有能力参与公司经营,决定让女儿王兰兰继承王建国的股权。两人去公证处将放弃继承股权的声明进行了公证。

为顺利继承公司股权,王兰兰向公司另外两名股东徐小天、冯小地发函提议召开临时股东会,共同商议股权变更问题。冯小地接到提议后未召集股东会,王兰兰便于2006年7月18日自行主持召开临时股东会,徐小天、冯小地均未参加该次会议。临时股东会形成决议确认王兰兰继承王建国在顶峰投资公司的股东资格及55%的股权份额。

徐小天、冯小地拒绝承认临时股东会决议有效,他们认为王建国可能存在其他继承人,没有充分证据证明王兰兰是唯一继承人。另外,王兰兰自行召开临时股东会的做法不符合公司章程规定,故临时股东会决议无效。

双方就股权继承及临时股东会决议问题发生矛盾,王兰兰将顶峰投资公司告上法庭。[1]

2. 争议焦点

(1)王建国在顶峰投资公司的出资额及股东资格是否可以由其继承人继承?

(2)王兰兰作为王建国唯一继承人的资格是否可以确认?

3. 法院观点

法院认为,王建国死亡时继承开始,其法定第一顺序继承人为黄秀娟、单花花与王兰兰。王建国在顶峰投资公司55%的出资额系其生前合法财产,应认定为王建国的遗产;王建国在顶峰投资公司的股东资格亦可由其继承人继承。徐小天、冯小地提出王兰兰继承人资格不能确定的抗辩,未能提供相应证据证明,不予支持。黄秀娟、单花花以公证形式声明放弃其对王建国在顶峰投资公司55%股权的继承权,故在顶峰投资公司章程未就股东死亡后其继承人可以继承其股东资格及出资额作出除外约定的情况下,王兰兰可依法继承王建国在顶峰投资公司55%的出资额从而成为顶峰投资公司的股东。

有限责任公司股东股权的变更有两种情形:一种是协议转让,即出让人与受让人达成协议从而转让股权;另一种为非协议转让,是由于某些法定特殊情形的出现而导致股权的转让和股东资格的变更,自然人股东死亡而引发的继承便属于典型的股权非协议转让情形。根据我国《继承法》的相关规定,自然人死亡后,其遗留的个人合法财产应作为遗产由继承人继承,股东在有限责任公司的出资额属于其个人合法财产,因此也应由继承人继承。既然股东的出资额可以继承,那么具有人身属性的股东资格是否也能被继承呢?《公司法》第76条针对这一问题作出了明确的规定,即自然人股东死亡后,其合法继承人可以继承其股东资格。但有限责任公司在具有资合性的同时,在很大程度上更具有人合性,公司得以成立和延续,股东之间相互信任和依赖的关系至关重要,如果某个自然人股东的继承人能力低下或品行不端,让其成为股东势必难以与其他股东建立起良好的信赖关系,这样无疑不利于股东之间的合作和公司的运行发展。因此,《公司法》对此专门作了例外性规定,即如果公司章程对继承股东资格有除外规定的,死亡股东的继承人不能当然成为公司的股东。本案中,顶峰投资公司的章

---

① 参见怀效锋主编:《中国最新公司法典型案例评析》,法律出版社2007年版。

程中未就自然人股东死亡后其继承人可以继承其股东资格作出除外性规定，因此，王建国在顶峰投资公司的出资额及股东资格依法可由其继承人继承。

法院依照《继承法》第2条、第3条第7项、第10条第1款、《公司法》第76条、《民事诉讼法》第128条之规定，判决王兰兰继承王建国在顶峰投资公司55%的出资额（人民币1650万元），同时继承王建国在顶峰投资公司的股东资格从而成为顶峰投资公司的股东。

律师分析

1. 继承人能否继承有限责任公司的股东权益及身份

股东身份是一个集财产权益与身份资格于一体的身份。首先，股权权益属于财产权，合法财产可以作为个人的遗产进行继承，继承人有权继承股东的财产权益毋庸置疑；其次，对于股东身份资格是否可以继承的问题，我国《公司法》第75条规定："自然人股东死亡后，其合法继承人可以继承股东资格；但是，公司章程另有规定的除外。"从这一规定中可以看出，法律并没有将股东财产权益与身份资格割裂，而是将股东的财产权益和身份资格作为一个整体，在公司章程没有特别规定的情况下，股东资格是能够被合法继承的。

上述案例中，法院也认为在顶峰投资公司章程未就股东死亡后其继承人可以继承其股东资格及出资额作出除外约定的情况下，王兰兰可依法继承王建国在顶峰投资公司55%的出资额从而成为顶峰投资公司的股东。

此外，我国《公务员法》《中国人民解放军内务条令》规定，公务员、现役军人等特殊身份的人被禁止从事或者参加营利性活动。若继承人童某是公务员或者现役军人等，就不能继承股东资格，但是可以继承股权对应的财产权益。在实践中，很多公司在没有章程特别规定的情况下，仅允许继承人享有分红权，而剥夺其参与股东会的权利是不合法的。

我国《公司法》第32条第3款规定："公司应当将股东的姓名或者名称向公司登记机关登记；登记事项发生变更的，应当办理变更登记。未经登记或者变更登记的，不得对抗第三人。"由此可知，公司应当自股东发生变更之日起，及时变更章程、股东名册的记载及工商登记。如果公司未依法办理变更登记的，公司登记机关有权责令限期完成登记。上述案例中合法继承人童某，在公司不配合完成股东变更登记的情况下，可以将公司作为被告诉请要求公司配合办理相关变更登记。

2. 存在多名继承人的情况下,股东身份如何被继承

如果继承人仅有一人,则由该继承人直接继承股东身份即可。如本案中的情况,其他继承人同意放弃继承,仅由王兰兰一人去继承公司股权。继承整体便化繁为简,形成了继承人一致对外的局面。但如果存在多名合法继承人,且各继承人均不放弃继承的情况下,股东身份如何被继承,在理论和实践中存在争议。

目前理论界的主流观点,也是司法实践中的主流裁判观点,认为这种情况下不宜按多名继承人共有一个股东资格来处理。因为共有股东资格会造成很多不必要的困难,例如,如何进行工商登记,如何行使股东权利等,不仅会给公司造成麻烦,而且容易在各继承人之间产生纠纷。公司应按继承人继承的份额来认定持股比例,并将各继承人分别登记为股东。需要注意有限公司的股东人数上限,如果继承之后导致公司股东人数超过 50 人,则需要由部分继承人放弃股东资格获得经济补偿或者股权代持,以保证人数不超过法定上限。

3. 股东资格继承对公司的影响

(1)股权继承有可能导致公司控制权发生变化。法律允许继承人直接继承股东资格,与有限公司人合性存在冲突。股东设立公司是基于对彼此的了解和信任。如本案中王建国去世,王兰兰在此之前可能对公司运营一无所知,但其在继承了股东资格后想要掌握公司的控制权、希望原股东移交公章,未来还可能发生与原股东经营理念不合,或者在其他股东无法购买股权的情况下将股权转让给不可控的第三人,这将影响公司的整体运营,可能会导致公司经营发生重大变化及不稳定。另外,如果存在多位继承人的情况下,虽然继承人总的持股比例并未发生变化,但是在非按资本多数的投票表决中,投票表决的格局可能发生变化,从而影响公司的股权架构及全局规划。

(2)存在多个继承人的情况下,股东人数可能突破有限责任公司股东人数 50 人的上限。《公司法》未明确规定股东人数突破 50 人上限的情况下,解决问题的具体方式、解决期限,以及未及时解决的法律后果。因此,对于因股东资格继承而导致股东人数超过 50 人的有限责任公司,也不应直接否定其合法的主体资格。解决方案可以是股权转让、代持等方式使其符合法律对股东人数的限定,或者在合理期限内进行公司形式的变更等。

(3)旷日持久的遗产纷争也是公司继续正常运营的障碍。各地工商局均要求在办理股权继承时出示法定继承或遗嘱继承的公证文书,若各继承人能达成一致意见或对遗嘱没有质疑,公证文书不是难事。但若继承人之间存在争议诉至法院,则可能启动诉讼保全冻结股权。那么在诉讼期间,公司老股东们持有的股权比例可能不足以通过某项决议,影响公司运营。或者,如前所述,无继承人或继承人均不愿继承股权,公司则面临减资的后果。

4. 关于有限责任公司在股权继承安排的建议

(1)公司章程可对股东身份的继承作出特殊规定。

前文已述,原则上股东身份是可以被继承的,《公司法》允许公司章程对股东身份的继承问题作出特殊规定。如果公司章程规定股东身份不得被继承,则法定继承人无权主张继承股东资格。为避免日后产生争议,建议公司在章程中对股东身份继承问题作出具体规定,包括能否被继承、存在多名继承人的情况下如何进行继承、如果不能被继承股权如何处置等。必要时,可委托专业律师起草,完备的公司章程是避免股东之间争议、化解公司经营危机与内部矛盾最为有效的制度性文件。

(2)股东通过遗嘱确定股东资格继承问题。

前文讨论的所有继承问题都是基于法定继承的前提。如果股东已订立有效遗嘱,则可按照股东的遗嘱执行,在没有遗嘱的情况下按照法定继承执行。股东可通过订立遗嘱的方式明确股东资格继承问题,尤其是存在多名法定继承人的情况下,尽量合理分配资产,让其中一名或者多名合适的继承人继承股东资格,避免日后继承人之间、继承人和公司之间就股东资格继承问题产生纠纷。

法律依据

本文参考案例的法律依据为《中华人民共和国继承法》第二条、第三条、第十条,现为《中华人民共和国民法典》第七十五条、第七十六条、第一千一百二十一条、第一千一百二十二条、第一千一百二十七条。

李　华

盈科律师事务所创始合伙人、盈科全国业务指导委员会主任。

李华律师作为盈科全国业务指导委员会主任，负责盈科体系内的专业化建设，带领盈科律师，构建出完整的专业化法律服务体系，包括研究院、专业委员会及综合性法律中心，推动盈科律师专业化的法律服务，以适应法律服务市场不断细分的需要。在此基础上，通过集成各专业委员会纵深化的法律服务能力为客户提供综合性的法律服务。

曾荣获全国律师行业优秀党员律师、北京市优秀律师、朝阳区优秀律师、朝阳区首届优秀女律师、朝阳区优秀党员的荣誉称号。

刘艳华

盈科深圳高级合伙人，广东省律师协会婚姻家事法律专业委员会委员，深圳市律师协会婚姻家事法律专业委员会委员，武汉仲裁委员会仲裁员，维德志愿中心“新雨计划”、“反家庭暴力”项目志愿律师，广东省高院专栏《湾区睇法》特邀嘉宾，同时参与编撰书籍《非凡家事》、担任无讼特邀讲师等。刘律师于2017年创立了盈合家族律师团队，专注于婚姻家事领域，为委托人提供婚姻相关法律服务、继承相关法律服务以及为高净值人群提供财富传承法律服务。刘律师擅长离婚纠纷、继承纠纷、同居析产纠纷、离婚后子女和财产纠纷、股东资格确认、股权转让、确权等争议解决；擅长婚前婚内财产协议、婚姻危机应对、企业家家事法律顾问、家庭财富传承安排等非诉讼方案筹划；擅长处理疑难复杂家事问题，代理多宗案例和项目获评优秀典型案例。

王　倩

盈科深圳律师，民商法学硕士，是盈合家族律师团队骨干律师。专注婚姻家事领域案件办理，擅长离婚纠纷、继承纠纷、同居析产、子女抚养等婚姻家庭纠纷，对婚姻危机应对法律服务产品有深入研究，对城市更新所涉及到的继承、析产、确权等法律纠纷有丰富的办案经验。

操晨帆

盈科深圳律师，法学学士，是盈合家族律师团队骨干律师。专注婚姻家事领域案件办理，对公司投融资、股权分割、股权继承有深入研究，擅长离婚纠纷、继承纠纷、股东资格确认、股权转让、财富传承、家族信托等。